会社の資本と登記

分配可能額・自己株式の会計処理・
組織再編の会計処理・差損が
生じる場合

立花宣男［著］

Corporate Capital and Registration

一般社団法人 金融財政事情研究会

はしがき

　株式会社の計算に関する法規制の目的は、分配可能額の算定と会社の財務内容の開示ですが、会社の計算に関する規律は、その性質上、専門的かつ複雑であるため、財務に関する専門家である公認会計士や税理士からも理解が困難であるとの声も聞かれるところです。

　会社の計算に関する規律は、「一般に公正妥当と認められる企業会計の慣行に従うものとする」（会社法431条）とされ、企業会計基準を前提とした会社計算規則（平成18年法務省令第13号）が制定されていますが、平成20年12月26日の企業結合に関する会計基準（企業会計基準第21号）等の改正にあわせて会社計算規則も改正され（平成21年法務省令第7号）、会計慣行に従い定められるべきことを明らかにするという趣旨から、詳細な計算規定は必ずしも必要がないということで、改正会社計算規則では合理化あるいは大幅な削除がなされています。会社計算規則はもともとあらゆるケースを網羅するための帰結的な方法を文章にしているため、きわめて難解な規定ぶりとなっていることに加え、平成21年の改正により、さらに合理化・削除がされ、会社計算規則を理解するのはますます困難となっています。「企業会計基準を参考にしなさい」とのメッセージかもしれませんが、商業登記に携わる者にとっては、商業登記の重要な場面で、計算に関する書面が添付書面とされているにもかかわらず、会社法における計算、財務状況の把握はきわめて困難となっています。

　会社計算規則が法務省所管の省令である以上、会社計算規則を前提とした財務状況の把握は重要な問題であります。分配可能額又は欠損の額が存在することを証する書面、資本金等の計上に関する証明書の作成が求められている一方で、合併等における差損が生じる場合には簡易手続はとれませんが、適用される会計処理次第で、債務超過であっても差損が生じることにならない場合、債務超過でなくても差損が生じることになる場合もあることから、会社計算規則、会社法施行規則及び最低限の企業会計基準の理解が必要とな

ります。
　そこで、本書は商業登記に関する会社の計算についてできるだけ平易に記述しましたが、商業登記実務に携わる方々のいくばくかの参考になれば幸いです。

平成23年10月

立 花 　宣 男

■ 著者略歴

立花　宣男

昭和51年　東京法務局供託課
昭和55年　法務省民事局第一課（現・総務課）
昭和57年　法務省民事局第四課（現・商事課）
昭和59年　法務省訟務局租税訟務課（現・法務省大臣官房租税訟務課）
　　　この間昭和59年6月～11月　法務研究員
昭和61年　法務大臣官房秘書課
平成5年　甲府地方法務局供託課長
平成7年　千葉地方法務局八日市場支局長
平成9年　前橋地方法務局訟務部門上席訟務官
平成11年　東京法務局法人登記部門首席登記官
平成14年～16年　国土交通省認可法人　日本小型船舶検査機構　調査役

〈主な著書〉
執行供託をめぐる諸問題（法務省法務総合研究所）
執行供託の理論と実務（民事法情報センター）
注釈民事執行法（金融財政事情研究会）共著
民法コンメンタール債権総則編Ⅱ（ぎょうせい）共著
雑供託の実例雛形集（日本加除出版）監修
供託の知識167問（日本加除出版）監修
法人登記の手続（日本法令）
商業登記・法人登記添付書類全集（新日本法規出版）
最新改正商法と商業登記事務のポイント（新日本法規出版）
新会社法定款事例集（日本加除出版）監修
新・商業登記法から見た！　新・会社法（日本加除出版）
会社法対応　役員登記の実務（新日本法規出版）
株式会社の解散・特別清算・会社非訟・会社更生・民事再生・破産の登記の手続（日本法令）

目　次

第1章　商業登記における株式会社の資本と計算

第1節　貸借対照表上の株主資本に係る計数 …………………… 2
　　個別貸借対照表（会社計算規則73条1項、76条1項1号・2項・4
　　項・5項）…………………………………………………………… 2
　第1　概　　説 ……………………………………………………… 2
　第2　決　　算 ……………………………………………………… 6
　　1　計算規定 ……………………………………………………… 6
　　2　計算書類等 …………………………………………………… 7
　　3　計算書類の公告 ………………………………………………10
　第3　株主資本 ………………………………………………………15
　　1　資本金の額 ……………………………………………………15
　　2　準 備 金 ………………………………………………………17
　　3　剰 余 金 ………………………………………………………18
　第4　貸借対照表上の株主資本としての資本金、準備金、剰余金の
　　　　額の変動 ………………………………………………………24
　　1　剰余金の配当等による株主資本の増減 ……………………24
　　2　資本金等増加 …………………………………………………25
　　3　分配可能額 ……………………………………………………29
第2節　資本金の額の増加による変更の登記 ……………………50
　第1　貸借対照表の計数の変更による資本金の額の増加 ………50
　　1　概　　説 ………………………………………………………50
　　2　準備金の資本組入れの手続 …………………………………50
　　3　剰余金の資本組入れの手続 …………………………………56
　第2　資本金の額の増加による変更の登記の手続 ………………57

目　次　v

第3	資本金の額の減少	……………………………………60
1	資本金の額の減少の会社法における位置づけ	……………60
2	資本金の額の減少の手続	……………………………………61
3	決議機関	……………………………………………………63
4	登記の手続	…………………………………………………66

第4	自己株式と会計処理	………………………………………70
1	旧商法上の自己株式の取得	…………………………………70
2	会社法上の自己株式取得	……………………………………71
3	取得請求権付株式の取得、取得条項付株式の取得、全部取得条項付種類株式の取得による自己株式の取得	……78
4	組織再編における自己株式の承継	…………………………80
5	組織再編行為による抱合せ株式	……………………………80
6	自己株式の処分	………………………………………………80
7	自己株式の処分に関する特則	………………………………81
8	自己株式の消却	………………………………………………81

第5	自己株式の会計処理	………………………………………82
1	株式交付費	…………………………………………………82
2	自己株式の取得と取得原価	…………………………………82
3	自己株式の処分と会計処理	…………………………………86
4	自己株式の消却と会計処理	…………………………………88
5	自己株式の増減と分配可能額の調整	………………………88

第6	募集以外の事由による株式の発行等の登記	…………………89
1	取得請求権付株式の取得と引き換えにする株式の発行	……90
2	取得条項付株式の取得と引き換えにする株式の発行	………93
3	取得条項付株式の取得と引き換えにする株式の発行の変更登記手続	……………………………………………………95
4	全部取得条項付種類株式の取得と引き換えにする株式の発行	……99
5	全部取得条項付種類株式の書式関係	………………………108
6	取得条項付新株予約権の取得と引き換えにする株式の発行	……125

第2章　社員資本

第1　持分会社の計算 …………………………………………………130
　1　持分会社の計算書類 ………………………………………………130
　2　社員資本 ……………………………………………………………130
第2　合名会社及び合資会社の資本金の額 …………………………131
　1　旧有限会社の資本金の額 …………………………………………131
　2　合名会社・合資会社の計算に係る計数 …………………………132
　3　持　　分 ……………………………………………………………133
　4　退社に伴う持分の払戻し …………………………………………134
　5　相　　続 ……………………………………………………………134
　6　資本金の増加 ………………………………………………………135
第3　合資会社から株式会社への組織変更 …………………………136
　1　組織変更直前の合資会社の資本金の額 …………………………136
　2　持分会社の組織変更の手続 ………………………………………137
　3　組織変更計画書の記載 ……………………………………………137
　4　組織変更後の株式会社の資本金の額 ……………………………138
　5　登録免許税額 ………………………………………………………138
　6　登録免許税法施行規則12条の書面 ………………………………139
第4　合同会社の計算に係る計数 ……………………………………140
　1　合同会社の資本 ……………………………………………………140
　2　合同会社の資本と出資の価額の関連 ……………………………141
　3　持　　分 ……………………………………………………………142
　4　持分の払戻し ………………………………………………………142
　5　業務を執行しない有限責任社員の持分の譲渡 …………………143
　6　持分の譲受けを原因として合同会社に社員が加入する場合の
　　　効力発生 ……………………………………………………………144
第5　合同会社の社員資本の変動 ……………………………………144

	1	資本金の額の変動 …………………………………………144
	2	資本金の額の増加の手続 ……………………………………145
	3	資本金の額の増加による変更登記の手続 ……………………147
第6		資本金の額の減少 ……………………………………………150
	1	資本金の額の減少 ……………………………………………150
	2	持分の払戻し …………………………………………………151
	3	出資の払戻し …………………………………………………152
	4	損失のてん補 …………………………………………………153
	5	資本金の額の減少の手続 ……………………………………154
	6	資本金の額の減少による変更登記の手続 ……………………155

第3章　企業結合と会計処理

第1節　総　論 ………………………………………………………160
　第1　企業結合と会計処理 ……………………………………………160
　　1　企業結合の方法 …………………………………………………160
　　2　企業会計基準 ……………………………………………………160
　　3　企業再編と会計処理 ……………………………………………161
　　4　持分プーリング法の廃止 ………………………………………162
　　5　「取得」と「共同支配企業の形成」の識別 ……………………162
　　6　持分の結合 ………………………………………………………164
　　7　会社計算規則 ……………………………………………………164
　第2　企業結合の会計上の区分と会計処理 …………………………165
　　1　取得の場合の「パーチェス法」 ………………………………165
　　2　共通支配下の取引の会計処理 …………………………………169
　　3　共同支配企業の形成及び逆取得の場合の会計処理 …………171
　第3　組織再編に際して株主資本変動額 ……………………………172
第2節　吸収合併における会計処理 ………………………………………178

第1	総　論	178
第2	合併に関する会計処理の類型	180
第3	吸収合併の場合ののれんの計上	181
第4	取得の場合の会計処理	183
1	取得企業の決定	183
2	取得原価	184
3	取得と判定された場合ののれん	185
4	株主資本変動額	188
第5	共通支配下の取引の場合（会社計算規則35条1項2号）	199
1	総　論	199
2	一般的な共通支配下取引の場合ののれんの算定	200
3	親・子会社間合併の場合のれんの算定	207
4	子・孫会社間合併の場合ののれんの算定	207
5	株主資本変動額	210
6	共同支配企業の形成の場合（会社計算規則35条1項3号、旧58条2項5号、適用指針185項・186項）	231
7	逆取得（会社計算規則35条1項3号、旧58条2項5号、適用指針84項・84—2項・84—3項）	232
8	株主資本の内訳を引き継ぐ場合（会社計算規則36条）	232
9	資本金の額が増加しない場合	235
第6	吸収合併において差損が生じる場合	243
1	概　説	245
2	具体例	254
第3節	吸収分割の会計処理	270
第1	吸収分割の場合の原則	270
第2	会社分割に関する会計処理の類型	271
1	会社分割の形態	271
2	取得の場合の会計処理	278
3	共通支配下取引の会計処理	293

    4 共同支配企業の形成、逆取得の場合（会社計算規則37条1項
      4号） ……………………………………………………………………320
    5 会社計算規則38条（共通支配下の分割型吸収分割において引き
      継ぐ処理が適切である場合） ………………………………………321
    6 吸収分割において差損が生じる場合 ……………………………332
 第4節 株式交換の会計処理 ……………………………………………357
  第1 総　　論 ……………………………………………………………357
  第2 企業結合会計基準等における会計処理の分類 ………………358
  第3 資本金の額の算定 …………………………………………………359
    1 取得と評価された場合の会計処理 ………………………………359
    2 共通支配下の取引の場合 …………………………………………368
    6 差損が生じる場合の特則 …………………………………………380
 第5節 新設合併の設立時資本金等の額 ………………………………383
    1 取得の場合 …………………………………………………………383
    2 共通支配下おける会計処理 ………………………………………386
    3 共同支配企業の形成（会社計算規則48条） ……………………390
 第6節 新設分割における設立時資本金の額 …………………………394
 第7節 株式移転の設立時資本金等額 …………………………………399
    1 企業会計処理上の区分 ……………………………………………399
    2 共同株式移転の場合 ………………………………………………399

■主な参考文献 ……………………………………………………………405

第1章

商業登記における株式会社の資本と計算

第1節　貸借対照表上の株主資本に係る計数

第1　概　　説

　会計上は、株主資本を、資本金、資本剰余金（資本準備金及びその他資本剰余金）と利益剰余金（利益準備金及びその他利益剰余金）及び自己株式という区分をしているが（会社計算規則76条2項・4項・5項）、会社法の区分（準備金（資本準備金及び利益準備金））、剰余金（その他資本剰余金及びその他利益剰余金）と異なるので、紛らわしい。最終的には、会社法が、計算に関する規律を設ける唯一の目的ともいえる、分配可能額を算定するために設けられているものであるため、分配可能額を構成する「剰余金」という区分と、それ以外のもののうち、計上・取崩しに差異がある資本金・準備金という区分に分けることとしているからである。

個別貸借対照表（会社計算規則73条1項、76条1項1号・2項・4項・5項）

資産の部	負債の部
Ⅰ　流動資産 Ⅱ　固定資産 　1　有形固定資産 　2　無形固定資産 　3　投資その他の資産 Ⅲ　繰延資産	Ⅰ　流動負債 Ⅱ　固定負債
	純資産の部（会社、会社計算規則76条1項1号イ） Ⅰ　株主資本 　1　資本金 　2　新株式申込証拠金 　3　資本剰余金 　　(1)　資本準備金 　　(2)　その他資本剰余金

```
            4  利益剰余金
             (1)  利益準備金
             (2)  その他利益剰余金
                  ××積立金
                  繰越利益剰余金
            5  自己株式（控除項目）
            6  自己株式申込証拠金
               株主資本合計
         Ⅱ  評価・換算差額等
            1  その他有価証券評価差額金
            2  繰越ヘッジ損益
            3  土地再評価差額金
               評価・換算差額等合計
         Ⅲ  新株予約権
                              純資産合計
```

(1) 個別貸借対照表の資産の部

　決算公告をする会社が公開会社である場合は、貸借対照表の要旨における資産の部の固定資産に係る項目として、①有形固定資産、②無形固定資産、③投資その他の資産の3項目を設けなければならない（会社計算規則139条3項）。

(2) 負債の部

　決算公告をする貸借対照表の要旨における負債に係る引当金がある場合には、当該引当金については、引当金ごとに、他の負債と区分しなければならない（会社計算規則140条2項）。

(3) 純資産の部の記載

　貸借対照表の純資産の部（旧商法施行規則における「資本の部」）の構成項目については、会社法では、企業会計（「純資産の部会計基準」「同適用指針」）と同様の取扱いが定められ、資産及び負債のいずれにも属さないものを純資産とする差額概念を適用し、繰越ヘッジ損益（従来は資産又は負債）は純資産の部の「評価換算差額等」に含まれ、新株予約権は純資産の部に独立して表示されることとされている（会社計算規則76条）。なお、純資産の部の構成項目の金額の算定については、会社計算規則14条〜32条に詳細な規定が設け

られ、また純資産の部会計基準（基準1参照）により、自己株式会計基準（同適用指針）、新株予約権実務対応報告、金融商品会計基準等に委ねられている。

　会計上は、「資本剰余金」は資本準備金及びその他利益剰余金、「利益剰余金」は利益準備金及びその他利益剰余金と区分され（会社計算規則76条4項・5項）、また、会社法では、資本準備金及び利益準備金を「準備金」と総称する（会社法445条4項カッコ書）とし、単に、剰余金というときは、その他資本剰余金及びその他利益剰余金をいう（会社法446条、会社計算規則22条）としながら、資本性と利益性の混同の禁止が原則とされており（企業会計原則第1の3）、紛らわしい。

　個別貸借対照表（連結貸借対照表でないもの）には、会社計算規則76条2項2号及び6号で、新株式申込証拠金及び自己株式申込証拠金に区分することとされているが、これらは実務上申込証拠金という失権株を早期に確定させるための期日前の前払いが認められていることをふまえるものであるが、これらが貸借対照表に表示されるのは、払込期日が期末経過後に設定され、期末前に払い込まれた場合に限られるので、以後の説明では割愛する。

① 株主資本
　ア　資本剰余金（増資・減資の資本取引から生じた剰余金、会社計算規則76条2項3号・4号、改正前商法施行規則89条）
　　㈦　資本準備金の増加額
　　　　a　株式払込剰余金（株式の払込価額の2分の1以下の額で、資本に組み入れない額）
　　　　b　合併等の際の株主払込資本変動額から資本金の額としたものを控除した範囲で定めた額（旧商法の合併等差益に相当するもの）（会社法445条5項、会社計算規則35条等）
　　　　c　資本減少による振替額（会社法447条1項2号、会社計算規則26条1項1号）
　　　　d　その他資本剰余金減少による振替額（会社法451条1項、会社計算規則26条1項2号）

　　　　e　その他資本剰余金の配当をする場合には、当該剰余金の配当により減少する剰余金の額に10分の1を乗じて得た額を資本準備金として計上（積立額）しなければならない（会社法445条4項、会社計算規則22条1項）。
　　(イ)　その他資本剰余金の増加額
　　　　a　資本減少（旧商法では減資差益といわれていたもの）による振替額（会社法447条1項、会社計算規則27条1項1号）
　　　　b　資本準備金の減少による振替額（会社法448条1項、会社計算規則27条1項2号）
　　　　c　自己株式処分差益（自己株式処分対価から自己株式簿価を控除した差益）（会社計算規則14条2項1号、自己株式会計基準9）
　　　　e　その他資本剰余金がマイナスの場合のその他利益剰余金からのてん補額（会社計算規則27条1項3号、自己株式会計基準12項）
　イ　利益剰余金（営業活動の損益取引から生じた剰余金、会社計算規則76条2項4号・5項、改正前商法施行規則90条）
　　(ア)　利益準備金
　　　　a　その他利益剰余金の配当をする場合には、当該剰余金の配当により減少する剰余金の額に10分の1を乗じて得た額を利益準備金として計上しなければならない（会社法445条4項、会社計算規則22条2項）。
　　　　b　その他利益剰余金の減少による振替額（会社法451条1項、会社計算規則28条1項）
　　(イ)　その他利益剰余金
　　　　a　利益準備金の減少による振替額（会社法448条1項、会社計算規則29条1項1号）
　　　　<u>b　自己株式処分差益（自己株式処分対価から自己株式簿価を控除した差益）（会社計算規則14条2項2号）</u>
　　　　c　その他利益剰余金がマイナスの場合のその他資本剰余金からのてん補額（会社計算規則29条1項3号）

d　任意積立金、未処分利益
　ウ　その他（会社計算規則76条2項2号・5号・6号、改正前商法施行規則91条）
　　　新株式申込証拠金、自己株式申込証拠金、自己株式（マイナス勘定）
　　　個別貸借対照表（連結貸借対照表でないもの）には、会社計算規則76条2項2号及び6号で、新株式申込証拠金及び自己株式申込証拠金に区分することとされているが、申込証拠金は会社法に（旧商法にも）規定がないものの、実務上、申込証拠金という失権株を早期に確定させるための期日前の前払いが認められていることをふまえるものであり、これらが貸借対照表に表示されるのは、払込期日が期末経過後に設定され、期末前に払い込まれた場合に限られる。
② 評価・換算差額等（会社計算規則76条1項1号ロ・7項）
　　その他有価証券評価差額金（株式等評価差額金等）
　　繰越ヘッジ損益
　　土地再評価差額金
③ 新株予約権（会社計算規則76条1項1号ハ・8項）
　　新株予約権の項目は、自己新株予約権に係る項目を控除項目として区分することができる。自己新株予約権は直接控除が原則だが、控除項目とすることができるということである。

第2　決　算

1　計算規定

　株式会社の計算に関する法規制の目的は、分配可能額の算定と会社財務内容の開示である。

2　計算書類等

(1)　決算書

「決算書」とは、一般的に、企業の正確な経営状況を知るための情報を集めて構成されるものといわれるもので、会社法では計算書類、金融商品取引法では財務諸表というが、そのうち、貸借対照表は、各事業年度に作成しなければならず（会社法435条2項）、株式会社の規模・機関設計のあり方にかかわらずその公告が義務づけられる（会社法440条）。

有価証券報告書提出大会社の貸借対照表、損益計算書の用語又は様式については、財務諸表等規則に定めるところによる旨の旧商法施行規則200条のような規定は、会社計算規則上存しない。

(2)　臨時計算書類（会社法441条）

会社法が導入した制度であるが、事業年度中の一定の日を臨時決算日と定めて決算することであり（会社法441条1項）、臨時決算日における貸借対照表及び期首（臨時決算日の属する事業年度の初日）から臨時決算日までの期間に係る損益計算書を作成することができる。例外はあるものの監査を必要とすること、株主総会の承認を要すること等は通常の決算と同様であるが、公告又は電磁的方法による公開の義務はない。

臨時決算により、臨時計算書類の対象期間の損益及び自己株式処分対価を分配可能額に反映することができる（会社法461条2項2号）。

(3)　連結計算書類（会社法444条）

連結計算書類制度は、平成14年商法改正により導入され会社法もこれを引き継いでいるが、これは情報提供の充実を図るものである。

会計監査人設置会社は連結計算書類を作成することができ（会社法441条1項・2項）、また、事業年度末日において大会社であり、かつ、金融商品取引法上の有価証券報告書提出会社には連結計算書類の作成が義務づけられている（会社法444条3項）。

連結計算書類とは、「その会社及びその子会社から成る企業集団の財産及び損益の状況を示すために必要かつ適当なものとして法務省令で定めるも

の」をいい（会社法441条1項）、連結貸借対照表、連結損益計算書、連結株主資本等変動計算書、連結注記表である（会社計算規則61条）。

剰余金配当規制は単体（個別）の貸借対照表を基準とするが、連結配当規制適用会社では、単体ベースの剰余金の額が連結ベースの剰余金より大きい場合には、分配可能額からその差額を控除し、連結ベースを基準とすることができる（会社計算規則158条4号）。逆に単体ベースの剰余金をふやすことはできない（神田秀樹『会社法〔第8版〕』弘文堂（平成18年）242頁）。

(4) **株主資本等変動計算書**

旧商法の利益処分案又は損失処理案にかわるもので、貸借対照表の純資産の部（旧商法施行規則における資本の部）の内容が期中にどのように変動したかを明らかにするもの（企業会計基準委員会のモデル—企業会計基準第6号）。

(5) **注 記 表**

貸借対照表、損益計算書には、勘定科目と金額が記載されるが、会計方針、各勘定科目の意味内容を補足するため注記表（個別注記表及び連結注記表）及び附属明細書が作成される。

(6) **事業報告**

会社法で作成される事業報告は、旧商法の営業報告書に該当するものであるが、計算書類のように数値ではなく文章による説明を主にしたものであるので、旧商法とは異なり、計算書類には含まれない。

事業報告には、当該株式会社の状況に関する重要な事項（計算書類及びその附属明細書の内容となる事項を除く）、「内部統制システム構築の基本方針の概要」が記載される（会社法施行規則118条）。公開会社の場合は、その他、株式会社の①現況、②役員、③株式、④新株予約権に関する事項をもその内容としなければならない（会社法施行規則119条）。

会社法435条、 会社計算規則	金融商品取引法・ 財務諸表等規則	旧商法281条
1)計算書類 　①貸借対照表（BS） 　②損益計算書（PL） 　③株主資本等変動計算書	1)財務諸表 　①貸借対照表（BS） 　②損益計算書（PL） 　③株主資本等変動計算書	1)計算書類 　①貸借対照表 　②損益計算書 　③利益処分案又

その他株式会社の財産及び損益の状況を示すために必要かつ適当なものとして法務省令で定めるもの ④個別注記表 2)計算書類に係る附属明細書 3)事業報告及び附属明細書	④キャッシュフロー計算書 2)附属明細書 ※貸借対照表、損益計算書及びキャッシュフロー計算書を財務三表といい、企業の財産、儲け、お金の流れを表す。	は損失処理案 ④営業報告書 2)附属明細書

個別注記表の注記項目 （計算規則98、99）	会計監査人設置会社	非会計監査人設置会社・公開会社	非会計監査人設置会社・非公開会社
①継続企業の前提に関する注記（計算規則100）	○		
②重要な会計方針に係る事項に関する注記（計算規則101）	○	○	○
③貸借対照表等に関する注記（計算規則103）	○	○	
④損益計算書に関する注記（計算規則104）	○	○	
⑤株主資本等変動計算書に関する注記（計算規則105）	○	○	○
⑥税効果会計に関する注記（計算規則107）	○	○	
⑦リースにより使用する固定資産に関する注記（計算規則108）	○	○	
⑧関連事業者との取引に関する注記（計算規則112）	○	○	
⑨1株当り情報に関する注記（計算規則113）	○	○	
⑩重要な後発事象に関する注記（計算規則114）	○	○	
⑪連結配当規制適用会社に関する注記（計算規則115）	○		
⑫その他の注記（計算規則116）	○	○	○

3　計算書類の公告

(1)　計算書類の公告

　株式会社は、定時株主総会の終結後遅滞なく、貸借対照表（大会社にあっては、「貸借対照表及び損益計算書」と読み替える。）の公告義務を負う（会社法440条1項）。

　この公告を、①官報に掲載する方法又は時事に関する事項を掲載する日刊新聞紙に掲載する方法の場合は、貸借対照表の内容又はその要旨で足りるが（会社法440条2項）、②電子公告（会社法939条1項3号）の場合は、要旨では足らず全部の内容である（会社法440条1項、会社計算規則136条1項）。

(2)　貸借対照表の要旨

　決算公告を官報又は日刊新聞紙に掲載する方法による会社が公開会社である場合は、貸借対照表の要旨における資産の部の固定資産に係る項目として、①有形固定資産、②無形固定資産、③投資その他の資産の3項目を設けなければならない（会社計算規則139条3項）とされ、それに関する分だけ、掲載するスペースが多くなる。

　決算公告をする貸借対照表の要旨における負債に係る引当金がある場合には、当該引当金については、引当金ごとに、他の負債と区分しなければならない（会社計算規則140条2項）。

　貸借対照表の要旨には、当期純損益金額を付記しなければならない（会社計算規則142条）。

(3)　有価証券報告書提出会社

　有価証券報告書を内閣総理大臣に提出しなければならない会社（金融商品取引法（旧証券取引法）24条1項）は、計算書類の公告は不要である（会社法440条4項）。有価証券報告によって、より詳細な計算書類情報が電磁的方法（EDINET）で公開されているからである。

(4)　貸借対照表の電磁的方法による公開（会社法440条3項後段）

　公告方法を官報又は時事に関する事項を掲載する日刊新聞紙とする会社は、その公告にかえて、その内容である情報を電磁的方法により開示する措

置をとることができる(会社法440条3項前段)。この場合、株式会社は、法務省令(会社計算規則147条)で定めるところにより、定時株主総会の終結後遅滞なく、貸借対照表の内容である情報を、定時株主総会の終結の日後5年を経過する日までの間、継続して電磁的方法により不特定多数の者が提供を受けることができる状態に置く措置をとることができ、この場合においては、上記公告を要しない(会社法440条3項後段)。

(5) **貸借対照表に係る情報の提供を受けるために必要な事項の登記**

公告方法を官報又は時事に関する事項を掲載する日刊新聞紙とする会社は、その公告にかえて、貸借対照表についてその内容である情報(要旨では足りない(会社法440条3項後段))を定時株主総会の終結の日後5年を経過する日までの間、継続して電磁的方法により不特定多数の者が提供を受ける状態、すなわち、インターネット上のウェブサイトに貸借対照表を掲載することができ(会社法440条3項前段、会社計算規則147条)、その場合には、当該ウェブサイトのアドレスを、公告する方法とは別に、貸借対照表に係る情報の提供を受けるため必要な事項として登記しなければならない(会社法911条3項27号)。

貸借対照表に係る情報の提供を受けるために必要な事項は、取締役会の決議(又は取締役会設置会社でない場合には、取締役の過半数の一致)を経ることなく、取締役の業務執行として定めることができ、代表者が当該事項の登記を申請することでその真実性を担保することができるため、当該申請の際には、添付書面は要しないものと解される(旧商法283条7項参照)。

(6) **日刊新聞紙を公告方法とする銀行が中間貸借対照表等に係る情報の提供を受けるために必要な事項の登記**

銀行は、当該事業年度の中間事業年度に係る貸借対照表及び損益計算書(以下「中間貸借対照表等」という。)ならびに当該事業年度に係る貸借対照表及び損益計算書(以下「貸借対照表等」という。)の公告義務を負い、子会社等を有する場合には、当該銀行は、上記のほか、当該銀行及び当該子会社等につき連結して記載した当該事業年度の中間事業年度に係る貸借対照表及び損益計算書(以下「中間連結貸借対照表等」という。)ならびに当該事業年度

に係る貸借対照表及び損益計算書（以下「連結貸借対照表等」という。）の公告義務も負うが、公告方法を官報又は日刊新聞紙とする会社は、その公告にかえて、その内容である情報を電磁的方法により開示する措置をとることができるとされている（銀行法20条4項〜6項）。

そして、この措置をとる場合には、貸借対照表等、中間貸借対照表等、連結貸借対照表等及び中間連結貸借対照表等の内容である情報についてその提供を受けるために必要な事項を登記する必要がある（貸借対照表等については会社法911条3項27号、会社法施行規則220条、中間貸借対照表等・中間連結貸借対照表・連結貸借対照表等については銀行法57条の4第1号、銀行法施行規則36条の2第2項）。具体的には「中間貸借対照表等に係る情報の提供を受けるために必要な事項」としてウェブページのアドレスを登記するが、中間貸借対照表等（以下、中間連結貸借対照表等及び連結貸借対照表等を含む。）に係る情報の提供を受けるために必要な事項の登記については、以下の点に留意する必要がある。

まず、中間貸借対照表等に係る情報の提供を受けるために必要な事項の登記は、貸借対照表に係る情報の提供を受けるために必要な事項の登記とは別に行う必要がある（平成18年4月28日民商第1140号民事局長通達第1部第1の3⑶ア）。そして、会社法上、有価証券報告会社については、貸借対照表に係る情報の提供を受けるために必要な事項の登記をすることができず、このウェブページのアドレスの登記のある会社が有価証券報告会社になったときは、当該登記の抹消登記義務があると解されているが、銀行については、有価証券報告会社であっても、会社法440条3項の時期に係る特則である銀行法20条6項は適用除外とならず、貸借対照表等に係るウェブページのアドレスを抹消することは相当ではない。したがって、銀行については、有価証券報告会社であっても、なお、会社法911条3項27号の通用があり、銀行法57条の4第1号とあわせて、貸借対照表等及び中間貸借対照表等に係るウェブページのアドレスの登記を残すこととなる。

また、添付書面については、電磁的開示を行うこと及びその場合のウェブページのアドレスを決定する機関は、銀行法上規定されておらず、同様の実

質を有する会社法440条（旧商法283条7項）においても取締役会決議を要しないと整理されたことから、取締役会議事録等ウェブページのアドレスを証する書面は不要である（ただし、代理権限証明書を添付した場合には、当該書面にウェブページのアドレスを明記すべきである。）。

(7) 経過措置

　金融商品取引法24条1項の規定により有価証券報告書提出会社が会社法施行前に貸借対照表に係る情報の提供を受けるために必要な事項の登記（旧商法188条2項10号）をしていた場合には、会社法施行後、当該登記について会社法440条4項の規定により廃止による変更の登記をしなければならない。ただし、登記の申請は、施行日から6カ月以内にすれば足りるものと考えられる。当該変更の登記を申請する際にも、添付書面は要しない。

　また、この変更の登記は、会社法の施行に伴い、会社法440条4項に該当する有価証券報告会社において会社法911条3項27号に規定する登記事項とされなくなったものであり、登記自体が無効であったり、登記された事項に合致する実体関係が不存在又は無効であるというものではないので、抹消の登記を申請することはできず、変更の登記を申請することとなり、登録免許税は3万円となる（登税法別表第一第24号㈠ツ）。

　貸借対照表の電磁的方法による開示の廃止による変更の登記については、①インターネットによる貸借対照表の開示を廃止した場合、②会社法440条4項の規定が適用されることとなった場合及び③会社法施行の際現に証券取引法24条1項の規定により有価証券報告書を内閣総理大臣に提出しなければならない株式会社である場合のいずれであっても、次の記録例による。

(注)　上記①の場合の原因年月日は、会社が廃止を決定した日であり、②の原因年月日は、会社法440条4項の規定が適用されることとなった日であり、③の原因年月は、会社法の施行の日である。

貸借対照表に係る情報の提供を受け	http://www.dai-ichi-denki.co.jp/kessan/index.html	平成17年9月10日設定
		平成17年9月13日登記

第1章　商業登記における株式会社の資本と計算　13

るために必要な事項	平成18年○月○日廃止
	平成18年○月○日登記

(8) 貸借対照表に係る情報の提供を受けるために必要な事項の登記の廃止
① 電子公告とした場合

　公告する方法として定款に電子公告による旨を定めていた場合（会社法911条3項29号）には、貸借対照表に係る情報の提供を受けるために必要な事項の登記は、することができない（会社法440条3項で「前項の株式会社は」という前提があるので、それは官報又は日刊新聞紙に計算書類を掲載する会社を指し、電子公告の方法による会社は除かれている。）。

　貸借対照表に係る情報の提供を受けるために必要な事項としてインターネット上のウェブサイトに貸借対照表を掲載することは、電子公告を公告する方法と定めて貸借対照表を掲載することと、公告する内容においても実質的に同様であることから、電子公告を公告する方法として登記をしている場合には、貸借対照表に係る情報の提供を受けるために必要な事項の登記を重ねてする必要がないことによる。

　必要であれば、貸借対照表の情報の提供を受けるためのウェブページのアドレスも電子公告の内容とすればよい。

② 有価証券報告書提出会社と貸借対照表に係る情報の提供を受けるために必要な事項の登記

　金融商品取引法24条1項の規定により有価証券報告書提出会社となった会社は、会社法911条3項27号に掲げる貸借対照表に係る情報の提供を受けるために必要な事項（具体的には、ウェブページのアドレス）の登記をしていた場合には、当該登記について会社法440条4項の規定により廃止による変更の登記をしなければならないが（登記義務はあるが、任意にそのままにしてもよいとの見解もある。）、当該変更の登記について、当該会社に該当することを証する書面の添付は要しない（平成18年3月31日民商第781号民事局長通達第2部第4の1）。

第3　株主資本

1　資本金の額

(1)　資本金等の額の役割

　資本金の額は、準備金の額とともに、一定の額が確保されない限り、その額を超えて剰余金の配当をすることができないというかたちで、会社債権者保護のため会社財産の流出を制限する役割を担っているものであるが、この役割において会社財産と関係するにすぎず、資本金の額に相当する会社財産が確保されていることが制度上担保されているわけではない。会社財産の増減が伴わない計数のみの変動も許容されているところである。しかしながら、資本金の額は、会社の規模を示す指標として社会的に認知されており、会社の信用保持に資することから、会社法においても登記事項とされている（会社法911条3項5号）。

　また、分配可能額の算定の基礎となる剰余金の額の算定にあたり、資本金・準備金は、控除されており（会社法446条1号）、これらの額が分配可能額の算定に直接用いられることはなく、分配可能額の算定上の減算額としての「のれん等調整額」「300万円不足額」（会社計算規則158条1号・6号）について、資本金・準備金が計上されている場合に控除するという場面で役割を果たす。そのほかでは、資本金等の減少手続をとったうえでの剰余金への振替えによって分配可能額の増加要因となることがあるだけである。

　なお、当該企業会計の慣行は、さまざまな類型の会社ごとに存在するとされ（具体例として、企業会計原則中小企業の会計に関する指針、税務会計等があげられる。）、一般的に設立の登記を申請した会社に適用される当該企業会計の慣行がどれであるかは、申請書及びその添付書面からは登記官に直ちに明らかでない。

(2)　資本金の額の計上

　資本金の額は、貸借対照表上、純資産の部の株主資本に計上されるが、基

本的には、旧商法と同様、会社設立又は株式の発行に際して株主となる者が当該株式会社に対して払込み又は給付をした財産の額からなっており、その2分の1を超えない額については資本金として計上しないことができるが、その部分は資本準備金として計上しなければならないとしている（会社法445条1項～3項）。

しかし、貸借対照表上、資本金の額及び準備金の額は、現実の会社の事業活動に伴う会社財産の変動を反映するものでなく、会社はこれらの額に応じた会社財産を維持する義務も負わされていない。したがって、貸借対照表上の資本金の額は、株式の発行を受けた者からの財産の出資による場合に限られず、単なる計数として、貸借対照表の他の項目である資本準備金及びその他資本剰余金との間で、原則として株主総会の決議を経て、変動することができるとされた（会社法447条、448条、450条、451条）。

また、会社法は、準備金の減少に係る旧商法の規制（旧商法289条2項）を廃止し、株主総会の普通決議をもって準備金・剰余金の額を減少して資本金に計上することができるとしているため（会社法448条1項2号、450条2項）、資本金の額は、株式の発行がない場合でも、株主資本の計数の変動により、準備金・剰余金の額を減少させて資本金に計上することによっても増加することになる。ただし、資本金に組み入れることができるのは、資本準備金及びその他資本剰余金に限られ、利益準備金及びその他利益剰余金については、資本金に組み入れることはできないこととされた（会社計算規則25条1項）。

会社法施行前は、計数のみを変動させる場合と、計数変動が株主への財産の交付を伴う場合とが混在して規定されていたが、計数変動と株主への財産の交付とは本質的に異なるものであることから、会社法においては、これらを分離して規定し、資本金の額、準備金の額及び剰余金の額の変動といっても、会社財産現物の外部流失による変動を意味するものではなく、貸借対照表上の純資産の部内の計数（項目）の振替えにすぎないものと整理している（神田秀樹『会社法［第8版］』弘文堂（平成18年）243頁）。

ただし、このように振替えにすぎないものであっても、株主との関係にお

いては、定時株主総会等で承認された貸借対照表を基礎的に変更することから、原則、株主総会等における決議等一定手続を要することとし、かつ、資本金の額及び準備金の額の減少による変動については、会社債権者との関係において、株主に対する分配可能額が増加することから債権者保護手続を要することとしている。

2 準備金

(1) 準備金の額

準備金は、貸借対照表に計上を要する計算上の計数であるが（会社計算規則76条4項）、欠損が生じた際に取り崩してそのてん補に当てることが資本金の額を減少させる手続より容易に行うことができる点等において資本金と区別することができる。

会社法では、資本準備金及び利益準備金を「準備金」と総称する（会社法445条4項カッコ書）としているが、同一の規律による場合に総称するのであって、それにもかかわらず、資本準備金と利益準備金とは、資本性と利益性としてはっきり区分されており、条文を読むうえで紛らわしい。

(2) 準備金の額の計上

準備金には、資本準備金（会社法445条3項・4項、会社計算規則76条4項1号）と利益準備金（会社法445条4項、76条5項1号）があるが、会社法は、資本準備金と利益準備金とを区別することなく単に準備金と総称することが多い（会社法445条4項カッコ書）。

この準備金の積立額は、資本準備金と利益準備金との合計額が、基準資本金額である資本金の額の4分の1に乗じた額に達すればそれ以上を積み立てる必要はない（会社法445条4項、会社計算規則22条1項）。

会社法では、資本準備金の額として計上できる場合として、株式会社の設立又は株式の発行に際して株主となる者が当該株式会社に対して払込み又は給付をした財産の額の2分の1を超えない額（会社法445条1項～3項）のほか、その他資本剰余金の処分による配当をする場合に減少する剰余金の額に10分の1を乗じて得た額（会社法445条4項、会社計算規則22条1項）、合併等

の組織再編に伴って生ずる合併差益等（組織再編に伴う差益とは、組織再編の際に存続会社等が取得する財産のうち資本とされなかった額のことである。）を合併契約書等において準備金とすることを定めた額（会社法445条5項、会社計算規則35条1項2号等）、資本金あるいはその他資本剰余金の減少に伴って資本準備金として組み入れることを定めた額（会社法447条1項2号、451条1項、会社計算規則26条1項）の3つがあげられる。

また、利益準備金の額として計上できる場合として、その他利益剰余金の配当をする場合に減少する剰余金の額に10分の1を乗じて得た額（会社法445条4項、会社計算規則22条2項）のほか、合併等の組織再編に伴って消滅会社から引き継ぐ利益準備金（会社法445条5項、会社計算規則36条1項、38条1項）、その他利益剰余金の減少に伴って利益準備金として組み入れることを定めた額（会社法451条1項、会社計算規則28条1項）の2つがあげられる。

3　剰余金

(1)　剰余金

会社法における剰余金とは、貸借対照表上の純資産額から資本金と準備金とを差し引いた「その他資本剰余金」及び「その他利益剰余金」の合計額であるが（会社法446条1号、会社計算規則149条）、剰余金配当規制における分配可能額の算定については、最終事業年度末日後の剰余金の変動も考慮に入れるため、会社法446条で複雑な定義がされている。

剰余金は、①剰余金を減少させて、資本金又は準備金を増加させる（振替え）場合の減少限度額の設定（会社法450条1項1号、451条1項1号・3項）の場合に、その振替額が資本金又は準備金の増加が効力を発生する日の剰余金の額を超えることができないこと、及び②分配可能額の算定基礎の2つがその役割とされている（相澤哲ほか「新会社法の解説(1)」商事法務1746号33頁）。

会社法における分配可能額の算定においては、資本金・準備金ではなく、剰余金が重要な役割を果たしている。会社法462条2項1号には、分配可能額の加算額として「剰余金の額」から計算をスタートすることが示されている。この剰余金については、会社法446条1号の文言上、旧商法と同様に純

資産の額から所要の控除を行う形式が残っているが、同条1号イ〜ニの額は剰余金の算定にあたって無関係な数値と整理されたことから、会社計算規則149条1号及び2号によって相殺することとし、結果として、会社法446条1号と会社計算規則149条とをあわせ読むと、「剰余金の額」とは、最終事業年度末日における「その他資本剰余金」及び「その他利益剰余金」の合計額となるように仕組まれている。

(2) **剰余金の内容**（会社法446条、会社計算規則149条、150条）

会社法では、剰余金の配当がいつでも行えること（会社法453条）、また、剰余金の配当及び自己株式の取得が、原則として配当又は取得の時点の分配可能額を超えることができない（会社法461条1項1号〜8号）とされたことに伴い、剰余金の金額は事業年度末の時点だけでなく、配当又は自己株式取得時点で算出する必要がある。

そこで、会社法及び会社計算規則では、①最終事業年度末日時点における剰余金の金額と②最終事業年度末日後の剰余金の金額の調整とに分けて規定が設けられている。

① 最終事業年度末日時点における剰余金の金額（会社法446条1号イ〜ホ、会社計算規則149条）

剰余金の額は、会社法446条1号イ〜ホ及び会社計算規則149条により算定するが、会社計算規則149条における加算項目は会社法446条1号ホで定める剰余金の控除項目の増加となるから、結果として剰余金のマイナスとなり、同規則の控除項目は会社法の控除項目の控除であるから、剰余金のプラスとなる。したがって、同じ項目を相殺すると、剰余金の額は、その他資本剰余金の額及びその他利益剰余金の額の合計額となり、剰余金とは剰余金であるといっているにすぎず、最終事業年度末日後の剰余金の金額の調整のスタートとなる。

② 最終事業年度末日後の剰余金の金額の調整（会社法446条2号〜7号、会社計算規則150条）

最終事業年度末日後の剰余金の金額の調整は、最終事業年度末日時点におけるその他資本剰余金の額及びその他利益剰余金の額の合計額

(3) **剰余金の額の計上**

剰余金は、勘定科目に着目した概念で、会社法的に意味のある剰余金の額（会社法461条2項1号、446条、会社計算規則149条）の算出の基準（株主に対する分配可能額を算出する出発点）となる数値であり、その他資本剰余金（会社計算規則76条4項2号）とその他利益剰余金（会社計算規則76条5項2号）からなり、資本剰余金・利益剰余金の額ではない。剰余金の額の計上については、最終事業年度の末日を基準日とし、会社法446条、会社計算規則149条及び150条によりされることになっている。剰余金とは、端的にいえば、かりにその最終事業年度の末日後に、自己株式の処分、資本金の額の減少、準備金の額の減少、自己株式の消却、剰余金の配当及び剰余金の減少、組織再編行為を行っていなければ、最終事業年度の末日における「その他資本剰余金」と「その他利益剰余金」の額の合計額になる。

その他資本剰余金とは、資本剰余金から資本準備金を除いたものであり、その他利益剰余金とは利益剰余金から利益準備金を除いたものになる。

資本取引と損益取引とを区分する考え方から、その他資本剰余金をその他利益剰余金に振り替えることはできないとされているが、その他利益剰余金がマイナスの場合にその他資本剰余金でてん補することはできるとされている（自己株式会計基準61）。

(4) **剰余金間での振替え**

その他資本剰余金の額を増加する額として適切な額を増加することができ（会社計算規則29条1項3号）、その他利益剰余金の額を減少する額として適切な額を減少することができる（会社計算規則29条2項3号）とされているが、明確な表現ではない。結局、その具体的な内容は、企業会計基準によることとなる。企業会計基準では、「その他資本剰余金」と「その他利益剰余金」間の振替えは、原則禁じられている（自己株式会計基準19、60、61、62）が、マイナスの場合に、その額がゼロとなるまでてん補する金額を限度としてのみ認められている（自己株式会計基準12、40、41、42）。

	振替元 (減少科目)	増加金額	決議要件	規　定
その他資本剰余金の増加	その他利益剰余金	マイナスのその他資本剰余金をゼロとなるまでのてん補金額	株主総会普通決議	会社法452条 会社計算規則29条2項3号

　剰余金間での科目の振替えについては、実財産の流失を伴わずに剰余金を構成する各科目の間の計数を変更することを意味し（商事法務1746号34頁）、その他資本剰余金とその他利益剰余金間の振替えは、マイナスの場合に、その額がゼロとなるまでてん補する金額を限度としてのみ認められている。

(5)　剰余金の配当（会社法453条以下）

① 　剰余金の配当

　会社は、純資産額が300万円以上である場合には、株主総会の決議によって何度でも剰余金の配当をすることができ、金銭その他の財産を配当財産とすることができるとされた（会社法453条、454条、458条）。取締役会設置会社は、定款の定めに基づき、1事業年度の途中において1回に限り、取締役会の決議によって金銭の中間配当をすることもできる。

　また、会計監査人設置会社（取締役の任期の末日が選任後1年以内に終了する事業年度のうち最終のものに関する定時株主総会の終結の日後の日であるもの及び監査役設置会社であって監査役会設置会社でないものを除く。）においては、定款の定めに基づき、剰余金の配当等を取締役会が定めることができるとされた（会社法459条）。

② 　配当等の制限

　株主に対する財産分配の限度額の規制は、株式会社の計算の規制の主目的の1つであるが、剰余金の分配規制は、事前の分配可能額規制と期末の欠損てん補責任の2つである。

　ア　事前の分配可能額規制の関連として、第一に、会社の純資産が300万円を下回る場合には配当はできない（会社法458条）
　イ　第二に分配可能額を算出し、その限度内でのみ剰余金の処分を認める（会社法461条）

会社が株式を取得する一定の行為をする場合において、当該行為等により株主に対して交付する財産（会社の自己株式を除く。）の帳簿価額の総額は、当該行為の効力発生日における分配可能額（剰余金の額等から自己株式の帳簿価額等を減じて得た額）を超えてはならないとされた（会社法461条等）。

　ウ　第三に、配当する剰余金の10分の1を準備金として積み立てなければならない（会社法445条5項、会社計算規則22条）とされる。

③　決議機関

　剰余金の配当は、配当のつど、株主総会（定時総会に限られない。）の普通決議によることができるが（会社法454条1項）、一定の要件をすべて満たす場合（①会計監査人設置会社であること、②取締役の任期が1年以内であること、③監査役会設置会社又は委員会設置会社であること（委員会設置会社以外の会社にあっては監査役会を設置した会社に限る。）、④配当財産が金銭以外の財産でかつ株主に対して金銭分配請求権を与えないこととする場合を除く。）に、定款にその旨を定めることにより、取締役会の決議で行うことができる（会社法459条1項4号）。

　取締役会設置会社に限られるのは、取締役会を設置しない会社においては、株主総会が万能の機関であるからである。会計監査人設置会社に限られるのは、計算書類の正確性を確保するためであるが、監査役会設置会社又は委員会設置会社に限られるのは、さらに社外監査役又は社外取締役の承認を要求する趣旨である。取締役の任期が1年の場合に限られるのは、取締役会による剰余金配当方針が株主の意思に沿ったものでない場合に、適切に取締役を選任し、その意思を反映させるためである。

④　配当原資

　剰余金の配当を行う場合の剰余金の減少については、その他資本剰余金・その他利益剰余金のいずれの額をどれだけ減少させるかは、会社の判断により（会社計算規則23条1号イ・2号イ）、それぞれの減少額は、①配当財産の帳簿価額の総額、②金銭分配請求権を行使した株主に交付した金銭の額、③基準未満株式の株主に支払った金銭の額の合計額である（会社計算規則23条1号・2号）。なお、決定機関については、法定されていないので、取締役会

又は代表取締役等において決定することができる（相澤哲ほか「新会社法関係法務省令の解説」別冊商事法務300号124頁）。

　この場合におい分配可能額の範囲内で配当財産の価額を定めなければならないとされているが（会社法462条1項8号）、その他資本剰余金・その他利益剰余金の範囲で定めることまで規制されてはいない。しかし、その他資本剰余金・その他利益剰余金が現に存するとき（マイナスではないとき）は、その範囲内で配当原資を定めることが原則的な処理となる。ただし、その他資本剰余金がマイナスの場合は、会期末においてその他利益剰余金（繰越利益剰余金）によるてん補が義務づけられる（自己株式会計基準12）。

　分配可能額を超えて行われた場合は、当該配当自体の効力は無効とせず（会社法463条1項参照。善意の株主は求償の請求に応ずる義務を負わない。）、会社法454条1項の決議にかかわった取締役等に連帯責任が生じるとしている（会社法462条1項・2項）。剰余金の配当を行った場合にその事業年度末に分配可能額がマイナスとなった場合には、業務執行取締役等は会社に対して連帯して当該マイナス値と配当財産の帳簿価額のいずれか小さい金額の支払義務が負わされる（会社法465条1項10号）。

⑤　剰余金配当による準備金の積立

　剰余金の配当の際には、剰余金の減少額及びその他資本剰余金とその他利益剰余金との区分及び現物配当したときのそれに関する会計処理が必要となり、配当額だけ分配可能額が減少し（会社法446条6号）、また、そのほか、剰余金の配当に伴い、準備金の積立を要する場合が生じ、やはりその積立分も分配可能額が減少する（会社計算規則150条1項2号）。

　剰余金の配当を行った場合は、旧商法では利益配当の原資であるその他資本剰余金又はその他利益剰余金の種類を問わず、利益準備金を計上することとされていたが（旧商法288条）、会社法では、配当原資に応じてその他資本剰余金を配当原資としたときはその部分に対応する資本準備金を、その他利益剰余金を配当原資としたときはその部分に対応する利益準備金を計上することとされている（会社法445条4項、会社計算規則22条）。配当する日における準備金（資本準備金及び利益準備金の合計）の額が、配当する日における

「資本金の4分の1」（これを「基準資本金額」という。）以上であるときは、準備金の計上はできないが、基準資本金額未満のときは、剰余金配当額の10分の1の計上が強制される。もっとも、10分の1未満の計上で基準資本金額に達してしまう場合は、その金額までである。なお、10分の1の計上により基本資本金額に達しない場合は、10分の1を超える準備金の計上は可能であるが、10分の1を超える部分は、会社法441条の規定による剰余金の準備金への振替手続となる（相澤哲ほか「新会社法の解説⑽」商事法務1746号124頁）。

第4　貸借対照表上の株主資本としての資本金、準備金、剰余金の額の変動

1　剰余金の配当等による株主資本の増減

(1)　剰余金の配当

　剰余金の配当とは、会社が株主に対して、その有する株式数に応じて会社の財産を分配する行為をいい（会社法453条以下）、旧商法の利益配当（旧商法290条）、中間配当（旧商法293条ノ5）による財産の払戻しに相当する。会社法では、剰余金の配当のほか、「剰余金の処分」という概念があり、この剰余金の処分とは、剰余金の配当のほか、剰余金の資本金又は準備金への振替えと、一定の制限はあるが剰余金間の科目の振替えを含むものとされる（会社法452条カッコ書）。

　会社は、純資産額が300万円以上である場合には、株主総会の決議によって何度でも剰余金の配当をすることができ、金銭その他の財産を配当財産とすることができるとされた（会社法453条、454条、458条）。

　取締役会設置会社は、定款の定めに基づき、1事業年度の途中において1回に限り、取締役会の決議によって金銭の中間配当をすることもできる（会社法454条5項）。

　旧商法では利益配当、中間配当は年1回及び事業年度が1年のものに限定されていたが（旧商法283条1項、293条ノ5第1項）、会社法では事業年度

(事業年度が1年のものに限定されない。)中に回数の制限はなく（会社法453条、454条1項)、また、金銭以外の現物配当ができることが明確化された（会社法454条1項1号)。

(2) 有償減資

資本金の減少に伴う財産の払戻しは、旧商法では資本金の減少の1類型とされ、株式の消却を伴う場合（旧商法375条1項、213条）と株式の消却を伴わない場合（旧商法375条1項1号・2項）とがあったが、会社法では、資本金のその他資本剰余金への振替え（会社法447条1項1号、会社計算規則27条1項1号）とその他資本剰余金の配当（会社法453条、454条1項、会社計算規則23条1号イ）という手続として整理されている。

2 資本金等増加

(1) 資本金等増加限度額

資本金の額は、基本的には株主からの払込み又は給付を受けた財産からなっており、貸借対照表上、純資産の部の株主資本に計上される。

しかし、貸借対照表上、資本金の額及び準備金の額は、現実の会社の事業活動に伴う会社財産の変動を反映するものでなく、会社はこれらの額に応じた会社財産を維持する義務も負わされていない。したがって、貸借対照表上の資本金の額の変動は、①株主になる者が会社に対して財産の払込み又は給付をした場合に限られず、②単なる計数として、貸借対照表の他の項目である資本準備金及びその他資本剰余金との間で、原則として株主総会の決議を経て、変動することができるとされた（会社法447条、448条、450条、451条）。

(2) 株主からの出資による場合

募集株式を引き受ける者の募集を行う場合、新株予約権の行使があった場合、取得条項付新株予約権の取得と引換えに株式を交付する場合等の区分に応じ、その算定方法が定められ、設立時及び株式の発行に際して増加すべき資本金の額は、原則として株主となる者が払込み又は給付をした財産の額（以下「資本金等増加限度額」という。）であるが、その2分の1を超えない額は、資本金として計上せず、資本準備金とすることができる（会社法445条1

項〜3項)。

　株主からの出資による場合については、払込み又は給付に係る額の2分の1を超えない額は、資本金として計上しないことができ、その場合には資本準備金として計上しなければならない(会社法445条1項〜3項)。当該払込み又は給付をした額は、設立については、会社計算規則74条1項において、募集株式の発行については、会社計算規則14条1項において規定され、会社が払込みを受けた金銭等から創立費又は株式交付費のうち会社が減ずるべき額と定めた額を減じて得た額とされたが、上記創立費又は株式交付費の額は、当分の間0円とされた(会社計算規則附則11条1号・5号)。したがって、株主となる者が実際に払込みをした金銭等が会社法445条1項に規定する払込みをした財産の額に該当することとなる。

　設立後の会社において、資本金の額が会社財産の変動と連動する場合として、組織再編の場合を除き、次の場合があり、基本的に、株主になる者又は新株予約権者が払込み又は給付をした財産の額(資本金等増加限度額。会社計算規則13条1項)の2分の1以上が資本金の額に計上され(自己株式の処分を伴う場合については、その部分は除外され、株式発行割合部分について対象となる。)、その変更の、登記を要する。なお、株式の交付に係る費用の額のうち、資本金等増加限度額から減ずるべき額と定めた額(会社計算規則14条1項2号、17条1項3号、18条1項2号)を資本金等増加限度額から減ずることができるとされているが、この額については、会社計算規則附則11条1号〜3号の規定により、当分の間、0円とされたため、当面、資本金等増加限度額から、会社計算規則14条1項2号等の額を減ずることはできない取扱いとなっている。

① 募集株式を引き受ける者を募集して、株式を発行した場合(会社法199条等、会社計算規則14条、商業登記法56条)には、資本金等増加限度額の2分の1以上が資本金の額に計上される。

　なお、募集株式を引き受ける者の募集を行う場合等は、原則として、払込み又は給付を受けた財産の額に株式発行割合(交付する株式の総数に占める新たに発行する株式の数の割合)を乗ずること等が定められている(会

社計算規則13条～20条)。
② 新株予約権の行使があり、株式を発行した場合（会社法282条、会社計算規則17条、商業登記法57条）には、資本金等増加限度額の2分の1以上が資本金の額に計上される。
③ 取得条項付新株予約権を取得し、その対価として株式を発行した場合（会社法273条、会社計算規則18条、商業登記法59条2項）には、取得時の当該取得条項付新株予約権の価額が出資されたものとみることができることから、当該価額の2分の1以上が資本金の額に計上される。

　なお、取得条項付株式、取得請求権付株式及び全部取得条項付種類株式の取得に際して、その対価として株式を発行する場合には、これらの取得に係る株式の取得価額はゼロとされ（会社計算規則15条1項）、資本金の額等は増加しない。

　①～③のいずれの場合においても、自己株式を処分した場合には、資本金の額に変動を生じないことから、株式の発行と自己株式の処分とがあわせて行われた場合において、資本金等増加限度額のうち、株式の発行に対応する部分を明らかにするため、株式発行割合を乗ずるものとされた（会社計算規則14条1項、17条1項、18条1項）。なお、1～3の場合において、株式の発行とあわせて自己株式の処分をしたときは、当該自己株式に付されていた帳簿価額が出資される価額（自己株式の交付に係る部分に限る。）よりも大きく、差損（自己株式処分差損）が生ずるときがある。当該差損が生ずるような場合には、原則としてその他資本剰余金を減額することによって対応するところ、株式の発行と自己株式の処分とを同時に行う場合に、資本剰余金を減少させてまで、資本金等を増加させることは適切ではないと考えられることから、このようなときは当該差損を資本金等増加限度額から減ずるとされた（会社計算規則14条1項3号）。

(3) 計数の変動

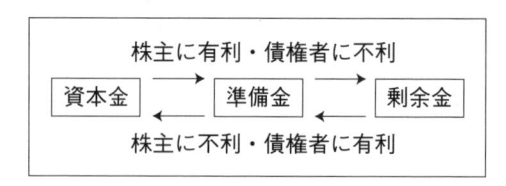

```
          株主に有利・債権者に不利
       ┌─────→─────→─────┐
     資本金 ←── 準備金 ←── 剰余金
       └─────←─────←─────┘
          株主に不利・債権者に有利
```

　貸借対照表上、資本金の額及び準備金の額は、現実の会社の事業活動に伴う会社財産の変動を反映するものでなく、会社はこれらの額に応じた会社財産を維持する義務も負わされていない。したがって、貸借対照表上の資本金の額は、株式の発行を受けた者からの財産の出資による場合に限られず、単なる計数として、貸借対照表の他の項目である準備金及び剰余金との間で、原則として株主総会の決議を経て、変動することができるとされた（会社法447条、448条、450条、451条）。

　この計数の変更による資本金の額の増加は、準備金又は剰余金の額を減少する場合に限り、増加することができる（会社計算規則25条1項）。

　準備金は、貸借対照表に計上を要する計算上の計数であるが（会社計算規則76条4項）、欠損が生じた際に取り崩してそのてん補に充てることが資本金の額を減少させる手続より容易に行うことができる点等において資本金と区別することができる。この準備金の額を減少させ、その減少分に応じて資本金の額を増加することができるとされた（会社法448条）。

　登記手続との関連では、準備金の額は、登記事項とされていないことから、資本金の額への組入れが伴わない準備金の額に変動（欠損のてん補（分配可能額のマイナスである場合において、分配可能額をゼロに回復させること）やその他資本剰余金の額への組入れ等）が生じたとしても、登記をすることを要しない。

　株主資本の計数の変動とは、次の6通りがあるが、このうち、ア～エは旧商法でも可能であったが、オ及びカは会社法により新設された。

　　ア　資本金の額を減少し剰余金の額を増加する変動（会社法447条、446条3号）
　　イ　準備金の額を減少して剰余金の額を増加する変動（会社法448条、446

条4号)
　ウ　準備金の額を減少して資本金の額を増加する変動（会社法448条）
　エ　剰余金の額を減少して資本金の額を増加する変動（会社法450条）
　オ　資本金の額を減少して準備金の額を増加する変動（会社法447条）
　カ　剰余金の額を減少して準備金の額を増加する変動（会社法451条）

　上記の計数の変動に伴って登記を要するものには、資本金の額の増加を伴うウ及びエならびに資本金の額の減少を伴うア及びオであり、準備金自体登記事項でないことから準備金の増減に関するイ及びカについては登記を要しないことになる。

3　分配可能額

(1)　分配可能額の限度規制

　会社法では、剰余金の配当及び自己株式の取得について分配可能額の限度規制が設けられ、会社が株式を取得する一定の行為をする場合において、当該行為等により株主に対して交付する財産（会社の自己株式を除く。）の帳簿価額の総額は、当該行為の効力発生日における分配可能額（剰余金の額等から自己株式の帳簿価額等を減じて得た額）を超えてはならないとされた（会社法461条等）。

　自己株式の有償取得については、株主に対する払戻しと位置づけられることから、会社債権者保護の観点から一定の財源を確保したうえでないと行えない（会社法461条）。ただし、自己株式の有償取得中、取得請求権付株式又は取得条項付株式の取得の際の規制については、会社法461条に規定されず、個別の取得手続を規定した条項に規定されている（会社法166条1項ただし書、170条5項）。

　自己株式を取得した際に登記が必要となる①取得請求権付株式の取得と引き換えにする新株予約権の交付（会社法166条1項ただし書）、②取得条項付株式の取得と引き換えにする新株予約権の交付（会社法170条5項）、及び③全部取得条項付種類株式の取得と引き換えにする新株予約権の交付（会社法461条1項4号）をする場合における新株予約権の発行による変更の登記の申

請には、分配可能額が存在することを証する書面を添付する必要がある（商業登記規則61条6項）。当該書面の具体的内容としては、当該新株予約権の帳簿価額及び会社法461条2項及び会社計算規則156条～158条の規定に従って計算した経過ならびにその結果として発行時の分配可能額を記載し、当該新株予約権の帳簿価額が当該分配可能額を超えていないことを代表者が証明し、記名押印（押印は登記所に届け出た印鑑をもってすることを要する。）したものが該当する（平成18年3月31日民商第782号民事局長通達第2部第2の6(2)ア(イ)C(b)参照）。

			募集株式	剰余金の配当	自己株式の取得・処分・消却	株主資本の計数変動
株主資本	資本金	増加	払込金（金銭）・給付額（現物出資）×株式発行割合－自己株式処分差損－増加資本準備金（会社445Ⅰ、計算規則14Ⅰ）			準備金・剰余金からの振替え（会社448、450、計算規則25Ⅰ）
		減少				資本準備金・その他資本剰余金への振替え（会社447、計算規則25Ⅱ）
	資本剰余金	資本準備金	増加	払込金・給付額×株式発行割合－自己株式処分差損－増加資本金（会社445Ⅲ、計算規則14Ⅰ）	配当に伴う積立額（計算規則22Ⅰ）		資本金・その他資本剰余金からの振替え（会社447、451、計算規則26）
			減少				資本金・その他資本剰余金への振替え（会社448、計算規則26Ⅱ）
			自己株式処分差益			①資本金・資本準備

	その他資本剰余金	増加	（自己株式会計基準9、10）		金からの振替え（会社447、448、計算規則27Ⅰ） ②マイナスの場合のその他利益剰余金からの振替え（自己株式会計基準12）
		減少	（自己株式処分差損は、資本金等増加限度額から控除）（注）	配当額（会社446⑥）	自己株式消却損（計算規則24Ⅲ）	①資本金・資本準備金への振替え（会社450、451、計算規則27Ⅱ） ②マイナスの場合のその他利益剰余金への振替え（自己株式会計基準61）
利益剰余金	利益準備金	増加		配当に伴う積立額（計算規則22Ⅱ）		その他利益剰余金からの振替え（会社451、計算規則28Ⅰ）
		減少				その他利益剰余金への振替え（会社448、計算規則28Ⅱ）
	その他利益剰余金	増加				①利益準備金からの振替え（会社448、計算規則29Ⅰ①） ②マイナスの場合のその他資本剰余金からの振替え（自己株式会計基準61） ③当期純利益（計算規則29Ⅰ②）
		減少		配当額（会社446⑥）		①利益準備金への振替え（会社450、451、計算規則29

					Ⅱ①・②） ②マイナスの場合のその他資本剰余金への振替え（自己株式会計基準61） ③当期純損失（計算規則29Ⅱ③）
	自己株式（マイナス表示）	増加		自己株式取得原価（計算規則24Ⅰ）	
		減少	処分自己株式簿価	処分・消却自己株式簿価（計算規則24Ⅱ）	

（注）　取得した自己株式の対価額は、処分自己株式の帳簿価額であり（会社計算規則15条2項）、自己株式の取得原価は処分自己株式の帳簿価額であるから（自己株式適用指針8⑵）、株式の種類の変更は生ずるが、自己株式の帳簿価額は変化しない。

　自己株式処分の差益損の会計処理は、原則として、差益はその他資本剰余金の増加、差損はその他資本剰余金の減少となるが（自己株式会計基準9、10）、「新株の発行と自己株式の処分とを同時に行った場合において、自己株式処分差損が生ずるときは、その他資本剰余金を減少させてまで（場合によってはその他利益剰余金のマイナス表示をしてまで）、資本金等を増加させることは適切ではないと考えられることから、そのような場合には、処分差損を（筆者：その他資本剰余金の減額とはせず）、資本金等の（筆者：増加限度）額から控除することとしている（会社計算規則14条1項3号）。」（相澤哲ほか「新会社法関係法務省令の解説⑹」商事法務1764号21頁）。

		取得請求権付株式・取得条項付株式・全部取得条項付種類株式の取得対価として他の株式交付	株式無償交付	取得条項付新株予約権の取得対価として株式交付	新株予約権の行使
		資本金等増加限度額はゼロ（計算規則15Ⅰ）	資本金等増加限度額はゼロ（計算規則16Ⅰ）	｛取得新株予約権時価−取得対価として交付した株式以外の財	｛新株予約権簿価＋払込金・給付額｝×株式発行割

株主資本	資本金	増加			産の簿価}×株式発行割合－自己株式処分差損－増加資本準備金（計算規則18Ⅰ）	合－自己株式処分差損－増加資本準備金（計算規則40Ⅰ）
		減少				
	資本剰余金	資本準備金	増加	資本金等増加限度額はゼロ（計算規則15Ⅰ）	資本金等増加限度額はゼロ（計算規則16Ⅰ）	{取得新株予約権時価－取得対価として交付した株式以外の財産の簿価}×株式発行割合－自己株式処分差損－増加資本金（計算規則18Ⅰ）	{新株予約権簿価＋払込金・給付額}×株式発行割合－自己株式処分差損－増加資本金（計算規則17Ⅰ）
			減少				
		その他資本剰余金	増加			自己株式処分差益（計算規則18Ⅱ①）	自己株式処分差益（計算規則17Ⅱ①）
			減少		自己株式処分差損（計算規則16Ⅱ、会計基準10）	（自己株式処分差損は、その他資本剰余金のマイナスではなく、資本金等増加限度額から控除）（注2）	（自己株式処分差損は、その他資本剰余金のマイナスではなく、資本金等増加限度額から控除）（注2）
	利益剰余金	利益準備金					
		その他利				（計算規則18Ⅱ②）	（計算規則18Ⅱ②）

	益剰余金					
自己株式（マイナス表示）	増加	自己株式の取得原価はゼロ（注1）			
	減少		自己株式を交付する場合は処分自己株式簿価	自己株式を交付する場合は処分自己株式簿価	自己株式を交付する場合は処分自己株式簿価
新株予約権（取得原価）	増加				
	減少			取得新株予約権の時価	新株予約権の簿価

（注1） 取得した自己株式の対価額は、処分自己株式の帳簿価額であり（会社計算規則15条2項）、自己株式の取得原価は処分自己株式の帳簿価額であるから（自己株式適用指針8⑵）、株式の種類の変更は生ずるが、自己株式の帳簿価額は変化しない。

（注2） 自己株式処分の差益損の会計処理は、原則として、差益はその他資本剰余金の増加、差損はその他資本剰余金の減少となるが（自己株式会計基準9、10）、株式発行と同時に行った場合の差損は、その他資本剰余金の減額とはせず、資本金等増加限度額から控除することとされる（会社計算規則17条、18条）。

(2) 分配可能額算定

① 総　　論

　会社法では、剰余金の配当及び自己株式の取得について分配可能額の限度規制が設けられ、当該行為等により株主に対して交付する財産（会社の自己株式を除く。）の帳簿価額の総額は、当該行為の効力発生日における分配可能額を超えてはならないとされている（会社法461条等）。

　分配可能額の算定時点は、最終事業年度末日と最終事業年度末日後の剰余金の配当・自己株式の取得の効力発生日時点とがあるが、一般的には最終事業年度末日の分配可能額を利用することはまれで、効力発生日の分配可能額の算定のスタートとして位置づけられる。なお、計算書類の確定には日数がかかることから、期首から計算書類の確定までの間に効力発生日が生ずるような場合には、分配可能額の算定上「最終事業年度末日」とあるのは、当該ある事業年度の末日ではなく、決算が確定しているその前の事業年度の末日

を指すことになる（相澤哲ほか「新会社法関係法務省令の解説」別冊商事法務300号111頁）。

分配可能額の算定方法は、①最終事業年度末日の剰余金の金額（会社法446条1号、会社計算規則149条）を基礎として同日の分配可能額算定のための調整項目を加減算し（会社法461条2項1号・3号、会社計算規則158条1号ないし3号）、②期首から効力発生日までの間の剰余金の変動金額（会社法446条2号ないし6号、会社計算規則150条1項）と③分配可能額固有の調整項目の変動額（会社法461条2項4号、会社計算規則158条7号ないし10号）を加減算する。

② 会社法446条による剰余金

会社法446条は、分配時（剰余金の配当又は自己株式の取得時の効力発生日時点）における剰余金を求める規定である。

会社法446条1号は、複雑な規定振りであるが、会社計算規則149条とを併せ読むと、会社法446条1号イ（資産の額）及びロ（自己株式の帳簿価額）は、会社計算規則149条1号により相殺され、減算項目である会社法446条1号ハ（負債の額）及びニ（資本金及び準備金の額）は、会社計算規則149条2号により減算の減算、つまり加算するということで相殺され、結局、会社法446条1号の剰余金の額は、会社計算規則149条3号及び4号にいう「その他資本剰余金」及び「その他利益剰余金」となる。このその他資本剰余金及びその他利益剰余金の合計額がスタートとなる。

剰余金の額（会社法446条）

	【増加項目】	【減少項目】
最終事業年度末日の額	①資産の額（会社446①イ）	①負債の額（会社446①ハ）
	②自己株式の簿価（会社446①ロ）	②資本金・準備金（会社446①ニ）
	【計算規則149②③④の減少項目の控除項目】（会社446①ホ）（注）	【計算規則149①の減少項目の加算項目】（会社446①ホ）（注）
	③負債の額（計算規則149②） ④資本金・準備金（計算規則149②）	③資産の額（計算規則149①） ④自己株式の簿価（計算規則149①）
	⑤その他資本剰余金（計算規則149	最終事業年度末日の額

	③） ⑥その他利益剰余金（計算規則149④）	
最終事業年度末日後の変動額	⑦自己株式処分差益（会社446②）（処分差損は加算からマイナス） ⑧資本金減少による振替額（資本準備金としたものを除く）（会社446③、447Ⅰ②、計算規則27） ⑨資本準備金・利益準備金減少による振替額（資本金としたものを除く）（会社446④、448Ⅰ②、445Ⅳ）	⑫消却自己株式の簿価（会社446⑤） ⑬剰余金の配当額（会社446⑥） 【計算規則150Ⅰ①②③の減少項目の加算項目（会社446⑦）】 ⑭その他資本剰余金減少による振替
	【計算規則150Ⅰ④⑤の減少項目の控除項目（会社446⑦）】	⑭その他資本剰余金減少による振替額（会社446③、447Ⅰ②、計算規則150Ⅰ①） ⑮その他利益剰余金減少による振替額（会社446③、447Ⅰ②、計算規則150Ⅰ①）
	⑩吸収合併、吸収分割、株式交換行為をした場合の 　ア　増加その他資本剰余金の額（計算規則150Ⅰ④、2条49号） 　イ　増加その他利益剰余金の額（計算規則150Ⅰ⑤、2条52号） ⑪不公正払込額の差額てん補額（計算規則150Ⅰ⑤）	⑯剰余金の配当による資本準備金・利益準備金積立額（計算規則150Ⅰ②） ⑰吸収合併、吸収分割、株式交換行為をした場合の自己株式処分差益（計算規則150Ⅰ③）（処分差損は控除からマイナス） （最終事業年度末日後効力発生日における剰余金の額）

（注）　会社法446条1号の文言上、旧商法と同様の純資産額から控除を行う形式が残っているが、同条1号イ～ニの金額は剰余金の算定にあたって無関係な数値と整理されたことから、会社計算規則149条1号及び2号で相殺することとされている。

③　最終事業年度末日における分配可能額

　最終事業年度末日の分配可能額の数値としては、次のようになる。

　「剰余金の額（最終事業年度末日における「その他資本剰余金」及び「その他利益剰余金」の合計額）」から「ア自己株式の帳簿価額、イのれん等調整額（会社計算規則158条1号）、ウその他有価証券評価差損（プラスの場合はゼロ）（会社計算規則158条2号）、エ土地評価差損額の超過額（プラスの場合はゼロ）（会社計算規則158条3号）、オ300万円不足額（会社計算規則158条6号）、カ連

結配当規制適用会社は連単剰余金差額損（会社計算規則158条4号）の合計額」を控除したものになる。

④　分配可能額の変動額

効力発生日における分配可能額は、剰余金の額の変動に伴う分配可能額の変動事由と、分配可能額固有の変動事由を計算することになる。

剰余金の額の変動（期中の資本取引等の剰余金の変動）は、会社法446条2号ないし7号、分配可能額の変動は会社法461条2項に、それぞれ区別して規定が設けられている。

最終事業年度の末日後に生じる事由は、①自己株式の取得価額、②剰余金の配当額、③剰余金を減少して資本金・準備金を増加させた額、④決算期後に資本金・準備金を減少して剰余金とした額である。

［最終事業年度の末日後に生じた事由］

Ⅰ　自己株式の取得により増加した自己株式の帳簿価額（会社法461条2項3号）

Ⅱ　剰余金の配当額（会社法461条2項1号）

Ⅲ　剰余金を減少して資本金・準備金を増加させた額（会社法461条1項1号）

Ⅳ　決算期後に資本金・準備金を減少して剰余金とした額（会社法446条3号・4号）

　　分配可能額＝決算期における分配可能額－（Ⅰ＋Ⅱ＋Ⅲ）＋Ⅳ　最終事業年度の末日後に生じた事由

ア　自己株式

自己株式の帳簿価額とは、すでに分配可能額として計算された金銭を財源として取得したもの、つまり過去に株主に対して株式の取得と引き換えに払い戻した財産の価額に相当するものであることから、これを再び分配可能額に加えると、利益の二重計上になるおそれがあるから、再び分配されないように控除するということである（会社法461条2項3号）。旧商法でも純資産に含まれず、配当可能利益を構成しないとされていた（旧商法290条1項4号、旧商法施行規則91条1項5号・3項、124条2号）。

この額については、最終事業年度末日という時点制約がないから、その後自己株式の取得等により変動することとなる。自己株式の帳簿価額の増加は分配可能額の減少となり、自己株式の帳簿価額の減少は分配可能額の増加となる（後記第5、2（82頁）参照）。

　会社法461条2項4号の自己株式の対価額は、剰余金の計算において剰余金の額に加算（会社法446条2項）しているところ、自己株式の対価の額と自己株式の帳簿価額との差額がプラスなら差益（マイナスなら差損）となる。

　自己株式の処分については、株主から財産を受け入れると同時に自己株式の帳簿価額（すでに株主に対してその取得と引き換えに払い戻した財産の価額に相当するものである。）は減少し、その額だけ、分配可能額を増加させ、自己株式処分差益（差損）も剰余金の増減を通じて分配可能額の増減要因となり、自己株式の対価額分だけ分配可能額を増加させてしまう。そこで、通常の決算又は臨時決算を経ない限り、分配可能額に組み入れないとするものである。

　　イ　のれん等調整額の超過額（会社計算規則158条1号）
　　ウ　有価証券評価差額金（会社計算規則158条2号）
　　エ　土地再評価差額金（会社計算規則158条3号）
　　オ　連結配当規制適用会社は、連単剰余金差額損（会社計算規則158条4号）

　剰余金配当規制は単体（個別）の貸借対照表を基準とするが、連結配当規制適用会社では、単体ベースの剰余金の額が連結ベースの剰余金より大きい場合には、分配可能額からその差額を控除し、連結ベースを基準とすることができる（会社計算規則158条4号）。逆に単体ベースの剰余金をふやすことはできない（神田秀樹『会社法［第8版］』弘文堂（平成18年）242頁）。
（会社計算規則158条4号）（a－b）を分配可能額から控除
　　　a　単体ベース　株主資本の額－その他有価証券評価差損額－土地評価差損額－のれん等調整額＝金○円
　　　b　連結ベース　株主資本の額－その他有価証券評価差損額－土地評価差損額－のれん等調整額＝金○円

⑤ 臨時決算により、臨時計算書類の対象期間（期首（臨時決算日の属する事業年度の初日）から臨時決算日までの期間）の損益及び自己株式処分対価を分配可能額に反映する（会社法461条2項2号イ、ロ）ことになるので、最終事業年度末日後、臨時決算が2以上行われた場合は、会社法461条2項2号の規定により累積となり二重に計上されてしまうため、直近の臨時決算以前の臨時決算に関する項目を控除することとしている（会社計算規則158条5号）。

分配可能額（会社法461条2項）（臨時決算がない場合の効力発生日時点）

	【増加項目】	【減少項目】
最終事業年度末日後剰余金変動額	①剰余金の額（会社446①） 　その他資本剰余金　その他利益剰余金 ②自己株式処分差益（会社446②） 　（処分差損は加算からマイナス） ③資本金減少による振替額（資本準備金としたものを除く）（会社446③、447Ⅰ②、計算規則27） ④資本準備金・利益準備金減少による振替額（資本金としたものを除く）（会社446④、448Ⅰ②、445Ⅳ） ⑤吸収合併、吸収分割、株式交換行為をした場合の 　ア　増加その他資本剰余金の額（計算規則150Ⅰ④イ、2条49号、会社446⑦） 　イ　増加その他利益剰余金の額（計算規則150Ⅰ④ロ、2条52号、会社446⑦） ⑥不公正払込額の差額てん補額（計算規則150Ⅰ⑤、会社446⑦）	⑦消却した自己株式の帳簿価額（会社446⑤、461Ⅱ③と相殺される） ⑧剰余金の配当額（会社446⑥） ⑨剰余金の配当による資本準備金・利益準備金積立額（会社446⑦、計算規則150Ⅰ②） ⑩その他資本剰余金減少による振替額（会社446⑦、計算規則150Ⅰ①） ⑪その他利益剰余金減少による振替額（会社446⑦、計算規則150Ⅰ①） ⑫吸収合併、吸収分割、株式交換行為をした場合の自己株式処分差益（会社446⑦、計算規則150Ⅰ③）（処分差損は控除からマイナス） （最終事業年度末日後剰余金の変動額）(A)
最終事業年	①最終事業年度末日の剰余金の額（会社446①）	②最終事業年度末日の自己株式帳簿価額（会社461Ⅱ③） ③最終事業年度末日ののれん等調整額の超過額等（計算規則158①）

度末日の分配可能額		（注2） ④最終事業年度末日のその他有価証券評価差損（プラスの場合はゼロ）（計算規則158②） ⑤最終事業年度末日の土地評価差損額（プラスの場合はゼロ）（計算規則158③） ⑥300万円不足額（計算規則158⑥）（注3）
最終事業年度末日後の分配可能額の調整額	①最終事業年度末日後の変動後の剰余金の額（会社461Ⅱ①）(A)	②自己株式帳簿価額の増加額（会社461Ⅱ③、446⑤と相殺される） ③自己株式を処分した場合の対価額（会社461Ⅱ④）（注1） ⑩当期純損失（会社461Ⅱ⑤、計算規則157） ⑪のれん等調整額について臨時決算日の数値に置き換える（計算規則158①）（注2） ⑫その他有価証券評価差損（プラスの場合はゼロ）について臨時決算日の数値に置き換える（計算規則158②） ⑬土地評価差損額（プラスの場合はゼロ）について臨時決算日の数値に置き換える（計算規則158③） ⑭300万円不足額について、資本金、準備金、新株予約権の額、評価換算差額について臨時決算日の数値に置き換える（計算規則158⑥）（注3） ⑮臨時決算日までに吸収合併、吸収分割、株式交換行為をした場合又は特定募集に際して処分した自己株式対価額（会社461Ⅱ⑥、計算規則158⑦）（注4）
	【計算規則158⑨⑩の減少項目の控除項目（会社461Ⅱ⑥）】	【計算規則158①〜⑧の減少項目の加算項目（会社461Ⅱ⑥）】

④自己株式取得に対する対価として自己株式を交付したときの取得自己株式の帳簿価額（株式以外の財産の価額を除く）（計算規則158⑨）	⑥不公正払込額の差額てん補額のうち増加したその他資本剰余金（計算規則158⑧、44）
⑤吸収合併、吸収分割、株式交換行為をした場合又は特定募集に際して処分した自己株式対価額（計算規則158⑩）（注5）	（最終事業年度末日後効力発生日における分配可能額の変動額）(B)

（注1） 会社法461条2項4号の自己株式の対価額は、剰余金の計算において剰余金の額に加算（会社446条2項）しているところ、自己株式の対価の額と自己株式の帳簿価額との差額がプラスなら差益（マイナスなら差損）となる。
　　　　自己株式の処分については、株主から財産を受け入れると同時に自己株式の帳簿価額（すでに株主に対してその取得と引き換えに払い戻した財産の価額に相当するものである。）は減少し、その額だけ、分配可能額を増加させ、自己株式処分差益（差損）も剰余金の増減を通じて分配可能額の増減要因となり、自己株式の対価額分だけ分配可能額を増加させてしまう。そこで、通常の決算又は臨時決算を経ない限り、分配可能額に組み入れないとするものである。

（注2） 会社計算規則158条1号の加算項目（会社法461条2項6号の控除項目）
　　　　のれん等調整額とは、「資産の部に計上したのれんの額の2分の1と繰延資産の額の合計額」（会社、会社計算規則158①柱書）をいい、資本等金額とは「最終事業年度の末日における資本金の額と準備金の額の合計額」（会社計算規則158条1号イ）をいう。
　　① 　のれん等調整額≦資本等金額の場合は、ゼロ（会社計算規則158条1号イ）
　　② 　資本等金額＜のれん等調整額≦資本等金額＋その他資本剰余金の場合は、「のれん等調整額－資本等金額」（会社計算規則158条1号ロ）
　　③ 　のれん等調整額＞資本等金額＋その他資本剰余金≧のれん×½の場合は、「のれん等調整額－資本等金額」（会社計算規則158条1号ハ(1)）
　　④ 　のれん等調整額＞資本等金額＋その他資本剰余金＜のれん×½の場合は、「その他資本剰余金＋繰延資産の額」（会社計算規則158条1号ハ(2)）

（注3） 300万円不足額
　　　　300万円から、①資本金、②資本準備金、③利益準備金、④新株予約権の額、⑤最終事業年度末日の貸借対照表の評価益が計上されている場合の評価換算差額等の各項目に計上した額（当該項目に計上した額がゼロ未満のときはゼロ、つまり評価損の場合は控除しないということである。）の合計額を控除した額（控除した額がゼロ未満のときはゼロ）であるが、⑤を除いた①～④については最終事業年度末日のみの時点制限がないので、効力発生日の数値に置き換える必要がある。

（注4） 剰余金変動額で処理されるため、臨時決算を経た自己株式対価額を分配可能額に加算する規定（会社461条2項2号ロ）を相殺する趣旨の規定である。

（注5） 再編で処分する自己株式については、受入行為の剰余金変動額で処理されるから、自己株式の対価額を分配可能額から減額するという原則的な規定（会社法461条2項4号）を、ここで相殺する趣旨の規定である。

（注6） 臨時決算した場合は、会社計算規則158条1号～8号の減少項目の加算項目であ

る①のれん等調整額（会社計算規則158条1号）、②その他有価証券評価差損（プラスの場合はゼロ）（会社計算規則158条2号）、③土地評価差損額（プラスの場合はゼロ）（会社計算規則158条3号）、④300万円不足額算定上の評価換算差額等（会社計算規則158条6号ハ）については、臨時決算日の数値に置き換える。

分配可能額（会社法461条2項）（臨時決算をはさんだ効力発生日の場合）

	【増加項目】	【減少項目】
最終事業年度末日後剰余金変動額	①剰余金の額（会社446①） 　その他資本剰余金　その他利益剰余金 ②自己株式処分差益（会社446②） 　（処分差損は加算からマイナス） ③資本金減少による振替額（資本準備金としたものを除く）（会社446③、447Ⅰ②、計算規則27） ④資本準備金・利益準備金減少による振替額（資本金としたものを除く）（会社446④、448Ⅰ②、445Ⅳ） ⑤吸収合併、吸収分割、株式交換行為をした場合の 　ア　増加その他資本剰余金の額 　　（計算規則150Ⅰ④イ、2条49号、会社446⑦） 　イ　増加その他利益剰余金の額 　　（計算規則150Ⅰ④ロ、2条52号、会社446⑦） ⑥不公正払込額の差額てん補額（計算規則150Ⅰ⑤、会社446⑦）	⑦消却した自己株式の帳簿価額（会社446⑤、461Ⅱ③と相殺される） ⑧剰余金の配当額（会社446⑥） ⑨剰余金の配当による資本準備金・利益準備金積立額（会社446⑦、計算規則150Ⅰ②） ⑩その他資本剰余金減少による振替額（会社446⑦、計算規則150Ⅰ①） ⑪その他利益剰余金減少による振替額（会社446⑦、計算規則150Ⅰ①） ⑫吸収合併、吸収分割、株式交換行為をした場合の自己株式処分差益（会社446⑦、計算規則150Ⅰ③）（処分差損は控除からマイナス） （最終事業年度末日後剰余金の変動額）(A)
最終事業年度末日の分配可能	①最終事業年度末日の剰余金の額（会社446①）	②自己株式帳簿価額（会社461Ⅱ③） ③最終事業年度末日ののれん等調整額の超過額等（計算規則158①）（注2） ④最終事業年度末日のその他有価証券評価差損（プラスの場合はゼロ）（計算規則158②） ⑤最終事業年度末日の土地評価差損額（プラスの場合はゼロ）（計算

額		規則158③） ⑥300万円不足額（計算規則158⑥）（注3）
臨時決算日の調整額	①最終事業年度末日後の変動後の剰余金の額（会社461Ⅱ①）(A)	②自己株式帳簿価額の増加額（会社461Ⅱ③、446⑤と相殺される） ③自己株式を処分した場合の対価額（会社461Ⅱ④）（注1）
	【計算規則158⑨⑩の減少項目の控除項目（会社461Ⅱ⑥）】	【計算規則158①～⑧の減少項目の加算項目（会社461Ⅱ⑥）】
	④自己株式取得に対する対価として自己株式を交付したときの取得自己株式の帳簿価額（株式以外の財産の価額を除く）（計算規則158⑨） ⑤吸収合併、吸収分割、株式交換行為をした場合又は特定募集に際して処分した自己株式対価額（計算規則158⑩）（注5）	⑥不公正払込額の差額てん補額のうち増加したその他資本剰余金（計算規則158⑧、44） 　300万円不足額について、資本金、準備金、新株予約権の額、評価換算差額について臨時決算日の数値に置き換える（計算規則158⑥）（注3） （最終事業年度末日後効力発生日における分配可能額の変動額）(B)
	臨時決算日の数値（会社461Ⅱ②、計算規則156)	臨時決算日の数値（会社461Ⅱ⑤、計算規則157）（注6）
	⑦当期純利益（会社461Ⅱ②イ、計算規則156①） ⑧不公平払込差額金（会社461Ⅱ②イ、計算規則156②） ⑨自己株式処分対価額（会社461Ⅱ②ロ）	⑩当期純損失（会社461Ⅱ⑤、計算規則157) ⑪のれん等調整額について臨時決算日の数値に置き換える（計算規則158①）（注2） ⑫その他有価証券評価差損（プラスの場合はゼロ）について臨時決算日の数値に置き換える（計算規則158②） ⑬土地評価差損額（プラスの場合はゼロ）について臨時決算日の数値に置き換える（計算規則158③） ⑭300万円不足額について、資本金、準備金、新株予約権の額、評価換算差額について臨時決算日の数値

			に置き換える（計算規則158⑥）（注3） ⑮臨時決算日までに吸収合併、吸収分割、株式交換行為をした場合又は特定募集に際して処分した自己株式対価額（会社461Ⅱ⑥、計算規則158⑦）（注4）
			（臨時決算した場合の最終事業年度末日後効力発生日における分配可能額の変動額）(C)

（注1）　会社法461条2項4号の自己株式の対価額は、剰余金の計算において剰余金の額に加算（会社法446条2項）しているところ、自己株式の対価の額と自己株式の帳簿価額との差額がプラスなら差益（マイナスなら差損）となる。
　　　　自己株式の処分については、株主から財産を受け入れると同時に自己株式の帳簿価額（すでに株主に対してその取得と引き換えに払い戻した財産の価額に相当するものである。）は減少し、その額だけ、分配可能額を増加させ、自己株式処分差益（差損）も剰余金の増減を通じて分配可能額の増減要因となり、自己株式の対価額分だけ分配可能額を増加させてしまう。そこで、通常の決算又は臨時決算を経ない限り、分配可能額に組み入れないとするものである。

（注2）　会社計算規則158条1号の加算項目（会社法461条2項6号の控除項目）
　　　　のれん等調整額とは、「資産の部に計上したのれんの額の2分の1と繰延資産の額の合計額」（会社、会社計算規則186①柱書）をいい、資本等金額とは「最終事業年度の末日における資本金の額と準備金の額の合計額」（会社計算規則158条1号イ）をいう。
　　①　のれん等調整額≦資本等金額の場合は、ゼロ（会社計算規則158条1号イ）
　　②　資本等金額＜のれん等調整額≦資本等金額＋その他資本剰余金の場合は、「のれん等調整額－資本等金額」（会社計算規則158条1号ロ）
　　③　のれん等調整額＞資本等金額＋その他資本剰余金≧のれん×½の場合は、「のれん等調整額－資本等金額」（会社計算規則158条1号ハ(1)）
　　④　のれん等調整額＞資本等金額＋その他資本剰余金＜のれん×½の場合は、「その他資本剰余金＋繰延資産の額」（会社計算規則158条1号ハ(2)）

（注3）　300万円不足額
　　　　300万円から、①資本金、②資本準備金、③利益準備金、④新株予約権の額、⑤最終事業年度末日の貸借対照表の評価益が計上されている場合の評価換算差額等の各項目に計上した額（当該項目に計上した額がゼロ未満のときはゼロ、つまり評価損の場合は控除しないということである。）の合計額を控除した額（控除した額がゼロ未満のときはゼロ）であるが、⑤を除いた①～④については最終事業年度末日のみの時点制限がないので、効力発生日の数値に置き換える必要がある。

（注4）　剰余金変動額で処理されるため、臨時決算を経た自己株式対価額を分配可能額に加算する規定（会社法461条2項2号ロ）を相殺する趣旨の規定である。

（注5）　再編で処分する自己株式については、受入行為の剰余金変動額で処理されるから、自己株式の対価額を分配可能額から減額するという原則的な規定（会社法461条2項4号）を、ここで相殺する趣旨の規定である。

(注6) 臨時決算した場合は、会社計算規則158条1号～8号の減少項目の加算項目である①のれん等調整額（会社計算規則158条1号）、②その他有価証券評価差損（プラスの場合はゼロ）（会社計算規則158条2号）、③土地評価差損額（プラスの場合はゼロ）（会社計算規則158条3号）、④300万円不足額算定上の評価換算差額等（会社計算規則158条6号ハ）については、臨時決算日の数値に置き換える。

(3) **分配可能額の存在を証する書面**（商業登記規則61条6項の書面）

取得請求権付株式、取得条項付株式、全部取得条項付種類株式の取得対価が新株予約権のときの登記申請書の添付書面となる（平成18年3月31日付民商第782号民事局長通達第2部第2の6(2)ア(イ)c(b)、同イ(イ)b、同エ(イ)b）。

(注) 全部取得条項付種類株式の取得と引き換えに新株予約権を発行した場合において、「分配可能額を超える対価で全部取得条項付種類株式を取得した場合の処理については、取得請求権付株式（会社166条1項但書）や取得条項付株式（会社170条5項）と異なり、当該取得自体を無効とする旨の規定はなく（会社463条参照）、別途株主および取締役に、剰余金の配当等に関する責任（会社462条1項）が生ずる」（相澤哲ほか『論点解説　新・会社法』商事法務（平成18年）84頁）とされており、直ちに無効であるとなるわけではないことから、分配可能額を超える対価で全部取得条項付種類株式の取得と引き換えに新株予約権を発行した場合、本書面の添付を要しないと考えられる余地があるが、登記実務上は、要するとされている（同通達第2部第2の6(2)エ(イ)b）。

```
［決算期における分配可能額］
剰余金の額（会社法446条）
　A　その他資本剰余金の額（会社計算規則149条3号）　　　　　　金〇〇〇円
　B　その他利益剰余金の額（会社計算規則149条4号）　　　　　　金〇〇〇円
剰余金の額＝A＋B　　金〇〇〇〇円
①　自己株式の帳簿価額（会社法461条2項2号）　　　　　　　　　金〇〇円
②　｜（のれん÷2）＋繰延資産額｜－（資本金＋資本準備金額）　　金〇円
　　その他資本剰余金の額≧②　ただし、その他資本剰余金の額を限度（会社計算規則158条1号）
　　その他利益剰余金をマイナスとすることなどはできない
③　その他有価証券・土地の評価損がある場合における当該差損額（会社計算規則158条2号・3号）
　　売買目的有価証券の評価損は会社計算規則158条2号の適用がない　金〇円
④　純資産額中剰余金以外の額が300万円に満たない場合には、その不足額（会社計算規則158条6号）　　　　　　　　　　　　　　　　　　　金〇円
⑤　連単剰余金差額損（会計算規則158条4号）＝a－b　　　　　　金〇円
```

a　単体ベース　株主資本の額－その他有価証券評価差損額－土地評価差損額－のれん等調整額＝金〇円
　　b　連結ベース　株主資本の額－その他有価証券評価差損額－土地評価差損額－のれん等調整額＝金〇円
決算期における分配可能額＝（A＋B）－（①＋②＋③＋④）　　金〇〇〇〇円
（連結配当規制適用会社は⑤も引く）
［最終事業年度の末日後に生じた事由］
Ⅰ　自己株式の取得価額（会社法461条2項3号）　　　　　　金〇〇円
Ⅱ　剰余金の配当額（会社法461条2項1号）　　　　　　　　金〇〇円
Ⅲ　剰余金を減少して資本金・準備金を増加させた額（会社法461条1項1号）　　　　　　　　　　　　　　　　　　　　　　　　　　金〇〇円
Ⅳ　決算期後に資本金・準備金を減少して剰余金とした額（会社法446条3号・4号）　　　　　　　　　　　　　　　　　　　　　　　金〇〇円
分配可能額＝決算期における分配可能額－（Ⅰ＋Ⅱ＋Ⅲ）＋Ⅳ　金〇〇〇〇円
［決算期における分配可能額］
1　最終事業年度末日における剰余金の額（会社法446条）（注1）
　　　①＋②　　　　　　　　　　　　　　　　　　　　　　　金〇〇〇〇円
　①　その他資本剰余金の額（会社計算規則149条3号）　　　金〇〇円
　②　その他利益剰余金の額（会社計算規則149条4号）　　　金〇〇円
2　最終事業年度末日における次の合計額
　　　①＋②＋③＋④　　　　　　　　　　　　　　　　　　　金〇〇〇〇円
　①　自己株式の帳簿価額（会社法461条2項3号）　　　　　金〇〇円
　②　のれん等調整額（会社法461条2項6号、会社計算規則148条1号）
　　　　　　　　　　　　　　　　　　　　　　　　　　　　金〇〇円（注2）
　③　その他有価証券・土地の評価損がある場合における当該差損額（会社法461条2項6号、会社計算規則148条2号・3号）　　　金〇〇円
　④　純資産額中剰余金以外の額が300万円に満たない場合には、その不足額（会社法461条2項6号、会社計算規則148条6号）　　金〇〇円（注3）
3　最終事業年度の末日における分配可能額
　　　（1－2）　　　　　　　　　　　　　　　　　　　　　金〇〇〇〇円
4　最終事業年度の末日後に生じた事由
　　　a＋b＋c－d　　　　　　　　　　　　　　　　　　　　金〇〇〇〇円
　a　自己株式の取得価額（会社法461条2項4号）　　　　　金〇〇円（注4）
　b　剰余金の配当額（会社法446条6号）　　　　　　　　　金〇〇円
　c　剰余金を減少して資本金・準備金を増加させた額
　　　（会社法446条7号、会社計算規則150条1項1号）　　金〇〇円（注5）
　d　資本金・準備金を減少して剰余金とした額
　　　（会社法446条3号・4号）　　　　　　　　　　　　　金〇〇円（注5）

5　分配可能額
　　　　3（最終事業年度の末日における分配可能額）－4（a＋b＋c－d）
　　　　　　　　　　　　　　　　　　　　　　　　　　　金○○○○円

　　取得条項付株式の取得につき新株予約権を発行する場合の取得対価は5の分配可能額を超えないこと及び会社法461条2項及び会社、会社計算規則158条等の規定に従って計算されたことに相違ありません。
　　平成19年6月19日

　　　　　　　　　　　　　　　　　　　○○商事株式会社
　　　　　　　　　　　　　　　　　　　代表取締役　　○○　○○　印

(注1)　剰余金の額に関する算定方法の基本形は、会社法446条及び会社計算規則149条の各項を通算すると、結局、「その他資本剰余金の額＋その他利益剰余金の額」となる。
(注2)　のれん調整額は、次のような計算をするが、その他資本剰余金の額を限度とする（会社計算規則158条1号）。
　　　その他資本剰余金の額≧｛(のれん÷2)＋繰延資産額｝－（資本金＋資本準備金額）
　　　その他利益剰余金をマイナスとすることなどはできない
(注3)　最終事業年度に係る貸借対照表上の「資本金、資本準備金、利益準備金、新株予約権、評価・換算差額等の額（差益が生じている場合に限る。）」の合計額が、300万円未満の場合には、その差額を減算するものである。
　　　なお、評価・換算差額等の額がマイナス（差損）である場合には、表中2の③で先に減算されているので、再度ここで減算する必要はない。
(注4)　自己株式の処分価額である。この額が、自己株式帳簿価額を超えているときは処分差益が生じ、下回るときは処分差損が生ずることになる。
　　　取得対価として自己株式を交付するときは、自己株式を入れ替えているだけで、当該取得部分に係る自己株式の帳簿価額に変動がない。
　　　しかし、最終事業年度の末日後に自己株式を処分した場合におけるその自己株式の処分価額は、まず原則的に会社法461条2項4号の規定によって、分配可能額から減算されてしまうので、会社、会社計算規則158条9号の規定により再度自己株式の帳簿価額を加算する規定を置き、結果として分配可能額は変動しないようにしている（会社計算規則158条9号柱書カッコ書）。
(注5)　最終事業年度の末日後に①資本金、資本準備金を剰余金に振り替えれば分配可能額が増加し（会社法446条3号・4号）、②剰余金を資本金、資本準備金に振り替えれば分配可能額が減少する（会社法446条7号、会社計算規則150条1項1号）。

分配可能額の存在を証する書面　取得条項付株式の取得につき新株予約権を発行する場合

1　最終事業年度末日における剰余金の額（会社法446条）(注1)	
①＋②	金○○○○円
①　その他資本剰余金の額（会社計算規則149条3号）	金○○円

② その他利益剰余金の額（会社計算規則149条4号）　　　金〇〇円
2　最終事業年度末日における次の合計額
　　①＋②＋③＋④　　　　　　　　　　　　　　　　　　　金〇〇〇〇円
　　① 自己株式の帳簿価額（会社法461条2項3号）　　　　金〇〇円
　　② のれん等調整額超過額（会社法461条2項6号、会社計算規則158条1号）（注2）　　　　　　　　　　　　　　　　　　　　　　　　　　　金〇〇円
　　③ その他有価証券・土地の評価損がある場合における当該差損額（会社法461条2項6号、会社計算規則158条2号・3号）　　　　　　　金〇〇円
　　④ 純資産額中剰余金以外の額が300万円に満たない場合には、その不足額（会社法461条2項6号、会社計算規則158条6号）（注3）　金〇〇円
3　最終事業年度の末日における分配可能額
　　（1－2）　　　　　　　　　　　　　　　　　　　　　　金〇〇〇〇円
4　最終事業年度の末日後に生じた事由
　　a＋b＋c－d　　　　　　　　　　　　　　　　　　　　　金〇〇〇〇円
　a　自己株式の取得価額（会社法461条2項4号）（注4）　　金〇〇円
　b　剰余金の配当額（会社法446条6号）　　　　　　　　　金〇〇円
　c　剰余金を減少して資本金・準備金を増加させた額（会社法446条7号、会社計算規則150条1項1号）（注5）　　　　　　　　　　　金〇〇円
　d　資本金・準備金を減少して剰余金とした額（会社法446条3号・4号）（注5）　　　　　　　　　　　　　　　　　　　　　　　　金〇〇円
5　分配可能額
　　3（最終事業年度の末日における分配可能額）－4（a＋b＋c－d）
　　　　　　　　　　　　　　　　　　　　　　　　　　　　金〇〇〇〇円

　取得条項付株式の取得につき新株予約権を発行する場合の取得対価は5の分配可能額を超えないこと及び会社法461条2項及び会社計算規則158条等の規定に従って計算されたことに相違ありません。
　　平成19年6月19日

　　　　　　　　　　　　　　　　　　〇〇商事株式会社
　　　　　　　　　　　　　　　　　　代表取締役　〇〇　〇〇　印

（注1）　剰余金の額に関する算定方法の基本形は、会社法446条及び会社計算規則149条の各項を通算すると、結局、「その他資本剰余金の額＋その他利益剰余金の額」となる。
（注2）　のれん調整額は、次のような計算をするが、その他資本剰余金の額を限度とする（会社計算規則158条1号）。
　　　　その他資本剰余金の額≧｛（のれん÷2）＋繰延資産額｝－（資本金＋資本準備金額）

その他利益剰余金をマイナスとすることなどはできない。
　　控除すべきのれん等調整額の超過額は、次のとおりである。
　①　のれん等調整額≦資本等金額の場合は、ゼロ（会社計算規則158①イ）
　②　資本等金額＜のれん等調整額≦資本等金額＋その他資本剰余金の場合は、「のれん等調整額－資本等金額」（会社計算規則158①ロ）
　　　その他資本剰余金　≧　|(のれん÷2)＋繰延資産額|　－（資本金＋資本準備金額）となり、その他資本剰余金の額を限度とする。
　③　のれん等調整額＞資本等金額＋その他資本剰余金≧のれん×½の場合は、「のれん等調整額－資本等金額」（会社計算規則158①ハ(1)）
　④　のれん等調整額＞資本等金額＋その他資本剰余金＜のれん×½の場合は、「その他資本剰余金＋繰延資産の額」（会社計算規則158①ハ(2)）

(注3)　最終事業年度に係る貸借対照表上の「資本金、資本準備金、利益準備金、新株予約権、評価・換算差額等の額（差益が生じている場合に限る。）」の合計額が、300万円未満の場合には、その差額を減算するものである。
　　なお、評価・換算差額等の額がマイナス（差損）である場合には、表中2の③で先に減算されているので、再度ここで減算する必要はない。

(注4)　自己株式の処分価額である。この額が、自己株式帳簿価額を超えているときは処分差益が生じ、下回るときは処分差損が生ずることになる。
　　取得対価として自己株式を交付するときは、自己株式を入れ替えているだけで、当該取得部分に係る自己株式の帳簿価額に変動がない。
　　しかし、最終事業年度の末日後に自己株式を処分した場合におけるその自己株式の処分価額は、まず原則的に会社法461条2項4号の規定によって、分配可能額から減算されてしまうので、会社計算規則158条9号の規定により再度自己株式の帳簿価額を加算する規定を置き、結果として分配可能額は変動しないようにしている（会社計算規則158条9号柱書カッコ書）。

(注5)　最終事業年度の末日後に①資本金、資本準備金を剰余金に振り替えれば分配可能額が増加し（会社法446条3号・4号）、②剰余金を資本金、資本準備金に振り替えれば分配可能額が減少する（会社法446条7号、会社計算規則150条1項1号）。

第2節　資本金の額の増加による変更の登記

第1　貸借対照表の計数の変更による資本金の額の増加

1　概　　説

　会社の資本金の額は、原則として、設立又は株式の発行に際して株主となる者が会社に対して払込み又は給付した財産の額であるが、株式の発行がなくても、準備金又は剰余金の額を減少させ、同額だけ資本金を増加することができる（会社法448条、450条、会社計算規則25条1項）。

　登記手続との関連では、資本準備金の額は、登記事項とされていないことから、資本金の額への組入れが伴わない資本準備金の額に変動（欠損のてん補（分配可能額のマイナスである場合において、分配可能額をゼロに回復させること）やその他資本剰余金の額への組入れ等）が生じたとしても、登記をすることを要しない。

2　準備金の資本組入れの手続

(1)　準備金の資本組入れ

　準備金は、貸借対照表に計上を要する計算上の計数であるが（会社計算規則76条4項）、欠損が生じた際に取り崩してそのてん補に充てることが資本金の額を減少させる手続より容易に行うことができる点等において資本金と区別することができる。この準備金の額を減少させ、その減少分に応じて資本金の額を増加することができる（会社法448条）が、資本金に組み入れることができる準備金は、資本準備金又は利益準備金である（会社法448条1項、会社計算規則25条1項1号）。

会社法施行時は、会社法448条1項及び商業登記法69条の規定にかかわらず、会社法の下位の規律である会社計算規則により資本準備金に限るとされていたが（会社計算規則旧48条1項1号）、改正会社計算規則25条1項1号の規定により、利益準備金の資本組入れが認められ、商業登記法69条の空振り状態が解消されている。

また、会社法施行と同時に、準備金の減少に係る商法による規制「資本準備金又は利益準備金は資本の欠損の填補に充てる以外は使用できない」（旧商法289条2項）は、廃止されている。

なお、減少する資本準備金の額のうち資本金とすることとされなかった額は、その他資本剰余金の額に、減少する利益準備金の額のうち資本金とすることとされなかった額は、その他利益剰余金の額となることになる（会社計算規則27条1項2号）。

(2) 準備金の資本組入れの決議手続

① 株主総会の決議による場合

会社法施行以前は、取締役会の決議により準備金を資本に組み入れることができるとされていたが（旧商法293条ノ3）、会社法においては、準備金の額を減少して、資本金の額を増加するためには、原則として、株主総会の普通決議により行うこととされたが（会社法448条1項、309条1項）、この株主総会は定時株主総会に限らず、臨時株主総会でも決議することが可能となっている。

その理由は、準備金を減少し資本金に組み入れた場合には、その減少により準備金を配当可能利益から新たに積み増す必要が生じることで株主に不利益が生じること、及び資本金の減少手続は準備金のそれよりも厳しいことで減少して配当可能利益とすることがむずかしくなることから、株主にとって不利益な計数の変動になるとして、株主総会の決議を要するとしたものである（江頭憲治郎『株式会社法［初版］』有斐閣（平成18年）592頁）。なお反対論「資本減少や準備金減少は金額だけを減少するものであるから、株主総会決議を必要とすべき理由はなく、立法論としては、これを不要とすべきである」（神田秀樹『会社法［第8版］』弘文堂（平成18年）246頁）があるが、定時

株主総会に限らず臨時株主総会の決議で足りるとしたのは、利益の処分ではなく、株主資本の計数の内訳変更にすぎないからと考えられる。

なお、登記手続においては、定時株主総会以外の株主総会では必ずしも準備金又は剰余金の存在が明らかでないため、株主総会の議事録（商業登記法46条）のほか、減少に係る資本準備金又はその他資本剰余金の額が計上されていたことを証する書面を添付しなければならないとしている（商業登記法69条）。

② 株式の発行を同時に行う場合

株式の発行と同時に準備金の額を減少する場合において、当該準備金の額の減少の効力発生日後の準備金の額が当該日前の準備金の額を下回らないときは、取締役の決定（取締役会設置会社にあっては、取締役会の決議）ですることができるとされた（会社法448条3項）。すなわち、出資された財産の2分の1以上の額及び準備金の額の減少相当額の合算額が資本金の額とされ、出資された財産の2分の1に満たない額が準備金に計上された場合において、計上後の準備金の額が減少の効力発生日前のものを下回らないことを意味する。実質的には、株式の発行によって増加する株主資本の計数の内訳を変更しているからにすぎないことから、株主総会の決議を要しないとされている。なお、この場合の取締役の決定は、原則として取締役の過半数の一致で行われる。当該取締役は、各取締役ではなく、総体としての取締役と解されることによる。

また、株主総会の普通決議によってすることも可能と解されている。この場合には、定款に決議事項として定められていることは要しない。

なお、会計監査人設置会社においては、剰余金の配当等を取締役会が決定する旨を定款に定めることにより、準備金の減少の決議を計算書類承認のための取締役会ですることができることとされている（会社法459条1項3号・3項、436条3項）。

③ 決議事項

会社法は、準備金の額を減少させる場合においては、

ア　減少する準備金の額

減少する準備金の額は、決議日に存在する必要はなく、たとえば、準備金が50万円しかない会社が、減少する準備金を100万円とする株主総会の決議をすることはできる。あくまでも効力発生日に準備金が100万円以上存在すればよい（会社法448条2項）。
　イ　減少する準備金の額の全部又は一部を資本金とする場合にはその旨及びその額
　ウ　その効力発生日

を定めなければならないこととされており（会社法448条1項）、この場合においては、アの減少する準備金の額は、ウの効力発生日における準備金の額を超えてはならないこととされている（会社法448条2項）。

(3) 債権者保護手続

① 減少分の全額を資本金へ組み入れる場合

　減少する準備金の全額の資本金への組入れは、株主に対する配当原資となるその他資本剰余金（その他利益剰余金）への組入れに際し、準備金より困難な手続（株主総会の特別決議）を要する資本金の額がふえることになるため、配当というかたちで会社財産が社外へ流出することに制約をかけることになり、会社債権者にとっては利益になることから、債権者保護手続は要しない（会社法449条1項本文カッコ書）。

② 減少分の一部を資本金へ、残余をその他資本剰余金（その他利益剰余金）へ組み入れる場合

　減少する準備金の額の一部を資本金へ、残余をその他資本剰余金（その他利益剰余金）へ組み入れる場合には、準備金の額をその他資本剰余金（その他利益剰余金）の額へ組み入れることにより、配当原資たる剰余金の額が増加し、株主への配当のかたちで会社財産が社外へ流出することが可能となり、会社債権者の利益を損なうおそれがあるため、債権者保護手続を要し（会社法449条1項）、その完了を経て、準備金の額の減少の効力が発生することとなる（会社法449条6項2号）。

　ただし、例外として、①定時株主総会において準備金の額の減少に関する決議事項を定める場合（会社法449条1項1号）、かつ、②減少する準備金の

額が当該決議に係る定時株主総会の日における欠損の額として定める方法により算定される額（当該準備金の額の減少を行った後に分配可能額がプラスとならない額、つまり損失処理）を超えない場合（会社計算規則151条）には、債権者保護手続を要しないこととされた（会社法449条1項但書）。会社法施行前は、計算書類の確定時に行われる損失処理案の決議に基づく準備金の額を減少し同額を資本組入れする場合（旧商法289条1項但書、293条ノ3）について、「会社債権者にとっては、準備金を資本に組み入れることは、それだけ資本が増加するから、有利でこそあれ、不利になることはなく、債権者保護の手続をとる必要はない」（前田庸『会社法入門［第11版］』有斐閣（平成18年）566頁）とされ、その取扱いが、会社法449条に明文化されたものである。

　また、剰余金の配当等を取締役会が決定する旨を定款に定めた会計監査人設置会社は（会社法459条1項3号・3項）、準備金の減少の決議を計算書類承認のための取締役会において決議した場合は、同じく債権者保護手続を要しないこととされる（会社法449条1項2号カッコ書）。

　なお、準備金の減少の際の債権者保護手続として、次の事項を官報に公告し、かつ、知れている債権者に各別に催告しなければならない（会社法449条2項）。

　ア　準備金の額の減少の内容
　イ　当該会社の計算書類に関する事項
　　会社計算規則152条に定められている「計算書類に関する事項」に基づいて、①最終事業年度に係る貸借対照表又はその要旨が公告されている場合における官報等の日付及び頁。また、②有価証券報告書提出会社や特例有限会社であるため計算書類の公告義務がないときには、その旨、③公告対象会社につき最終事業年度がない場合には、その旨などを公告する必要がある。

　　特例有限会社が株式会社に移行し、事業年度末日を迎えていない場合であっても、株式会社に移行したことにより計算書類の公告義務が生じるので、「最終事業年度がない場合」には当然には該当しないので注意

を要する。
　ウ　債権者が1カ月を下らない一定の期間内に意見を述べることができること
③　異議があった場合
　異議を述べた債権者があった場合には、当該債権者に対し、弁済し、もしくは相当の担保を供し、又は信託会社等に相当の財産を信託する。なお、資本準備金の額を減少しても当該債権者を害するおそれがないときは、弁済等をする必要はないとされている（会社法449条2項～5項）。
④　株主総会の承認決議との関係
　株主総会で準備金の額の減少の承認決議をする前から、債権者保護手続をすることは可能であるので、当該決議日を準備金の減少の効力発生日とすることもできる（相澤哲ほか『論点解説　新・会社法』商事法務（平成18年）544頁）。
　そして、準備金の額の減少は、会社法448条1項3号で定めた日にその効力を生じ、万が一、債権者保護手続が終了しなかったときには、その効力を生じないので（会社法448条6項2号）、あらためて株主総会決議からやり直さなければならないこととなるので注意を要する。債権者保護手続が終わりそうもない場合には、取締役会設置会社では取締役会で、取締役会設置会社以外の会社では取締役の決定により、いつでも効力発生日を変更することができる（会社法449条7項）。この場合には、特に変更の公告等を行う必要はない（相澤哲ほか『論点解説　新・会社法』商事法務（平成18年）544頁）。
　また、株式の発行と同時に準備金を減少する場合に、準備金減少の効力発生日の前後で準備金の額が減少していないときには、上記ア～ウの事項は、取締役会設置会社では取締役会、取締役会設置会社以外の会社では取締役が決定する（会社法448条3項）。

(4)　効力発生時期
　準備金の減少及び資本金の額の増加の効力は、株主総会等の決議により定めた効力発生日（会社法448条1項3号）に生じるが、もし、前項の債権者保護手続が完了していないときは、その効力が生じないため（会社法449条6

項)、効力発生日を手続完了以後の日に変更しなければならないことになる（会社法449条7項）。なお、この変更は、効力発生日より前に行う必要があるが（会社法449条7項）、その変更の決議機関が法定されていないことから、株主総会等の決議によらなくていいと解され（相澤哲「会社法の概要(4)」民事月報60巻12号24頁注34)、株式会社の内部規律に従い、業務執行機関により定めることができる（相澤哲ほか『論点解説　新・会社法』商事法務（平成18年）544頁)。したがって、業務執行の決定に該当し、取締役会の決議（取締役の過半数の決定）を要するとされているが（松井信憲『商業登記ハンドブック[第2版]』商事法務225頁)、業務執行者である会社の代表者が変更の決定を行うということも可能との見解もある（森本滋ほか『会社法コンメンタール11　計算等［2］』商事法務（平成22年）93頁)。

3　剰余金の資本組入れの手続

(1)　剰余金の資本組入れ

　会社法施行前は、配当可能利益の資本組入れについては、定時株主総会の決議により行われていたが（旧商法293条ノ2)、会社法は、定時株主総会に限らず臨時株主総会においても普通決議により、剰余金の処分として、剰余金を構成する各科目の間の計数を変更することができることとした（会社法450条)。会計期中であれば、いつでも利益処分案や損失処理案の計数変動により行うことができることとしたのである。

　資本金の額に組み入れることができる剰余金は、貸借対照表上、その他資本剰余金（その他利益剰余金）として計上されているものである（会社計算規則25条1項2号、152条4項)。

　その他資本剰余金（その他利益剰余金）の額から資本金の額へ組み入れることにより、株主に対する配当原資が減少し、会社債権者には利益になることから、この場合には、債権者保護手続は要しないとされている。

(2)　剰余金の資本組入れの手続

① 　株主総会決議

　会社法は、剰余金を減少して資本金額を増加する場合は、定時株主総会に

限らず臨時株主総会の普通決議によりすることができるとしている（会社法450条2項、309条1項）。

剰余金を減少して資本金額を増加する株主総会における決議事項は、㈠減少する剰余金の額及び㈡その効力発生日を定めなければならないこととされており（会社法450条1項）、この場合においては、㈠の減少する剰余金の額は、㈡の効力発生日における剰余金の額を超えてはならないこととされている（会社法450条3項）。

② 債権者保護手続

剰余金の減少によって債権者を害すことがないため、債権者保護手続をとる必要はない。

(3) 効力発生時期

剰余金の資本組入れは、株主総会で決議された効力発生日に発生することになり、債権者保護手続をとらないので、その変更をすることもできない。

第2 資本金の額の増加による変更の登記の手続

(1) 登記期間

会社が資本金の額の増額の変更をしたときは、登記事項に変更が生じるので、効力発生日から2週間以内に、本店の所在地において、変更の登記をしなければならない。

準備金の額を減少し、資本金の額の増加による変更の登記を申請する場合において、商業登記法上、債権者保護手続を行ったことを証する書面の添付は要しないとされたことから、減少の決議の際に定められた効力発生日から2週間以内に登記が申請されていれば足り、債権者保護手続が完了しているか否かは、他の添付書面から明らかでない限り、審査することを要しない。

(2) 申 請 書

申請書のおもな記載事項は、次のとおりである（商業登記法17条2項）。

① 登記の事由……「準備金の資本組入れ」又は「剰余金の資本組入れ」と記載する。

② 登記すべき事項……資本組入れ後の資本金の額（準備金又は剰余金の組入れ後の増加した資本金の額）、変更を生じた旨及び変更の年月日である。

(3) **添付書類**

資本金の額の増加の変更の登記の申請書に添付すべき書面は、次のとおりである。

① 準備金の資本組入れの場合

　ア　会社法448条1項の通常の準備金の資本組入れの場合

　　(ア)　株主総会議事録（商業登記法46条2項）

　　(イ)　減少に係る準備金の額が計上されていたことを証する書面（商業登記法69条）

　イ　会社法448条3項の株式の発行と同時に準備金の額を減少し、当該準備金の額の減少の効力発生日後の準備金の額が当該日前の準備金の額を下回らない準備金の資本組入れの場合

　　(ア)　取締役会議事録（取締役会設置会社以外は取締役の過半数の一致を証する書面）（商業登記法46条1項・2項）

　　　　株式の発行と同時に準備金の額を減少する場合において、当該準備金の額の減少の効力発生日後の準備金の額が当該日前の準備金の額を下回らないときは、取締役の決定（取締役会設置会社にあっては、取締役会の決議）でよいとされているので（会社法448条3項）、その決議等をした取締役の過半数の一致を証する書面又は取締役会議事録を添付する（商業登記法46条）。

　　(イ)　会社法448条3項に規定する場合に該当することを証する書面（商業登記規則61条7項）

　　　　会社代表者の作成に係る証明書で、準備金の額の減少と同時にする株式の発行に際し準備金の額を計上したことがわかる等の会社法448条3項に該当することが確認できるもの（商業登記規則61条7項）。

　　(ウ)　減少に係る資本準備金の額が計上されていたことを証する書面（商業登記法69条）

　　　　会社代表者の作成に係る証明書となる。

㈎　株式の発行を証するための書面（たとえば、募集株式の発行であれば、当該添付書面）
　ウ　なお、準備金の額は登記事項ではなく、準備金の額の減少に係る債権者保護手続を行ったことを証する書面の添付は要しない（平成18年3月31日民商782号第2部第4の2⑵ア㈲cなお書）。
　エ　効力発生日を変更した場合には、取締役会議事録（取締役の過半数の一致を証する書面）の添付を要するとされているが（松井信憲『商業登記ハンドブック［第2版］』商事法務（平成21年）225頁）、効力発生日の変更は、会社の代表者による業務執行として行われると解すれば、当該書面は不要ということになる。
②　剰余金の資本組入れの場合
　ア　株主総会議事録（商業登記法46条2項）
　イ　減少に係るその他資本剰余金（その他利益剰余金）の額が計上されていたことを証する書面（商業登記法69条）
　資本金の額が会社法及び会社計算規則の規定に従って計上されたことを証する書面（商業登記規則61条5項）の添付について、同様の実質は商業登記法69条に規定する減少に係る剰余金の額が計上されていたことを証する書面を添付することで担保することができるため、これと別に商業登記規則61条5項の書面を作成し添付することは要しない。商業登記規則61条5項に規定する「資本金の額の増加」には、剰余金の資本組入れによる増加は含まれず、会社法450条3項に従って計上されたかどうかは、商業登記法69条の書面から明らかであることによる。
　具体的な減少に係る剰余金の額が計上されていたことを証する書面（商業登記法69条）として、会社の代表者が資本金の額に組み入れるべき剰余金の額があることを証明した書面（登記所に届け出た印鑑をもって記名押印することを要する。）が該当する。
⑷　登録免許税
　資本金の額の増額の変更登記の登録免許税は、増加した資本の額の1000分の7で、これによって計算した額が300,000円に満たないときは、申請件数

1件につき30,000円（登税法別表第1の24号㈠ニ）。

(5) 登記の記載

資本金の額の増額の変更の登記は、登記記録の株式・資本区に変更後の資本金の額及び変更の年月日及び登記の年月日を記録するほか、登記官の識別番号を記録してする（商業登記規則39条）。上記の記録をした場合には、変更に係る登記事項を抹消する記号を記録する（商業登記規則41条）。

第3　資本金の額の減少

1　資本金の額の減少の会社法における位置づけ

　資本金の額の減少は、会社財産の減少を伴わない貸借対照表上の計数の変動と位置づけられている。したがって、減資による会社財産の払戻しは、資本金の額を減少し、その減少相当額を加えた剰余金を原資とする配当として行われる。このうち、登記を必要とするのは前者のみである（必要に応じ、株式を取得し、自己株式としたうえで、消却した場合には、発行済株式数の変更の登記をする必要がある。）。定款の定めに基づき剰余金の配当等を取締役会が定めることができる会計監査人設置会社は、欠損てん補を目的とする資本準備金の減少を取締役会で決議することが可能であるとされた（会社法459条1項2号）が、欠損てん補を目的とする場合に限られることから、会計監査人設置会社であっても、取締役会の決議によって資本準備金の減少相当額を資本金の額に組み入れることはできない。

　資本金の額は、貸借対照表の株主資本を構成する他の項目である資本準備金又はその他資本剰余金の額へ組み入れることで、減少することができる（株主資本の額自体には変動は生じない。）。前記のとおり、組み入れる項目は、資本取引によって計上されたものに限られる。

2 資本金の額の減少の手続

(1) 会社法の施行による資本金の減少の手続の整理

　会社法施行以前は、資本減少の手続には、講学上、①実質上の減資及び②名義上の減資の２つがあると説明され、前者は事業の縮小等によって不要となった会社財産を株主に返却するような場合に行われ、実際に会社財産が減少するものであり、後者は資本の欠損のてん補のための場合に行われ、実際には会社財産が減少しない名目的なものである。その方法には、①株式の併合及び株式の消却のように発行済株式数を減少してする方法及び②資本金の額のみを減少し発行済株式数を減少しない計数のみ変動させる方法の２つがあり、①の方法により発行済株式数を減少する場合には、会社が発行する株式の総数（会社法では「発行可能株式数」）についても減少するとの取扱いであった。

　この資本減少する際の決議は、下記の事項を株主総会の特別決議より行わなければならなかった（旧商法375条１項前段）。なお、当然ながら、イ)～エ)の金額の合計額はア)の金額を超えることができないと規定していた（旧商法375条１項後段）。

ア)　資本減少金額
イ)　株主に払戻しする場合の払戻しに要する金額
ウ)　株式の消却をする場合の消却する株式の種類・数、消却の方法、消却に要する金額
エ)　資本の欠損のてん補をする場合のてん補に要する金額

　しかし、会社法においては、この施行前の①実質上の減資の株主への財産の交付を伴う場合と②の資本金の額の計数のみを変動させる場合を整理して、資本金の額の減少は、②の名義上の減資の計数の変動のみの問題として位置づけている（会社法447条）。その結果、①の株主に払い戻して資本減少する場合は「資本金の額の減少＋剰余金の配当」として整理し、また、株式の消却により発行済株式数を減少させて資本減少する場合は「資本金の額の減少＋自己株式の取得・消却」として整理されることになった。

なお、最低資本金の制度が廃止されたことにより、資本金の額の減少は、資本金の額をマイナスにすることはできないが、ゼロとすることも可能となっている。

　また、会社法は、資本減少の決議方法についても、特例を設け、①定時株主総会の日（会計監査人設置会社が取締役会において承認特則規定（会社法439条、会社計算規則135条）により、計算書類を確定させたときは取締役会が当該計算書類を承認した日）において定めた減少すべき資本金の額が会社法施行規則68条に定める<u>欠損の額を超えないとき</u>（会社法施行規則68条により、欠損の額とはゼロ又はゼロから分配可能額を差し引いた額のいずれか高い額をいうとされていることから、純資産額が資本金の額を下回る場合に分配可能額がゼロであることで、このことは旧商法（旧商法290条１項）と異ならない。したがって、<u>端的に当該資本金の額の減少を行った後の分配可能額がマイナスとならない場合をいう</u>）は、定時株主総会の普通決議によることができ（会社法447条１項、309条２項９号）、また、②株式の発行と同時にする資本金の額の減少であって、最終的に資本金の額が増加するときは、取締役の過半数の決定（又は取締役会の決議）により行うことができるとしている（会社法447条３項）。

(2)　**計数の変動による資本金の変更の手続**

　会社法は、その会社財産の維持を義務づけたうえで、純資産の部の株主資本の計数の変動に係る規定を整備して、資本金の額の減少は、会社財産の減少を伴わない貸借対照表上の計数の変動と位置づけ、株式会社の成立後の減少することができる資本金の額につき制限を設けないこととした。その理由は、資本金制度が、株主と会社債権者との利害調整をする債権者保護制度であるとすれば、株主に対する会社財産の払戻しとなる剰余金分配規制がなされたうえで、現実に資本金が維持されていれば、会社債権者にとっては会社財産がどのように計算書類上保有されているかについては問題にならないからである。

　したがって、減資による会社財産の払戻しは、資本金の額を減少し、その減少相当額を加えた剰余金を原資とする配当として行われる。このうち、登記を必要とするのは前者のみである（必要に応じ、株式を取得し、自己株式と

したうえで、消却した場合には、発行済株式数の変更の登記をする必要がある。）。定款の定めに基づき剰余金の配当等を取締役会が定めることができる会計監査人設置会社は、欠損てん補を目的とする資本準備金の減少を取締役会で決議することが可能であるとされた（会社法459条1項2号）が、欠損てん補を目的とする場合に限られることから、会計監査人設置会社であっても、取締役会の決議によって資本準備金の減少相当額を資本金の額に組み入れることはできない。

3 決議機関

(1) 株主総会の決議等

① 株主総会の特別決議による場合（原則）

　資本金の額の減少は、会社財産の株主への分配が予定されるところ、その実質は、会社の一部清算ともいうことができ、より慎重な手続を経る必要があることから、株主総会（定時総会に限定されない。）の特別決議によってしなければならないとされた。

　決議項目は、ア減少する資本金の額、イ減少する資本金の額の全部又は一部を準備金とするときは、その旨及び準備金とする額及びウ資本金の額の減少がその効力を生ずる日である（会社法447条1項、309条2項9号）。

　この株主総会の特別決議を要する理由については、「株主の払込財産からなっている資本金を株主に対する分配が可能なその他資本剰余金に変えることは、事業の縮小等、会社の基礎に関わる事態（いわば会社の「一部清算」）が生じていることが多いから」（江頭憲治郎『株式会社法［初版］』有斐閣（平成18年）614頁）といわれている。

　なお、減少する資本金の額は、効力発生日における資本金の額（資本減少の決議時点における資本金額を基にする必要はなく、効力発生日における資本金の額を上限としている。資本減少の効力発生日までの間に、合併や募集株式の発行等の手続を行うのであれば、この増加する資本金の額を見込んで減少する資本金の額を定めることができる。）を超えてはならないとされていることから（会社法447条2項）、最低資本金規制が撤廃された以上、マイナスとならなけ

れば0円でもよいということになり、その減少額についても、決議時点の資本金の額ではなく、効力発生日における資本金の額を限度として行うことができるということになる。したがって、減少する資本金の額から準備金とする額を控除して得た額は、剰余金の額となる。

② 定時株主総会の普通決議による場合

　資本金の額の減少を定時株主総会において決議する場合において、減少する資本金の額が定時株主総会の日（会計監査人設置会社にあっては、取締役会による計算書類の承認があった日）における欠損の額（会社法施行規則68条で定める方法により算定される額、つまり当該資本金の額の減少を行った後の分配可能額がマイナスとならない場合である。）を超えないときは、その決議要件は、普通決議で足りるとされた（会社法309条2項9号、会社法施行規則68条）。

　欠損のてん補（分配可能額がマイナスである場合において、分配可能額をゼロに回復させること（注））を目的として資本金の額の減少をする場合には、会社財産が社外に流出する可能性はなく、会社の一部清算という実質がないことから、株主総会の決議要件が緩和され、普通決議で足りるとされた。

（注）　会社法施行規則68条では、会社法309条2項9号ロに規定する額とは、ゼロとゼロから分配可能額を減じて得た額のいずれか高い額とされるが、ゼロから分配可能額を減じて得た額がゼロより高いということは、マイナスの分配可能額を引き算した場合に該当する。したがって、欠損てん補とは、分配可能額がマイナスである場合において、分配可能額をゼロに回復させること、すなわち新たな分配可能額が生じない場合をいうことになる。

　この理由は、「新たに分配可能限度額を生じさせないような資本減少の場合、すなわち減少額の全部を欠損のてん補に充てる場合には、株主の処分可能な会社財産を回復するという側面（分配可能な財産が生じやすくなるという側面）を有する一方、一部清算的な側面は少ないという考え方……、また、会社債権者との関係でも、欠損状態、すなわち資本に相当する財産が会社に存在せず、資本の額が大きく表示されているような状態になっているにもかかわらず、資本の額を減少する行為を行いにくくする規制を維持する必要性は乏しいということを踏まえて、手続を緩和している。この緩和が、定時総会に限られるのは、欠損額以下の資本を減少する場合に限られるため、その

欠損額を可能な限り正確に把握し得る計算書類の確定時に限定しようとするものである。」(「会社法制の現代化に関する要綱試案・補足説明」民事月報58巻12号216頁)。

③ 取締役会決議による場合

　株式の発行と同時に資本金の額を減少する場合において、当該資本金の額の減少の効力発生日後の資本金の額が当該日前の資本金の額を下回らないときは、取締役の決定(取締役会設置会社にあっては、取締役会の決議)で足りるとされた(会社法447条3項)。

　すなわち、出資された財産の2分の1以上の額及び資本金の額の減少相当額の合算額が資本金の額として計上された場合において、当該計上後の資本金の額が減少の効力発生日前のものを下回らないことを意味する。

　実質的には、株式の発行によって増加する払込額等を資本金あるいは準備金に振り分けるという株主資本の計数の内訳を変更しているからにすぎないことから、株主総会の決議を要せず、取締役の決定(取締役会設置会社にあっては、取締役会の決議)によって資本金の額の減少を定めることに手続が緩和されたものである。

　なお、この場合の取締役の決定は、原則として取締役の過半数の一致で行われる。当該取締役は、各取締役ではなく、総体としての取締役であると解されることによる。

　また、株主総会の普通決議によってすることも可能と解されている。この場合には、定款に決議事項として定められていることは要しない。

④ 会社計算規則25条2項後段

　なお、資本金の額は、会社法447条の規定による場合に限って減少し、新株の発行の無効の訴えに係る請求認容判決が確定した場合には減少しないとされ(会社計算規則25条2項後段)、その場合の登記の回復についても、資本金の額に関する登記については回復しないとされている(商業登記規則70条カッコ書)。

(2) 債権者保護手続

　資本金の額が減少し、準備金の額又は剰余金の額へ組み入れることによ

り、株主に対する配当が容易になり（資本準備金の額からその他資本剰余金の額への組入れは、資本金の額を減少させる株主総会の決議要件が緩和されている。）、会社債権者の利益を損なうおそれがあることから、債権者保護手続は常に要する。

　債権者保護手続として、1カ月を下らない期間を定めて、①資本金の額の減少の内容、②当該会社の計算書類に関する事項及び③債権者が1カ月を下らない一定の期間内に意見を述べることができること、を官報に公告し、かつ、知れている債権者に各別に催告するか、定款で定める官報以外の公告方法により公告し、もし、異議を述べた債権者があった場合には、当該債権者に対し、弁済し、もしくは相当の担保を供し、又は信託会社等に相当の財産を信託することになる（会社法449条2項・1項）。

　なお、資本金の額を減少しても当該債権者を害するおそれがないときは、弁済等をする必要はない（会社法449条2項〜5項）。

(3) 効力発生時期

　資本金の額の減少の効力は、各決議で定めた効力発生日に生じることとなるが、債権者保護手続が完了していないときは、その効力が生じないため（会社法449条6項）、効力発生日を手続完了以後の日に変更しなければならないことになる（会社法449条7項）。

　なお、この変更は、効力発生日より前に行う必要があるところ（会社法449条7項）、株主総会の決議によらなくていいと解されているが、業務執行として取締役会決議（取締役の過半数の一致）によるとされている。

4　登記の手続

(1) 登記期間

　会社が資本金の額の減少を行うときは、登記事項に変更が生じるので、効力発生日から2週間以内に、本店の所在地において、変更の登記をしなければならない。

(2) 登記の事由・登記すべき事項（商業登記法17条2項）

① 　登記の事由……「資本金の額の減少」と記載する。

② 登記すべき事項……資本金の減少後の資本金の額、変更を生じた旨及び変更の年月日である。

　株式の発行と同時に資本金の額を減少する場合には、株式の発行による変更の登記があわせて行われる。

(3) 添付書類

① 登記の申請書の添付書面

　資本金の額の減少による変更の登記の申請書に添付すべき書面は、次のとおりである。

　ア　議事録
　　(ア)　特別決議に基づく株主総会議事録（商業登記法46条）
　　　　通常の資本金の減少の場合
　　(イ)　普通決議による株主総会議事録（商業登記法46条）
　　　　定時株主総会において資本金の額の減少を決議し、その額が定時株主総会の日等における欠損の額を超えない場合
　　(ウ)　株主総会の議事録にかえて、取締役の過半数の一致を証する書面又は取締役会の議事録（商業登記法46条）
　　　　株式の発行と同時に資本金の額を減少し、当該資本金の額の減少の効力発生日後の資本金の額が当該日前の資本金の額を下回らない場合
　　　　この場合は、取締役の決定（取締役会設置会社にあっては、取締役会の決議）でよいとされているので（会社法447条3項）、その決議等をした取締役の過半数の一致を証する書面又は取締役会議事録を添付する。

　株式の発行と同時に資本金の額を減少する場合には、取締役会の決議又は取締役の決定で資本金の額の減少に係る事項を定めることができるが、その登記を申請する際に取締役会の決議等によることができることを証する書面を添付することは要しない。株式の発行による変更の登記があわせて行われ、かつ、これらの登記によって資本金の額が減少しないことが明らかであることによる。

　イ　一定額の欠損の額が存在することを証する書面（商業登記規則61条6

項)

　　欠損てん補のため資本金の額を減少する場合には、株主総会の普通決議で足りるとされたが、その場合には、一定の欠損の額が存在することを証する書面を登記の申請書に添付する必要がある（商業登記規則61条6項）。欠損とは、分配可能額（会社法461条2項）がマイナスである場合を指すことから、当該書面の具体的内容としては、同項及び、会社計算規則156条～158条の規定に従って計算した経過ならびにその結果として決議時の分配可能額がマイナスであることを記載したうえで、代表者が記名押印（押印は登記所に届け出た印鑑をもってすることを要する。）して証明したものが該当する。

② 債権者保護手続をしたことを証する書面（商業登記法70条）

　　債権者保護手続のための公告及び催告（公告を官報のほか時事に関する事項を掲載する日刊新聞紙又は電子公告によってした場合を含む。）をしたことならびに異議を述べた債権者があるときは、当該債権者に対し弁済しもしくは相当の担保を提供しもしくは当該債権者に弁済を受けさせることを目的として相当の財産を信託したこと又は当該債権者を害するおそれがないことを証する書面である。

　　会社法においては、債権者保護手続は、資本金の額の減少の株主総会の決議後に行わなければならないものではなく（旧商法376条1項参照）、当該決議で定められた効力発生日までに終了していなければならない。準備金の額の減少に伴う資本金の額の増加による変更の登記を申請する場合と異なり、債権者保護手続のための公告をしたことを証する書面等は添付書面であることから、公告の日から1カ月以上経過した日（会社法449条2項）をもって効力発生日を定めているかを確認する必要がある。

③ 資本金の額が会社法及び会社計算規則の規定に従って計上されたことを証する書面（商業登記規則61条5項）

　　なお、資本金の額が会社法及び会社計算規則の規定に従って計上されたことを証する書面（商業登記規則61条5項）については、登記簿から、減少する資本金の額が効力発生日における資本金の額を超えないこと（会社法447

条2項）を確認することができるため、添付を要しないものとする（平成18年3月31日民商782号第2部第4の2⑶イなお書）。

④　その他

　株式の発行と同時に資本金の額を減少する場合には、取締役会の決議又は取締役の決定で資本金の額の減少に係る事項を定めることができるが、その登記を申請する際に取締役会の決議等によることができることを証する書面を添付することは要しない。株式の発行による変更の登記があわせて行われ、かつ、これらの登記によって資本金の額が減少しないことが明らかであることによる。

　なお、効力発生日を変更した場合には、資本金の額の増加の場合の問題と同様である（前記第2⑶を参照）。

⑷　登録免許税

①　資本金の額の減少による登記の登録免許税は、3万円である（登税法別表第一第24号㈠ツ）。

②　株式の発行と同時に資本金の額を減少する場合には、資本金の額の増加分（登税法別表第一第24号㈠ニ）及び資本金の額の減少分（同号㈠ツ）が必要となる。

⑸　登記の記載

　資本金の額の減少による変更の登記は、登記記録の株式・資本区に変更後の資本金の額及び変更の年月日及び登記の年月日を記録するほか、登記官の識別番号を記録してする（商業登記規則39条）。上記の記録をした場合には、変更に係る登記事項を抹消する記号を記録する（商業登記規則41条）。

　資本金の額は、会社法447条の規定による場合に限って減少し、新株の発行の無効の訴えに係る請求を認容する判決が確定した場合等には減少しないとされ（会社計算規則25条）、その場合の登記の回復についても、資本金の額に関する登記は回復しないとされた（商業登記規則70条）。

第4　自己株式と会計処理

1　旧商法上の自己株式の取得

　旧商法では、自己株式の買受けは、市場取引・公開買付け以外の方法によって行う場合には、いわゆる「相対取引」によるほかなく（旧商法210条9項参照）、いずれについてもその自己株式の買受けについては、定時株主総会の決議（市場取引又は公開買付けの場合は普通決議、相対取引の場合は、株主間の平等を図るためその売主に関する事項も含めて特別決議（旧商法210条5項））をもって、配当可能利益から当該定時総会で定めた利益配当額・支払額（役員賞与）・利益よりの資本組入額を控除し、当該定時株主総会の決議による資本減少・法定準備金の減少の減少差益を加算した範囲内で、次の定時総会の終結のときまでに取得できる自己株式の種類、総数及び取得価額総額等を定めることにより、随時取締役会の決議により自己株式の取得をすることができるとされていた（旧商法210条1項〜4項）。

　相対取引の場合は、株主間の平等を図るためその売主に関する事項も含めて特別決議（旧商法210条5項）とされ、他の株主には、会社に対し自分も売主に加えるよう請求する権利が付与されているが（旧商法210条6項〜8項）、株主総会の決議の時に、1株当りの買受価格等の具体的な条件を定める必要がないため（旧商法210条2項1号参照）、株主にとって有利か否かの判断、言い換えれば売主に追加すべき旨の請求をするかどうかの判断が困難である。また売主となることができるのは、株主総会の授権決議の際に自己を売主として追加する請求をした株主のみであるから、その後に株主となった者は、実際に自己株式の買受けが行われる際には売主となることができないという問題があった。

　旧商法210条1項では、自己株式の買受けが利益処分と同様の性質を有するため、定時総会においてのみ自己株式買受けのため授権決議を行うことができるとされているが、中間配当のように剰余金の範囲内で一定の場合に期

中に会社財産を株主に還元することが可能であり（旧商法211条ノ3第1項2号）、定時総会によらなければならない合理的理由がないとの考えによるものであるといわれていた。

また、組織再編行為等による自己株式の取得について、その可否、手続等に関する法制が明確でないという問題があった。

旧商法での商法210条1項の「別段の定め」（旧商法204条ノ3ノ2第1項、204条ノ5、211条ノ3第1項、213条1項、220条ノ6第1項、221条6項、224条ノ5第2項、224条ノ6、245条ノ2第1項）による自己株式を取得する場合、組織再編行為による自己株式取得の不明確さをあわせて、会社法では、自己株式取得について別表のように整理される。

また、旧商法上、自己株式の売却処分（旧商法211条）は新株発行と手続が類似しているため、新株発行手続による条文を準用しているが、現物出資に関する172条を準用していないことから、現物出資は認められないと解されていた。

2 会社法上の自己株式取得

(1) 株式会社が自己の株式を取得することができる場合の明確化

会社法上、自己株式の取得できる場合が、会社法155条に列挙されており、それ以外には取得できないという整理がされているが、同条3号において、株主との合意による取得が認められることから、自己株式の取得が財源規制等があるものの、いわば自由化されたといえる。

自己株式の取得は、①株式の内容又は種類株式の内容としての取得請求権株式等の取得請求等、②譲渡制限株式の譲渡を承認しない場合の買取請求、③相続人等に対する売渡請求、④単元未満株式の買取請求、⑤所在不明株主の買取請求、⑥端株の買取請求、⑦反対株主の買取請求、⑧企業再編における取得のほか、⑨株主との合意による取得の場合等がある。④⑧の場合には、その性質上財源規制はない。

会社法155条13号の法務省令で定める場合としては、①無償取得の場合（会社法施行規則27条1号）、②割当取得、株式会社がその有する他の法人等

株式について自己株式の割当てを受ける場合（会社法施行規則27条2号〜4号）、③組織再編等による承継取得（会社法施行規則27条6号・7号）、④反対株主の買取請求に応じて自己株式を取得する場合（会社法施行規則27条5号）があげられ、その他子会社からの自己株式の取得がある（会社法163条）。

(2) 自己株式の法的地位

自己株式の有償取得は、資本の払戻しと考えられ、対価を支払うべき日に認識し、取得原価（取得に要した金額）をもって貸借対照表上の純資産の部から控除し、付随費用は営業外費用として会計処理される。無償取得の場合は、自己株式数のみの増加として処理される。期末に保有する自己株式は、純資産の部（株主資本の項）に自己株式として一括して控除する形式で表示される（会社計算規則24条、76条2項5号）。

保有する自己株式を処分（売却・募集株式の対価として交付）すると、売却価額と帳簿価額の差だけ損益が生ずる。

自己株式については、会社は議決権を有せず（会社法308条2項、325条）、共益権、剰余金の配当を受ける権利も認められない（会社法453条）。

他方、自己株式にも株式分割、株式併合による発行済株式総数の増減の効力は及ぶ。しかし、取得条項付株式の取得に際してその自己株式につき会社自身に取得対価を割り当てることはできず（会社法170条2項カッコ書）、全部取得条項付種類株式の取得に際してその自己株式につき会社自身に取得対価を割り当てることはできず（会社法171条2項カッコ書）、また、自己株式について、株式・新株予約権の無償割当て、募集株式の発行等・新株予約権の発行における株主割当ての場合に、会社自身に対して割り当てることはできない（会社法186条2項、278条2項、262条2項、241条2項）。

(3) 株主との合意による取得

株主との合意による有償取得には、市場取引・公開買付けの方法と市場取引・公開買付け以外の方法とがある。

自己株式を、市場取引・公開買付け以外の方法により株主との合意により有償取得する場合の手続は、次のとおりである。

① 株主総会（剰余金の配当を定時株主総会の決議に基づいて行うという規律が

なくなったため、定時総会でなくてもよい。）の普通決議による（会社法156条1項）。

　特定の株主を定めて会社法158条1項の通知を特定の株主に対して行う旨を定める場合は、特別決議による（会社法309条2項2号、160条1項）が、特定の株主は議決権を行使できない（会社法160条4項）。

② 決議事項（会社法156条1項）
　ア　取得する株式の数
　イ　会社が株式を取得するのと引き換えに交付する金銭等（注）
　ウ　1年を超えない範囲内の取得期間
　　授権期間については、従来、一律に決議後最初の決算期に関する定時株主総会の終結の時までとされていたが、会社法では、株主総会の決議により1年の範囲で定めることとされている（会社法156条1項3号）。
(注)「金銭等」とは対価のことで、定義規定（会社法151条柱書）によると、金銭その他の財産をいうところ、156条では「金銭等（当該株式会社の株式等を除く。）」とされており、株式等とは「株式、新株予約権、新株予約権付社債」をいうので（会社法107条2項2号ホ）、金銭及び当該会社の株式、新株予約権、新株予約権付社債を除くその他の財産を対価として定めることが可能である。

③ 取締役会への授権及び株主への通知
　株主総会の決議後、取締役（取締役会設置会社については取締役会）は、そのつど、ア取得する株式の種類と数、イ株式1株を会社が取得するのと引き換えに交付する金銭等の内容及び数（もしくは額）又はこれらの算定方法（1株当りの取得価額）、ウ株式を取得するのと引き換えに交付する金銭等（上記注）の総額、エ株式の譲渡しの申込みの期日を定め（会社法157条1項・2項）、株主全員に通知（公開会社においては公告をもってかえることができる。）しなければならないとされる（会社法158条）。

　なお、会社法156条1項に掲げる事項の決定にあわせて、特定の株主に通知する旨を定めることができるが（会社法160条1項）、これは、あらかじめ買い受ける特定の者を決定するということではなく、この決定をしようとするときは、「特定の株主に自己を加えたものを議案とすることを請求するこ

とができること」を保証するもので、株主全員に対して、それらを通知又は公告しなければならないとし、株主平等の原則が図られる（会社法160条1項）。

　したがって、株主は、取締役会（取締役会を設置していない会社にあっては取締役）の決議のつど、通知を受け、その段階で譲渡しの申込み（会社法159条）をすればよい。

　なお、上記株主総会決議については、特別決議によること、特定の株主が議決権を行使できないことについては、従来どおりである（会社法160条4項、309条2項2号、旧商法210条5項、204条ノ3ノ2第3項・4項参照）。

④　自己株式の取得

　株主は、申込期日に、申込みに係る株式の種類及び数を会社に通知することになるが（会社法159条1項）、その株式の数の合計が株主総会で決議した総数を超える場合には、会社は株式を按分して取得することになる。

⑤　株主は、③の申込期日に、申込みに係る株式の種類及び数を会社に通知することになるが（会社法159条1項）、その株式の数の合計が③で定めた総数を超える場合には、会社は株式を按分して取得することになる。

(4)　財源規制

　自己株式の取得に関する財源規制については、自己株式の買受けのみではなく、自己株式の有償での取得一般について、原則として分配可能額（会社法461条2項）を超えてはならないという財源規制がかけられることになる（会社法461条1項）。

　「会社法461条の規定は、基本的に、これに違反した場合には取締役等が責任を負うという規律であるため（会社法462条参照）、そのような規律がふさわしくないとされる取得請求権付株式……や取得条項付株式……取得については、会社法461条の規定とは別の形で財源規制に係る規定が置かれ」（相澤哲ほか「新会社法の解説(4)」商事法務1740号44頁）、つまり、取得請求権付株式については、「……分配可能額を超えているときは、この限りでない」（会社法166条1項但書）、取得条項付株式については、「……分配可能額を超えているときは適用しない」（会社法170条5項）と規定されており、これに違反し

た場合には効力が生じないことを意味する。

　全部取得条項付種類株式につき株主総会の決議があった場合の自己株式の取得については、会社法461条の規定による。

　なお、次の場合には、財源規制はかけられないものとされる（会社法461条では自己株式を取得できる場合としての155条7号・10号～13号は規定されていない。）。

① 　取得対価が株式のときは、株主への払戻しとはならないため財源規制はかからない（会社法461条、166条1項但書、170条5項では株式が除外されている。）。
② 　合併、分割、又は営業全部の譲受けにより、相手方の有する自己株式を取得する場合
③ 　合併、分割、株式交換、株式移転、営業譲渡、営業譲受けといった組織再編行為の際の反対株主の買取請求に応じて買い受ける場合
④ 　単元未満株主の買取請求に応じて買い受ける場合

自己株式取得財源規制

自己株式取得	155条	関連条文・旧商法上の参照条文	財源規制
①株主との合意による取得	3号	156Ⅰ、旧商210	461Ⅰ②・③
②取得条項付株式の一定の事由が生じた場合	1号	107Ⅱ③イ	170Ⅴ
③譲渡制限株式につき譲渡を承認しない場合の買取請求	2号	138①ハ、②ハ、旧商204ノ3ノ2第1項・204ノ5	461Ⅰ
④取得請求権付株式の取得請求	4号	166Ⅰ	166Ⅰ但書
⑤全部取得条項付種類株式につき株主総会の決議があった場合	5号	171Ⅰ	461Ⅰ④
⑥譲渡制限株式を相続その他の一般承継により取得した者に	6号	176Ⅰ、平成13年法律79号改正前商210ノ3参照	461Ⅰ⑤

第1章　商業登記における株式会社の資本と計算

対する売渡請求			
⑦単元未満株式の買取請求	7号	192Ⅰ、旧商221Ⅵ	なし
⑧所在不明株主の株式の競売による買取り	8号	197Ⅲ、旧商224ノ5第2項・224ノ6参照	461Ⅰ⑥
⑨1株に満たない端数の買取請求	9号	234Ⅳ、旧商220ノ6第1項	461Ⅰ⑦
⑩他の会社（外国会社を含む。）の事業の全部を譲り受ける場合において当該他の会社が有する自己株式を取得する場合	10号、施行規則27⑦	事業の一部譲受けは対象外 従来、解釈として認められていた。	なし
⑪合併後消滅する会社から存続会社が自己株式を承継する場合	11号、施行規則27⑥	抱合せ株式や消滅会社の自己株式には存続会社の株式割当てできない（会社749Ⅰ③等） 従来、解釈として認められていた。	なし
⑫吸収分割をする会社から承継会社が自己株式を承継する場合	12号		なし
⑬法務省令で定める場合	13号		
・無償取得	施行規則27①	従来、解釈として認められていた。	なし
・反対株主の買取請求	施行規則27⑤	116、785、797、806	461Ⅰ
・組織再編等の対価としての自己株式の取得（割当取得）	施行規則27②③④		なし
⑭子会社からの取得	163条		461Ⅰ

（出所）　相澤哲ほか「新会社法の解説(4)」商事法務1740号44頁参照。

株主との合意による 有償取得	決定機関	旧商法
市場取引・公開買付けの方法	・株主総会の普通決議 （165条1項、156条1項）(注)	・定時株主総会の普通決議（旧商210条1項、2項1号、9項）

			・取締役会設置会社は定款の定めにより取締役会の決議可（165条2項）(注)	・定款の定めにより取締役会の決議可（旧商211条ノ3第1項2号）
市場取引・公開買付け以外の方法	原則（前株主から申込みを募る取得）		・株主総会の普通決議（156条1項） ※買取り時に前株主に通知（公開会社は公告可）・申込み（156条、158条）	
	例外	①子会社からの取得	・取締役会の決議（163条） ・非取締役会設置会社は株主総会決議（165条2項）	取締役会の決議（旧商211条ノ3第1項1号）
		②非公開会社における相続人等からの取得	・株主総会の特別決議（162条）	―
		①、②以外の特定の株主からの取得（相対）	・株主総会の特別決議（160条1項） ※上場株の特則（161条）	定時株主総会の特別決議（旧商210条1項2項2号・5項）
			※株主の売主追加請求権あり（160条2項）ただし、市場価格のある株式を市場価格以下で取得するとき又は定款の定めにより他の株主の参加を排除したときは、請求権なし（161条、164条）	（旧商210条6項）
			※売主の議決権排除（160条4項）	（旧商204条ノ3ノ2第3項）

(注) 剰余金の配当等を取締役会が決定する定款の定めがある会社は、取締役会の決議又は株主総会の決議（会社法165条3項）による。

(5) 市場取引等による株式の取得

株式会社が市場において行う取引又は金融商品取引法27条の2第6項の公開買付けの方法（市場取引等）により当該株式会社の株式を取得する場合について、取締役会設置会社（市場取引等を行うのはいわば公開会社であり、取締役会は必置。）は、市場取引等により当該株式会社の株式を取得することを取締役会の決議によって定めることができる旨を定款で定めることができる（会社法165条2項）。

取締役会の決議によって定めることができる旨を定款で定めた場合には、会社法156条1項の決定については株主総会の決議によるが、会社法165条1項による市場取引等により当該株式会社の株式の有償取得に係る事項の決定については、株主総会又は取締役会で決議できるとされている（会社法165条3項）。

(6) 子会社からの取得

株式会社が子会社からの自己株式を取得する場合については、会社法156条1項の適用については、取締役会設置会社については、取締役会の決議によることとの特則が設けられ、会社法157条～160条の規定は適用除外とされている。

3 取得請求権付株式の取得、取得条項付株式の取得、全部取得条項付種類株式の取得による自己株式の取得

(1) 取得請求権付株式の取得の請求

取得請求権付株式の株主は、株式会社に対して、当該株主の有する取得請求権付株式を取得することを請求することができるものとされ（会社法166条1項本文）、請求の日に、株主は、新たに交付される財産が金銭等以外の社債、新株予約権、新株予約権付社債、他の株式（会社法108条2項5号ロ）である場合に応じて、それぞれ社債権者、新株予約権者、新株予約権付社債権者、他の株式の株主となる（会社法167条2項）。

ただし、交付される財産の帳簿価額が当該請求の日における「分配可能額」（会社法461条2項、旧商法290条1項参照）以内である場合に認められる

（会社法166条1項但書）。

なお、株券発行会社において当該取得請求権付株式に係る株券が発行されている場合は、当該取得請求権付株式に係る株券を会社に提出しなければならない（会社法166条3項）。

(2) 取得条項付株式の取得

取得条項付株式については、①一定の事由が生じたことを条件とするときは、会社はその一定の事由が生じた日にその取得条項付株式を取得し（会社法170条1項）、②別に定める日の到来を一定の事由とするときは、株主総会の決議によりその取得する日を決定し、当該株主及び登録株式質権者に当該日の2週間前までに当該日を通知し、又は公告しなければならず（会社法168条2項・3項）、2週間の経過によりその取得条項付株式を取得する（会社法170条1項）。

そのほか、取得条項付株式が一定の事由が生じた日にその一部を取得する旨の定めがあるものについては、株主総会の決議により取得する取得条項付株式を決定し、直ちに当該株主及び登録株式質権者に取得する旨を通知又は公告しなければならず（会社法169条3項・4項）、一定の事由が生じた日と通知した日又は公告の日から2週間の経過した日のいずれか遅い日にその取得条項付株式を取得する（会社法170条1項）。

(3) 全部取得条項付種類株式の取得

全部取得条項付種類株式（会社法108条1項7号）を発行した種類株式発行会社は、株主総会の特別決議（会社法309条2項3号）によって、全部取得条項付種類株式の全部を取得することができる（会社法171条1項）。

［決議事項］
① 全部取得条項付種類株式の取得するのと引き換えに交付する取得対価（当該株式会社の株式、社債、新株予約権、新株予約権付社債、それ以外の財産）
② 取得対価（株式数に応じた内容でなければならない（会社法171条2項））
③ 取得日

4 組織再編における自己株式の承継

　吸収合併・吸収分割により自己株式を取得する場合については、反対株主の買取請求権の行使という手続的な保証を手当したうえ、その自己株式の取得が認められる（会社法155条10号～13号）。ただし、特定の株主からの自己株式の取得と同様に株主間に不平等が生ずるおそれがあるため、株主総会で説明義務が課せられ（会社法795条3項）、株主総会での議決権行使のため及び株式買取請求権の行使の機会を保証するための通知・公告事項に含めることとされている（会社法797条3項）。

5 組織再編行為による抱合せ株式

　吸収合併において合併存続会社が有する合併消滅会社の株式（抱合せ株式（先行取得）といわれる。）存続会社の株式を割り当てて、自己株式を取得できるか否かについては、旧商法上争いがあったが、会社法では、このような抱合せ株式又は消滅会社が有する自己株式に対しては、存続会社の株式の割当てはできないとされている（会社法749条1項3号カッコ書）。

6 自己株式の処分

　自己株式の処分は、別に定める場合（注）を除き、株式の発行と同じく「募集株式」として取り扱うものとされている（会社法199条）。これは、新株式の発行も、自己株式の処分も、会社が株主又は第三者に対して株式の引受けを募集し、引受人から金銭等の払込みを受けて、株式を交付するという点で、会社及び既存株主との関係では同一の性格をもつものであり、両手続を異なるものとして取り扱う必要がないことから、両者の規律を一体化し、株式を発行する場合と、自己株式を処分する場合の双方について、募集に応じて引受けの申込みをしたものに対して割り当てる株式を「募集株式」として区別せず取り扱う（会社法199条1項柱書）という整理がされている。

（注）　自己株式の処分について別に定める場合とは、次のとおりであるが、市場売却により処分することはできない。

① 取得請求権付株式、取得条項付株式、全部取得条項付種類株式を取得し、保有自己株式を交付する場合（会社法108条2項5号ロ）
② 株主無償割当てに、保有自己株式を交付する場合（会社法185条）
③ 単元未満株主の売渡請求により、保有自己株式を交付する場合（会社法194条3項）
④ 新株予約権の行使により、保有自己株式を交付する場合（会社法280条）
⑤ 取得条項付新株予約権の取得の対価として、保有自己株式を交付する場合（会社法236条1項7号）
⑥ 吸収合併・吸収分割・株式交換の際に存続会社等が保有自己株式を交付する場合（会社法749条1項2号イ、758条1項4号イ、768条1項2号イ）。
　自己株式を処分すると、自己株式帳簿価額は減少する。

7　自己株式の処分に関する特則

　株券発行会社は、自己株式を処分した日以後遅滞なく、当該自己株式を取得した者に対し、株券を交付しなければならないものとされ、これにかかわらず、公開会社でない株券発行会社は、当該自己株式を取得した者から請求があるときまでは、株券を交付しないことができるものとされる（会社法129条）。

8　自己株式の消却

　株式の消却とは、特定の株式を消滅させることをいうが、会社法では、いったん自己株式として保有したうえ、取締役会の決議（非取締役会設置会社については取締役の決定）により消却する自己株式の数を決定することとされる（会社法178条1項）。旧商法では株主が保有したまま行う強制消却（旧商法213条1項、222条1項3号・4号）及び株主との同意による任意消却（旧商法212条1項）とがあったが、会社法では強制消却は廃止されている。

　自己株式の消却手続の完了については、株主名簿からの抹消、株券発行会社については株券の廃棄ということになり、発行済株式総数の変更を生ずる。

第5　自己株式の会計処理

　自己株式の会計処理を規定しているものは、①会社計算規則及び②企業会計基準委員会が公表している自己株式会計基準と自己株式適用指針であり、会社計算規則24条に一般規定が置かれる。

1　株式交付費

　株式交付費（会社計算規則では株式の交付に係る費用の額（会社計算規則14条1項3号、17条1項3号、18条1項2号））の取扱いについて、会計基準では、原則として営業外費用とし、例外的に「企業規模の拡大のためにする資金調達などの財務活動（組織再編の対価として株式を交付する場合を含む）に係る株式交付費」について繰延資産に計上できるとされている。会社法における株式の交付に係る費用も企業会計に従うことになるが、「資本金等増加限度額」から控除する旨規定が会計基準と相いれないものとなっていることから、平成19年1月20日に施行された改正会社計算規則（平成18年法務省令87号）附則11条により、「当分の間、その金額を零とする」とされ、会計基準との整合性が図られている。

2　自己株式の取得と取得原価

　自己株式の取得に関しては、その態様によっては分配可能額による規制が適用されない場合があるが、自己株式を取得した場合には、当該取得に対して、分配可能額による規制があるかどうかにかかわらず、その取得した価額分だけ自己株式の帳簿価額が増加する（会社計算規則24条1項）。自己株式の取得価額については、その取引の態様に応じて、時価、適正な帳簿価額を引き継ぐ方法などがあるが、その処理については、会計慣行に委ねられる。したがって、増加した帳簿価額相当分の分配可能額が減額される（会社法461条2項3号）。

　自己株式の取得原価の算定については、金銭の場合とそれ以外の場合に分

けられ、さらに金銭以外の場合については、企業集団内からの取得の場合、取得対価が株式の場合、それ以外の場合とに分けられる。対価が金銭であればその額が取得原価となるのはいうまでもない。

　企業集団内からの取得の場合とは、共通支配下の取引を想定しているもので、親子会社間、子会社同士での合併、会社分割、事業譲渡等をいい、帳簿価額をそのまま引き継ぐので、引き継ぐ自己株式の取得原価は、簿価純資産額を取得原価とするとされている（自己株式適用指針7）。これに対して、たとえば、吸収合併で、パーチェス法が適用される場合は、通常の「取得」の処理により対価として交付された自己株式の時価が取得原価となり、識別可能な再編対象財産の時価の総額との差は「のれん」として計上される（会社計算規則11条、旧12条等）。

　自己株式の取得の対価として他の株式を交付（新株発行、自己株式処分）することが認められるのは、取得請求権付株式の取得、取得条項付株式の取得、全部取得条項付種類株式の取得による自己株式の取得の場合であるが、これらの場合には、株主からの新たな財産の払込みはなく、純資産の部の株主資本は変動しない。このような場合の取得対価として新株を発行するときは、自己株式の取得原価はゼロとされ（自己株式適用指針8⑴）、資本金等増加限度額もゼロとされる（会社計算規則15条1項）。したがって、会計上の仕訳はないことになる。

　また、取得対価として自己株式の処分をするときは、自己株式の入替えが行われるにすぎず、実質的な財産の流出はないから、資本金等増加限度額も当然ゼロとされる（会社計算規則14条1項参照）が、自己株式の取得原価は処分自己株式の帳簿価額とされ（自己株式適用指針8⑵）、自己株式の対価額は、処分自己株式の帳簿価額とされる（会社計算規則15条2項）。したがって、会計上の仕訳はないことになるが、自己株式の帳簿価額は種類株式ごとに算定することとされているので（自己株式会計基準13）、自己株式の帳簿価額を振り替えるという意味で仕訳をすることになる。

　取得した自己株式の帳簿価額を分配可能額の算定上加算することとし（会社計算規則158条1項9号）、自己株式の帳簿価額増加部分を分配可能額から

減額する原則的規定（会社法461条2項3号）を相殺することとし（会社法461条2項4号）、分配可能額が変動しないようにされている。

	交付対価	自己株式取得原価（取得価額）	自己株式対価額	資本金等増加限度額	登記等
募集株式の発行	株式			払込額×株式発行割合（計算規則14Ⅰ）	資本金の額・発行済株式総数の変更
	自己株式	増加すべき自己株式の帳簿価額（計算規則47Ⅰ）	払込額×自己株式処分割合（計算規則37Ⅲ）	ゼロ（計算規則14Ⅰ）	（注1）
①取得請求権付株式 ②取得条項付株式 ③全部取得条項付種類株式の取得	株式	ゼロ（自己株式適用指針8⑴）		ゼロ（計算規則15Ⅰ）	仕訳なし 発行済株式総数の変更
	自己株式	処分自己株式の帳簿価額（自己株式適用指針8⑵）	処分自己株式の帳簿価額（計算規則38Ⅱ）	ゼロ（計算規則15Ⅰ）	仕訳なし（注2）
	新株予約権（付社債）				新株予約権の登記
	金銭以外の財物	財産の時価と取得した自己株式の時価のいずれか高いほう（注3）			
無償割当て	株式		ゼロ（計算規則16Ⅲ）	ゼロ（計算規則16Ⅰ）	発行済株式総数の変更
	自己株式		ゼロ（計算規則16Ⅲ）	ゼロ（計算規則16Ⅰ）	処分自己株式の帳簿価額相当額をその他資本剰余金から減ずる（計算規則16Ⅱ、

					会計基準10)
新株予約権の行使	株式	新株予約権の帳簿価額は、発行価額（発行時の払込金）（注5）		｛行使時の新株予約権の帳簿価額＋払込額｝×新株発行割合－自己株式処分差損（計算規則17Ⅰ）	発行済株式総数の変更
	自己株式		｛行使時の新株予約権の帳簿価額＋払込額｝×自己株式処分割合（計算規則17Ⅲ）	ゼロ（計算規則17Ⅰ）	計算規則17Ⅱ①（注1）
取得条項付新株予約権の取得	株式			｛取得時の新株予約権の価額(注6)－交付財産の額(注4)｝×新株発行割合－自己株式処分差損（計算規則18Ⅰ）	
	自己株式		｛取得時の新株予約権の価額(注6)－交付財産の額(注4)｝×自己株式処分割合（計算規則18Ⅲ）	ゼロ（計算規則18Ⅰ）	計算規則18Ⅱ①（注1）
自己株式の無償取得		取得対価相当額がないのでゼロ（自己株			

第1章　商業登記における株式会社の資本と計算

		式適用指針14)				
自己株式の消却						消却する自己株式の帳簿価額はその他資本剰余金から減ずる（計算規則24Ⅲ）

(注1)　自己株式処分の差益損の会計処理は、原則として、差益はその他資本剰余金の増加、差損はその他資本剰余金の減少となるが（自己株式会計基準9、10）、募集株式の発行等、新株予約権の行使、取得条項付新株予約権の取得について、「新株の発行と自己株式の処分とを同時に行った場合」において、自己株式処分差損が生ずるときは、資本金等増加限度額から控除することとされている（会社計算規則14条1項4号、17条1項5号、18条1項4号）。

(注2)　自己株式の帳簿価額は種類株式ごとに算定することとされているので（自己株式会計基準13）、自己株式の帳簿価額を振り替えるという意味で仕訳をすることになる。

(注3)　取得対価が金銭以外の財物の場合の取得原価は、企業集団内からの取得の場合（自己株式適用指針7）を除き、財産の時価と取得した自己株式の時価のいずれか高いほうとされる（自己株式適用指針9）。ただし、取得した自己株式に市場価格がある場合は、取得自己株式の時価を取得原価とし、取得自己株式と取得対価の財産のいずれも公正な評価額の算定が困難な場合は、取得対価の簿価純資産額を取得原価とするとされている（自己株式適用指針9）。

(注4)　交付財産の額とは、株式を除き、新株予約権（付社債）の場合は会計帳簿に付すべき額をいう。

(注5)　新株予約権の帳簿価額（簿価）とは、原則として発行価額（会社法238条1項3号、会社計算規則55条1項）であるが、従業員等に対してストックオプション目的の場合は、付与の日から権利確定日まで（対象勤務期間）の費用を計上することとされている（ストックオプション会計基準4項、5項）。

(注6)　取得条項付新株予約権の取得の場合には、その新株予約権は自己新株予約権となり、資本金等増加限度額の算定においては、会社計算規則では「価額」とされているが（会社計算規則18条1項1号）、会計基準では、取得時の「時価」をもって認識するとされている（新株予約権実務対応報告Q2・1）。

3　自己株式の処分と会計処理

　自己株式の処分の対価である売却代金については、その取得価額との差額がその他資本剰余金に入れられるとすれば、その点こそが、企業が金庫株を保有する動機の1つとなり、将来の決算において利益操作を行うことを主たる目的として、あらかじめ株価が低い時期に自己株式を取得しておくという

ことになる。保有有価証券の含み益を利用した決算対策の1つの手段となりうるといわれて、まさに会計処理のもたらす問題とされていた（商事法務1616号7頁）。

　自己株式の処分とは、保有する自己株式を他に譲渡することをいうが、会社法では、保有する自己株式については、その取得原価をもって、貸借対照表の純資産の部の株主資本の項に控除する形式で表示することとされ（会社計算規則24条1項、76条2項5号）、それが自己株式の帳簿価額となる。

　自己株式を処分すると、その帳簿価額が減少することになるが（会社計算規則24条2項）、自己株式の帳簿価額と自己株式の処分価額とが異なれば処分差損益が生ずることになる。

　自己株式の処分対価が自己株式の帳簿価額より大きければ、自己株式処分差益が生じ、自己株式の処分対価が自己株式の帳簿価額より小さければ、自己株式処分差損が生ずる。この差損益についての原則的な会計処理は、自己株式処分差益は「その他資本剰余金」の増加、自己株式処分差損は「その他資本剰余金」の減少とすることとされる（会社計算規則14条2項・3項、27条2項3号、自己株式会計基準9、10）。

　ただし、募集株式の発行等について新株発行と同時に自己株式を処分した場合の自己株式処分差損は、その他資本剰余金の減少ではなく、資本金等増加限度額から控除することとされている（会社計算規則14条1項4号）。自己株式処分の差益損の会計処理は、原則として、差益はその他資本剰余金の増加、差損はその他資本剰余金の減少となるが（自己株式会計基準9、10）、「新株の発行と自己株式の処分とを同時に行った場合において、自己株式処分差損が生ずるときは、その他資本剰余金を減少させてまで（場合によってはその他利益剰余金のマイナス表示をしてまで）、資本金等を増加させることは適切ではないと考えられることから、そのような場合には、処分差損を（その他資本剰余金の減額とはせず）、資本金等の額から控除することとしている（会社計算規則14条1項4号）。」（相澤哲ほか「新会社法関係法務省令の解説(6)」商事法務1764号21頁）。

　新株予約権の行使があった場合に株式を交付したときは、その行使時の新

株予約権の帳簿価額と行使払込金銭の額（又は行使時の現物出資財産の時価）の合計額に新株発行割合を乗じ、自己株式処分差損を控除（自己株式処分差損は「その他資本剰余金」の減少とするのではなく）した合計額が、資本等増加限度額となる（会社計算規則17条1項5号）。

取得条項付新株予約権の取得に伴い株式を交付したときは、取得時の新株予約権の価額（時価）から交付財産の額を控除した額に新株発行割合を乗じ、自己株式処分差損を控除（自己株式処分差損は「その他資本剰余金」の減少とするのではなく）した合計額が、資本等増加限度額となる（会社計算規則18条1項4号）。

4　自己株式の消却と会計処理

自己株式の消却が行われた場合には、消却手続が完了したときに、消却される自己株式の帳簿価額分だけ自己株式の帳簿価額が減額され（会社計算規則24条2項）、その他資本剰余金から減額する（会社計算規則24条3項）。

したがって、当該額相当分が分配可能額の増加要因となるが、他方で、同額の剰余金が減少する（会社法446条5号）ので、当該相当分が分配可能額の減少要因となる。結局、自己株式の消却によっては分配可能額は変動しないことになり、自己株式の消却自体は、当該額をその他資本剰余金の減少に振り替えることと、発行済株式総数の減少という、いずれも分配可能額とは無関係の効果のみが生ずるということである。

5　自己株式の増減と分配可能額の調整

(1)　自己株式の帳簿価額の増減

自己株式の帳簿価額は、最終事業年度末の分配可能額の算定では控除することとされ（会社法461条2項3号）、自己株式の帳簿価額の増減、つまり保有自己株式の増加は分配可能額の減少となる（会社法461条2項3号）。

保有自己株式の減少（処分又は消却）は分配可能額の増加となるはずであるが、処分による減少については、臨時決算を行わない限り、これを分配可能額の増加としては計算しない調整がされている。自己株式帳簿価額の減少

による分配可能額減少の調整規定（会社法461条2項3号）と処分差損益発生による剰余金増減規定（会社法446条2号）があっても、分配可能額減少の調整規定（会社法461条2項4号）により、自己株式処分に伴う分配可能額の増加金額が相殺されるので、自己株式処分に伴う分配可能額の増加は、臨時決算により初めて実現するものとされている（会社法461条2項2号ロ）。「仮に自己株式の処分対価がそのまま分配可能額に算入されることとなると、例えば、取得した財産が不当に高く評価された場合には、分配可能額が不当に高くなるという問題がある」（相澤哲ほか「新会社法関係法務省令の解説(10)」商事法務1768号22頁）ので、臨時決算を担保として債権者保護を図ったものと思われる。

(2) 処分対価が自己株式である場合

また、取得対価として自己株式の処分をするときは、自己株式の入替えが行われるにすぎず、実質的な財産の流出はないから、資本金等増加限度額も当然ゼロとされる（会社計算規則14条1項参照）が、自己株式の取得原価は処分自己株式の帳簿価額とされ（自己株式適用指針8(2)）、自己株式の対価額は、処分自己株式の帳簿価額とされる（会社計算規則15条2項）。したがって、会計上の仕訳はないことになるが、自己株式の帳簿価額は種類株式ごとに算定することとされているので（自己株式会計基準13）、自己株式の帳簿価額を振り替えるという意味で仕訳をすることになる。

取得した自己株式の帳簿価額を分配可能額の算定上加算することとし（会社計算規則158条1項9号）、自己株式の帳簿価額増加部分を分配可能額から減額する原則的規定（会社法461条2項3号）を相殺することとし（会社法461条2項4号）、分配可能額が変動しないようにされている。

第6 募集以外の事由による株式の発行等の登記

取得請求権付株式の取得、取得条項付株式の取得及び全部取得条項付種類株式の取得（これらは自己株式の取得となる。）と引き換えに当該会社の他の株式を交付するため、株式を発行する場合には、当該株式の引受人を募集

し、出資を履行させる必要がないことから、募集株式を発行する手続によらずに株式を発行することができる。この場合には、新たに払込み又は給付がされる財産がないことから、当該財産の額（資本金等増加限度額）はゼロとされ（会社計算規則15条1項）、資本金及び資本準備金の額に変動は生じない（なお、登記事項中、発行済株式総数等に変動が生ずる。）。

また、取得請求権付株式等の取得と引き換えに他の種類の自己株式を処分する場合には、自己株式を入れ替えているにすぎず、資本金の額や発行済株式総数等に変動は生じない。

1 取得請求権付株式の取得と引き換えにする株式の発行

(1) 取得請求権付株式の取得と引き換えにする株式の発行の手続

① 取得請求権付株式の取得と引き換えにする株式の交付による変更の登記をする前提として、ア定款に取得請求権付株式の内容を定め、その登記（発行する株式の内容又は発行可能種類株式総数及び発行する各種類の株式の内容）がされた後、イ当該株式の引受人を募集・発行し、その登記（資本金の額、発行済株式の総数ならびにその種類及び種類ごとの数）がされていることが必要である。

取得請求権付株式の取得によって登記の申請を要するのは、取得の対価として株式又は新株予約権を発行し、発行済株式の総数ならびにその種類及び種類ごとの数又は新株予約権に関する事項に変動が生ずる場合に限られる（このうち後者については、新株予約権の箇所で解説をする。）。上記のとおり、株式の発行に伴う出資がないことから、資本金の額には変動は生じない。また、取得の対価として社債、金銭、自己株式等を交付する場合には、登記事項に変動を生じさせない。

② 取得請求

取得請求権付株式の株主は、会社に対し、当該株主の有する取得請求権付株式の取得を請求することができ、会社は、当該請求の日に、請求に係る取得請求権付株式を取得する（会社法166条1項、167条1項）。この場合において、株券発行会社にあっては、当該取得請求権付株式に係る株券が発行され

ていないときを除き、株主は、当該株券を会社に提出しなければならない（会社法166条3項）。

　また、当該種類の株式1株を取得するのと引き換えに株主に対して当該会社の他の種類の株式を交付する旨の定めがあるときは、当該取得の請求をした株主は、当該請求の日に、当該他の種類の株式の株主となる（会社法167条2項）。

　この場合、会社が当該他の種類の株式を発行するか、自己株式を処分するかにかかわらず、資本金の額は増加しない（会社計算規則15条）。資本金は増加しないが、自己株式を取得することになるので、自己株式帳簿価額が増加する。自己株式取得に伴って他の自己株式を交付するときの対価額は、交付する自己株式の帳簿価額とされているので（会社計算規則15条2項）、結果的に相殺されて、会計処理上の仕訳はないことになる。

　なお、取得請求権付株式の取得と引き換えに交付する金銭等の帳簿価額の総額は、取得の効力発生日における分配可能額を超えてはならない（会社法166条1項ただし書）とされているが、株式を交付する場合は株主への払戻しとならないため財源規制はかからない（会社法166条1項ただし書）。

③　発行済株式数の制限等

　取得請求権付株式1株を取得するのと引き換えに株主に対して当該会社の他の株式を交付する旨の定めがある場合において、他の種類の株式を発行するときは、発行可能株式総数の範囲内において発行しなければならない。

(2) 変更登記手続

① 登記期間

　会社による取得請求権付株式の取得のみによっては、登記すべき事項に変更は生じないが（会社法が自己株式として保有するのみ）、会社が株式の取得と引き換えに、株主に対して当該会社の他の種類の株式を発行した場合には、発行済株式の総数及び発行済種類株式の数が増加するので、増加後の発行済株式の総数及び発行済種類株式の数について、毎月末日現在により、当該末日から2週間以内に、本店の所在地において、変更の登記をしなければならない（会社法915条3項）。月の末日までに発行された株式について、ま

とめて変更の登記をする場合には、その変更年月日は月の末日であるが、取得の請求のつど変更の登記をする場合には、その変更年月日は取得の請求があった日である。
② 登記すべき事項
　登記すべき事項は、①発行済株式の総数ならびに②その種類及び③種類ごとの数ならびに変更年月日である。
　なお、新株を発行しないで、自己株式を対価として移転したときは、登記事項に変更は生じない。
③ 添付書面
　登記の申請には、旧商法の転換予約権付株式の転換の場合と同様に、取得請求権付株式の取得の請求があったことを証する書面を添付しなければならない（商業登記法58条）。
　具体的には、取得請求書又は株主名簿管理人作成の取得請求証明書等が該当する（松井信憲「民事月報」60巻7号36頁）。
　取得請求書の写しを添付する場合は、該当月に請求があった件数分の取得請求書を添付する。
　取得請求は、請求に係る取得請求権付株式の数（種類株式発行会社にあっては、取得請求権付株式の種類及び種類ごとの数）を明らかにして行うとされ（会社法166条2項）、その際の変更の登記の申請には、原則として、取得請求書の添付を要する。取得請求書には、請求に係る株式の数及び請求年月日を記載し、請求者の記名押印を要する。また、株主名簿管理人が置かれ、株主名簿管理人が取得請求を代理して受領する場合には、株主名簿管理人が作成した書面も、請求があったことを証する書面に該当する。なお、請求年月日によって登記期間の起算時が登記官に明らかになるところ、株主名簿管理人が作成した書面を添付して、会社法915条3項2号の規定により、毎月末日から2週間以内に申請がされた場合において、当該書面上当該月内に行使されたことが明らかであるときは、個々の取得請求のあった日が登記官に明らかである必要はない。
　取得の対価として株式以外の財産を交付する場合には、会社財産が社外に

流出することになるので、会社債権者保護の観点から、当該財産の帳簿価額が取得請求の日における分配可能額を超えているときは当該取得請求はできないとする規制がある（会社法166条1項ただし書）が、株式を交付する場合には、分配可能額に影響を与えるその他資本剰余金に変動を生じさせないことから、当該規制の対象とはされておらず、取得の対価として株式を発行したことによる変更の登記の申請の際には、商業登記規則61条6項に規定する分配可能額が存在することを証する書面の添付は要しない。

④　登録免許税

申請1件につき、3万円である（登税法別表第一第24号㈠ツ）。

2　取得条項付株式の取得と引き換えにする株式の発行

⑴　取得条項付株式の取得

取得条項付株式は、取得請求権付株式と異なり、株主の意思にかかわらず、一定の事由が生じたことを条件として会社が株式を取得することができることから、会社法は、会社による当該取得にあたって、株主に対する事前の通知・公告を義務づけ、株主の投資判断等に配慮をしている。

取得条項付株式の取得と引き換えにする株式の交付による変更の登記をする前提として、ア定款に取得条項付株式の内容を定め、その登記（発行する株式の内容又は発行可能種類株式総数及び発行する各種類の株式の内容）がされた後、イ当該株式の引受人を募集・発行し、その登記（資本金の額、発行済株式の総数ならびにその種類及び種類ごとの数）がされていることが必要である。また、イにかえ、すでに発行されている株式に取得条項を付することにより取得条項付株式とし、その登記をすることによることもできる。この場合には、定款に定めた株式の内容を変更するための株主総会の特別決議に加えて、当該株式の株主全員の同意を要する（会社法110条、111条1項）。

取得条項付株式の取得によって登記の申請を要するのは、取得の対価として株式又は新株予約権を発行し、発行済株式の総数ならびにその種類及び種類ごとの数又は新株予約権に関する事項に変動が生ずる場合に限られる。株式の発行に伴う出資がないことから、資本金の額には変動は生じない。ま

第1章　商業登記における株式会社の資本と計算　93

た、取得の対価として社債、金銭、自己株式等を交付する場合には、登記事項に変動を生じさせない。資本金は増加しないが、自己株式を取得することになるので、自己株式帳簿価額が増加する。自己株式取得に伴って他の自己株式を交付するときの対価額は、交付する自己株式の帳簿価額とされているので（会社計算規則15条2項）、結果的に相殺されて、会計処理上の仕訳はないことになる。

(2) 取得する日及び取得する株式の決定

会社が別に定める日が到来することをもって取得事由とする旨の定めがある場合には、会社は、定款に別段の定めがある場合を除き、その日を株主総会の普通決議（取締役会設置会社にあっては、取締役会の決議）により定め、当該日の2週間前までに、取得条項付株式の株主等に対し通知又は公告をしなければならない（会社法168条）。

取得条項付株式の一部を取得する旨の定めがある場合には、会社は、定款に別段の定めがある場合を除き、株主総会の普通決議（取締役会設置会社にあっては、取締役会の決議）によって当該一部の株式を決定し、直ちに、その株式の株主等に対し通知又は公告をしなければならない（会社法169条）。

(3) 株券提供公告

株券発行会社は、取得条項付株式の全部について株券を発行していない場合を除き、当該株式に係る株券提供公告等の手続を行わなければならない（会社法219条1項4号）。

(4) 会社による取得条項付株式の取得

会社は、一定の事由が生じた日（取得条項付株式の一部を取得する旨の定めがある場合には、当該日又は169条の通知もしくは公告の日から2週間を経過した日のいずれか遅い日）に、取得条項付株式を取得する（会社法170条1項）。

(5) 取得と引き換えにする株式の交付

定款に当該種類の株式1株を取得するのと引き換えに株主に対して当該会社の他の株式を交付する旨の定めがあるときは、当該取得条項付株式の株主は、会社法107条2項3号イの事由が生じた日に、当該他の種類の株式の株主となる（会社法170条2項）。

この場合、会社が当該他の種類の株式を発行するか、自己株式を処分するかにかかわらず、資本金の額は増加しない（会社計算規則15条1項）。

なお、取得条項付株式の取得と引き換えに交付する金銭等の帳簿価額の総額は、取得事由が生じた日における分配可能額を超えてはならない（会社法170条5項）とされているが、株式を交付する場合は株主への払戻しとならないため財源規制はかからない（会社法170条5項では、107条2項3号ニ～トとされ、株式は除外されている）。

3　取得条項付株式の取得と引き換えにする株式の発行の変更登記手続

(1)　登記期間

会社による取得条項付株式の取得のみによっては、登記すべき事項に変更は生じないが、会社が取得条項付株式の取得と引き換えに株主に対して当該会社の他の株式を発行した場合には、発行済株式の総数及び発行済種類株式の数が増加するので、増加後の発行済株式の総数及び発行済種類株式の数について、2週間以内に、本店の所在地において、変更の登記をしなければならない（会社法915条1項）。

会社による取得条項付株式の取得のみによっては、登記すべき事項に変更は生じないが、会社が取得条項付株式の取得と引き換えに当該他の株式を発行した場合には、2週間以内に、本店の所在地において、変更の登記をしなければならない（会社法915条1項）。

取得条項付株式の取得と引き換えに株式の交付を受ける者は、会社による取得の効力の発生により当該株式の株主になることから、会社は、その日から2週間以内に、本店所在地を管轄する登記所に対して、取得条項付株式の取得と引き換えにする株式の交付による変更の登記を申請しなければならない。取得の効力の発生日は、①取得することができる一定の事由が生じた日（別に定める日を取得事由としている場合には、株主総会の普通決議で定めた日（取締役会設置会社にあっては、取締役会の決議で定めた日）（会社法168条1項））又は②一定の事由の生じた日に一部の株式を取得する旨の定款の定め

がある場合には、取得する一部の株式を決定し、当該株式の株主及びその登録質権者に通知もしくはそれにかわる公告をした日から2週間を経過した日もしくは一定の事由の生じた日のいずれか遅い日となる（会社法170条1項）。②の場合において、取得の効力発生日が一定の事由の生じた日となる場合としては、取得日が定款の定めや株主総会の決議等により事前に明らかである場合において、当該日以前にあらかじめ一部取得の対象となる株式を決定し、通知又は公告をした日から2週間を経過するときが想定される。

(2) 登記すべき事項

登記すべき事項は、①発行済株式の総数ならびに②その種類及び③種類ごとの数ならびに変更年月日である。

取得条項付株式1株を取得するのと引き換えに株主に対して当該会社の他の株式を交付する旨の定めがある場合において、他の種類の株式を発行するときは、発行可能株式総数の範囲内において発行しなければならない。

(3) 添付書面（商業登記法59条1項）

登記の申請書には、次の書面を添付しなければならない（商業登記法59条1項）。

① 一定の事由（取得事由）の発生を証する書面（旧商法の強制転換条項付きの転換の場合と同様のもの）

会社が別に定める日が到来することをもって取得事由とする旨の定めがある場合には、株主総会（取締役会設置会社にあっては取締役会）の議事録を添付する。

一定の事由として、定款に特定の日付を定めず、なんらかの条件を定めた場合には、会社の代表者が当該事由が発生したことを証明する旨を記載し、登記所への届出印をもって記名押印した書面をもって、一定の事由の発生を証する書面として取り扱うことができる。

一定の事由として、定款に会社が別に定める日が到来することを定めた場合には、取締役会設置会社では取締役会の決議で、その他の会社であれば株主総会の普通決議で当該日を定めることを要し、変更の登記の申請の際には、当該決議をした株主総会又は取締役会の議事録の添付を要する（会社法

168条1項、商業登記法46条2項）。当該日を定めたときは、取得条項付株式の株主又はその登録質権者に対して、当該日の2週間前までに当該日を通知又はそれにかわる公告をしなければならない（会社法168条2項）。このため、当該日を決議した日と当該日との間に少なくとも2週間の期間が置かれていることが必要である（ただし、当該通知又は公告を証する書面は、当該登記を申請する際に添付することを要しない。）。また、株券発行会社においては、株券提供公告等を当該日の1カ月前までにする必要があることから、株券提供公告等をした日と当該日との間には1カ月の期間が置かれている必要がある（会社法219条1項4号）。

なお、取得条項付株式の内容として一定の事由が定款に定められ、それが登記されることから、登記官は一定の事由の存否について定款を添付させ、確認をすることは要しない。

② 株券発行会社にあっては、株券提供公告等関係書面（商業登記法59条1項2号）

会社法では、取得条項付株式の取得にあたり、①株券発行会社（株式の全部について株券を発行していない会社を除く。）は、取得の1カ月前までに株券提供公告及び株主等への通知をしなければならないとされた（会社法219条1項4号）。また、②会社は、会社が別に定める日に株式を取得する旨を定款で定めた場合に、当該日を株主総会等の決議により定めたときは、当該日の2週間前までに当該日につき通知又は公告をしなければならず（会社法168条）、さらに、③一部の株式に限って取得する旨を定款で定めた場合に、取得すべき一部の株式を株主総会等の決議により定めたときは、直ちに当該株式の株主等に対する通知又は公告をしなければならないとされた（会社法169条）。

このように、会社法では、公告の種類がふえ、かつ、その趣旨ごとに分けて詳細な規定が設けられたため、これに伴い、商業登記法においても、通知又は公告に関する添付書面について見直され、原則として、公告及び通知の双方を要する場合に限り、その公告をしたことを証する書面を添付書面とし、申請人の負担の軽減及び登記官による効率的な審査の実現が図られてい

る。

　したがって、取得条項付株式の取得と引き換えにする株式の交付による変更の登記の申請には、上記の①～③の公告・通知を要する場合のうち、①の株券発行会社について会社法219条1項本文に規定する公告をしたことを証する書面又は当該株式の全部について株券を発行していないことを証する書面を添付すれば足りる。公告は定款所定の方法によることを要するので、前者の書面としては、官報、日刊新聞紙又は電子公告調査機関作成に係る調査結果通知が該当する。株券発行会社以外の会社は、登記簿上、株券発行会社である旨の登記がなく、株券提供公告を要しないことが登記官に明らかであることから、株券発行会社に関する後者の書面としては、全部の株式につき株券不所持の申出（会社法217条）が記載された株主名簿が該当する。公開会社でない株券発行会社が、会社法215条4項の規定により、株券を発行していない場合には、株主名簿に会社法121条4号に掲げる株券の番号が記載されていないことをもって、株券を発行していないことを確認することとなる。

③　取得条項付株式の一部を取得した場合には、当該一部の株式の決定に係る株主総会又は取締役会の議事録（商業登記法46条）を添付する。

　定款に取得条項付株式の内容として取得条項付株式の一部を取得する旨等を定めた場合において（会社法107条2項3号ハ）、当該取得条項付株式を取得しようとするときは、取得の対象とする取得条項付株式を株主総会（取締役会設置会社の場合には取締役会）の決議によって定め、直ちに対象となる取得条項付株式の株主及び登録質権者に対して通知又はそれにかわる公告をしなければならず、取得条項付株式の取得と引き換えにする株式の交付による変更の登記の申請の際には、当該決議をした株主総会又は取締役会の議事録の添付を要する。

　また、当該通知又は公告を証する書面の添付は要しない。

(4)　**登録免許税**

　申請1件につき、3万円である（登税法別表第一第24号㈠ツ）。

4 全部取得条項付種類株式の取得と引き換えにする株式の発行

　全部取得条項付種類株式（会社法108条１項７号）は、種類株式発行会社でしか発行できない株式である（会社法171条参照）ため、非種類株式発行会社が当該種類株式を発行するためには、まず、あらかじめ何らかの種類株式を定款に定め、種類株式発行会社に移行する必要がある。そして、その役目は、おもに株主の入替えである。

　本来、全部取得条項付種類株式を発行するのに種類株式発行会社である必要はないと思われる。種類株式発行会社とは、会社法108条１項各号に掲げる事項について内容の異なる２以上の種類の株式を発行する旨の定款の定めがある株式会社をいうので、実際に当該株式を１株も発行していない場合でも種類株式発行会社となるため、種類株式は定款に定めがあればよく、当該株式が１株も発行されることなく全部取得条項付種類株式の取得後、定款変更により、非種類株式発行会社に戻れば、その生涯を終えることもあるからである。

　全部取得条項を既存普通株式に付加するのと同時に、種類株式の内容が、全部取得条項の付加されていないこと以外に相違点のない（既存普通株式と内容がまったく同じ株式）種類株式を定款に定めることは論理的に可能である。

(1) 全部取得条項付種類株式の取得と引き換えにする株式の発行の手続

　全部取得条項付種類株式は、２種類以上の種類株式を発行する会社（種類株式発行会社）において、定款にその定めを設けることができるとされ、あらかじめ取得の事由や対価の内容が定められている取得条項付株式と異なり、株主総会の特別決議によりいつでも取得することができ（会社法171条１項、309条２項３号）、取得の際に対価を交付する場合には、当該株主総会の決議によりその内容を定めるとされている（会社法171条１項）。全部取得条項付種類株式の取得と引き換えにする株式の交付による変更の登記をする前提として、①定款に全部取得条項付種類株式の内容を定め、その登記（発行する株式の内容又は発行可能種類株式総数及び発行する各種類の株式の内容）が

された後、②当該株式の引受人を募集・発行し、その登記（資本金の額、発行済株式の総数ならびにその種類及び種類ごとの数）がされていることが必要である。また、②にかえ、すでに発行されている種類株式に全部取得条項を付することにより全部取得条項付種類株式とし、その登記をすることによることもできる。この場合には、定款に定めた種類株式の内容を変更するための株主総会の特別決議に加えて、当該種類株式の種類株主を構成員とする種類株主総会ならびに当該種類株式を取得の対価とする取得請求権付株式及び取得条項付株式の種類株主を構成員とする種類株主総会の特別決議を要する（会社法111条2項、324条2項1号）。

　全部取得条項付種類株式の取得によって登記の申請を要するのは、取得の対価として株式又は新株予約権を発行し、発行済株式の総数ならびにその種類及び種類ごとの数又は新株予約権に関する事項に変動が生ずる場合に限られる（このうち後者については、新株予約権の箇所で解説する）。前記のとおり、株式の発行に伴う出資がないことから、資本金の額には変動は生じない。また、取得の対価として社債、金銭、自己株式等を交付する場合には、登記事項に変動を生じさせない。

　資本金は増加しないが、自己株式を取得することになるので、自己株式帳簿価額が増加する。自己株式取得に伴って他の自己株式を交付するときの対価額は、交付する自己株式の帳簿価額とされているので（会社計算規則15条2項）、結果的に相殺されて、会計処理上の仕訳はないことになる。

(2) 取得と引き換えにする株式の発行の手続

① 取得に関する決定

　全部取得条項付種類株式を発行した種類株式発行会社は、株主総会の特別決議によって次の事項を定め、全部取得条項付種類株式の全部を取得することができるとされた（会社法171条）。

　　a　全部取得条項付種類株式の取得と引き換えに株式、新株予約権その他の金銭等を交付するときは、その内容等

　　b　aの場合には、当該金銭等の割当てに関する事項

　　c　会社が全部取得条項付種類株式を取得する日（以下「取得日」とい

う。)

② 株券提供公告

　株券発行会社は、全部取得条項付種類株式の全部について株券を発行していない場合を除き、当該株式に係る株券提供公告等の手続を行わなければならないとされた（会社法219条1項3号）。

③ 会社による全部取得条項付種類株式の取得

　会社は、取得日に、全部取得条項付種類株式の全部を取得するとされた（会社法173条1項）。

④ ③と引き換えにする株式の交付

　株主総会において取得対価を当該会社の株式とする旨の決議をしたときは、全部取得条項付種類株式の株主は、取得日に、当該決議による定めに従い、その株式の株主となるとされた（会社法173条2項）。

　この場合には、会社が当該株式を発行するか、自己株式を処分するかにかかわらず、資本金の額は増加しない（会社計算規則15条）。

(3) 非種類株式発行会社が全部取得条項付種類株式を発行する場合の手続

　全部取得条項付種類株式（会社法108条1項7号）は、種類株式発行会社でしか発行できない株式である（会社法171条参照）ため、非種類株式発行会社が当該種類株式を発行するためには、まず、何らかの種類株式を定款に定め、種類株式発行会社に移行する必要がある。その手続の流れは、次のようになる。

① 株式会社が種類株式発行会社でない場合には、株主総会で下記事項を決定する定款変更を決議する（会社法466条、309条2項11号）。

　ア　第1号議案で、異なる種類の株式（乙種類株式）を定款に規定する旨の決議をし、会社法2条13号の種類株式発行会社に移行し、既存の普通株式（甲種類株式）について発行可能種類株式総数・株式の内容及び乙種類株式の発行可能種類株式総数（会社法108条2項柱書）、株式の内容（会社法108条2項各号のいずれかの内容）を定める。

　　既存株式が会社法107条1項1号の譲渡制限株式である場合には、その株式の内容も108条1項4号の譲渡制限株式となるので、その旨の変

更の登記を要する。

　イ　次に、第2号議案で、従前の甲種類株式に全部取得条項を付加し、その内容及び取得対価の価格の決定方法として「当該決議時の会社財産の状況を踏まえて定める」等（会社法108条2項7号イ）を定款に規定する。この段階では、すでに種類株式発行会社に移行しているので、全部取得条項を付加する甲種類株式を有する株主による種類株主総会の特別決議を要する（会社法111条2項、324条2項1号）。会社法108条2項7号イの「取得対価の価額の決定方法」については、具体的内容を定める必要はなく、「当該決議時の会社財産の状況を踏まえて定める」等、参考程度の定めでかまわない。具体的内容を定款で定めた場合には、全部取得条項付種類株式の取得のときに定款に拘束されることとなる（相澤哲『一問一答　新・会社法〔改訂版〕』商事法務（平成21年）50頁）。

　また、全部を取得する株主総会の決議をすることができるか否かについて条件を定めるときには、その条件を定める（会社法108条2項7号）。ただし、この条件は、当該種類株式を初めて発行する時までに、取締役会設置会社では、株主総会又は取締役会の決議によって定める旨を定款で定め、その要綱を定款で定めることを要する（会社法108条3項、会仕法施行規則20条）。会社法施行規則20条1項6号では、全部取得条項付種類株式について、最初から定款に定めなくてはならない種類株式の内容が規定されている。このなかに会社法108条2項7号ロの事項は規定されていない。

　定款で種類株式の内容を定めてから実際に発行されるまでには、長期にわたることもありうるから、市場動向をみて具体的な株式の内容を定める取扱いができるよう会社法108条3項の規定が設けられている（商事法務1739号39頁）。

② 反対株主の株式買取請求

　全部取得条項を付加する株式の内容の定めを設ける定款変更をする場合、反対株主には、株式会社に対し、自己の有する株式を公正な価格で買い取ることを請求することができる権利が与えられる（会社法116条1項）。

反対株主とは、決議を要する場合の①全部取得条項を付加する株式の内容に反対する旨を株式会社に通知し、かつ、株主総会で反対した株主、又は②株主総会で議決権を行使できない株主をいい、③株主総会が開催されない場合（たとえば、会社法319条1項の決議省略で、付加される株式の株主が議決権を行使できない場合）には、すべての株主をいう。
　この権利を知らせるため、株式会社は、定款変更の効力発生日の20日前までに全部取得条項が付加される株式を有する株主に対して、当該行為をする旨を通知しなければならない（会社法116条3項）。
③　株主総会で具体的にア～ウを決議する（会社法171条1項1号、309条2項3号）。
　ア　全部取得条項付種類株式を取得するのと引き換えに金銭等を交付するときには、取得対価について次の内容
　　取得対価の内容が分配可能額を超えてはならないが、分配可能額を超える対価で全部取得条項付種類株式を取得した場合、当該取得を無効とする旨の規定はなく剰余金の配当等に関する責任（会社法462条1項）が生じる（相澤哲ほか『論点解説　新・会社法』商事法務（平成18年）84頁）。
　イ　アの取得対価を交付するときには、当該対価の割当てに関する事項（会社法171条1項2号）
　ウ　全部取得条項付種類株式を取得する日（会社法171条1項3号）
　　取得内容を決議する株主総会において取締役は、全部取得条項付種類株式の全部を取得することを必要とする理由を説明することを要する（会社法171条3項）。
　　この取得の決議は、①の定款変更と同一日に行うことも可能である。
　　また、取得に反対の通知をし、決議において取得に反対した株主、取得について議決権を行使できない株主は、株主総会で取得事項を決定した日から20日以内に、裁判所に対して、全部取得条項付種類株式の価格の決定の申立てをすることができる（会社法172条1項）。
④　株券提出公告（会社法219条1項3号）
　実際に株式会社が株券を発行している場合には、全部取得条項付種類株式

の取得（会社法171条1項）の効力発生日の1カ月前までに、「取得の効力発生日までに株券を提出しなければならない旨」を公告、かつ、株主・登録株式質権者に対して通知しなければならない。

⑤　取得後の新たな株主となる者の決定

全部取得条項付種類株式（会社法171条1項）の取得にあわせて、会社法199条の募集株式の発行の決議をする。

必ずしも全部取得条項付種類株式の取得と同時に新株の効力が生じなくてはならないことはない。発行ずみの全部が自己株式であること自体は許容されるものと解される（前掲『論点解説　新・会社法』87頁）。ただし、特定募集（注）を行う場合には、取得に係る効力発生日と募集に係る効力発生日が同一の日であることが要件である。

(注)　特定募集（会社計算規則158条1項5号）とは、次のA～Cのいずれの要件も満たす場合を指す。

　　A　全部取得条項付種類株式の取得に際して、当該株式の株主に対し、Bの募集により当該株式会社が払込みまたは給付を受けた財産のみを交付するような取得をすること。

　　B　募集手続により、①の、全部取得条項付種類株式（当該株式の取得と同時に当該取得した株式の内容を変更する場合にあっては、当該変更後の内容の株式）の全部又は一部を引き受ける者の募集をすること。

　　C　Aの、株式の取得に係る効力発生日と、②の、募集に係る効力発生日が同一の日であること。

　　以上の要件から明らかなように、特定募集に該当する場合の全部取得条項付種類株式の取得とは、その取得した株式を、取得と同時に第三者に処分し、その処分対価で取得対価をまかなうというものであるから、その全部取得条項付種類株式は当該株式会社を通過しているだけであり、当該株式会社から実質的な財産流出はない。したがって、自己株式の対価額は、分配可能額に組み入れられる（会社計算規則158条1項10号）。このため、結果として、分配可能額は変動しない。特定募集については、分配可能額の算出において、吸収合併等の吸収型再編受入行為の場合と同一の取扱いがされる（前掲『論点解説　新・会社法』511頁）。

募集株式の種類が譲渡制限株式であるときには、当該既存株主の持分比率維持の期待があることから、募集事項の決定は、当該種類株主による種類株主総会の特別決議が必要である（会社法199条4項、324条2項2号）。

種類株式を保有する株主は存在しないので、通常、株主総会の議決権数と

種類株主総会の議決権数は、異なることはないが、種類株式に1単元の株式の数を設定することにより議決権数を変更することもできるので、種類株主総会の決議を経る必要があると思われる。

　また、取得対価として種類株式を1株未満の端数株となるような比率で交付し、端数の合計数を裁判所の許可を得て、株主となる者に売却する方法もある。たとえば、いちばんの大株主が10株を有している場合に、割当てに関する事項を「1株に対して0.001株割り当てる」として、全部取得条項を付加する株式を有する株主のすべてを会社法234条1項2号の規定に該当するように設定し、種類株式には市場価格などは通常ないから、裁判所の許可を得て競売以外の方法で売却する（会社法234条2項）。

⑥　分配可能額を増加するため、資本金の額の減少又は準備金の額の減少により剰余金の額を増加する必要がある場合には、それらの手続をとる。

(4) 全部取得条項付種類株式と100％減増資

　会社法施行前において、会社再建の手法として用いられた100％減増資については、法的倒産処理手続以外では株主全員の同意が必要とされていた（別冊ジュリストNo.124『商業登記先例判例百選』有斐閣158頁参照）ため、株主数が多数にのぼる会社では、会社更生手続や民事再生手続といった法的倒産処理手続以外で用いられることは少なかった。そこで、会社法においては、迅速な100％減資を図る観点等から、株主総会の特別決議により会社が株式全部を取得することができる全部取得条項付種類株式の制度が新たに設けられた。

　発行する全部の株式が普通株式の会社において、全部取得条項付種類株式を用いて100％減増資を行う方法としては、たとえば、次のようなものが考えられる。

ア　全部取得条項付種類株式は、種類株式発行会社においてしか取得することができないため、実際に発行するかしないかにかかわらず、定款に種類株式の内容を定める。

イ　発行ずみの普通株式を全部取得条項付種類株式に変更するための定款の変更（会社法111条2項）を行う。

ウ　株主総会の特別決議により全部取得条項付種類株式を取得する。

エ　新たに出資する第三者に対して募集株式を交付する。

ア〜ウの株主総会の特別決議は、同一の総会ですることができると解されている。また、イの募集株式の交付についても、第三者との間で総数引受契約を締結することにより、ア〜エを決議した株主総会の開催日と同一の日に募集株式を交付することができる。

(5) **変更登記手続**
① 登記期間
　会社による全部取得条項付種類株式の取得のみによっては、登記すべき事項に変更は生じるが、会社が上記エの株式を発行した場合には、2週間以内に、本店の所在地において、変更の登記をしなければならない（会社法915条1項）。

　全部取得条項付種類株式の取得を決議する際には、取得日を定める必要があり（会社法171条1項3号）、会社は当該取得日をもって全部取得条項付種類株式を取得し、当該株式の株主が取得の対価として交付を受けるものが他の株式である場合には、同日に、当該決議に従い、当該株式の株主になるとされた（会社法173条2項1号）。したがって、全部取得条項付種類株式の取得と引き換えにする株式の交付による変更の登記の申請の登記期間の起算日は、全部取得条項付種類株式の取得日となる。
② 登記すべき事項
　ア　登記すべき事項は、発行済株式の総数ならびにその種類及び種類ごとの数ならびに変更年月日である。
　イ　種類株式発行会社への移行・全部取得条項を付加する定款変更の場合
　　平成18年4月26日民商1110号民事局商事課長通知「会社法の施行に伴う商業登記記録例について」第4節第8、2、(2)「種類株式発行会社が優先株式を発行した場合」の発行前の記録例をみると、種類株式発行会社に移行した場合には、「発行済株式の総数ならびにその種類及び種類ごとの数」を変更する必要がある。

　　全部取得条項を付加した場合には、発行可能種類株式総数及び発行する各種類の株式の内容、当該変更年月日を登記することを要する。資本金の額を減少した場合には、資本金の額、当該変更年月日を登記するこ

とを要する。

　譲渡制限株式に係る事項は、株式の内容ではあるが、登記記録中「株式の譲渡制限に関する規定」欄に記録するものとするとされているので、全部取得条項付種類株式が譲渡制限株式である場合には、株式の譲渡制限に関する規定、当該変更年月日を登記することを要する。

ウ　株主の入替え（取得⇒新しい株主の出現）

　全部取得条項付種類株式の取得と引き換えに、他の株式を交付したときの登記すべき事項は、発行済株式の総数ならびにその種類及び種類ごとの数、当該変更年月日である。

　また、募集株式を発行した場合には、資本金の額、当該変更年月日を登記することを要する。

　全部取得条項により取得した株式を消却せず、取得対価が金銭であり、かつ、新株式を発行しないで、新たに株主となる者に自己株式を処分する場合には登記すべき事項は存在しない。

③　添付書面

登記の申請書には、次の書面を添付しなければならない。

ア　全部取得条項付種類株式の取得と引き換えに、他の株式を交付した場合

　　a　株主総会の議事録（商業登記法46条）

　　　種類株式発行会社がする全部取得条項付種類株式の取得と引き換えにする株式の交付による変更の登記を申請する際には、株主総会の特別決議によって、全部取得条項付種類株式を取得することならびに取得の対価として当該会社の他の株式の種類及び種類ごとの数又はその算定方法、当該他の株式の割当てに関する事項及び取得日を決定した旨を明らかにした株主総会議事録の添付を要する（商業登記法46条2項、会社法171条1項、309条2項3号）。

　　b　株券発行会社にあっては、株券提供公告等関係書面（商業登記法60条）

　　　株券発行会社においては、会社法219条1項3号の規定により、取

得日の1カ月前までに株券を提出する旨を公告し、取得に係る全部取得条項付種類株式の株主及びその登録質権者に対して通知をすることを要し、このうち商業登記法60条の規定により公告をしたことを証する書面（又は当該株式の全部について株券を発行していないことを証する書面）を当該申請に際して添付することとされた（具体的な当該書面については、取得条項付株式の添付書面の解説を参照されたい。）。公告をしたことを証する書面に記載されている日付と取得日の間には、公告期間として1カ月の期間が置かれていることが必要である。

(6) 登録免許税

登録免許税額は、申請1件につき3万円である（登税法別表第一第24号㈠ツ）。

5　全部取得条項付種類株式の書式関係

【分配可能額の算出式】〔商登規61条6項の書面—取得対価が新株予約権のとき添付書面となる〕

平成18年3月31日付民商第782号通達「会社法の施行に伴う商業登記事務の取扱いについて」参照

(注)　分配可能額を超える対価で全部取得条項付種類株式を取得した場合、当該取得を無効とする旨の規定はなく剰余金の配当等に関する責任（会社法462条1項）が生じる（前掲『論点解説　新・会社法』84頁）とされているので、取得請求権（166条1項但書）取得条項（170条5項）で取得対価が分配可能額を超える場合には、無効であるのとは相違するので、全部取得条項付種類株式の取得対価が新株予約権の場合でも、私見としては本書面は添付しなくてもよいと考えられるが、実務の動向を注視したい。

決算期における分配可能額

剰余金の額（会社法446条）	
A　その他資本剰余金の額（計算規則149条3号）	金○○○円
B　その他利益剰余金の額（計算規則149条4号）	金○○○円
剰余金の額＝A＋B	金○○○○円
①　自己株式の帳簿価額（461条2項3号）	金○○円
②　｛(のれん÷2)＋繰延資産額｝－（資本金＋資本準備金額）	金○円

その他資本剰余金の額≧②但し、その他資本剰余金の額を限度（計算規則186条1号）
　　　その他利益剰余金をマイナスとすることなどはできない
　③　その他有価証券・土地の評価損がある場合における当該差損額（計算規則158条2号・3号）
　　　売買目的有価証券の評価損は計算規則186条2号の適用がない　　金〇円
　④　純資産額中剰余金以外の額が300万円に満たない場合には、その不足額（計算規則158条6号）　　　　　　　　　　　　　　　　金〇円
　⑤　連単剰余金差額損（計算規則158条4号）＝a－b　　金〇円
　　a　単体ベース　株主資本の額－その他有価証券評価差損額－土地評価差損額－のれん等調整額＝金〇円
　　b　連結ベース　株主資本の額－その他有価証券評価差損額－土地評価差損額－のれん等調整額＝金〇円
　　決算期における分配可能額＝（A＋B）－（①＋②＋③＋④）　　金〇〇〇〇円
（連結配当規制適用会社は⑤も引く）
［最終事業年度の末日後に生じた事由］
　Ⅰ　自己株式の取得により増加した帳簿価額（461条2項3号）　金〇〇円
　Ⅱ　剰余金の配当額（446条6号）　　　　　　　　　　　　　金〇〇円
　Ⅲ　剰余金を減少して資本金・準備金を増加させた額（446条7号）　金〇〇円
　Ⅳ　決算期後に資本金・準備金を減少して剰余金とした額（446条3号・4号）
　　　　　　　　　　　　　　　　　　　　　　　　　　　　　金〇〇円
　分配可能額＝決算期における分配可能額－（Ⅰ＋Ⅱ＋Ⅲ）＋Ⅳ　　金〇〇〇〇円

【記載例1－1】　非公開会社が特定募集を行う場合

臨時株主総会議事録

　平成〇年〇月〇日（〇曜日）午前〇時〇分から午前〇時〇分まで、当会社の本店において臨時株主総会を開催した。
　　発行済株式の総数　　　　　　　　　　　　　　　　　　株
　　議決権を行使することができる株主の総数　　　　　　　名
　　議決権を行使することができる株主の議決権の数　　　　個
　　出席した当該株主の数（委任状による者を含む）　　　　名
　　出席した当該株主の有する議決権の数　　　　　　　　　個
　　株主総会に出席した役員等
　　取締役〇〇〇〇、同〇〇〇〇、同〇〇〇〇、監査役〇〇〇〇
　　議長　　取締役〇〇〇〇
　　上記のとおり出席があり議決権が定足数に達したので定刻　代表取締役〇

○○○は、議長席に着き、開会を宣し、直ちに議事に入った。

第1号議案　定款一部変更の件
　議長は、新たな株主のもとで当社を再建するため、全部取得条項を既存株式に付加するため、当社を会社法第2条第13号の種類株式発行会社に移行する必要があり、定款にB種類株式を別紙①のとおり規定し、既存株式をA種類株式に変更したい旨を詳細に説明し、その可否を議場に諮ったところ、出席株主の議決権の3分の2以上の多数をもって承認可決された。

第2号議案　既発行A種類株式を全部取得条項付種類株式にするための定款
　　　　　変更の件
　議長は、現在発行済のA種類株式に全部取得条項を付加するため、会社法第108条第2項第7号の取得対価の決定方法を別紙①のとおり「会社計算規則第158条第1項第5号の特定募集により払込まれた金銭を割当て交付する」（108条2項7号イ）としたい旨を述べ、その可否を議場に諮ったところ、出席株主の議決権の3分の2以上の多数をもって承認可決された。

第3号議案　A種類株式の取得及びこれに伴うA種類株式の募集の件
　議長は、A種類株式の全部取得条項に基づく取得対価については、「A種類株式の取得の際に当該株式を有する株主に対しては、A種類株式の全部を引受ける者を募集し、これにより払込みを受けた財産のみを交付する」会社計算規則第158条第1項第5号の特定募集とし、その詳細は次のとおりとしたい旨を述べ、その可否を議場に諮ったところ、出席株主の議決権の3分の2以上の多数をもって承認可決された。

　　　　　　　　　　　　　記
(I)　A種類株式の取得に関する事項
　①　取得対価の内容及びその額（171条1項1号ホ）
　　　金銭にて、(II)のA種類株式の全部を引受ける者を募集し、これにより払込みを受けた財産の額（計158条5号イ）
　②　取得対価の割当てに関する事項（171条1項2号・2項）
　　　A種類株式の取得日前日の最終の株主名簿に記載又は記録されたA種類株式に対して、①の金額を取得日前日におけるA種類株式の発行済株式数（自己株式を除く）を除した額に当該株式を有する株主の株式数を乗じた額を取得対価として割当て交付する。
　③　A種類株式を取得する日　平成○年○月○日（171条1項3号）
　④　取得理由　新たな株主構成のもとに出資を受け、当社を再建するため（171条3項）
(II)　自己株式の処分によりA種類株式の全部を引受ける者の募集（計158条5

号ロ)
① 募集株式の数(I)③の取得日に自己株式となるA種類株式○○○株
なお、①で取得したA種類株式は、取得と同時（計158条5号括弧書）に株式の内容である全部取得条項を廃止する。
② 募集株式1株の払込金額　　　　　　　　　　　　　　金50円
③ 払込期日（※払込期間ではなく払込期日による）
平成○年○月○日（A種類株式の取得日）（計158条5号ハ）
④ 増加する資本金の額及び資本準備金の額　資本金の額　金○○○万円
　　　　　　　　　　　　　　　　　資本準備金の額　金○○○万円

任意的記載事項
⑤ 募集株式の発行方法
株主に株式の割当てを受ける権利を与えない方法による。
⑥ 新株につき払込みを取扱うべき銀行　○○銀行○○支店
⑦ 本募集株式については、会社法第205条の総数引受によることとし、引受人は、△△△△が○○株、同□□□□が○○株を引受ける契約を締結する。

第4号議案　定款一部変更の件
議長は、前号議案においてA種類株式の全部取得条項を廃止することとしたため、種類株式発行会社である必要がなくなるため、株式の発行されていないB種類株式の定めをも廃止したい旨を述べ、同議案の効力発生を条件として、別紙②のとおり定款を変更することを詳細に説明し、その可否を議場に諮ったところ全員異議なく承認可決した。

以上をもって本日の議事を終了したので、議長は閉会を宣した。閉会時刻は午前○時○分であった。
上記の決議を明確にするため、この議事録を作成する。
平成○年○月○日
　　　　　　　　　　　　　　　　　　　　　株式会社○○　株主総会
　　　議事録作成者　代表取締役　　○○○○
※　公開会社では、自己株式の処分は、取締役会の決議による。但し、定款で株主総会の決議による旨の規定を設ければ株主総会で決議することは可能である（295条2項）。

(別紙①)

変　更　前	変　更　後
(発行可能株式総数) 第○条　当会社の発行可能株式総数は、○万株とする。	(発行可能株式総数と種類) 第○条　当会社の発行可能株式総数は、○万株とし、○万株をA種

第1章　商業登記における株式会社の資本と計算　111

	類株式とし、〇万株をB種類株式とする。
	第〇章　A種類株式
（新　設）	（譲渡制限） 第〇条　当会社のA種類株式を譲渡により取得するには、株式会社の承認を要する。
（新　設）	（全部取得条項） 第〇条　当会社は、株主総会の決議によって、A種類株式の全部を取得することができる。 （取得対価の価額の決定方法） 第〇条　会社計算規則第158条第1項第5号の特定募集により払し込まれた金銭を割当て交付する。
	第〇章　B種類株式
	（譲渡制限） 第〇条　当会社のB種類株式を譲渡により取得するには、株式会社の承認を要する。 （劣後株式） 第〇条　当会社のB種類株式は、剰余金の配当を受けることができない。

（別紙②）

（発行可能株式総数）
第〇条　当会社の発行可能株式総数は、〇万株とする。
（譲渡制限）
第〇条　当会社の株式を譲渡により取得するには、株式会社の承認を要する。

第〇章　A種類株式の全文削除

第〇章　B種類株式の全文削除

【記載例1-2】

A種類株式を有する株主による種類株主総会議事録

1．日　時　平成○年○月○日（○曜日）
　　　　　午前○時○分から午前○時○分まで
1．場　所　東京都中央区銀座○丁目○番○号　当会社の本店
　　A種類株式の発行済株式の総数　　　　　　　　　　　　○○○○株
　　議決権を行使することができるA種類株式を有する株主の総数　　○○名
　　議決権を行使することができるA種類株式を有する株主の議決権の数
　　　　　　　　　　　　　　　　　　　　　　　　　　　　○○○○個
　　出席した当該株主の数（委任状による者を含む）　　　　　　○○名
　　出席した当該株主の有する議決権の数　　　　　　　　　○○○○個
1．株主総会に出席した役員
　　取締役○○○○、同○○○○、同○○○○
1．議　長　　取締役　　○○○○
1．議事の経過の要領及びその結果
　　上記のとおり出席があり議決権が定足数に達したので定刻　代表取締役○○○○は、議長席に着き、開会を宣し、直ちに議事に入った。（111条2項に基づく決議）

第1号議案　既発行A種類株式を全部取得条項付種類株式にするための定款
　　　　　　変更の件
　　議長は、現在発行済のA種類株式に全部取得条項を付加するため、会社法第108条第2項第7号の取得対価の決定方法を別紙のとおり「会社計算規則第158条第1項第5号の特定募集により払込まれた金銭を割当て交付する」（108条2項7号イ）としたい旨を述べ、その可否を議場に諮ったところ、出席株主の議決権の3分の2以上の多数をもって承認可決された。（199条4項に基づく決議）

第2号議案　A種類株式の取得及びこれに伴うA種類株式の募集の件
　　議長は、A種類株式の全部取得条項に基づく取得対価については、「A種類株式の取得の際に当該株式を有する株主に対しては、A種類株式の全部を引受ける者を募集し、これにより払込みを受けた財産のみを交付する」会社計算規則第186条第1項第5号の特定募集とし、その詳細は次のとおりとしたい旨を述べ、その可否を議場に諮ったところ、出席株主の議決権の3分の2以上の多数をもって承認可決された。
　　　　　　　　　　　　　　記
(I)　A種類株式の取得に関する事項
　　①　取得対価の内容及びその額（171条1項1号ホ）

金銭にて、(Ⅱ)のＡ種類株式の全部を引受ける者を募集し、これにより払込みを受けた財産の額（計158条5号イ）
　②　取得対価の割当てに関する事項（171条1項2号・2項）
　　Ａ種類株式の取得日前日の最終の株主名簿に記載又は記録されたＡ種類株式に対して、①の金額を取得日前日におけるＡ種類株式の発行済株式数（自己株式を除く）を除した額に当該株式を有する株主の株式数を乗じた額を取得対価として割当て交付する。
　③　Ａ種類株式を取得する日　平成〇年〇月〇日（171条1項3号）
　④　取得理由　新たな株主構成のもとに出資を受け、当社を再建するため（171条3項）
(Ⅱ)　自己株式の処分によりＡ種類株式の全部を引受ける者の募集（計158条5号ロ）
　①　募集株式の数(Ⅰ)③の取得日に自己株式となるＡ種類株式〇〇〇株
　　なお、①で取得したＡ種類株式は、取得と同時（計158条5号括弧書）に株式の内容である全部取得条項を廃止する。
　②　募集株式1株の払込金額　　　　　　　　　　　　　　　金〇〇円
　③　払込期日（※払込期間ではなく払込期日による）
　　平成〇年〇月〇日（Ａ種類株式の取得日）（計158条5号ハ）
　④　増加する資本金の額及び資本準備金の額　資本金の額　金〇〇〇万円
　　　　　　　　　　　　　　　　　　　　　　資本準備金の額　金〇〇〇万円

任意的記載事項
　⑤　募集株式の発行方法
　　株主に株式の割当てを受ける権利を与えない方法による。
　⑥　新株につき払込みを取扱うべき銀行　〇〇銀行〇〇支店
　⑦　本募集株式については、会社法第205条の総数引受によることとし、引受人は、△△△△が〇〇株、同□□□□が〇〇株を引受ける契約を締結する。

　以上をもって本日の議案をすべて終了したので、議長は閉会を宣した。
　上記議事の経過の要領及びその結果を明確にするため、本議事録を作成する。
　　　　平成〇年〇月〇日
　　　　　（商　号）株式会社〇〇　　Ａ種類株主総会において

1．議事録の作成に係る職務を行った取締役　〇〇〇〇

（別紙）

変　更　前	変　更　後
（新　設）	第○章　A種類株式 （譲渡制限） 第○条　当会社のA種類株式を譲渡により取得するには、株式会社の承認を要する。
（新　設）	（全部取得条項） 第○条　当会社は、株主総会の決議によって、A種類株式の全部を取得することができる。
（新　設）	（取得対価の価額の決定方法） 第○条　会社計算規則第158条第1項第5号の特定募集により払込まれた金銭を割当て交付する。

【記載例2－1】　171条の取得決定は後日行う場合

　　　　　　　　　　第○回　定時株主総会議事録
1．日　時　平成○年○月○日（○曜日）
　　　　　　午前○時○分から午前○時○分まで
1．場　所　東京都○区○丁目○番地　当会社の本店
　　発行済株式の総数　　　　　　　　　　　　　　○○○○株
　　議決権を行使することができる株主の総数　　　　　　○名
　　議決権を行使することができる株主の議決権の数　○○○○個
　　出席した当該株主の数（委任状による者を含む）　　　　○名
　　出席した当該株主の有する議決権の数　　　　　　○○○○個
1．株主総会に出席した役員
　　取締役○○○○、同○○○○、同○○○○、監査役○○○○
1．議　長　取締役○○○○
1．議事録の作成に係る職務を行った取締役　後記のとおり
1．議事の経過の要領及びその結果
　　上記のとおり出席があり議決権が定足数に達したので定刻　代表取締役○○○○は、議長席に着き、開会を宣し、直ちに議事に入った。

第1号議案　第○○期決算報告書の承認に関する件

議長は、第〇期（自平成〇年〇月〇日至同〇年〇月〇日）における事業状況を事業報告により詳細に説明報告し、下記の書類を提出して、その承認を求めたところ、出席株主の議決権の過半数の賛成を得たので承認可決した。
1　貸借対照表
2　損益計算書
3　株主資本等変動計算書
4　個別注記表

第2号議案　資本金減少の件
　議長は、会社法第447条第1項の規定に基づき、下記のとおり資本金の取崩しを行い、その他資本剰余金に振替えたい旨を詳細に説明し、その可否を議場に諮ったところ、出席株主の議決権の3分の2以上の多数をもって承認可決された。

記

1．減少する資本金の額
　　資本金の全額にあたる〇〇〇〇円
2．資本金の減少が効力を生じる日
　　平成〇〇年〇〇月〇〇日

第3号議案　準備金減少の件
　議長は、会社法第448条第1項の規定に基づき、下記のとおり準備金の取崩しを行い、繰越利益剰余金およびその他資本剰余金に振替えたい旨を詳細に説明し、その可否を議場に諮ったところ、出席株主の議決権の過半数の賛成を得たので承認可決した。

記

1．減少する準備金の額
　　利益準備金の全額にあたる〇〇〇〇円および資本準備金の全額にあたる〇〇〇〇円の合計額〇〇〇〇円
2．準備金の減少が効力を生じる日
　　平成〇〇年〇〇月〇〇日

第4号議案　定款一部変更の件
　議長は、新たな株主のもとで当社を再建するため、全部取得条項付種類株式を発行するため、当社を会社法第2条第13号の種類株式発行会社に移行するため別紙①のとおり定款を後記のとおり変更したい旨を詳細に説明し、その可否を議場に諮ったところ、出席株主の議決権の3分の2以上の多数をもって承認可決された。

第5号議案　既発行普通株式に全部取得条項を付加するための定款変更の件
　議長は、現在発行済の普通株式を全部取得条項付種類株式にするため、会社法第108条第2項第7号の取得対価の決定方法を別紙のとおり「取得決議時の会社財産の状況を踏まえて定める。」としたい旨を述べ、その可否を議場に諮ったところ、出席株主の議決権の3分の2以上の多数をもって承認可決された。

　以上をもって本日の議案をすべて終了したので、議長は閉会を宣した。
　上記議事の経過の要領及びその結果を明確にするため、本議事録を作成する。

平成〇年〇月〇日
　　（商　号）株式会社〇〇　第〇回定時株主総会において
1．議事録の作成に係る職務を行った取締役　〇〇〇〇

（別紙）

変　更　前	変　更　後
（新　設）	第〇章　普通株式 （譲渡制限） 第〇条　当会社の普通株式を譲渡により取得するには、株式会社の承認を要する。 （全部取得条項） 第〇条　当会社が発行する普通株式は、当会社が株主総会の決議によってその全部を取得できることをその内容とする。
（新　設）	（取得対価の決定方法） 第〇条　当会社は普通株式の取得と引換えに割当て交付する対価については、取得決議時の会社財産の状況を踏まえて定めるものとする。

第1章　商業登記における株式会社の資本と計算

【記載例2-2】

A種類株式を有する株主による種類株主総会議事録

1．日　時　平成○年○月○日（○曜日）

変　更　前	変　更　後
（発行可能株式総数） 第○条　当会社の発行可能株式総数は、○万株とする。	（発行可能株式総数と種類） 第○条　当会社の発行可能株式総数は、○万株とし、このうち○万株を普通株式とし、○万株をA種類株式とする。
	第○章　　普通株式
（新　設）	（譲渡制限） 第○条　当会社の普通株式を譲渡により取得するには、株式会社の承認を要する。
	第○章　　A種類株式
（新　設）	（譲渡制限） 第○条　当会社のA種類株式を譲渡により取得するには、株式会社の承認を要する。
（新　設）	（残余財産の分配） 第○条　当会社は、残余財産を分配するときは、普通株式を有する株主または登録株式質権者に先立ち、A種類株式1株につき金○○○万円を支払う。但し、金○○○万円を超える部分については、普通株式1株と同額の分配を受ける。

　　　　　　午前○時○分から午前○時○分まで
1．場　所　東京都中央区銀座○丁目○番○号　当会社の本店
　　A種類株式の発行済株式の総数　　　　　　　　　　○○○○株
　　議決権を行使することができるA種類株式を有する株主の総数
　　　　　　　　　　　　　　　　　　　　　　　　　　○○名

　　　　議決権を行使することができるＡ種類株式を有する株主の議決権の
　　　　数　　　　　　　　　　　　　　　　　　　　　　　○○○○個
　　　　出席した当該株主の数（委任状による者を含む）　　　○○名
　　　　出席した当該株主の有する議決権の数　　　　　　　○○○○個
１．株主総会に出席した役員
　　　取締役○○○○、同○○○○、同○○○○
１．議　長　　　　取締役　○○○○
１．議事の経過の要領及びその結果
　　　上記のとおり出席があり議決権が定足数に達したので定刻　代表取締役
　　○○○○は、議長席に着き、開会を宣し、直ちに議事に入った。

〔111条2項に基づく決議〕

第１号議案　既発行Ａ種類株式を全部取得条項付種類株式にするための定款
　　　　　　変更の件
　議長は、現在発行済のＡ種類株式に全部取得条項を付加するため、取得対
価の決定方法を別紙のとおり「取得決議時の会社財産の状況を踏まえて定め
る。」（108条２項７号イ）としたい旨を述べ、その可否を議場に諮ったとこ
ろ、出席株主の議決権の３分の２以上の多数をもって承認可決された。

　　以上をもって本日の議案をすべて終了したので、議長は閉会を宣した。
　　上記議事の経過の要領及びその結果を明確にするため、本議事録を作成す
る。
　　平成○年○月○日
　　　（商　号）株式会社○○　　Ａ種類株主総会において
１．議事録の作成に係る職務を行った取締役　　○○○○

（別紙）

変　更　前	変　更　後
（新　設）	第○章　　普通株式 （譲渡制限） 第○条　当会社の普通株式を譲渡により取得するには、株式会社の承認を要する。 （全部取得条項） 第○条　当会社が発行する普通株式は、当会社が株主総会の決議によってその全部を取得できるこ

（新　設）	とをその内容とする。 （取得対価の決定方法） 第○条　当会社は普通株式の取得と引換えに割当て交付する対価については、取得決議時の会社財産の状況を踏まえて定めるものとする。

【記載例２－３】　非公開会社の取得と募集

臨時株主総会議事録

1．日　時　平成○年○月○日（○曜日）
　　　　　　午前○時○分から午前○時○分まで
1．場　所　東京都○区○丁目○番地　当会社の本店
　　発行済株式の総数　　　　　　　　　　　　　　　○○○○株
　　議決権を行使することができる株主の総数　　　　○名
　　議決権を行使することができる株主の議決権の数　○○○○個
　　出席した当該株主の数（委任状による者を含む）　○名
　　出席した当該株主の有する議決権の数　　　　　　○○○○個
1．株主総会に出席した役員
　　取締役○○○○、同○○○○、同○○○○
1．議　長　取締役○○○○
1．議事録の作成に係る職務を行った取締役　後記のとおり
1．議事の経過の要領及びその結果
　　上記のとおり出席があり議決権が定足数に達したので定刻　代表取締役○○○○は、議長席に着き、開会を宣し、直ちに議事に入った。

第１号議案　全部取得条項に基づく普通株式の取得の件
　議長は、当社が△△株式会社の完全子会社となるために、全部取得条項に基づき普通株式の全部を取得し、当社定款第○条に基づき具体的取得対価を下記のとおり決定したい旨を詳細に説明した。（会社法171条3項）
　議長がその可否を議場に諮ったところ、出席株主の議決権の3分の2以上の多数をもって承認可決された。
　　　　　　　　　普通株式の取得に関する事項
① 取得対価の内容及びその額（会社法171条1項1号ホ）
　　普通株式の全部を取得するに際して、繰越利益剰余金から金○○○万円を取得対価に当てる。（会社計算規則158条5号イ）

② 取得対価の割当てに関する事項（会社法171条1項2号・2項）
　　普通株式の取得日前日の最終の株主名簿に記載又は記録された普通株式に対して、①の金額を取得日前日における普通株式の発行済株式数（自己株式を除く）を除した額に当該株式を有する株主の株式数を乗じた額を取得対価として割当て交付する。
③ 取得日　平成○年○月○日（会社法171条1項3号）

第2号議案　募集株式の発行の件
　　議長は、普通株式の全部の取得日に新たにA種類株式を発行したい旨を述べ、下記募集事項を詳細に説明し、その可否を議場に諮ったところ、出席株主の議決権の3分の2以上の多数をもって承認可決された。
　　　　　　　　　　　募集株式の発行事項
① 募集株式の数　　　　　　　　　　　A種類株式　○○○株
② 募集株式の1株の払込金額　　　　　　　　　　金○○万円
③ 払込期日　　　　　　　　　　　　　　平成○年○月○日
④ 増加する資本金の額及び資本準備金の額　資本金の額　金○○○○万円
　　　　　　　　　　　　　　　　　　　資本準備金の額　金○○○○万円

　以上をもって本日の議案をすべて終了したので、議長は閉会を宣した。
　上記議事の経過の要領及びその結果を明確にするため、本議事録を作成する。
　　平成○年○月○日
　　　（商　号）株式会社○○　臨時株主総会において
　1．議事録の作成に係る職務を行った取締役　○○○○
※　第2号議案で普通株式を募集する場合には、199条4項により、普通株式を有する株主による種類株主総会が必要となる。
※　公開会社では、募集株式の発行は、取締役会の決議による。但し、定款で株主総会の決議による旨の規定を設ければ株主総会で決議することは可能である（会社法295条2項）。

種類株式発行会社への移行及び全部取得条項の付加－【記載例2－1】に基づく申請

　　　　　　　　　　株式会社変更登記申請書
　1．商　　号　株式会社○○
　　　　　　　（会社法人等番号　0199－01－○○○○○○）
　1．本　　店　東京都中央区銀座○丁目○番○号
　1．登記の事由　発行可能種類株式総数及び発行する各種類の株式の内容の

　　　　　　変更
　　　　　　　株式の譲渡制限に関する規定の変更
　　　　　　　資本金の額の減少
１．登記すべき事項　　別添FDのとおり
１．登録免許税　　　　　　　　　　　　　　　　　金３万円
１．添付書類
　　　株主総会議事録　　　　　　　　　　　　　　　１通
　　　種類株主総会議事録　　　　　　　　　　　　　１通
　　　公告及び催告をしたことを証する書面　　　　各１通
　　　異議を述べた債権者に対し弁済し若しくは相当の担保を提供し若しくは
　　　債権者に弁済を受けさせることを目的として相当の財産を信託したこと
　　　又は当該債権者を害するおそれがないことを証する書面　　１通
　　　【↑債権者が異議を述べたとき　↓債権者が異議を述べなかったとき】
　　　上申書（異議を述べた債権者はいない）　　　　　１通
　　　委任状　　　　　　　　　　　　　　　　　　　１通
上記のとおり登記の申請をします。
　　平成○年○月○日
　　　東京都中央区銀座○丁目○番○号
　　　申請人　株式会社○○

　　　東京都千代田区大手町○丁目○番○号
　　　代表取締役　　○○○○

　　　東京都○○区○○丁目○番○号
　　　上記代理人　　○○○○
　　　　連絡先の電話番号　03－○○○○－○○○○

東京法務局　御中

　《FD入力例》
　「発行済株式の総数」○○万株
　「各種の株式の数」普通株式　○○万株
　「原因年月日」平成○年○月○日変更
　「資本金の額」金○○○○万円
　「原因年月日」平成○年○月○日変更
　「発行可能種類株式総数及び発行する各種類の株式の内容」
　発行可能種類株式　普通株式○○万株
　　　　　　　　　　Ａ種類株式○○万株

	普通株式	当会社が発行する普通株式は、当会社が株主総会の決議によってその全部を取得できることをその内容とする。取得対価は、取得決議時の会社財産の状況を踏まえて定める。

普通株式　当会社が発行する普通株式は、当会社が株主総会の決議によってその全部を取得できることをその内容とする。取得対価は、取得決議時の会社財産の状況を踏まえて定める。
A種類株式　当会社は、残余財産を分配するときは、普通株式を有する株主または登録株式質権者に先立ち、A種類株式1株につき金○○○万円を支払う。但し、金○○○万円を超える部分については、普通株式1株と同額の分配を受ける。
「原因年月日」平成○年○月○日変更
「株式の譲渡制限に関する事項」
当会社の普通株式、A種類株式を譲渡により取得するには株式会社の承認を要する。
「原因年月日」平成○年○月○日変更

	取得対価	財源規制	資本金等増加限度額	変更登記
取得請求付株式の取得（166、167）	他の株式（108Ⅱ⑤ロ）	株主への払戻しでないため、なし	増加しない（注1）	発行済株式総数の変更
	自己株式のみ（108Ⅱ⑤ロ）	株主への払戻しでないため、なし	増加しない（注2）	
	新株予約権（付社債）（107Ⅱ②ハ・ニ、108Ⅱ⑤イ）	166Ⅰ但書		新株予約権の内容
	社債・金銭・金銭以外の財産（107Ⅱ②ロ・ホ、108Ⅱ⑤イ）	166Ⅰ但書		
取得条項付株式の取得（168、169、170）	他の株式（108Ⅱ⑥ロ）	株主への払戻しでないため、なし	増加しない（注1）	発行済株式総数の変更
	自己株式のみ（108Ⅱ⑥ロ）	株主への払戻しでないため、なし	増加しない（注2）	
	新株予約権（付社債）（107Ⅱ③ホ・ヘ、108Ⅱ⑥イ）	170Ⅴ		新株予約権の内容

第1章　商業登記における株式会社の資本と計算

	社債・金銭・金銭以外の財産（107Ⅱ③ニ・ト、108Ⅱ⑥イ）	170Ⅴ		
全部取得条項付種類株式の取得（171、173）	他の株式（171Ⅰ①イ）	株主への払戻しでないため、なし	増加しない（注1）	発行済株式総数の変更
	自己株式のみ（171Ⅰ①イ）	株主への払戻しでないため、なし	増加しない（注2）	
	新株予約権（付社債）（171Ⅰ①ハ・ニ）	461Ⅰ④		新株予約権の内容
	社債・金銭・金銭以外の財産（171Ⅰ①ロ・ホ）	461Ⅰ④		
取得条項付新株予約権の取得（236、273、274）	他の株式（236Ⅰ⑦ニ）		増加する場合がある（注3）	資本金の額及び発行済株式総数の変更
	自己株式のみ（236Ⅰ⑦ニ）		増加しない	
	新株予約権（付社債）（236Ⅰ⑦ヘ・ト）			新株予約権の内容
	社債・金銭・金銭以外の財産（236Ⅰ⑦ホ・チ）			
新株予約権の行使（168、169、170）	他の株式（282）	払込み（金銭又は現物出資）	新株予約権発行の際の払込金額である帳簿価額（計算規則17Ⅰ①）及び行使時の払込金額の合計額（445Ⅱ）	資本金の額及び発行済株式総数ならびに新株予約権の数及び目的たる株式（種類株式）の数の変更
	自己株式のみ（282）			

（注1） 資本金等増加限度額はゼロとされているので（会社計算規則15条1項）、資本金

は増加しないが、自己株式を取得することになるので、自己株式帳簿価額が増加する。
(注2) 自己株式取得に伴って他の自己株式を交付するときの対価額は、交付する自己株式の帳簿価額とされているので（会社計算規則15条2項）、結果的に相殺されて、会計処理上の仕訳はないということである。自己株式の取得原価は、処分する自己株式の帳簿価額であるから、自己株式全体の帳簿価額は変化しないが、自己株式の帳簿価額は種類株式ごとに算定することとされていることから（自己株式会計基準13）、種類株式間の帳簿価額の振替えを明確にするという処理がなされると思われる。
(注3) 当該取得条項付新株予約権が出資されて株式を発行する場合と同視しうるので、会社計算規則18条による。

6　取得条項付新株予約権の取得と引き換えにする株式の発行

(1) 取得条項付新株予約権の取得

会社が取得条項付新株予約権を発行するときは、新株予約権を取得するのと引き換えに新株予約権者に対して当該会社の株式を交付する旨を定めることができる。その場合には、一定の事由が生じた日に会社がこれを取得する旨等、取得条項付株式と同様の事項を取得条項付新株予約権の内容としなければならない（会社法236条1項7号）。

取得条項付新株予約権は、一定の事由が生じた場合に新株予約権の行使期間満了前に会社がそれを取得することを可能とするもので、旧商法下における消却事由の定めがある新株予約権と同様の機能を果たすものである。

取得条項付新株予約権の内容、取得の手続等については、取得条項付株式と同様の規定が設けられている（会社法236条1項7号、273条～275条）。

取得条項付新株予約権の取得と引き換えにする株式の交付による変更の登記をする前提として、定款に取得条項付新株予約権の内容を定めた後、当該新株予約権の引受人を募集・発行し、その登記（会社法911条3項12号）がされていることが必要である。

(2) 取得条項付新株予約権の取得と引き換えにする株式の発行の手続

① 取得する日及び取得する新株予約権の決定

会社が取得条項付新株予約権を取得する場合における取得する日及び取得する一部の新株予約権の決定については、取得条項付株式の取得の場合と同

様である（会社法273条、274条）。

② 新株予約権証券提供公告

新株予約権証券を発行している会社は、取得条項付新株予約権の取得の効力発生日までに新株予約権証券を提出しなければならない旨を当該日の1カ月前までに公告し、かつ、新株予約権者及びその登録新株予約権質権者に対し各別に通知しなければならないとされた（会社法293条1項）。

③ 取得の効果

会社は、一定の事由が生じた日に取得条項付新株予約権を取得し、その取得と引き換えに新株予約権者に対して当該会社の株式を交付する旨の定めがあるときは、当該新株予約権者は、その日に株主となるとされた（会社法275条）。

取得条項付新株予約権の取得と引き換えに株式を発行する場合には、当該取得条項付新株予約権が出資されて株式を発行する場合と同視しうる、自己株式の交付部分を除き、資本金の額が増加する（会社法445条及び会社計算規則18条1項）。

取得条項付新株予約権の取得によって登記の申請を要するのは、取得の対価として株式又は新株予約権を発行し、資本金の額ならびに発行済株式の総数ならびにその種類及び種類ごとの数又は新株予約権に関する事項に変動が生ずる場合に限られる（このうち後者については、新株予約権の箇所で解説をする）。なお、取得の対価として社債、金銭、自己株式等を交付する場合には、登記事項に変動を生じさせない。

取得条項付新株予約権を取得して株式を発行する場合には、当該取得条項付新株予約権が出資されて株式を発行した場合と同視することができることから、一般的に取得時の新株予約権の価額の2分の1以上が資本金の額に計上されることになり（会社計算規則18条）、資本金の額の変更の登記を要する。

(3) 変更登記手続

① 登記期間

会社による取得条項付新株予約権の取得のみによっては、登記すべき事項

に変更は生じないが、会社が株式を発行した場合には、2週間以内に、本店の所在地において、変更の登記をしなければならない（会社法915条1項）。

会社による取得条項付新株予約権の取得のみによっては、登記すべき事項に変更は生じないが、会社が新たに出資する第三者に対して募集株式を交付する場合には、2週間以内に、本店の所在地において、変更の登記をしなければならない（会社法915条1項）。

取得条項付新株予約権の取得と引き換えに株式の交付を受ける者は、会社による取得の効力の発生により当該株式の株主になることから、株主になった時から2週間以内に、会社は、本店所在地を管轄する登記所に対して、取得条項付新株予約権の取得と引き換えにする株式の交付による変更の登記を申請しなければならない。取得の効力の発生の日は、①取得することができる一定の事由が生じた日（別に定める日を取得事由としている場合には、株主総会の普通決議で定めた日（取締役会設置会社にあっては取締役会の決議で定めた日）（会社法273条1項））又は②一定の事由の生じた日に一部の取得条項付新株予約権を取得する旨の定款の定めがある場合には、取得する一部の新株予約権を決定し、当該取得条項付新株予約権の新株予約権者及びその登録質権者に通知もしくはそれにかわる公告をした日から2週間を経過した日又は一定の事由の生じた日のいずれか遅い日となる（会社法275条1項）。②の場合において、取得の効力発生日が一定の事由の生じた日となる場合としては、取得日が定款の定めや株主総会の決議等により事前に明らかである場合において、当該日の前にあらかじめ一部取得の対象となる新株予約権を決定し、通知又は公告をした日から2週間を経過するときが想定される。

② 登記すべき事項

登記すべき事項は、ア発行済株式の総数ならびにその種類及び種類ごとの数、イ資本金の額ならびにウ変更年月日である。

③ 添付書面

取得条項付新株予約権の取得と引き換えにする株式の交付による変更の登記を申請する際に添付する書面は、取得条項付株式の取得と引き換えにする株式の交付による変更の登記を申請する場合におけるものと同様であるが、

資本金の額に変動が生ずることから、下記エ及びオの書面が添付書面とされた（商業登記法59条2項）。

　ア　一定の事由の発生を証する書面

　　　会社が別に定める日が到来することをもって取得事由とする旨の定めがある場合には、株主総会又は取締役会の議事録が該当する。

　イ　新株予約権証券提供公告等関係書面

　　　当該新株予約権について新株予約権証券を発行していない場合にあっては、新株予約権原簿その他の当該場合に該当することを証する書面である。

　ウ　取得条項付新株予約権の一部を取得した場合には、当該一部の新株予約権の決定に係る株主総会又は取締役会の議事録（商業登記法46条）

　エ　会社計算規則41条1項の資本金等増加限度額のうち資本金として計上しない額を定めた場合には、取締役の過半数の一致があったことを証する書面又は取締役会の議事録（商業登記法46条）

　オ　資本金の額が会社法及び計算規則の規定に従って計上されたことを証する書面（商業登記規則61条5項）

　　　この書面には、会社計算規則41条の規定に従った計算の過程及びその要素となる金額の記載を要する。

④　登録免許税

申請1件につき、増加した資本金の額（課税標準金額）の1000分の7（これによって計算した税額が3万円に満たないときは3万円）である（登税法別表第一第24号㈠ニ）。

第 2 章

社員資本

第1 持分会社の計算

1 持分会社の計算書類

　持分会社は、各事業年度に係る貸借対照表その他持分会社の財産の状況を示すために必要かつ適切なものとして法務省令で定めるものを作成しなければならないとされる（会社法617条2項）。

　合名・合資会社は、損益計算書、社員資本等変動計算書又は個別注記表を作成するものと定めることができる（会社計算規則71条1項1号）のに対し、合同会社では、損益計算書、社員資本等変動計算書又は個別注記表を作成しなければならないとされている（会社計算規則71条1項2号）。したがって、合名会社又は合資会社が作成すべき計算書類は、原則として貸借対照表のみである。

2 社員資本

(1) 持分会社の計算

　持分会社の計算については、持分会社自体の会計処理の点に加えて、各社員との関係をも考慮される点が、株式会社の場合と異なる。持分会社の社員資本については、貸借対照表の純資産の部に計上される社員からの払込資本の相手勘定が「資本金」「資本剰余金」となり、会社があげた利益が「利益剰余金」となる点において、株式会社の場合と異なるところはない。ただし、準備金という概念がなく、また、自己持分という概念もなく、すべて持分の払戻しとなる。社員ごとに資本金の額、資本剰余金の額、利益剰余金の額が管理されていることを前提として（郡谷大輔ほか『会社法関係法務省令逐条実務詳解』清文社（平成18年）813頁、会社計算規則30条参照。）、当該社員の払込資本の額（そのうち資本金の額と資本剰余金の額との内訳は会社の裁量による。）の合計が持分会社の社員資本となる。

(2) 資本準備金及び利益準備金概念がない

　持分会社には、株式会社と異なり、資本剰余金及び利益剰余金の内部に資本準備金及び利益準備金という区別が存しない（会社計算規則76条3項、株式会社につき同規則76条4項・5項）。

　持分会社に資本準備金及び利益準備金を設けないこととされた理由については、「払戻規制を特に講ずることのない合名会社・合資会社について、資本剰余金・利益剰余金の内部に資本準備金・利益準備金という項目を作ったとしても、特に意味はなく、いたずらに会計処理を複雑化させる要因となるのみであるからである。……合同会社については、払戻規制が導入されているものの……会社債権者には何らの不利益も与えない資本金かそうでない資本剰余金のいずれかとするという整理をし、資本準備金という中間的な性質の項目を設けないこととしている。」（別冊商事法務300号163頁・164頁）。

第2　合名会社及び合資会社の資本金の額

1　旧有限会社の資本金の額

　旧有限会社については、厳密には出資1口の金額だけが資本になることを定めた規定はないが、旧有限会社法46条において旧商法289条1項本文のみを準用し、法定準備金の資本組入れ（旧商法293条の3）を認める1項但書を除外していることから、有限会社についてはこれを認めない趣旨と解されており、その趣旨から「出資1口の金額」（旧有限会社法6条4号）に「各社員の出資口数」（旧有限会社法6条6号）を乗じた金額が「資本の総額」に一致するという関係が認められることになり（上村達男・別冊ジュリスト「商業登記先例判例百選」186頁）、有限会社では資本と持分との間にこうした牽連関係があることが一般に認められていた（神崎克郎『新版注釈会社法(14)』有斐閣（平成2年）141頁）。

　特例有限会社については、出資1口の金額に出資口数を乗じた金額が「資本の総額」とされている（会社法整備法2条3項参照）。

2　合名会社・合資会社の計算に係る計数

(1)　合名会社及び合資会社の資本金

　合名会社及び合資会社にも資本金という概念はあるが、旧商法では、格別の規定が設けられていなかったが、それは合名会社に資本が存しなかったのではなく、資本に関して法律で定めなければならない事項が存しなかったものであり、合名会社の無限責任社員及び合資会社の無限責任社員については労務・信用出資が認められており（合資会社の有限責任社員については、労務・信用出資が認められていない。）、又一部出資（履行）が認められており（旧商法157条、会社法580条2項参照）、合名会社及び合資会社については「会社の資本額は社員の財産出資の総額（労務及び信用出資を含まない）をいう」とされていた（大隅健一郎・今井宏『会社法論［第3版］上巻』有斐閣104頁、坂田桂三『現代会社法［第4版］』中央経済社720頁等参照）。

　これに対し、会社法では、持分会社についても、株式会社と同様、資本金に関する規定が設けられており（会社法620条はそれを前提としている。）、資本金の額は、社員からの払込資本の相手勘定の1項目である資本金及び資本剰余金のうちの資本という項目であるという意味を有し、「合名会社及び合資会社については、それ以外の役割を有しない」とされている（相澤哲ほか「新会社法関係法務省令の解説」別冊商事法務300号162頁）。

(2)　合資会社の出資額と登記

　合資会社については、無限責任社員と有限責任社員とからなり、特に代表社員の定めがなければ無限責任社員及び有限責任社員が登記事項とされている。有限責任社員については出資履行額も登記事項とされているが、無限責任社員は、定款に定めた出資の額について出資の履行をしても、自己の全財産をもって責任を負うため、その出資額は登記事項とされていない。

(3)　合資会社の資本金の額

　合資会社についても、資本金という概念は存し（会社法620条はそれを前提としている。）、社員の出資の額の範囲内で、会社の裁量（自由に）により「資本金」及び「資本剰余金」に振り分けることができる（会社計算規則30条

〜32条)。したがって社員の出資の額について、按分でなく、異なる割合で資本金及び資本剰余金とする会計処理ができ、社員ごとに管理されている。

　資本金の額は、社員からの払込資本の相手勘定の1項目であるという意味以外の固有の役割はなく、作成が義務づけられている（会社法617条）貸借対照表に計上されるが、払戻規制はない（合同会社の資本金等は、払戻財源規制のために用いられる1計数という役割を有している。）。なお、準備金という概念は存しない。その後の損益の状況から、利益剰余金が計上される。

　したがって、合資会社の資本金の額とは、各社員が出資した額のうち、それぞれいくらを資本金に計上しているかということであり、各社員ごとにその出資額を、資本金又は資本剰余金として計上しているかという会社の会計処理であり、各社員ごとの資本金及び資本剰余金の合計が合資会社の資本金及び資本剰余金ということになる。その後の会社の損益取引により利益剰余金がいくらとなっているかであり、それが各社員の持分の払戻しの際の計数ということになる。

　なお、退社に伴う持分の払戻しというときの持分（会社法624条、611条）については、損益の分配は、定款に定めがない限り、各社員の出資の額に応じて行われるところ（会社法622条）退社に伴う持分の払戻しの場合の価格の計算は、退社時における合資会社の財産の状況に従っていなければならないとされているので（会社法611条2項)、その持分とは、出資額及び自己に帰属している損益とに相当する会社財産について有する分け前を示す計数上の額という意味を有する。

3　持　分

(1)　社員たる地位としての持分

　持分とは、一般的に社員たる地位を意味し、その譲渡とは、社員たる地位の譲渡と解されている。持分は、均一の割合的単位のかたちがとられず、各社員につき1個とされている（持分単一主義）。登記簿上、社員たる地位としての持分の大小は、公示されていない。

(2) 会社財産について有する計数上の出資額としての持分

ただし、持分は、社員の地位という意味に加え、会社財産について有する「分け前」を示す計数上の額（過去に履行した出資と自己に帰属している損益とに相当するものであり、企業の継続を前提に算定された企業価値のうち当該社員の持分に相当するものということもできる。）をも意味するとされ、合資会社については、この計数上の額としての持分と密接に関係する出資の価額が登記事項とされている。

(3) 持分の譲渡

したがって、合資会社の社員間で持分の一部譲渡があった場合には、有限責任社員の出資の額に変動が生じ、その増減の登記をする必要があるものの、他の持分会社の社員間で持分の一部譲渡があった場合には、なんらの登記をする必要はない。他方、持分会社の社員でない者に持分の全部又は一部を譲渡した場合には、持分を譲り受けた者は社員の地位を承継して加入し、また、持分の全部を譲り渡した社員は社員たる地位を失って会社から退社するので、その登記を要する。

なお、自己持分（株式会社における自己株式）という概念はなく、すべて持分の払戻しということになる。

4　退社に伴う持分の払戻し

出資の払戻しは、その出資の額に応じて払戻しがされるが（会社法624条）退社に伴う持分の払戻し（会社法611条）については、損益の分配は、定款に定めがない限り、各社員の出資の額に応じて行われるところ（会社法622条）退社に伴う持分の払戻しの場合の価格の計算は、退社時における合資会社の財産の状況に従っていなければならないとされているので（会社法611条2項）、その持分とは、出資額及び自己に帰属している損益とに相当する会社財産について有する分け前を示す計数上の額という意味を有する。

5　相　　続

社員の地位である持分については、定款に定めがない限り、相続は発生し

ないが（会社法608条1項・2項）、退社に伴う持分の払戻しに対しては、相続が発生する。

出資額が、たとえば、無限責任社員A80万円、有限責任社員B20万円ということであれば、それぞれの出資額のうち自由に、資本金及び資本準備金に計上することができるので、たとえば、Aにつき、資本金50万円、資本剰余金30万円。Bにつき、資本金10万円、資本剰余金10万円とし、利益剰余金が100万円とすれば、Aの死亡による払戻額は、80万円＋100×（100分の80）で、計160万円ということになる。

社員ごとに、資本金、資本剰余金、利益剰余金が管理されていることを前提に、Aの相続人に持分を払戻しした結果、会社の貸借対照表上の資本金は10万円、資本剰余金は10万円、利益剰余金は20万円となる。

無限責任社員の死亡により、有限責任社員のみとなったことにより、合同会社となる定款変更をしたものとみなされるので（会社法639条2項）、なんら決議を要せず、合同会社への種類変更をすることができる。

合同会社への種類変更による設立の登記の場合の登録免許税の課税標準である合資会社の資本金の額とは、上記事例では有限責任社員についての資本金の額10万円であり、その1000分の7（3万円に満たないときは3万円）が登録免許税となる。

6　資本金の増加

(1) 社員の出資の価額の増加

定款の定めがない限り、損益分配は各社員の出資の価額に応じて行われることから、持分会社の既存の社員が出資の価額を増加すると、利益の配当として会社財産の払戻しを多く受け、損失を多く分担することとなる（会社法621条、622条）。

設立時又は社員の加入時と同様に、出資の価額を増加する既存の社員の出資の履行によって、会社に払込み等がされた財産の価額（当該財産の払込み等の直前の帳簿価額を付すべき場合には、帳簿価額）の合計額から出資の履行の受領に要した費用のうち持分会社が定めた額（当該額は、当分の間、ゼロと

されている（会社計算規則附則11条6号）。）を差し引いた額の範囲内で持分会社が資本金の額に計上するものと定めた額が増加する（会社計算規則30条1項）。なお、出資された財産の価額の2分の1以上を資本金の額に計上しなければならないという株式会社の募集株式の発行におけるのと同様の規制はない。

持分会社においては、社員の出資の目的及びその価額が定款の記載事項とされており、出資の価額を増加する場合には、定款を変更する必要がある。合名会社については、出資の価額を増加した場合でも登記事項に変動は生じない。合資会社については、有限責任社員の出資の価額が登記事項とされているため、定款変更の効力が生じた時から2週間以内にその変更の登記をすることを要する。ただし、出資が履行されているかどうかは問わない（すでに履行した出資の価額が登記事項であり、未履行の場合はその旨が登記される。）。

(2) **出資請求権の取扱い**

持分会社の社員の出資のうち未履行部分についての持分会社が有する出資請求権を資産として計上した場合には、当該請求権に係る価額に相当する額の資本金の額が増加する（会社計算規則30条1項2号）。

(3) **資本剰余金の振替え**

資本剰余金の額は、社員が出資した財産の価額から資本金の額を差し引いたものである（会社計算規則44条2項）。持分会社においては、資本剰余金を資本金に振り替えることができ、振り替えた額に相当する額だけ資本金の額が増加する。利益の配当によって社員に払い戻すことができる剰余金は利益剰余金であり、資本剰余金を資本金に振り替えることにより配当に規制がかかるという関係にない。

第3　合資会社から株式会社への組織変更

1　組織変更直前の合資会社の資本金の額

会社法では、株式会社から持分会社への組織変更、持分会社から株式会社

への組織変更がそれぞれ認められている（会社法2条26号、743条）。なお、持分会社間での会社の種類の変更をする場合（合資会社から合名会社への変更等）は、組織変更の手続ではなく、定款変更による持分会社の種類の変更の手続によることとなる（会社法638条）。

会社法上、債務超過である会社であっても、組織変更をすることは可能と解されている。特例有限会社については、会社法の組織変更に関する規定が直接適用されるため、通常の株式会社への移行手続を経ることなく、直接、持分会社へ組織変更をすることも可能である。

2　持分会社の組織変更の手続

持分会社から株式会社への組織変更の手続の流れは、①組織変更計画の作成（会社法746条）、②総社員の同意（会社法781条1項）、③債権者保護手続（会社法781条2項、779条）、④組織変更の効力発生（会社法747条）、⑤組織変更の登記（会社法920条）となる。③の手続中に②を行うことは妨げられない。②については、④の効力発生日の前日までにする必要があり（会社法781条1項）、③についても、④の効力発生日の前日までに手続を終える必要がある（会社法747条5項）。

3　組織変更計画書の記載

① 「株式の数又はその算定方法」について

「株式の数又はその算定方法」については、どのように計算するのかということではなく、会社が組織変更計画の作成にあたって、どのように定めるかということであるから、総社員の同意を得られるように任意に定める（計算式があるわけではない。）ことになる。

たとえば、①「効力発生日の前日における無限責任社員○○については○株、有限責任社員○○については○株、……」とするか、②「効力発生日の前日における社員の出資額に対して、0.5を乗じて得た数（1株未満は切り捨て）の株式を発行する。」等の定めをし、総社員の同意を得るということになる。

無限責任社員の履行出資額については、無限責任という性質上登記事項とされていないだけであって、当該会社に確認することになる。
② 「割当て株式の配分」について
「割当て株式の配分」については、社員以外の者を組織変更後の株式会社の株主とすることはできないが、社員の少なくとも1人は株主とすることで足り、社員全員が株主となることは要しない。一般的には、各社員の出資額に応じて配分するがどのように定めるかは会社の選択によるので、出資の価額（会社法576条1項6号）等にかかわらず自由に定めることができる。
③ 金銭等の交付
社員に対する金銭等の交付（会社法576条1項7号・8号）については、額の制限はなく、また、まったく交付しないことも可能である。

4 組織変更後の株式会社の資本金の額

組織変更後の株式会社の資本金の額は、組織変更の直前の持分会社の資本金の額とされた（会社計算規則34条）。

無限責任社員の出資額をも確認し、有限責任社員の出資額及び無限責任社員の出資額のそれぞれについて、そのうちそれぞれについていくらを資本金として計上しているかを確認し、その合計額が組織変更後の株式会社の資本金の額となる。したがって、その額に端数があれば、その額がそのまま資本金の額となる。

5 登録免許税額

本店の所在地における株式会社の設立の登記の登録免許税額は、申請1件につき資本金の額の1000分の1.5（組織変更の直前における資本金の額として財務省令で定めるものを超える資本金の額に対応する部分については、1000分の7。ただし、これによって計算した税額が3万円に満たないときは、3万円）である（登税法別表第一第24号㈠）。支店の所在地における登記の登録免許税額は、申請1件につき9000円である（登税法別表第一第24号㈡イ）。

組織変更前の持分会社のうち、合名会社及び合資会社については、資本金

の額が登記事項とされず、登記官に課税標準が直ちに判明しないことから、組織変更の直前における資本金の額を、900万円として取り扱うことが、財務省令をもって定められた（登録免許税法施行規則の一部を改正する省令（平成18年財務省令第23号）による改正後の登録免許税法施行規則12条1項）。

登録免許税法施行規則12条は、課税上税率1000分の7を乗ずる部分の算定上、資本金が900万円を超える部分として「財務省令で定める額」の算定式であり、同条1項2号により、割当財産として株式以外の財産がある場合において、合資会社の純資産額（資産－負債）に占める株式以外の割当財産の割合を乗じた額については、税率1000分の7を乗ずるとするものであるから、割当財産が株式のみであれば、課税上の資本金の額とは、合資会社の直前の資本金の額であり、その額が900万円以上であればその超える部分については税率1000分の7を乗ずるということであり、900万円以内であれば、単に税率1000分の5を乗ずるということである。

6 登録免許税法施行規則12条の書面

資本金300万円と記載すれば足りる。

　　　　　登録免許税法施行規則第12条第4項の規定に関する証明書

登録免許税法施行規則第12条第4項に掲げる額は、次のとおりである。
① 組織変更をする会社の当該組織変更の直前における資産の額（登録免許税法施行規則第12条第4項第1号）
　　　　　　　　　　　　　　　　　　　　　　　　　　　　金〇〇円
② 組織変更をする会社の当該組織変更の直前における負債の額（登録免許税法施行規則第12条第4項第1号）
　　　　　　　　　　　　　　　　　　　　　　　　　　　　金〇〇円
③ 組織変更後の株式会社が当該組織変更に際して当該組織変更の直前の会社の社員に対して交付する財産（当該組織変更後の株式会社の株式を除く。）の価額（登録免許税法施行規則第12条第4項第2号）
　　　　　　　　　　　　　　　　　　　　　　　　　　　　金〇〇円
上記の額に相違ないことを証明する。
　平成23年　　月　　日
　　　　　　　　　　　　　　東京都千代田区神田錦町三丁目19番地

○○株式会社

代表取締役　○○　○○

第4　合同会社の計算に係る計数

1　合同会社の資本

　合同会社については、その社員全員が有限責任であり、その点において株式会社と共通であるため、会社財産の社員に対する払戻しについての規制が設けられ（会社法620条、626条～628条、635条）、その財源を規制するための計数として、「利益額」（会社計算規則163条）と「剰余金額」（会社計算規則164条）という概念が用いられ、その他、損失の額（会社計算規則162条）、欠損額（会社計算規則165条）が規定されている。

　合同会社の貸借対照表の純資産の部の項目は、「社員資本」及び「評価換算差額等」の項目に区分され（会社計算規則76条1項3号）、社員資本に係る項目は、「資本金」「出資金申込証拠金」（出資の申込み時と払込み時とが事業年度をまたぐときに貸借対照表に計上されるにすぎない。）「資本剰余金」「利益剰余金」に区分される（会社計算規則76条3項）。

　合同会社の社員の退社に伴う持分の払戻しを行う場合における債権者保護手続の要件等に用いられる純資産額とは、資本金、資本剰余金及び利益剰余金の合計額とされる（会社計算規則166条）。

　合同会社の資本金の額は、対債権者との関係において、社員への会社財産の払戻規制のためにも用いられる1計数という役割も有している（相澤哲ほか「新会社法関係法務省令の解説」別冊商事法務300号162頁）とされている。その意味からも、合同会社の資本金の額は、登記事項とされている（会社法914条5号）。

　合同会社の定款の記載又は記録事項については、基本的に他の持分会社と同様であるが（会社法576条1項）、社員の全部が有限責任社員である旨を明示しなければならないとされ（会社法576条4項）、社員が有限責任社員に限

られることから、債権者の保護を図るため会社に適切に財産が留保されるように、設立時に定款で定めた出資の全額を履行することが求められている。

合同会社の設立時の資本金の額は、一般的に、①設立時の社員になろうとするものが設立に際して履行した出資により合同会社に対して払込み又は給付がされた財産の価額から②設立費用の額のうち資本金又は資本剰余金の額として計上すべき額から減ずるべき額と定めた額を控除した金額〔①－②〕の範囲内で、社員になろうとする者が資本金の額として定めた額である（会社計算規則44条1項）。なお、②の設立費用のうち減ずるべき額と定めた額については、当分の間、ゼロとされたことから（会社計算規則附則11条6号）、資本金の額は、①の額の範囲内で定められることになる。

合同会社の資本金の額については、株式会社と異なり払込み又は給付をした財産の価額の2分の1以上を資本金として計上しなければならないという規定（会社法445条参照）はないことから、資本金の額（及びそれと連動して定まる資本剰余金の額）は、会社計算規則44条1項の規定に従って、設立時の社員になろうとするものの裁量で定めることができることになる。なお、合同会社については、準備金の制度は設けられていない。

2　合同会社の資本と出資の価額の関連

合同会社については、すべて有限責任社員であり、しかも全額払込主義がとられているため（会社法640条1項）、合同会社の資本金の額は、会社法上は、原則として社員の出資総額と一致することになり、資本確定の原則が図られる。ただし、会社計算規則上、社員が出資の履行をした場合の資本金の額に計上した額が資本金の増加額となるとされている（会社計算規則30条1項）。

合同会社の社員資本は、社員ごとに資本金の額・資本剰余金の額・利益剰余金の管理がされていることを前提として、社員の払込資本の額（資本金の額と資本剰余金の額の合計額）のうち、資本金として計上されない部分が資本剰余金の額とされる（郡谷大輔ほか『会社法関係法務省令逐条実務詳解』清文社（平成18年）913頁）とされ、出資と資本との牽連関係は必ずしもイコールでは

ない。

　また、「各社員の出資につき計上している資本金の額・資本剰余金の額の内訳については、会社全体として資本金の総額を変更しない限り、変更することが可能であるので、例えば、A・B社員について、それぞれの出資（各100とする）につき、それぞれ資本金50、資本剰余金50が計上されている場合において、B社員が退社するに当たって、A社員の出資につき計上されていた資本剰余金50をB社員に振り替え、B社員の出資につき計上されていた資本金50をA社員に振り替えることにより、（B社員についての）資本剰余金100を減少させ、資本金の減少手続を経ないで処理するということも会社全体の資本剰余金に余裕がある場合には、可能である」（相澤哲ほか「新会社法関係法務省令の解説」別冊商事法務300号175頁）とされている。

　したがって、払戻しされる出資の額に応じて、当該社員の出資に係る資本金及び資本剰余金又はその一方の額が減少し、資本剰余金でまかなえるときは、払戻しされても必ずしも資本金の減少が伴うものではない。

3　持　分

　持分とは、一般的に社員たる地位を意味し、その譲渡とは、社員たる地位の譲渡と解されている。持分は、均一の割合的単位のかたちがとられず、各社員につき1個とされている（持分単一主義）。登記簿上、社員たる地位としての持分の大小は、公示されていない。ただし、持分は、社員の地位という意味に加え、会社財産について有する「分け前」を示す計数上の額（過去に履行した出資と自己に帰属している損益とに相当するものであり、企業の継続を前提に算定された企業価値のうち当該社員の持分に相当するものということもできる。）をも意味するとされる。

4　持分の払戻し

　一般承継人が社員となった場合を除き、社員が退社する場合には、持分の払戻しを受けることができる（会社法611条1項）。この場合の持分とは、加入の際の社員の地位という意味でなく、会社財産について有する分け前を示

す計数上の額（過去に履行した出資と自己に帰属している損益とに相当するものであり、企業の継続を前提に算定された企業価値のうち当該社員の持分に相当するものということもできる。）を意味する。退社に伴う払戻財産の価額の計算は、退社の時における持分会社の財産状況に従って行われ（会社法611条2項）、計算が完了していない事項については、その完了後に計算することができるとされた（会社法611条3項）。

払戻しの結果、退社員の過去に履行した出資相当分については資本金及び資本剰余金が減額し（会社計算規則30条2項1号、31条2項1号）、損益については利益剰余金が変動することになる（会社計算規則32条1項2号・2項2号）。合同会社については、持分の払戻額が当該持分の払戻しをする日における剰余金額を超える場合には、債権者保護手続を行わなければならない（会社法635条1項。なお、剰余金額を超えない場合においても、資本金の額を減少するときは、会社法627条の債権者保護手続を要する。）。社員が間接有限責任のみを負うことによる債権者保護を図るためである。なお、会社法627条2項の債権者保護手続は、会社法635条2項の手続と兼ねることができると解されている（相澤哲編『一問一答　新・会社法詳説』商事法務（平成17年）598頁）。

社員の退社に伴う持分の払戻しによって、合同会社の資本金の額について登記事項に変動が生じたときは、債権者保護手続の終了した日から2週間以内に、その変更の登記をする必要がある。なお、合同会社の社員の退社は、退社の事由等の発生によりその効果が生ずることから、退社による社員の変更の登記と資本金の額の変更の登記の時期は異なることになる。

5　業務を執行しない有限責任社員の持分の譲渡

社員がその持分の全部又は一部を他人に譲渡するには、他の社員の全員の承諾を要する（会社法585条1項）。ただし、業務を執行しない有限責任社員の持分の譲渡については、会社の信用や経営に重大な影響を生ずることが少ないものとして、業務を執行する社員の承諾で足りるとされた（会社法585条2項）。

持分を譲り受けた社員の加入は、定款記載事項（会社法576条1項4号）の変更を生ずるので、定款に別段の定めがある場合を除き、総社員の同意を要する（会社法637条）。

このように、持分を譲り受けた社員の加入手続には、持分の譲渡についての他の社員の承諾及び加入についての定款変更の手続が必要となる。

業務を執行しない有限責任社員の持分の譲渡に伴い、持分会社の社員でないものが当該持分を譲り受け、当該持分会社に加入（持分を全部譲渡した場合には、譲渡した社員の退社を含む。）する場合には、上記のとおり他の社員全員の承諾にかえて業務執行社員の承諾で足りるとされているにもかかわらず、譲受人たる社員の加入の定款変更について、会社法637条に規定するとおり、総社員の同意を要するとしたときは、持分の譲渡に係る手続要件と社員の加入の定款変更に係る手続要件とが整合しないことになる。

そこで、この場合の持分の譲受人に係る定款変更手続は、持分の譲渡の場合の手続要件と同様に、業務執行社員全員の同意で足りるとされた（会社法585条3項）。

6 持分の譲受けを原因として合同会社に社員が加入する場合の効力発生

合同会社の社員となろうとする者は、出資の履行が完了した時に社員になるとされたが（会社法604条3項）、合同会社の社員の持分の譲渡に伴い譲受人が加入する場合には、出資の価額に変更がない限り、原則として、持分の譲渡人がすでに出資を履行していることから新たな出資は不要であり、定款変更の時に社員になる。

第5 合同会社の社員資本の変動

1 資本金の額の変動

合同会社においては、①出資が履行された場合、②出資請求権を資産とし

て計上し、又は、その計上をやめた場合、③出資の払戻し又は持分の払戻しがされた場合、④社員資本の項目を振り替えた場合（損失のてん補の場合を含む）に、資本金の額が変動する。

合同会社の場合は、全額払込主義が前提であるので、上記①③④が該当するが、きわめて特殊な場合に②も該当する。

なお、利益と資本の峻別により、利益の配当をする場合は、「その他利益剰余金の額を減少させることが適切な場合」（会社計算規則32条2項4号）に該当し、利益の配当によっては資本剰余金が減少しないとされ（会社計算規則31条2項ただし書）、出資の払戻しによっては利益剰余金が減少しないとされる（会社計算規則32条2項ただし書）。

2　資本金の額の増加の手続

(1)　社員の新たな出資による加入

合同会社は、定款の変更をして、新たに社員を加入させ、又は社員の出資の価額を増加させることができる（会社法604条1項）。定款の変更は、定款に別段の定めがある場合を除き、総社員の同意によってする。なお、当該社員に係る定款変更時に新たに社員となろうとする者がその出資に係る払込み又は給付の全部又は一部を履行していないときは、これらの履行を完了した時に、社員となる（会社法604条3項）。

合同会社は、総社員の同意（定款に別段の定めがある場合を除く。）によって、社員の出資の価額を増加する旨の定款の変更をすることができ、その効力は、当該社員が当該増加した出資に係る払込み又は給付を完了した時に生ずる（会社法576条1項6号、604条3項参照）。

社員が出資の履行をした場合には、合同会社の資本金の額は、当該出資により払込み又は給付がされた財産の額の範囲内で、会社が計上するものと定めた額が増加するとされた（会社計算規則30条1項1号）。

(2)　社員の出資の価額の増加

定款の定めがない限り、損益分配は各社員の出資の価額に応じて行われることから、持分会社の既存の社員が出資の価額を増加すると、利益の配当と

して会社財産の払戻しを多く受け、損失を多く分担することとなる（会社法621条、622条）。

　設立時又は社員の加入時と同様に、出資の価額を増加する既存の社員の出資の履行によって、会社に払込み等がされた財産の価額（当該財産の払込み等の直前の帳簿価額を付すべき場合には、帳簿価額）の合計額から出資の履行の受領に要した費用のうち持分会社が定めた額（当該額は、当分の間、ゼロとされている（会社計算規則附則11条6号）。）を差し引いた額の範囲内で持分会社が資本金の額に計上するものと定めた額が増加する（会社計算規則30条1項1号）。なお、出資された財産の価額の2分の1以上を資本金の額に計上しなければならないという株式会社の募集株式の発行におけるのと同様の規制はない。持分会社においては、社員の出資の目的及びその価額が定款の記載事項とされており、出資の価額を増加する場合には、定款を変更する必要がある。合名会社については、出資の価額を増加した場合でも登記事項に変動は生じない。合資会社については、有限責任社員の出資の価額が登記事項とされているため、定款変更の効力が生じた時から2週間以内にその変更の登記をすることを要する。ただし、出資が履行されているかどうかは問わない（すでに履行した出資の価額が登記事項であり、未履行の場合はその旨が登記される。）。合同会社については、出資の履行が完了した時に出資の価額の増額の効果が発生し、その時から2週間以内に、資本金の額の変更の登記を要する。

(3) **会社が社員に対して出資の履行をすべきことを請求する権利に係る債権を資産として計上することと定めた場合（会社計算規則30条1項2号）**

　持分会社の社員の出資のうち未履行部分についての持分会社が有する出資請求権を資産として計上した場合には、当該請求権に係る価額に相当する額の資本金の額が増加する（会社計算規則30条1項2号）。

　合同会社の社員は、出資の全部履行を条件として社員となることから、当該請求権を合同会社が有することは一般的にはない（ただし、合資会社の無限責任社員全員の退任によって、合同会社となる種類変更をした際の有限責任社員の出資が未履行の場合（会社法640条2項）には、出資請求権を想定しうる。）。

また、資産計上されている出資請求権が履行された段階では、資本金の額に変動が生ずることはない（出資請求権の価額と出資が履行された財産の価額が異なる場合には、資本剰余金によって調整される（会社計算規則31条1項5号・2項6号）。）。

(4) **会社が資本剰余金の額の全部又は一部を資本金の額とするものと定めた場合**（会社計算規則30条1項3号）

合同会社は、その業務を執行する社員の過半数の一致により、資本剰余金の額の全部又は一部を資本金の額とすることができる。

資本剰余金の額は、設立時の社員が出資した財産の価額から設立時の資本金の額を差し引いたものである（会社計算規則44条2項）。持分会社においては、資本剰余金を資本金に振り替えることができ、振り替えた額に相当する額だけ資本金の額が増加する。利益の配当によって社員に払い戻すことができる剰余金は利益剰余金であり、資本剰余金を資本金に振り替えることにより配当に規制がかかるという関係にない。

3　資本金の額の増加による変更登記の手続

(1) **登記期間**

資本金の額が増加したときは、2週間以内に変更の登記をしなければならない（会社法915条1項）。なお、新たな出資による社員の加入の場合には、払込み又は給付が完了した時から起算される。

(2) **登記の事由**

「資本金の額の増加」等と記載する。

(3) **登記すべき事項**

① 増加後の資本金の額、変更を生じた旨及びその年月日。

② 新たな出資による社員の加入の場合において、当該社員が業務執行社員であればその加入の登記をも要する。

(4) **添付書面**

資本金の額の変更の登記の申請書に添付すべき書面は、次のとおりである。

① 社員の新たな出資による加入に伴う資本金の額の増加の場合

　増加すべき資本金の額につき業務を執行する社員の過半数の一致があったことを証する書面、資本金の額が会社法及び会社計算規則の規定に従って計上されたことを証する書面、ならびに出資に係る払込み又は給付があったことを証する書面の添付を要する（商業登記法118条、93条、96条1項、119条、商業登記規則92条、61条5項）。

　なお、加入した社員が業務を執行する社員である場合には、その加入の登記も要するため、定款変更に係る新たな社員を含む総社員の同意を証する書面を添付しなければならない（商業登記法118条、96条1項、93条）。資本金の額が会社法及び会社計算規則の規定に従って計上されたことを証する書面は、具体的には会社の代表者がこれらの事項について証明し、登記所届出印を押印している書面がこれに当たる。

② 社員の出資の価額の増加の場合

　総社員の同意があったことを証する書面、出資に係る払込み又は給付があったことを証する書面、増加すべき資本金の額につき業務を執行する社員の過半数の一致があったことを証する書面ならびに資本金の額が会社法及び会社計算規則の規定に従って計上されたことを証する書面を添付しなければならない（商業登記法118条、93条、96条1項、119条、商業登記規則92条、61条5項）。出資の価額の増加に係る定款の変更をある社員の一致により行うことができる定めが定款にあるときは、総社員の同意があったことを証する書面にかえて、定款及び定款の定めに基づくある社員の一致があったことを証する書面の添付を要する。資本金の額が会社法及び会社計算規則の規定に従って計上されたことを証する書面は、具体的には会社の代表者がこれらの事項について証明し、登記所届出印を押印している書面がこれに当たる。

③ 資本剰余金の額の全部又は一部の資本金の額と定めた場合（資本剰余金の振替えの場合）

　上記のとおり、資本剰余金は資本金に振り替えることができ、この振替えの決定は合同会社の業務の一態様であり、この決定は、定款に別段の定めがある場合を除き、業務執行社員の過半数の一致をもって行われることから

（会社法590条2項）、資本剰余金の振替えによる資本金の額の変更の登記を申請する際には、業務執行社員の過半数の一致があったことを証する書面の添付を要する。

また、資本金の額が増加することから、商業登記規則61条5項に規定する資本金の額が会社法及び計算規則の規定に従って計上されたことを証する書面の添付も必要であるところ、この場合の当該書面の具体的内容としては、資本金に振り替える資本剰余金の額を記載したうえで、会社法614条及び会社計算規則30条1項3号の規定に従って計上したことを代表社員が証明し、記名押印したものとなる（押印は登記所に届け出た印鑑を用いる。）。

④ 出資請求権を資産に計上する場合

合同会社が出資請求権を資産に計上することによって資本金の額を増加することは、上記のとおり、会社法640条2項に規定する合資会社の無限責任社員全員の退社によって合同会社となる種類変更をした場合であって、かつ、有限責任社員の出資が未履行である場合のように、きわめて限られた場合にしか想定することができないものの、出資請求権を資産に計上した場合には、貸借対照表上の相手勘定である資本金の額等が増加する。出資請求権を資産に計上することは、合同会社の業務の一態様であり、業務の決定は、定款に別段の定めがある場合を除き、業務執行社員の過半数の一致をもって行われることから（会社法590条2項）、出資請求権の資産計上による資本金の額の変更の登記を申請する際には、業務執行社員の過半数の一致があったことを証する書面の添付を要する。

また、資本金の額が増加することから、商業登記規則61条5項に規定する資本金の額が会社法及び会社計算規則の規定に従って計上されたことを証する書面の添付も必要であるところ、この場合の当該書面の具体的内容としては、未履行部分である出資請求権の価額を記載したうえで、会社法614条及び会社計算規則30条1項2号の規定に従って計上したことを代表社員が証明し、記名押印したものとなる（押印は登記所に届け出た印鑑を用いる。）。

(5) 登録免許税

資本金の額の増加による変更の登記の登録免許税は、増加した資本金の額

の1000分の7の金額である。これによって計算した税額が3万円に満たないときは、申請件数1件につき3万円である（登税法別表第一第24号㈠ニ）。業務執行社員の加入については、別途1万円要する（登税法別表第一第24号㈠カ）。

第6　資本金の額の減少

1　資本金の額の減少

　合同会社の資本金の額は、①退社する社員に対して持分の払戻しをする場合（会社法611条）、②社員に対して出資の払戻しをする場合（会社法626条）、③損失のてん補に充てる場合（会社法620条）に減少するとされた。

　　ア　持分の払戻し
　社員が退社する場合には、払い戻される出資の額に応じて、当該社員の出資に係る資本金の額及び資本剰余金の額又はそのうち一方の額が減少する（資本剰余金の額のみが減少する場合には、登記を申請する必要はない。）。なお、当該社員に帰属する利益があり、それが払い戻された場合には、当該社員に係る利益剰余金が減少する。

　持分の払戻しをするにあたっては、前記のとおり、社員の利益配当の財源となる剰余金を超える場合及び清算手続と同視できる純資産額を超える場合について、それぞれ内容の異なる債権者保護手続をもしなければならない（会社法635条）。

　　イ　社員に対して出資の払戻しをする場合（会社計算規則30条2項2号）
　合同会社は、出資の払戻しのために資本金の額を減少することができ、その場合には、減少する資本金の額は、出資払戻額（出資の払戻しにより社員に対して交付する金銭等の帳簿価額）から剰余金額を控除して得た額を超えてはならないとされた（会社法626条、会社計算規則164条）。

　　ウ　損失のてん補に充てる場合（会社計算規則30条2項5号）
　合同会社は、損失のてん補のために資本金の額を減少することができ、そ

の場合には、減少する資本金の額は、損失の額として会社計算規則162条の規定により算定される額を超えることができないとされた（会社法620条）。

　合同会社においては、社員が退社する場合の持分の払戻し（会社法611条）、社員の出資の価額を減少した場合の出資の払戻し（会社法626条）及び損失のてん補（会社法620条）によって、資本金の額が減少するとされた。無限責任社員が存在しない合同会社にあっては、資本金の額を減少するときは、債権者保護手続を要する。

2　持分の払戻し

(1)　退社する社員への持分の払戻し

　一般承継人が社員となった場合を除き、社員が退社する場合には、持分の払戻しを受けることができる（会社法611条1項）。この場合の持分とは、加入の際の社員の地位という意味でなく、会社財産について有する分け前を示す計数上の額（過去に履行した出資と自己に帰属している損益とに相当するものであり、企業の継続を前提に算定された企業価値のうち当該社員の持分に相当するものということもできる。）を意味する。退社に伴う払戻財産の価額の計算は、退社の時における持分会社の財産状況に従って行われ（会社法611条2項）、計算が完了していない事項については、その完了後に計算することができるとされた（会社法611条3項）。

　払戻しの結果、退社員の過去に履行した出資相当分については資本金及び資本剰余金又はそのうちの一方の額が減額し（会社計算規則30条2項1号、31条2項1号）、当該社員に帰属する損益については利益剰余金が変動することになる（会社計算規則32条1項2号・2項2号）。合同会社については、持分の払戻額が当該持分の払戻しをする日における剰余金額を超える場合には、債権者保護手続を行わなければならない（会社法635条1項。なお、剰余金額を超えない場合においても、資本金の額を減少するときは、会社法627条の債権者保護手続を要する。）。社員が間接有限責任のみを負うことによる債権者保護を図るためである。なお、会社法627条2項の債権者保護手続は、会社法635条2項の手続と兼ねることができると解されている（相澤哲編『一問一答

新・会社法詳説』商事法務（平成17年）598頁）。

　社員の退社に伴う持分の払戻しによって、合同会社の資本金の額について登記事項に変動が生じたときは、債権者保護手続の終了した日から2週間以内に、その変更の登記をする必要がある。なお、合同会社の社員の退社は、退社の事由等の発生によりその効果が生ずることから、退社による社員の変更の登記と資本金の額の変更の登記の時期は異なることになる。

(2) 社員が死亡した場合

　旧商法では、社員の死亡は法定退社事由に該当し（旧商法85条3号）、当該社員は退社するが、当該社員が有限責任社員であった場合には、その相続人がかわって社員になるとされていた（旧商法161条1項）。会社法でも、持分会社の社員が死亡したときは、法定退社事由に該当する（会社法607条1項3号）が、旧商法と異なり、定款に別段の定めを設けない限り、当該社員が有限責任社員であっても、その持分（社員たる地位）の相続は発生しない（なお、払い戻される出資については、相続が発生する。）。したがって、この場合には、相続人の加入による変更の登記をすることはなく、社員の死亡による変更の登記をすれば足りる。持分会社の社員には法人もなることができるところ、自然人の死亡に相当する法人の合併による解散の場合も、同様である。定款に社員の相続人等の一般承継人が当該社員にかわって社員となることを定めた場合には、有限責任社員のみならず無限責任社員についても、その一般承継人は当該定めに基づき持分を承継した時に社員となり、その旨の定款の変更をしたものとみなされ（会社法608条2項・3項）、持分の承継の時から2週間以内に、社員の死亡等及び相続人等の一般承継人の加入による変更の登記をする必要がある。

　なお、持分の払戻しが資本剰余金で賄える場合には、資本剰余金の額のみが減少し資本金の減少を伴うものではなく、その場合には登記事項に変更は生じない。

3　出資の払戻し

　合同会社の社員は、他の持分会社と異なり、定款を変更してその出資の額

を減ずることによって、すでに出資した額の払戻しを請求することができる（会社法632条1項）。

社員に対して出資の払戻しがされると、原則として、当該社員の出資に係る資本剰余金が減少する。資本剰余金の額を超えて出資の払戻しをする場合には、出資払戻額（出資の払戻しにより社員に対して交付する金銭等の帳簿価額）から資本剰余金額を控除した額を超えない額を限度として、当該社員の出資に係る資本金の額から減少することができる（会社法626条2項、会社計算規則164条）。この場合にも、資本金の額が減少することから、債権者保護手続を要する（会社法627条）。

4 損失のてん補

会社法620条に規定する損失のてん補とは、ある社員に払戻し可能な財源を回復することを意味している（会社計算規則162条）。ある社員に係る減少した資本金の額は、資本剰余金に充てられることになる（会社計算規則31条1項4号）。損失のてん補は、資本剰余金の額をふやす場合に用いられ、払戻手続中において資本金の額を減らす持分又は出資の払戻しとは区別される。この場合にも、損失の額（注）として会社計算規則162条の規定により算定される額を限度として資本金の額が減少することから（会社法620条）、債権者保護手続を要する（会社法627条）。

（注）剰余金のマイナス部分の金額（つまり、剰余金のマイナス部分の絶対値）を限度とし、かつ、資本金の額をマイナスとしないことから（会社計算規則162条）、資本金の額を減少する日における資本金の額が、減少する資本金の額の限度となるということである。

参考：資本金の額が減少する場合

	減少の原因	資本金の額を減少する場合における貸借対照表上の変動	資本金の額の減少の制限
持分の払戻し	退社した社員に対する持分の払戻し（会社611）	当該社員の出資に係る資本金 ・資本剰余金（持分のうち出資部分に対応）及	なし

		び利益剰余金（持分のうち損益部分に対応）の減（計算規則30Ⅱ①、31Ⅲ①、32Ⅲ②）	
出資の払戻し	社員に対する出資の払戻し（会社632）	当該社員の出資に係る資本金・資本剰余金の減（計算規則30Ⅱ②、31Ⅱ②）	出資払戻額から資本剰余金を控除して得た額を超えてはならない（会社626Ⅱ、計算規則164③イ）。
損失のてん補	ある社員に対する払戻財産の回復（会社620）	ある社員の出資に係る資本金から資本剰余金への振替え（計算規則30Ⅱ⑤、31Ⅰ④）	ゼロから資本剰余金の額及び利益剰余金の合計を減じて得た額と資本金のうちいずれか少ない額を超えて資本金の額を減少することができない（計算規則162）。

5　資本金の額の減少の手続

(1)　退社する社員に対する持分の払戻し

　合同会社を退社した社員は、その一般承継人が社員となった場合を除き、その持分の払戻しを受けることができ（会社法611条1項）、会社法627条の債権者保護手続（会社法635条1項の場合には、同条の手続を含む。）を行って資本金の額を減少することができる。なお、資本金の額は、当該退社した社員の出資につき資本金の額に計上されていた額が減少する（会社計算規則30条2項1号）。

(2)　社員に対する出資の払戻し

　合同会社の社員は、定款を変更してその出資の価額を減少する場合には、出資の払戻しを請求することができる（会社法632条1項）。ただし、出資の払戻しのために減少する資本金の額は、出資払戻額（出資の払戻しにより社員に対して交付する金銭等の帳簿価額）から剰余金額を控除して得た額を超えてはならない（会社法626条、会社計算規則164条）。

(3) 損失のてん補

　合同会社は、損失のてん補のために資本金の額を減少することができるが、減少する資本金の額は、損失の額として会社計算規則162条の規定により算定される額を超えることはできない（会社法620条2項）。

6　資本金の額の減少による変更登記の手続

(1) 登記期間

　資本金の額が減少したときは、2週間以内に変更の登記をしなければならない（会社法915条1項）。

(2) 登記の事由

　「資本金の額の減少」等と記載する。

(3) 登記すべき事項

① 　減少後の資本金の額、変更を生じた旨及びその年月日
② 　社員の退社による持分の払戻しの場合において、当該社員が業務執行社員であればその退社の登記も要する。

(4) 添付書面

　資本金の額の変更の登記の申請書に添付すべき書面は、次のとおりである。

① 　退社する社員に対する持分の払戻しの場合

　持分の払戻しによっては、必ずしも資本金の額が減少するものではないが（前記2(1)なお書）、資本金の額が減少する場合には、退社の事実を証する書面、資本金の額の減少につき業務を執行する社員の過半数の一致があったことを証する書面、債権者保護手続に関する書面ならびに資本金の額が会社法及び会社計算規則の規定に従って計上されたことを証する書面の添付を要する。債権者保護手続に関する書面は、会社法627条2項の規定による公告及び催告（公告を官報のほか、定款に定める公告方法としての時事に関する事項を掲載する日刊新聞紙又は電子公告によってした場合にあっては、これらの方法による公告）をしたことならびに異議を述べた債権者があるときは、当該債権者に対し弁済し、もしくは相当の担保を供し、もしくは当該債権者に弁済を

第2章　社員資本　155

受けさせることを目的として相当の財産を信託したこと又は当該資本金の額の減少をしても当該債権者を害するおそれがないことを証する書面である。資本金の額が会社法及び会社計算規則の規定に従って計上されたことを証する書面は、具体的には会社の代表者がこれらの事項について証明し、登記所届出印を押印している書面がこれに当たる。

② 社員に対する出資の払戻しの場合

　資本金の額の減少につき業務を執行する社員の過半数の一致があったことを証する書面、債権者保護手続に関する書面ならびに資本金の額が会社法及び会社計算規則の規定に従って計上されたことを証する書面の添付を要する。債権者保護手続に関する書面は、会社法627条2項の規定による公告及び催告（公告を官報のほか、定款に定める公告方法としての時事に関する事項を掲載する日刊新聞紙又は電子公告によってした場合にあっては、これらの方法による公告）をしたことならびに異議を述べた債権者があるときは、当該債権者に対し弁済し、もしくは相当の担保を供し、もしくは当該債権者に弁済を受けさせることを目的として相当の財産を信託したこと又は当該資本金の額の減少をしても当該債権者を害するおそれがないことを証する書面である。資本金の額が会社法及び会社計算規則の規定に従って計上されたことを証する書面は、具体的には会社の代表者がこれらの事項について証明し、登記所届出印を押印している書面がこれに当たる。

③ 資本金の額を損失のてん補に充てる場合

　資本金の額の減少につき業務を執行する社員の過半数の一致があったことを証する書面、債権者保護手続に関する書面ならびに資本金の額が会社法及び会社計算規則の規定に従って計上されたことを証する書面の添付を要する。債権者保護手続に関する書面は、会社法627条2項の規定による公告及び催告（公告を官報のほか時事に関する事項を掲載するに日刊新聞紙又は電子公告によってした場合にあっては、これらの方法による公告）をしたことならびに異議を述べた債権者があるときは、当該債権者に対し弁済し、もしくは相当の担保を供し、もしくは当該債権者に弁済を受けさせることを目的として相当の財産を信託したこと又は当該資本金の額の減少をしても当該債権者を害

するおそれがないことを証する書面である。資本金の額が会社法及び会社計算規則の規定に従って計上されたことを証する書面は、具体的には会社の代表者がこれらの事項について証明し、登記所届出印を押印している書面がこれに当たる。

(5) **登録免許税**

資本金の額の減少による変更の登記の登録免許税は、申請1件につき3万円である（登税法別表第一第24号㈠ツ）。

業務執行社員の退社については、別途1万円要する（登税法別表第一第24号㈠カ）。

第 3 章

企業結合と会計処理

第1節　総論

第1　企業結合と会計処理

1　企業結合の方法

　企業結合とは、ある企業（会社及び会社に準ずる事業体をいう。）又はある企業を構成する事業と他の企業又は他の企業を構成する事業とが1つの報告単位に統合されることをいう（企業結合に係る会計基準意見書二1）とされている。

　企業結合の方法としては、①企業提携、②事実上の企業一体化としての事業譲渡・譲受け、現物出資又は株式取得、③法人格が一体化する合併、④会社分割、⑤株式交換、⑥持株会社設立のための株式移転があり、それらを規律するものあるいは指針を示すものとして、会社法制のほか、M&Aガイドライン（経済産業省公表）、公開買付法制、企業会計基準がある。

2　企業会計基準

　組織再編に関する会計基準は、①企業結合に係る会計基準の設定に関する意見書（平成15年10月企業会計審議会）及び企業結合に係る会計基準・同注解（平成15年10月企業会計審議会）が公表され、②企業会計基準21号として「企業結合に関する会計基準」（平成15年10月・最終改正平成20年12月26日、企業会計基準委員会）が示されている。その後、③企業会計基準第7号として「事業分離等会計基準」（平成17年12月・最終改正平成20年12月26日、企業会計基準委員会）及び④企業会計基準適用指針第10号として「企業結合会計基準及び事業分離等会計基準適用指針（平成17年12月・最終改正平成20年12月26日、企

業会計基準委員会）が示されている。

会計基準の整備は、会社法の制定とは無関係に行われていたが、会社法との整合性が図られており、①企業結合に関する会計基準及び②企業結合会計基準及び事業分離等会計基準適用指針は、会社計算規則（平成18年法務省令第13号）との整合性が考慮されており、逆に会社計算規則も企業会計基準に従った処理がそのまま会社法上の計算となるように構成されているため、会計基準との整合性が図られているという表裏一体の関係になっており、平成20年12月26日の「企業結合に関する会計基準」（以下「企業結合会計基準」という。）及び「企業結合会計基準及び事業分離等会計基準適用指針」（以下「適用指針」という。）の改正に伴い、会社計算規則も改正されている（平成21年3月27日法務省令第7号・平成21年4月1日施行）。

企業結合会計基準と事業分離等会計基準とは、別個独立した会計基準ではなく、他を結合する立場の企業（たとえば合併における存続会社等）においては、企業結合会計基準により会計処理をし、一方他に分離する立場の企業（たとえば会社分割における分割会社等）においては、事業分離等会計基準により会計処理をし、それぞれの会社の株主における会計処理については、まとめて事業分離等会計基準に記載されている。

3　企業再編と会計処理

会社法上の企業再編は、合併、分割、株式交換、株式移転等があるが、その類型にかかわらず、企業結合会計基準では、経済的実態に着目して、独立企業間の企業結合である「取得」「共同支配企業の形成」、企業集団内の取引である「共通支配下の取引」及び「少数株主との取引」に分類され、適用すべき会計処理が決定される。企業結合会計基準では、共通支配下の取引及び少数株主との取引をあわせて「共通支配下の取引等」と呼んでいる。

なお、株式移転による完全親会社の設立、単独新設分割による完全子会社の設立は、企業結合に該当しない共通支配下の取引であり、企業結合会計基準には明記されていないが、このような取引についても、共通支配下の取引に係る会計処理に準じて処理するのが適当であるとされ（企業結合に係る会

計基準意見書三5）、適用指針においては共通支配下の取引等の会計処理として明記されている（適用指針204項・(3)258項〜264項）。

組織再編行為の際の資産及び負債の評価については、合併・会社分割が支配取得（会社計算規則2条3項31号）に該当する場合その他の吸収型再編対象財産に時価を付す場合（すなわち取得・少数株主との取引）についてはパーチェス法を適用し、共同支配企業の形成、逆取得及び共通支配下の取引については簿価処理を原則として適用することとされている（会社計算規則8条参照）。

4　持分プーリング法の廃止

共同支配企業の形成及び共通支配下の取引以外については、企業結合には「取得」と「持分の結合」があり、持分の結合には持分プーリング法（被結合企業の資産・負債は適正な帳簿価額により引き継がれ、株主資本の内訳をそのまま引き継ぐ処理）が適用されるとされていたが、会計基準のコンバージェンスを推進する観点から、持分の結合の場合の持分プーリング法が廃止され、従来、持分の結合に該当した企業結合のうち、同規模の企業が共同事業を営むような共同支配企業の形成以外の企業結合ついては取得になるものとして、パーチェス法により会計処理を行うこととされた（企業結合会計基準17項）。平成20年12月26日の企業結合会計基準等の改正により持分プーリング法が廃止され、平成22年4月1日以後実施される企業結合からその適用が強制されるが、前倒しで平成21年4月1日以後実施される企業結合に適用することができるとされているが（企業結合会計基準57項）、会社計算規則は上記改正を受けて改正されている（平成21年3月27日法務省令第7号・平成21年4月1日施行）。したがって、本書では持分の結合及び持分プーリング法についての詳細は割愛する。

5　「取得」と「共同支配企業の形成」の識別

企業結合の方法の取得と共同支配企業の形成の識別をするには、まず「共通支配下の取引」か否かをみて、独立企業間の場合には、「共同支配企業の

形成」の4要件を満たすかどうかをみて、そうでないその他の取引については「取得」とみていく順序がわかりやすい。

　共同支配企業の形成とは、複数の独立企業間の契約等に基づき、共同で支配する企業を形成する企業結合をいうが、その判定基準は、4要件（①複数の独立企業から構成されていること（独立企業要件）、②複数の独立企業間で共同支配となる契約等を締結していること（契約要件）、③<u>支払対価のすべてが、原則として議決権のある株式であること</u>（対価要件）、④議決権比率以外の支配関係を示す一定の事実が存在しないこと）からなり、4要件すべてを満たした場合は「共同支配企業の形成」とされる（企業結合会計基準37項、適用指針175項）。

[対価要件]

　企業結合に際して支払われた対価のすべてが、原則として議決権ある株式であることであり、対価のすべてが、原則として議決権ある株式であることと認められるためには、次のすべての要件を満たさなければならないとされている（適用指針180—2項）。

・企業結合は単一の取引で行われるか，又は原則として1事業年度内に取引が完了する。
・交付株式の議決権の行使が制限されないこと
・企業結合日において対価が確定していること
・交付株式の償還又は再取得の取決めがないこと
・株式の交換を事実上無効にするような結合当事企業の株主の利益となる財務契約がないこと
・企業結合の合意成立日前1年以内に当該結合目的で自己株式を取得していないこと

[その他の支配関係を示す一定の事実が存在しないこと]

　具体的に議決権比率以外の支配関係を示す一定の事実がポイントとなり、次のいずれにも該当しない場合は、一定の事実が存在しないものとされている（適用指針181項）。

・いずれかの結合当事企業の役員もしくは従業員である者又はこれらであった者が、結合後企業の取締役会その他これに準ずる機関の構成員の過半数

を占めている等事実上支配していること
・重要な財務及び営業の方針決定を支配する契約等により、いずれかの結合当事企業の株主が他の結合当事企業の株主より有利な立場にあること
・企業結合日以後2年以内にいずれかの結合当事企業の大部分の事業を処分する予定があること

6　持分の結合

「共通支配下の取引」及び「共同支配企業の形成」以外の企業結合については、当該取引の性質が「取得」（ある企業が他の企業の支配を獲得したと判断できるもの）であるのか、「持分の結合」（いずれの結合当事企業も他の結合当事企業に対する支配を獲得したとは判断できないもの）であるのか、判定を行うとされていたが、持分プーリング法の廃止により、概念として存置される「持分の結合」の場合も、その会計処理は<u>「取得」と判定される</u>。取得とは、買収がイメージされるが、会計処理上の取得は、共通支配下の取引、共同支配企業の形成、逆取得と判定された以外の場合を取得による会計処理になるとされている（企業結合会計基準17項、企業結合に係る会計基準・同注解三1(1)参照）。

7　会社計算規則

平成21年2月27日公布された会社法施行規則及び会社計算規則等の一部を改正する省令（平成21年法務省令第7号・平成21年4月1日施行）では、企業結合会計基準等の改正（平成20年12月）に対応することができるように、旧会社計算規則が大幅に条文構成の変更及び合理化がされたが、負ののれんを負債に計上できないとする（会社計算規則30条～35条の廃止）等を除けば、旧会社計算規則の実質は維持されている（大野晃宏ほか『会社法施行規則及び会社計算規則等の一部を改正する省令の解説』登記インターネット113号10頁）。

旧会社計算規則11条～29条において、のれんは、原則として①組織再編についてパーチェス法が用いられる場合においては「認識可能な受入資産・負債に付すべき価額と対価の時価との差額」、②組織再編について簿価処理が

用いられる場合においては「受入資産・負債の帳簿価額と株式以外の対価の帳簿価額との差額」が、資産又は負債としてののれんとして計上するものと整理され、その額の計算について詳細な規定が置かれていた。

改正会社計算規則では、資産・負債一般については、その帳簿価額の計算の詳細は、会計慣行に委ねることを前提にして、詳細な規定が削除された。ただし、前述したように、会社計算規則11条～29条の実質的な内容が変更されたものではないということから、なお、のれんの算定の根拠として会社計算規則の旧11条～旧29条の規律の内容は参照することができる。

組織再編に係る株主資本変動額についての規律については、35条～52条に条文構成が合理化されたが、対価に株式が含まれ、簿価株主資本額が対価簿価を上回る場合あるいは対価のすべてが株式である場合の株主資本変動額の算式を規定することによって対価の種類ごとの取扱いを網羅する関係になっているため、つまり、あらゆるケースに妥当するような一定の法則である帰納的な算式を規定しているため、条文自体を読んでもケースごとの算式の根拠を導き出せるものではなく、企業結合会計基準等を前提として解しなければならないという問題がある。

第2　企業結合の会計上の区分と会計処理

1　取得の場合の「パーチェス法」

「取得」と判断された企業結合についてはパーチェス法による処理が行われる（企業結合会計基準17項）。

(1)　取得企業・被取得企業の決定

適用指針における「共同支配企業の形成」の判定基準（企業結合会計基準37項、適用指針175項、適用指針付録（フローチャート）参照）に従い、取得企業が決定される。

①　対価要件としての対価のすべてが議決権のある株式であることを満たさないことにより取得と判定された場合は、現金等の対価を支出した企業を

取得企業とする。
② 議決権比率が等しいことを満たさないことにより取得と判定された場合は、議決権比率が大きい企業を取得企業とする。
③ 議決権比率以外の支配関係を示す一定の事実が存在しないことを満たさないことにより取得と判定された場合は、支配関係を示す一定の事実を有する企業を取得企業とする。
④ 議決権のある株式の交付により行われる場合、交付する企業が取得企業となるが、消滅会社等の株主が企業結合後、存続会社等の議決権総数の過半数を有する場合は、消滅会社等が取得企業となり、これを「逆取得」という（企業結合に係る会計基準意見書三3(1)、企業結合会計基準77項）。

(2) **取得原価**

取得の対価（支払対価）が現金以外の株式等の交付の場合は、取得企業の支払対価となる財の時価と被取得企業から取得した現金以外の株式等の時価のうち、より高い信頼性をもって測定可能な時価で算定することとされている（企業結合に係る会計基準意見書三3(2)①，企業結合会計基準23項）。したがって、「公開企業が株式を交付して非公開企業の純資産を取得する場合には、通常、公開企業株式の時価の方が非公開企業の純資産の時価よりも高い信頼性もって測定できるから、取得原価は公開企業株式の時価を基礎に算定されることになる」（企業結合に係る会計基準意見書三3(2)①）。市場価格がある株式が対価として交付される場合は、取得の対価となる財の時価は、原則として、企業結合日における株価を基礎にして算定するとされ（企業結合会計基準24項）、合理的に算定されえないときは、被取得企業の株式の企業結合日における時価を基礎とした評価額を取得対価とされる（適用指針38項）。このことが、会社計算規則35条1項1号、37条1項1号の「吸収型再編対価時価又は吸収型再編対象財産の時価」、又は同39条1項1号の「吸収型再編対価時価又は株式交換完全子会社の株式の時価」を意味していると考えられる。

(3) **取得原価の配分**

取得原価は、被取得企業から受け入れた資産及び負債のうち企業結合日時

点において識別可能資産及び負債（適切な勘定科目を付して計上することができる資産・負債をいう。）の企業結合日時点の時価を基礎として当該資産及び負債に配分する（企業結合会計基準28項）。配分とは、資産及び負債について適切な勘定科目（勘定科目とは、資産であれば、当座預金、受取手形、備品、建物等、負債であれば、買掛金、借入金等をいう。）を付して、評価して額を計上するということである。

(4) パーチェス法

「パーチェス法」とは、結合当事企業のうち、支配を獲得する「取得企業」を決定し、取得企業の取得原価については支払対価の時価にて算定するとともに、取得企業の資産・負債及び株主資本についてはそのまま簿価を引き継ぎ、被取得企業の資産・負債については時価により計上する会計処理方法をいう。

取得原価は支払対価の時価にて算定し、被取得企業の移転される資産・負債について時価にて計上するということである。

(5) 取得の場合ののれん（又は負ののれん）について

企業結合の会計処理を行うには、まず、のれんの算定をするという作業が必要となる。

① 企業結合が取得と判定された場合、取得原価を支払対価の時価にて算定し、被取得企業の資産負債を時価評価することとなる。

このとき、取得原価が、取得した資産及び引き受けた負債に配分（企業結合会計基準28項）された純額を上回る場合には、その超過額が「のれん」として無形固定資産に計上され（企業結合会計基準30項）、年度末に貸借対照表に計上される。下回る場合には、その不足額を「負ののれん発生益」とされるが、負債に計上することはできず（国際会計基準においては負ののれんは、負債としての要件を満たしていないと考えられていることから、会社計算規則においても同様の改正（旧30条〜35条の廃止等）がされている）、当該負ののれんが生じた事業年度の特別利益（損益計算書等）に計上され（会社計算規則88条2項、企業結合会計基準110項・111項）、期末に貸借対照表にその他利益剰余金に計上される。

> 被取得企業から受け入れる資産及び負債の取得原価（C）（対価として交付する株式及び現金等の時価）－受け入れた認識可能な資産（A）及び負債（B）に配分された取得原価の配分額＝のれん

$\quad$ C －（A－B）＝差額（プラスなら正ののれん、マイナスなら負ののれん）
$\quad$ C ＞ A － B　正ののれん　　　　C ＜ A － B　負ののれん

　取得の場合の正ののれんは、承継する資産に含めて算定するため存続会社等の企業結合後の貸借対照表上の資産に計上されるため、簡易手続の認められない要件である「差損が生じる場合」の計算上の承継資産額に含まれる。これに対して、払込資本の算定においては、支払対価（株式及び現金等）の時価を取得原価として、その取得原価から対価簿価を控除した額が株主資本変動額となり、その範囲で増加する資本金の額等を定めるため、正ののれんは計算上影響しないが、合併後の貸借対照表上の資産にのれんとして計上されることになる。

　なお、のれんの計算では、時価処理及び簿価処理の場合とも、対価株式に自己株式が含まれているか否かはかかわりなく、処分自己株式の帳簿価額を株主資本変動額の算定において控除することになる（会社法445条1項において、株式交付分について増加資本を考える。）。

② 　のれんは、20年以内のその効果の及ぶ期間にわたって、定額法その他の合理的な方法により規則的に償却する。ただし、のれんの金額に重要性が乏しい場合には、当該のれんが生じた事業年度の費用として処理することができる。

時価処理の場合ののれん

（正の）のれん

取得資産A（時価）	取得負債B（時価）	
100		40
↑(60)	支払対価時価C　70 株式　　　20 現金等　　50	払込資本　20 現金等　　50

負ののれん

取得資産A（時価）	取得負債B（時価）	
100		40
↑(60)	支払対価時価C　50 株式　　　20 現金等　　30	払込資本　20 現金等　　30

	↓			↓	負ののれん 10（利益に計上）
	正ののれん 10 （資産に計上）			C＞A－B C＜A－B	正ののれん 負ののれん

2 共通支配下の取引の会計処理

(1) 共通支配下の取引の会計処理

　共通支配下の取引とは、共通支配下関係（2以上の者が同一の者に支配されている場合又は2以上の者のうちの1の者が他のすべてを支配している場合における当該2以上の者に係る関係をいう（会社計算規則2条3項32号）。）にある企業間の企業結合をいい、企業結合の前後で同一の企業により支配され、かつ、その支配が一時的でない場合の企業結合をいう（企業結合に係る会計基準意見書二10）。

　「共通支配下の取引」については、企業集団内を移転する資産及び負債は、原則として、移転前に付された適正な帳簿価額により計上する（企業結合会計基準41項）。移転された資産及び負債の差額は、純資産として処理する（企業結合会計基準42項）。移転された資産及び負債の対価として交付された取得する株式の取得原価は、当該資産及び負債の適正な帳簿価額による純資産額に基づいて算定する（企業結合会計基準43項）。

　合併であろうと何であろうと一般に財産上の取引は時価が原則（含み損がある場合は売却損益が発生）であるが、共通支配下の取引において時価取引を認めると利益操作が可能となるため、簿価取引によらなければならないという規律を設ける必要が生じることになる。

(2) 共通支配下の取引の場合ののれん

　株式以外の対価の簿価－（簿価株主資本額－抱合せ株式の簿価）＞正ののれん＜負ののれん

（注）　対価の全部が株式のときは、株主資本変動額と簿価株主資本額が同額であるから、

のれんは生じない。

簿価処理の場合ののれん

A図　正ののれん

資産A 100	対価 90	現金等 C 70	現金等（対価簿価）70
↑ (60) ↓			
正ののれん 10（資産に計上）			株式 20

負債B 40

B図

資産A 100	対価 50 株式 20 現金等C 30	払込資本 30
↑ (60) ↓		現金等 30

負債B 40

C＜A－B　株主資本で調整されるので、負ののれんは計上されない

① C＞A－B　正ののれん

　　株主資本変動額＝簿価株主資本額（A－B）＋正ののれん－対価簿価

　　　　　　　　　＝（A－B）＋｛C－（A－B）｝－C

　　　　　　　　　＝ゼロ

② 上記A図のうち、Cの現金等が50なら（下記C図）、対価全体が簿価株主資本額（A－B）より大きくても、のれんの計算上は、(A－B)＞Cとなり B図と同様に、正ののれんは発生せず、株式がいくらであっても60－50＝10が払込資本となる。

③ B図では、株式がいくらであっても、(A－B)－Cの差額が払込資本とされ、負ののれんは発生しない。

④ つまり、対価に株式がある場合には、その数及び価額のいかんに関係なく、「簿価株主資本額－対価簿価」の差額が払込資本（株主資本変動額）とされる。したがって、B図では、対価株式が20であっても、払込資本は30となる。

対価全体が簿価株主資本額より大きくても、対価簿価が簿価株主資本額より小さいとき

資産A	100	負債B			40
↑		対価	70	払込資本	10
(60)		株式	20		
		現金等C	50	現金等	50
↓					

3　共同支配企業の形成及び逆取得の場合の会計処理

「共同支配企業の形成」及び「逆取得」の場合については、共通支配下の取引に準じた処理方法、つまり簿価処理を適用する。

　　A＝簿価株主資本額（適用指針205項、資産－負債のことで、いわば合併期日前日の消滅会社の帳簿上の純資産額）

　　B＝対価時価（会社計算規則2条3項37号、対価である<u>金銭等及び株式の時価</u>）

　　C＝対価簿価（適用指針81項、合併対価財産のうち<u>株式以外のものの帳簿価額</u>をいう）

〈取得の場合〉　　　A－B＜0（B＞A）→正ののれん
　　　　　　　　　A－B＞0（B＜A）→負ののれん
〈簿価処理の場合〉　A－C＜0（C＞A）→正ののれん
　　　　　　　　　A－C＞0（C＜A）→負ののれん

		簿価株主資本額が プラスの場合		簿価株主資本額が マイナスの場合	
		正ののれん	負ののれん	正ののれん	負ののれん
取得	全部株式	○　A－B＜0	○　A－B＞0	○　A－B＜0	○　A－B＞0
	一部株式	○　A－B＜0	○　A－B＞0	○　A－B＜0	○　A－B＞0

	株式がない場合	○ A－B＜0	○ A－B＞0	○ A－B＜0	○ A－B＞0
	無対価	×（Aがプラスの場合だから、A－B（ゼロ）＜0が成立しない）	○ A－B＞0	○ A－B＜0	×（Aがマイナスの場合だから、A－B（ゼロ）＞0が成立しない）
共通支配下	全部株式	×	×	×	×
	一部株式	○（適用指針251項(2)①後段）A－C＜0	×（適用指針251項(2)①前段）	○（適用指針251項(2)②により、Cと同額とされる）A－C＜0	×（Aがマイナスの場合だから、A－C＞0が成立しない）
	株式がない場合	○（適用指針243項(1)）A－C＜0	○（適用指針243項(1)）A－C＞0	○（適用指針243項(1)）A－C＜0	×（Aがマイナスの場合だから、A－C＞0が成立しない）
	無対価	×（Aがプラスの場合だから、A－C（ゼロ）＜0が成立しない）	○ A－C＞0	○ A－C（ゼロ）＜0	×（Aがマイナスの場合だから、A－C（ゼロ）＞0が成立しない）

第3 組織再編に際して株主資本変動額

(1) 組織再編の会計処理

　吸収合併・新設合併、吸収分割・新設分割、株式交換又は株式移転のいわゆる組織再編に伴う資本金の額の計上について、「一般に公正妥当と認められる企業会計の慣行」に該当するものとされる企業結合会計基準等に規定されており、同基準等の会計上の区分である、①取得（ある企業が、他の企業

又は企業を構成する事業に対する支配を獲得して1つの報告単位となることをいい（企業結合に係る会計基準意見書二4）、この際の会計処理としてパーチェス法（承継した資産・負債を時価で再評価する方式）が用いられる。）、②持分の結合に該当する共同支配企業の形成の場合には、共通支配下取引の会計処理となる。③共通支配下取引（親会社と子会社との合併や親会社の支配下にある子会社同士の合併など）、結合当事企業（又は事業）のすべてが、企業結合の前後で同一の企業により最終的に支配され、かつ、その支配が一時的でないもの（企業結合に係る会計基準意見書二10）等に対応した会計処理方法が適用され、それに対応して会社計算規則は資本金の額の計上方法について規定を設けている。

(2) 組織再編に際しての株主資本変動額

合併、吸収分割、新設分割、株式交換又は株式移転に際して増加すべき株主資本（資本金、資本準備金、その他資本剰余金、利益準備金、その他利益剰余金）の額については、組織再編の区別にかかわらず、企業結合の会計上の分類（取得、共通支配下の取引等）に応じて定まる会計上の処理に対応して、その算定方法に関する規律が設けられている（会社法445条5項、会社計算規則35条〜39条、45条〜52条）。

吸収型組織再編の場合において、株式を交付することなく、資本金の額を増加することができないという取扱いは、資本金の額は登記事項であるとともに分配可能額算定の1要素であり、その増加要因となる取引行為は明確にされる必要があり、会社法においては当該取引行為として株式の交付に限る（会社法445条1項）と整理されたことによる。

具体的には、吸収型再編と新設型再編とを問わず、1の会社が他の会社を新たに支配することとなる取得の分類に当たる場合（会社計算規則2条3項31号）には、原則として時価によって資産及び負債を評価し、増加すべき資本金の額の基礎を算出するとされ、他方、当事会社が対等な関係にある共同支配企業の形成の場合、親子会社又は子会社同士の合併等のような共通支配下の取引及び逆取得の分類に当たる場合には、原則として簿価によって資産及び負債を評価し、増加すべき資本金の額の基礎を算出するとされる（会社

計算規則8条、35条等)。

　なお、新設合併の場合には、取得の分類に当たるときでも、新設合併を行う会社のうち取得企業の会社については簿価によって評価し、その余の会社については時価によって評価するとされる(会社計算規則45条)。わかりやすくいうと、吸収合併の場合に存続会社の資本金等はそのまま簿価で引き継ぎ、消滅会社の資本金等は時価で算定すると同様に考えるということである。

　ただし、会社計算規則は、具体的にいかなる場合にパーチェス法等の会計処理方法に従って資本金の額を計上しなければならないかについては、会計慣行に委ねており、ある組織再編に、会計慣行上、いかなる会計上の区分が妥当するかは、登記簿、申請書又は添付書面からは判明しないこととなる。

(3)　**会社処理における定義**
① 　株主資本変動額

　株主資本変動額とは、承継する対象財産の取得価額(当該額がゼロ未満のときはゼロとされるが、取得の場合は対価株式の時価を前提にするため、ゼロ未満になることはない。)から対価として処分する自己株式の帳簿価額を減じた額をいい、当該額がゼロ以上のときはその範囲内で増加資本金等が定められる。

　株主資本変動額とは、会計処理の区分に従って定められる額であるが(会社計算規則35条1項等)、パーチェス法の場合は対価としての株式に係る対価時価であり、共通支配下の場合(親子・子孫を除く)は簿価株主資本額から抱合せ株式の帳簿価額及び対価簿価を減じた額である。

② 　吸収型再編対価(会社計算規則2条3項36号)

　吸収型再編対価とは、「吸収合併に際して吸収合併存続会社が吸収合併消滅会社の株主に対して交付する財産」とされ、株式、現金、社債、新株予約権(付社債)その他の財産をいい、企業結合会計基準等では、「支払対価」として用いられている(適用指針37項)。

③ 　吸収型再編時価(会社計算規則2条3項37号)

　吸収型再編時価とは、「吸収型再編対価の時価その他適切な方法により算

定された吸収型再編対価の価額」とされ、企業結合適用指針等では、「支払対価の時価」として用いられている（適用指針38項）。

④　吸収型再編対価簿価

　吸収型再編対価簿価とは、「吸収型再編対価（存続会社の株式を除く。）の存続会社における合併直前帳簿価額の合計額（株式以外の対価が存しない場合はゼロ）」とされ、株式以外の、現金、社債、新株予約権（付社債）その他の財産の合計額をいい、企業結合適用指針等では、「取得企業の株式以外の財産」として用いられている（適用指針81項、旧会社計算規則2条3項38号参照）。

　対価のすべてが株式であれば、対価簿価はゼロということになる。

⑤　吸収型再編簿価株主資本額（簿価純資産額）

　吸収型再編簿価株主資本額とは、「吸収型再編対象財産のうち資産から負債及び消滅会社の新株予約権の帳簿価額を控除した価額」とされ、受け入れる資産の帳簿価額から受け入れる負債の帳簿価額を控除した額であり、消滅会社が新株予約権（付社債）を発行している場合は、新株予約権は株主資本項目ではないことから新株予約権の帳簿価額をも控除した額となる。企業結合適用指針等では、受け入れる資産・負債は、合併期日の前日に付された適正な帳簿価額とされている（適用指針205項）。

⑥　中間子会社等

　中間子会社等とは、共通支配下取引のうち「吸収合併消滅会社が吸収合併存続会社の子会社であるものとして計算すべき場合（つまり親子・子孫合併）において、吸収合併消滅会社の株主のうち、吸収合併消滅会社の親会社その他の当該吸収合併消滅会社を支配する者及びその子会社（当該支配する者が会社でない場合におけるその子会社に相当する者を含む。）であって、吸収合併消滅会社及び吸収合併存続会社以外のもの」とされる。中間子会社とは、親子合併の場合の消滅会社である子会社の株式を保有する親会社の他の子会社をいうが、中間子会社等の等とは、子孫合併の場合の存続会社の親会社又はその親会社の他の子会社を含むことを意味する（会社計算規則旧2条3項40号参照）。

第3章　企業結合と会計処理　175

⑦ 少数株主

少数株主とは、共通支配下取引のうち「吸収合併消滅会社が吸収合併存続会社の子会社であるものとして計算すべき場合（つまり親子・子孫合併）において、吸収合併消滅会社の株主のうち、吸収合併存続会社及び中間子会社等以外のもの」とされ、吸収合併消滅会社の外部株主をいう（企業結合に係る会計基準意見書三5(2)、企業結合会計基準120項）。

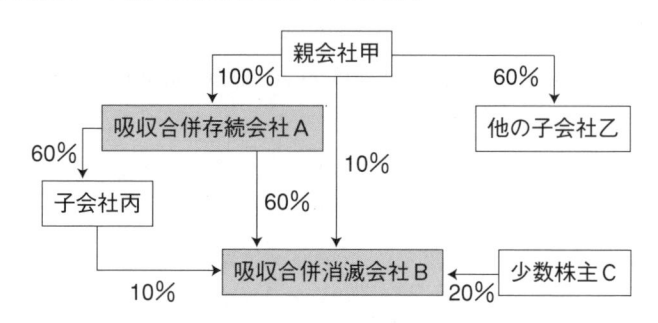

```
                    親会社甲
           100%    ／    ＼ 60%
         吸収合併存続会社A    他の子会社乙
      60%  │          │10%
    子会社丙         60%
         │10%          ↓
         └→ 吸収合併消滅会社B ←── 少数株主C
                         20%
```

- 中間子会社等　甲、乙、丙（丙は中間子会社）
- 少数株主　　　C（連結会計上の少数株主は、企業集団を構成する子会社の外部株主すべてを含む取扱いである）

(4) 組織再編行為において差損が生じる場合

会社法では、簿価債務超過会社であるか又は必ずしもその意味は明確ではないものの実質債務超過会社であるかを問わず、組織再編行為をすることが妨げられていない。

しかし、以上のような損失の引受けに該当することとなる組織再編行為が行われると、存続会社等の分配可能額の減少をきたすことにもなることから、株主の保護を図る必要があり、会社法796条3項の簡易手続の要件を満たす場合であっても、株主総会の承認を要するとともに（会社法796条3項ただし書）、株主総会で差損が生じることについて説明をしなければならないとされている（会社法795条2項柱書）。

差損が生じる場合とは、吸収合併及び吸収分割にあっては、①承継債務額が承継資産額を超える場合（会社法795条2項1号、会社法施行規則195条1項・2項）、②交付する金銭等（株式等を除く）の帳簿価額が承継資産額から承継

債務額を控除して得た額を超える場合（会社法795条2項2号、会社法施行規則195条1項・2項）である。会社法795条2項1号、会社法施行規則195条1項・2項の数式を移項してみると、「吸収型組織再編の前後における純資産の部の増加額＋対価（株式等を除く。）の帳簿価額が0未満である場合」「吸収型組織再編の前後における純資産の部の増加額＋対価（社債に限る。）の帳簿価額が0未満である場合」のどちらかであることである。株式交換の場合にあっては、③株式交換完全親株式会社が株式交換完全子会社の株主に対して交付する金銭等（株式交換完全親株式会社の株式等を除く。）の帳簿価額が株式交換完全親株式会社が取得する株式交換完全子会社の株式の額として法務省令で定める額を超える場合である（会社法795条2項3号、会社法施行規則195条5項）。会社法施行規則195条5項を併せ読むと、完全親会社において流出する完全親会社の株式等（株式、社債、新株予約権）以外の対価の帳簿価額が、完全親会社において増加する資産である完全親会社が取得する株式交換完全子会社の株式の額を上回る場合に、差損が生ずる場合とされるということである。

第2節 吸収合併における会計処理

第1 総論

　会社法上、資本金は、貸借対照表上株主資本内における計数の変動（剰余金又は準備金の資本組入れ）の場合を除けば、株式を交付する場合に限り、増加するものとして整理されており（会社法445条1項）、合併等の組織再編行為においても同様であって、吸収型組織再編の場合において、株式を交付することなく、資本金の額を増加することができないという取扱いは、資本金の額は登記事項であるとともに分配可能額算定の1要素であり、その増加要因となる取引行為は明確にされる必要があり、会社法においては当該取引行為として株式の交付に限る（会社法445条1項）と整理されたことによる。

　吸収合併の際に変動する株主資本（資本金、資本準備金、その他資本剰余金、利益準備金、その他利益剰余金をいう（会社計算規則2条3項30号）。は、存続会社において吸収合併により変動する貸借対照表上の株主資本に係る項目（会社計算規則76条2項）のうち、自己株式（会社計算規則76条2項5号）を除いたものの総体を指す概念として整理されている。）の額の計算については、その規律が会社計算規則に委ねられているものの（会社法432条1項、445条5項、会社計算規則4条1項）、その株主資本変動額の算定等については、企業結合の会計上の分類（取得、共通支配下の取引、共同企業支配の形成、逆取得）に応じて会計上の処理が定まり、その株主資本変動額の内訳の決定については合併契約の定めに従い定められる旨の規律が設けられている（会社法445条5項、会社計算規則35条）。

　吸収合併存続会社が消滅会社から取得する対象財産の対価として当該株主に交付する財産が存続会社の株式であるときの存続会社の資本金及び資本準

備金の増加額については、企業結合会計基準等により算定される株主資本変動額の範囲内で吸収合併契約において定めるものとされる（会社計算規則35条2項本文又は36条に定めるところによる。）ところ、当該株式数とともに存続会社の資本金及び資本準備金の増加額については吸収合併契約に定める必要がある（会社法749条1項2号イ）。

　ただし、会社計算規則は、具体的に企業結合の会計上の区分及びその場合における株主資本変動額の算定については、会計慣行に委ねているので、ある吸収合併に、会計慣行上、いかなる会計上の区分が妥当し、その場合の株主資本変動額の算定の経緯については登記申請における申請書、登記簿、添付書面から判明しないことになり、その意味において、会社計算規則の規定は株主資本変動額の算定の場面においては合理化しすぎてかえって不明確であり、「株主資本変動額の範囲内で合併契約の定めに従い定まる。」ということにおいて機能している。

　吸収合併時において、会社法上、合併対価が株式である場合についてのみ、「資本金及び準備金の額に関する事項」を合併契約に定めるべきとされているところ（会社法749条1項2号イ）、一般的に、合併対価として株式（自己株式の帳簿価額を控除）を交付した場合において、消滅会社から承継する財産がプラスであれば、株主資本変動額（会社計算規則35条1項）の範囲で合併契約書の定めに従い定めた額（会社計算規則35条2項）、又は吸収合併直前の消滅会社の資本金の額（会社計算規則36条）が増加する。

　合併対価の全部が自己株式であっても、その帳簿価額が対価時価を下回っていれば対価時価から自己株式帳簿価額を控除した範囲で株主資本の計上は可能である。

　吸収合併の存続会社が株式を発行する場合の資本金の額は、パーチェス法によった場合には、当該株式の対価として取得する消滅会社の財産の額（＝交付する株式の時価）である株主資本変動額の範囲内の額に定められ、簿価引継ぎの場合は消滅会社の簿価純資産額の範囲内の額に定められ、募集株式を発行した場合のように、資本金等増加限度額の2分の1以上を資本金の額としなければならない制限はない。

なお、吸収合併の登記の申請に際し、合併契約書において①消滅会社に対して存続会社の株式を交付しないこと、又は、②株式の発行があったとしても資本金の額が増加しないことが明らかなときは、貸借対照表上、資本金の額に変動が生じないことから、会社法及び会社計算規則の規定に従って計上されたことを証する書面の添付を要しない。

第2　合併に関する会計処理の類型

　吸収合併とは、合併により消滅する会社の権利義務の全部を合併後存続する会社に承継させるものをいい（会社法2条27号）、具体的には、消滅会社の資産・負債を承継することである（会社計算規則2条3項34号イ）。

　承継する資産・負債に付すべき価額については、①吸収合併が支配取得（会社計算規則2条3項35号）に該当する場合等（等とは共通支配下の取引における少数株主との取引を含む。）については、その承継する対象財産（会社計算規則2条3項35号イ）の全部の取得原価（注）について、合併対価の時価その他当該対象財産の時価を適切に算定する方法をもって測定する方法と、②消滅会社の直前の帳簿価額を付す方法とがある（会社計算規則8条1項）。

（注）　資産については、会計帳簿に取得価額を付さなければならないとされ（会社計算規則5条1項、取得原価主義といわれる。）、取得原価は、取得対価に取得に直接要した支出額を加算して算定する（企業結合に係る会計基準意見書三2(2)①④）とされている。
　　　上記①の場合は、企業結合会計基準により「取得」と判断された場合（逆取得を除く。）、すなわちパーチェス法を適用すべき場合であり、上記②の場合は、取得と判断された場合以外であり、承継する資産・負債に付すべき価額を適正な帳簿価額により計上するという簿価処理をいい、共通支配下の取引、共同支配企業の形成、逆取得の場合が該当する。
　　　会社計算規則では、取得の場合は35条1項1号、共通支配下の取引の場合は35条1項2号、共同支配企業の形成、逆取得の場合は35条1項3号に規定がある。
　　　共通支配下の取引は、グループ内合併における処理として位置づけられ、企業会計では、連結財務諸表が財務報告の主体となっているところ、グループ内合併は、連結財務諸表には基本的に影響を及ぼさない取引であることか

ら、独立企業間の結合である取得とは別に定められている。

「共通支配下の取引」及び「共同支配企業の形成」以外の企業結合については、当該取引の性質が「取得」（ある企業が他の企業の支配を獲得したと判断できるもの）であるのか、「持分の結合」（いずれの結合当事企業も他の結合当事企業に対する支配を獲得したとは判断できないもの）であるのか、判定を行うとされていたが、平成20年12月26日の企業結合会計基準等の改正により、持分の結合の場合における持分プーリング法が廃止されたことから、持分の結合という概念は存置されるものの（持分の結合は持分が継続している場合であり、それ以外は持分の継続が絶たれる場合をいうという区別であるにすぎない。）、持分の結合であってもそれが、共同支配企業の形成及び逆取得（対価の全部が株式であることを前提としているので投資は継続していることになる）、共通支配下に該当しないというのであれば（どういう場合か想定しづらいが）パーチェス法が適用され（企業結合会計基準17項参照）、持分の結合と同じような共同支配企業の形成の場合は簿価処理が適用される（企業結合会計基準17項・38項・41項・43項・113項）。

第3 吸収合併の場合ののれんの計上

のれんとは、受入財産と対価との間に評価の差が生じた場合、株主資本に影響しない取引の差額として貸借対照表に計上される差額調整勘定であって、貸借対照表をバランスさせるものである。

A　対価時価（株式及び株式以外の現金等）
B　受入時価株主資本額（受入時価純資産額）
C　対価簿価（株式以外の現金等）
D　簿価株主資本額（受入簿価純資産額）

		のれんの金額の算定
パーチェス法による場合		A－B
共通支配下取引	親子・子孫以外	C－D
	親子・子孫	親会社部分	－（対価は交付されない）
		少数株主部分	A－B（少数株主部分に対応するA及びB）
		中間子会社部分	C－D（中間子会社部分に対応

				するC及びD)	
共同支配企業形成・逆取得				C－D	

(1) 正ののれん

　取得原価つまり対価が、受入財産として取得した資産及び引き受けた負債に配分（受入資産及び負債の評価を行うということである。）された純額を上回る場合には、その超過額が「のれん」として無形固定資産に計上され（企業結合会計基準31項、会社計算規則106条3項3号リ）、正ののれんは、引き継ぐ資産額に加算される。

　正ののれんは、承継資産計上されるが、のれんの50％相当額は営業権であると考えて分配可能額から2分の1は控除される（会社計算規則158条1号）。

　のれんは、20年以内のその効果の及ぶ期間にわたって、定額法その他の合理的な方法により規則的に償却する。ただし、のれんの金額に重要性が乏しい場合には、当該のれんが生じた事業年度の費用として処理することができる。

(2) 負ののれん

　取得原価つまり対価が、受入財産として取得した資産及び引き受けた負債に配分された純額を下回る場合には、その不足額が「負ののれん」となるが、貸借対照表上の負債として計上することはできないとされ（企業結合会計基準33項、国際会計基準においては負ののれんは、負債としての要件を満たしていないと考えられていることから、会社計算規則においても同様の改正（旧30条～35条の廃止等）がされている。）、特別利益として損益計算書の負債として計上することとされ（企業結合会計基準48項、適用指針78項）、期末に貸借対照表にその他利益剰余金として計上される。したがって、会社計算規則11条の「適正なのれんを資産又は負債として計上することができる」旨の規定は、「負債として計上できる負ののれんは、常に零である」と解釈されることになる（大野ほか「改正法務省令の解説」登記インターネット11巻5号10頁）と説明されているが、立案担当者の解説がなければ理解できないところである。関連して、貸借対照表上の負ののれん（会社計算規則74条3項3号リ、75

条2項2号ホ）は、ゼロということになる。

(3) 対価がすべて株式の場合

対価がすべて株式の場合、株式の時価を算定する場合であれば株式評価額と受入時価純資産額との間に差額が生じるが（親子合併の場合の少数株主部分を含む。）、簿価引継ぎの場合には、受入純資産である簿価株主資本額を基準に株式対価額である株主資本変動額を算定するため、差額が発生する余地はない。

第4 取得の場合の会計処理

「取得」と判断された企業結合についてはパーチェス法による処理が行われる。パーチェス法とは、結合当事企業のうち、支配を獲得する「取得企業」を決定し、取得企業の取得原価については支払対価の時価にて算定するとともに、取得企業の資産・負債及び株主資本については簿価を引き継ぎ、被取得企業の資産・負債については時価により計上する会計処理方法をいう。吸収合併についていえば、吸収合併存続会社が承継する財産を時価で受け入れる方法が適用される取得の場合である（会社計算規則35条1項1号）。取得原価は支払対価の時価にて算定し、被取得企業の移転される資産・負債について時価にて計上する。取得企業側の資産は適正な帳簿価額を引き継ぐため、時価評価された資産・負債と取得原価の関係でのれん（又は負ののれん）が生じうる。

1 取得企業の決定

会計処理上の取得は、独立企業間における吸収合併においては、一般的に吸収合併存続会社が移転する事業の支配取得（会社計算規則2条3項31号）を獲得することから、吸収合併存続会社を取得企業とすることになる。

適用指針における「共同支配企業の形成」の判定（企業結合会計基準37項、適用指針175項）により、①対価要件としての対価のすべてが議決権のある株式であることを満たさないことにより取得と判定された場合は、おもな

対価としての現金等を支出した企業を取得企業とし（企業結合会計基準19項）、②議決権比率が等しいことを満たさないことにより取得と判定された場合は、議決権比率が大きい企業を取得企業とし（企業結合会計基準20項）、③議決権比率以外の支配関係を示す一定の事実が存在しないことを満たさないことにより取得と判定された場合は、支配関係を示す一定の事実を有する企業を取得企業とするとされる。そのほか、相対的な規模が著しく大きい場合は、大きい当事企業を取得企業とする（企業結合会計基準21項）。

一般には、対価として株式を交付する側が取得企業とされるが（企業結合会計基準20項）、存続会社株主の議決権比率が過半数に満たないときは、消滅会社が取得企業とされ、これを逆取得と呼ぶ。逆取得は、税務上繰越欠損の利用が制限される場合があるため、逆取得は、繰越欠損を利用する目的として行われることがあるといわれている。

2 取得原価

取得原価とは、取得の対価に取得に直接要した支出額を加算して算定されるが（適用指針36項）、取得の対価（支払対価）が現金以外の株式等の交付の場合は、消滅会社の資産等とは無関係に支払対価時価で決定されるところ、非上場会社同士の場合には、支払対価株式の時価の算定が困難であることから、存続会社の支払対価となる財の時価と消滅会社から取得した対象財産（純資産）の時価のうち、より高い信頼性をもって測定可能な時価で算定することとされている（企業結合に係る会計基準意見書三3(2)①、企業結合会計基準23項）。したがって、「公開企業が株式を交付して非公開企業の純資産を取得する場合には、通常、公開企業株式の時価の方が非公開企業の純資産の時価よりも高い信頼性もって測定できるから、取得原価は公開企業株式の時価を基礎に算定されることになる」（企業結合に係る会計基準意見書三3(2)①）。

吸収合併の場合、市場価格がある株式が対価として交付される場合は、取得の対価となる財の時価は、原則として、企業結合日における株価を基礎にして算定するとされ（企業結合会計基準24項）、合理的に算定されえないときは、消滅会社の対象財産（純資産）の企業結合日における時価を基礎とした

評価額を取得対価とされる（適用指針38項(4)）。このことが、会社計算規則35条1項1号の「吸収型再編対価時価又は吸収型再編対象財産の時価」を意味していると考えられる。

3 取得と判定された場合ののれん

> 被取得企業から受け入れる資産及び負債の取得原価（C）（対価として交付する株式及び現金等の時価）－受け入れた認識可能な資産（A）及び負債（B）に配分された取得原価の配分額＝のれん

C－（A－B）＝差額（プラスなら正ののれん、マイナスなら負ののれん）

(1) のれん

取得と判定されパーチェス法を適用する場合には、対象財産の全部の取得原価を合併支払対価の時価をもって測定し、受入資産・負債については識別可能なものに取得原価を配分し時価評価することとなる（企業結合会計基準28項）。存続会社側の資産は適正な帳簿価額を引き継ぐため、時価評価された資産・負債と取得原価との間に差額が生じる。したがって、合併対価（無対価のときはゼロ）と資産・負債への取得原価の配分額の合計額（わかりやすくいうと受入時価純資産額）との差額をのれんとして計上する（会社計算規則11条、企業結合会計基準31項、適用指針51項）。合併対価の時価より、受入純資産額が小さければ資産としてののれん、純資産額が大きければ負ののれんとして計上される。

(2) 支払対価に加算されるもの

① 存続会社が合併直前に保有していた消滅会社の株式である抱合せ株式については、先行取得分として、のれんの計算上の段階で合併対価として考慮されるとされていた（会社計算規則旧12条2項1号参照）が、言い換えると合併対価に含めて計算するということである（適用指針46項）が、被合併会社は合併により消滅することから、この抱合せ株式は合併により消滅するとともに、存続会社の資産からも減額される。この意味で、存続会社の資産から流出する対価のようなものと考えるとわかりやすい。

抱合せ株式を保有しているということは、合併により、抱合せ株式を先

行して取得し、合併時に消滅会社の他の株式を取得（会計上追加取得といっている。）することとなり、この複数の取引により合併が達成されるものとしている。したがって、取得の対価は、個々の取引ごとに取得の対価となる財の時価を算定し、それらを合算したものとされる（企業結合に係る会計基準意見書三2(2)②）ことから、抱合せ株式の帳簿価額は取得時の時価であるため、取得の対価は、合併時に交付する株式の時価と抱合せ株式の帳簿価額の合算額となるということである。

② 吸収合併消滅会社の新株予約権者に交付して、存続会社の新株予約権又は現金を交付した場合は、取得に直接要した費用に準じて取得原価に含めるとされている（適用指針50項(2)、会社計算規則旧12条2項2号参照）。

③ 取得に直接要した費用（合併費用）も合併対価に加算したうえで、のれんを算定する（適用指針48項、会社計算規則旧12条2項3号参照）。

④ 吸収合併消滅会社の株主に対して、存続会社の新株予約権を交付したときは、取得の対価として処理する（適用指針50項(1)、会社計算規則旧12条2項3号参照）とされているが、合併対価としての株式以外の財物として含まれている。

⑤ なお、対価自己株式は、株主資本変動額の算定においては控除されるが、のれんの算定上は考慮しない。

(3) 非上場会社同士の合併の場合

非上場会社同士の合併で、消滅会社から取得した識別可能な資産等（対象財産）の時価を基礎として「支払対価」を算定した場合（適用指針38項(4)）には、取得原価と取得原価の配分額は同額となる場合がありその場合にはのれんは発生しない。

> 旧会社計算規則
> （時価で評価する場合におけるのれんの計上）
> 旧第12条　吸収型再編対象財産の全部の取得原価を吸収型再編対価の時価その他当該吸収型再編対象財産の時価を適切に算定する方法をもって測定することとすべき場合には、吸収合併存続会社は、吸収合併に際して、資産又は負債としてののれんを計上することができる。
> 2　前項の規定により計上するのれんの額を算定する場合において、次の各号に掲げるときは、当該各号に定めるものをも吸収型再編対価として考慮するものとする。
> 　一　吸収合併存続会社が吸収合併の直前に吸収合併消滅会社の株式を有しているとき　当該株式
> 　二　吸収合併の直前に吸収合併消滅会社が新株予約権を発行しているとき　当該新株予約権の新株予約権者に対して交付する財産
> 　三　吸収合併に係る費用があるとき　当該費用のうち吸収型再編対価として考慮すべきもの

　取得の場合の正ののれんは、承継する資産に含めて算定するため存続会社の企業結合後の貸借対照表上の資産に計上されるため、簡易手続の認められない要件である「差損が生じる場合」の計算上の承継資産額に含まれる。これに対して、払込資本の算定においては、支払対価の時価を取得原価として株主資本変動額とし、その範囲で増加する資本金の額等を定めるため、正ののれんは計算上影響しないが、合併後の貸借対照表上の資産にのれんとして計上されることになる。

　たとえば、A社とB社が合併し、A社が存続会社となり、A社が取得企業B社が被取得企業とされた場合、次の前提条件を例にとる。

　交付株式100株（＠6とすると時価600）、そのうち自己株式10株（帳簿価額70）とすると、新株の時価は540、自己株式10株（帳簿価額70）であるから、合併直前のB社の貸借対照表及び合併直後のA社の個別財務諸表上の会計処理は次のようになる。

第3章　企業結合と会計処理

時価処理の場合ののれん

（正の）のれん

取得資産A （時価） 　　　　100	取得負債B （時価） 　　　　40	
↑　　↑ (60)　取 原　　得 価 の　　配 　　　分 ↓　　↓	支払対価時 価C　　70 株式　　20 現金等　50	払込資本 　　　20 現金等　50
正ののれん 10 （資産に計上）		

負ののれん

取得資産A （時価） 　　　　100	取得負債B （時価） 　　　　40	
↑　　↑ (60)　取 原　　得 価 の　　配 　　　分 ↓　　↓	支払対価時 価D　　50 株式　　20 現金等　30	払込資本 　　　20 現金等　30
	負ののれん 　　10（利益に計上）	

C（70）＞A－B（60）　正ののれん
D（50）＜A－B（60）　負ののれん

4　株主資本変動額

(1)　取得の場合の原則

　取得の場合（会社計算規則上「支配取得」という用語が用いられている。）の株主資本変動額（株式会社と株式会社の合併の場合であるので、株主資本等変動額ではなく株主資本変動額という。）とは、対価としての株式に係る支払対価（取得原価から合併費用を控除したものであるから、合併費用がなければ取得原価と同義となる。）時価である株主資本変動額から対価として処分する自己株式の帳簿価額を減じた額をいい、当該額がゼロ以上のときはその範囲内で増加資本金等が定められる。合併対価に株式が含まれないときは、吸収合併の直接の効果として株主資本の部に変動は生じない。

　この株主資本変動額がゼロ以上のときは、その範囲内で合併契約に定めた額が増加資本金等の額とされるので（会社計算規則35条2項）、資本金の額をゼロとすることも可能である。資本準備金の額は、株主資本変動額がゼロ以上のときは、その範囲内で合併契約に定めた額とされ（会社計算規則35条2

項)、その他資本剰余金の額は、株主資本変動額−「増加する資本金及び資本準備金の合計額」となる。

　パーチェス法を適用すべき場合は、利益準備金及びその他利益剰余金には変動は生じない(会社計算規則35条2項)。パーチェス法を適用すべき場合は、かりに債務超過の消滅会社を合併する場合であっても、合併対価がゼロ未満になることはないことから、会社計算規則35条2項ただし書にいう「その余の額をその他利益剰余金から減額する」旨の規定は、共通支配下の合併の場合に該当する。

> 会社計算規則
> (吸収型再編対価の全部又は一部が吸収合併存続会社の株式(又は持分)である場合における吸収合併存続会社の株主資本(等)の変動額)
> 第35条　吸収型再編対価の全部又は一部が吸収合併存続会社の株式である場合には、吸収合併存続会社において変動する株主資本の総額(株主資本変動額)は、次の各号に掲げる場合の区分に応じ、当該各号に定める方法に従い定まる額とする。
> 　一　当該吸収合併が支配取得に該当する場合(吸収合併消滅会社による支配取得に該当する場合を除く。)　吸収型再編対価時価又は吸収型再編対象財産の時価を基礎として算定する方法
> 　二　三　(略)
> 2　前項の場合には、吸収合併存続会社の資本金及び資本剰余金の増加額は、株主資本変動額の範囲内で、吸収合併存続会社が吸収合併契約の定めに従いそれぞれ定めた額とし、利益剰余金の額は変動しないものとする。
> 　ただし、株主資本変動額が零未満の場合には、当該株主資本変動額のうち、対価自己株式の処分により差損の額をその他資本剰余金の減少額とし、その余の額をその他利益剰余金の減少額とし、資本金、資本準備金及び利益準備金の額は変動しないものとする。

(注1)　本条は、吸収合併当事会社が持分会社の場合もあわせた規定であるが、本書掲載の参考条文として、みやすくするため持分会社に関する部分を除外している(以下の参照条文も同様である。)。
(注2)　株主資本(会社計算規則2条3項30号)とは、存続会社において、吸収合併により変動する貸借対照表上の株主資本に係る項目(会社計算規則76条2項)のうち、自己株式(会社計算規則76条2項5号)を除いた資本金、資本剰余金及び利益剰余金の総体を指す概念とされている。
(注3)　本条1項カッコ書の「吸収合併消滅による支配取得に該当する場合を除く」とは、企業結合会計基準等でいう「逆取得」に該当する場合を除くという意味である。

(注4)　本条1項1号の「吸収型再編対価時価又は吸収型再編対象財産の時価を基礎として算定する方法」とは、企業結合会計基準等におけるパーチェス法（時価処理）を意味するものであるが（企業結合会計基準17項）、対価株式が合理的に算定されえないときは、消滅会社の対象財産（純資産）の企業結合日における時価を基礎とした評価額を取得対価とされる（適用指針38項(4)）という意味である。
　　　　　また、基礎として算定する方法とは、対価株式に自己株式の処分が含まれているときは、その帳簿価額を株主資本変動額の算定上、前提として当然に控除されるという企業会計上の処理（企業結合会計基準80項）がされるため、会社計算規則では特に規定せず、「このような会計上必要となるさまざまな調整を含むものとして解釈されるべきものである」（立案者の解説）とされている。
(注5)　本条2項但書中、「その余の額をその他利益剰余金の減少額とし」は、時価処理の場合は対価時価をもって株主資本変動額を算定するため、消滅会社が債務超過であっても、自己株式処分による場合以外に差損が生じることはない。

(2) 対価として吸収合併存続会社の自己株式を交付した場合

　対価として吸収合併存続会社の自己株式を交付した場合には、会計処理上、株主資本変動額は、「支払対価から対価自己株式の帳簿価額を控除し、当該額を払込資本の増加とする」とされており（適用指針80項）、それは、会計処理上当然に行われることから、改正会社計算規則35条には対価自己株式の帳簿価額を控除する旨は明記されていないが、当該額を改正会社計算規則上の株主資本変動額とされ、旧会社計算規則上の株主払込資本変動額と同義である。会社計算規則35条1項1号が、対価株式の時価又は対象財産の時価を「基礎として算定する方法」といっているのは、上記のような会計処理上の自己株式の帳簿価額は当然控除されるということをふまえた表現とされている。

　自己株式の帳簿価額が多大であることにより自己株式の帳簿価額を控除した株主資本変動額がマイナスの場合には、「増加資本金及び増加資本準備金の合計額」そのものがゼロとなるから、当該マイナスの絶対値である対価自己株式処分差損相当分だけ、その他資本剰余金の減少として会計処理がされる（会社計算規則35条2項ただし書）。会社計算規則35条2項ただし書「その余はその他利益剰余金の減額とする」旨規定され、「その余の部分とは消滅会社が債務超過であることに起因する部分がこれに相当する」と説明されているが（大野ほか「改正法務省令の解説」登記インターネット113号16頁）、取得の場合は対価時価をもって株主資本変動額を算定するため、消滅会社が債務

超過か否かという消滅会社の簿価株主資本額を考慮しないので、当該規定は簿価処理の場合に該当するものと考えられる。

なお、対価株式がすべて自己株式であっても、その帳簿価額が株式時価を下回っていれば、その差額が株主資本変動額とされるから、その範囲で資本金の額が増加することはあり得る。なぜなら、募集株式の場合には、資本金等増加限度額は基本的に払込金に株式発行割合を乗じた額であり（会社計算規則14条）、すべてが自己株式であれば資本金等増加限度額はゼロということになるが、組織再編では、債権者保護手続を経るため減資やその他資本剰余金の資本組入れを含んだ包括的行為であるからである。

(3) 抱合せ株式

存続会社が合併前に消滅会社の株式を先行取得している場合があるが（いわゆる抱合せ株式）、この抱合せ株式には合併対価は割り当てられず、合併に際して消滅し（会社法749条1項3号）、存続会社の貸借対照表上の資産の部に有価証券として計上されていた子会社株式は消滅する。このことから、抱合せ株式の帳簿価額は先行して対価を支払ったものとして取得対価に加算される（企業結合会計基準25項(1)、適用指針46項、会社計算規則旧12条2項1号参照）ので、のれんの額を算定する場合には対価として考慮される（支払対価に含める）が、抱合せ株式消滅損益は認識されず、株主資本変動額の計算に影響しない。なお、この場合の加算する抱合せ株式の価額は、時価ではなく帳簿価額であり（適用指針46項）、時価との差額は、別途振り戻す会計処理がされる。

以上のことは、会計基準で明らかにされているので、会社計算規則旧12条は削除されている。同時に、合併費用（会社計算規則旧12条2項3号）及び新株予約権の帳簿価額（会社計算規則旧12条2項2号）も、会計基準で明らかにされているので（適用指針48項・50項）、会社計算規則旧12条は削除されている。

なお、合併により抱合せ株式は消滅するため、存続会社の資産の部に計上されていた抱合せ株式（消滅会社の株式としての有価証券）は、存続会社の貸借対照表上の資産の部から減額することになる。

(4) 消滅会社が自己株式を保有している場合

会社法においては、消滅会社が自己株式を保有している場合、当該株式には合併対価は割り当てられず（会社法749条1項3号）、合併に際して消滅することから、取得の場合は、消滅会社の株主資本の内訳を引き継ぐことはないので、特段の処理はない。

(5) 消滅会社が存続会社の株式を保有している場合

消滅会社が保有する存続会社の株式は、合併により存続会社が自己株式を取得することになるだけであり、存続会社の貸借対照表上の純資産の部に計上される（適用指針185項なお書）。

〈合併仕訳〉

下記の図は、仕訳のイメージであり、左を借方、右を貸方と理解すれば、仕訳を起こすことができる。

仕訳の基本

（借） 資産の増加 　　　負債の減少 　　　株主資本の減少	（貸） 負債の増加 　　　資産の減少 　　　株主資本の増加 　　　自己株式の消却

Ⅰ－① 現金等の財産のみ（株主資本に変動なし）

・支払対価（吸収型再編対価）…現金　500　　抱合せ株式　30

存続会社の個別貸借対照表

諸資産　　　　　　　　　　2500 （うち消滅会社の株式簿価30、時価40）	諸負債　　　　　　　　　　1200
	資本金　　　　　　　　　　500
	資本準備金　　　　　　　　200
	その他資本剰余金　　　　　200
	その他利益剰余金　　　　　400
合計　　　　　　　　　　　2500	合計　　　　　　　　　　　2500

消滅会社の個別貸借対照表

諸資産	1000	諸負債	600
		資本金	100
		その他資本剰余金	200
		その他利益剰余金	100
合計	1000	合計	1000

企業結合日の個別財務諸表上の会計処理（合併仕訳）

(借) 資産	1000	(貸) 負債	600
のれん（注）	130	現金	500
		消滅会社の株式	30

(注) 500（対価）＋30（抱合せ株式簿価）－400（受入純資産額）＝130

のれんの算定イメージ

資産（時価）	1000	負債（時価）	600
		消滅会社株式（抱合せ株式）	30
		現金	500
のれん	130		

合併後の存続会社の個別貸借対照表

諸資産	3100	諸負債	1800
（注）		資本金	500
		資本準備金	200
		その他資本剰余金	200
		その他利益剰余金	400
合計	3100	合計	3100

(注) 2500＋1000＋130（のれん）－30（抱合せ株式消滅分）－500（現金流出分）＝3100

Ⅰ－② 現金等の財産のみ（消滅会社が債務超過の場合、株主資本に変動なし）

・支払対価（吸収型再編対価）…現金　500　　抱合せ株式　30

存続会社の個別貸借対照表

諸資産 2500	諸負債	1200
(うち消滅会社の株式簿価30、時価40)	資本金	500
	資本準備金	200
	その他資本剰余金	200
	その他利益剰余金	400
合計 2500	合計	2500

消滅会社の個別貸借対照表

諸資産	600	諸負債	1000
		資本金	100
		その他資本剰余金	200
		その他利益剰余金	△700
合計	600	合計	600

企業結合日の個別財務諸表上の会計処理（合併仕訳）

(借) 資産	600	(貸) 負債	1000
のれん（注）	930	現金	500
		消滅会社の株式	30

（注）　500（対価）＋30（抱合せ株式簿価）－△400（受入純資産額）＝930

のれんの算定イメージ

資産（時価）	600	負債（時価）	1000
のれん	930	消滅会社株式（抱合せ株式）	30
		現金	500

合併後の存続会社の個別貸借対照表

諸資産	3500	諸負債	2200
（注）		資本金	500
		資本準備金	200
		その他資本剰余金	200
		その他利益剰余金	400
合計	3500	合計	3500

（注）　2500＋600＋930（のれん）－30（抱合せ株式消滅分）－500（現金流出分）＝3500

Ⅱ 存続会社の株式のみ

・支払対価…株式時価 500（新株80株×@5、自己株式20株×@5）（うち対価自己株式20株の帳簿価額40）　抱合せ株式 30（帳簿価額）

存続会社の個別貸借対照表

諸資産	2500	諸負債	1200
（うち消滅会社の株式帳簿価額30、時価40）		資本金	500
		資本準備金	200
		その他資本剰余金	200
		その他利益剰余金	440
		自己株式	△40
合計	2500	合計	2500

消滅会社の個別貸借対照表

諸資産	1000	諸負債	600
		資本金	100
		その他資本剰余金	200
		その他利益剰余金	100
合計	1000	合計	1000

企業結合日の個別財務諸表上の会計処理（合併仕訳）

(借方)		(貸方)	
諸資産	1000	諸負債	600
のれん	130	消滅会社の株式	30
（注1）		自己株式	40
		資本金（注2）	100
		資本準備金（注2）	100
		その他資本準備金（注2）	260

（注1）　500（対価株式）＋30（抱合せ株式帳簿価額）－（1000－600）＝130
（注2）　株主資本変動額のうち合併契約で定めた額。

企業結合日の個別財務諸表上の会計処理

(借方)		(貸方)	
その他有価証券評価差額	10	消滅会社の株式	10

（注）　抱合せ株式の時価40と帳簿価額30との差額について、振り戻す会計処理をする。合併後の存続会社の資産からは、30を減額する。

第3章　企業結合と会計処理　195

のれんの算定イメージ

資産（時価）	1000	負債（時価）	600
		株主資本変動額（注）	460
のれん	130		
		自己株式	40
		消滅会社株式（抱合せ株式）	30

（注）　株主資本変動額＝500（対価株式時価）－40（対価自己株式簿価）

合併後の存続会社の個別貸借対照表

諸資産（注）	3600	諸負債	1800
		資本金	600
		資本準備金	300
		その他資本剰余金	460
		その他利益剰余金	440
合計	3600	合計	3600

（注）　2500＋1000＋130－30＝3600
　　　抱合せ株式は合併により消滅するので、合併後の存続会社の資産から控除。
　　　資産としてののれんは存続会社の資産の部に計上。

Ⅲ　存続会社の株式併用

・支払対価…現金　200　　株式時価　500（100株×＠5）（うち対価自己株式10株の帳簿価額40）　　抱合せ株式　30（帳簿価額）

・消滅会社の有価証券に評価差額がある…時価170（帳簿価額150、その他有価証券評価差額金20）

存続会社の個別貸借対照表

諸資産	2500	諸負債	1200
（うち消滅会社の株式30）		資本金	500
		資本準備金	200
		その他資本剰余金	200
		その他利益剰余金	440
		自己株式	△40
合計	2500	合計	2500

消滅会社の個別貸借対照表

諸資産	850	諸負債		600
有価証券	150	資本金		100
（帳簿価額	170）	その他資本剰余金		200
		その他利益剰余金		100
		その他有価証券評価差額金		△20
合計	1000	合計		1000

企業結合日の個別財務諸表上の会計処理（合併仕訳）

（借方）		（貸方）	
諸資産	850	諸負債	600
有価証券	150	現金	200
のれん（注1）	330	自己株式	40
		抱合せ株式	30
		株主資本変動額	460
		（資本金（注2）	460）

（注1） 700（対価株式）＋30（抱合せ株式帳簿価額）－（1000－600）＝330
（注2） 株主資本変動額のうち合併契約で定めた額。

のれん算定イメージ

資産（時価）	1000	負債（時価）	600
		株主資本変動額（注）	460
		自己株式	40
のれん	330	消滅会社株式（抱合せ株式）	30
		現金	200

（注） 処分する自己株式の帳簿価額が40の場合は、対価株式時価500－自己株式の帳簿価額40＝460が株主資本変動額となり、この範囲で資本等を決定。

　資産としての正ののれんは、消滅会社からの承継資産として貸借対照表上に計上されるが、株主資本変動額の算定は支払対価時価をもってするため、のれんを株主資本変動額の算定上考慮することはない。
　なお、処分する自己株式の帳簿価額が対価株式の時価より大きい場合、たとえば処分する自己株式の帳簿価額が520の場合は、吸収合併存続会社の株式の時価500－自己株式の帳簿価額520＝△20が株主資本変動額となり、この場合、ゼロとし、資本剰余金のマイナス20となる。

合併後の存続会社の個別貸借対照表

諸資産	3600	諸負債	1800
（うち有価証券	150）	資本金	960
		資本準備金	200
		その他資本剰余金	200
		その他利益剰余金	440
合計	3600	合計	3600

	取　得	一般的共通支配下
抱合せ株式 （先行取得分）	・合併対価は割り当てられず、消滅する。 ・のれんの算定上、支払対価に加算されるが、抱合せ株式消滅損益は認識されない（指針46）。 ・株主資本変動額の算定上は、先行取得分であるので、支払対価に加算しない（指針46）。	株主資本変動額から控除する（指針247項(3)①）、抱合せ株式の帳簿価額が多大で、当該差額がマイナスのときはその他利益剰余金の減額（指針247項(3)①カッコ書）。なお、対価の全部が株式で株主資本の内訳を引き継ぐとしたときの抱合せ株式の帳簿価額はその他資本剰余金の減額（指針247項(3)②、計算規則36条1項但書）
対価自己株式処分差損益	対価時価から控除（指針80）。マイナスなら、その他資本剰余金の減額（計算規則35条2項但書）	簿価株主資本額から控除（指針247・186(1)）。マイナスなら、その他資本剰余金の減額（計算規則35条2項但書）
消滅会社の自己株式	合併対価は割り当てられず、承継する財産には含まれないため、特段の処理はない	適正な帳簿価額で引き継ぐ
債務超過差損	・対価に株式がある場合の株主資本変動額は支払対価で算定するため、消滅会社が債務超過であることは影響しない。 　取得の場合、合併対価がゼロ以下となることはないから、消滅会社の債務超過に起因して株主資本変動額がマイナスになることはない。	・対価に株式がある場合の株主資本変動額は簿価株主資本額により算定するから、払込資本をゼロとし、対価簿価と同額を正ののれんとする（指針251(2)②） 　債務超過に起因して株主資本変動額がマイナスとなる部分はその他利益剰余金の減額

		支払対価と株主資本額との差額はのれんとして計上される。	（計算規則35条2項但書、指針251(2)②） ・対価に株式がない場合（無対価も含む）は簿価株主資本額のマイナス部分が正ののれんとなり、承継資産に含まれる。
のれん		・取得原価と取得原価の配分額との差額（指針30） 　正ののれんは、消滅会社からの承継資産に含まれ、存続会社の貸借対照表上の資産として計上されるため、株主資本変動額の算定上は影響しないものの、簡易手続の障害事由の1つである差損が生じる場合（会社法795条2項）の承継資産額には加算される。	対価簿価が簿価株主資本額を上回る場合は、株主資本はゼロとしその差額（マイナスの絶対値）は正ののれんとされ、対価簿価が簿価株主資本額を下回る場合は、その差額を払込資本とする。簿価株主資本額がマイナス（債務超過）のときは、株主資本はゼロとし、対価簿価と同額を正ののれんとし（指針251項(2)②）、マイナスの絶対値を存続会社のその他利益剰余金の減額とする（規則35条2項但書、指針251(2)②）。

第5　共通支配下の取引の場合（会社計算規則35条1項2号）

1　総　論

　共通支配下の取引とは、共通支配下関係（2以上の者が同一の者に支配されている場合又は2以上の者のうちの1の者が他のすべてを支配している場合における当該2以上の者に係る関係をいう（会社計算規則2条3項32号））にある企業間の企業結合をいい、企業結合の前後で同一の企業により支配され、かつ、その支配が一時的でない場合の企業結合をいう（企業結合に係る会計基準意見書二10）。具体的には、親会社の支配下にある子会社同士、親子会社

間、子孫会社間等の企業結合であり、株主資本変動額は、消滅会社から承継する対象財産（会社計算規則２条３項35号イ）の簿価を基礎として算定する方法により、交付する株式（自己株式部分は除く。）に対応する対象財産である消滅会社の資産及び負債の簿価によって算定され（少数株主との取引に関する部分及び消滅会社の自己株式部分は時価により）、その範囲で合併契約に従って、存続会社の「資本金、資本準備金、その他資本剰余金」の増加額が定まる。ただし、利益剰余金（利益準備金、その他利益剰余金）は変動しないが、株主資本変動額がゼロ未満の場合には、対価自己株式の処分により生ずる差損の額はその他資本剰余金の減少額とし、その余の額に関する部分（消滅会社が簿価債務超過であることに起因する部分が相当する。）はその他利益剰余金の減少額とし、資本金、資本準備金、利益準備金の額は変動しない。

2　一般的な共通支配下取引の場合ののれんの算定

簿価処理の場合ののれんの算定式

> 株式以外の対価の帳簿価額－（簿価株主資本額－抱合せ株式の帳簿価額）
> 　＝株式以外の対価の帳簿価額＋抱合せ株式の帳簿価額－簿価株主資本額
> 　　＞０　　正ののれん
> 　　＜０　　負ののれん

（注）　のれんの計算上、簿価株主資本額から抱合せ株式帳簿額を控除するとは明記されていない（旧会社計算規則13条１項参照）。

> 適用指針448
> ……共通支配下の取引ののれん（又は負ののれん）は、受け入れた資産及び負債の移転元の適正な帳簿価額と、対価として交付した現金等の財産の適正な帳簿価額の差額として算定される。
> 適用指針247(3)
> 　吸収合併消滅会社の株主資本の額から当該抱合せ株式の適正な帳簿価額を控除した額を払込資本の増加として処理する。

（注）　適用指針では、のれんの計算上、直接、簿価株主資本額から抱合せ株式の帳簿価額を控除するといってはいないが、取得の場合の支払対価に抱合せ株式の帳簿価額を加算するという趣旨と同様に、旧会社計算規則13条の趣旨からも、のれんの計算上も簿価株主資本額から抱合せ株式の帳簿価額を控除するということになる。

旧会社計算規則
（共通支配下関係にある場合におけるのれんの計上）
旧第13条　吸収合併存続会社と吸収合併消滅会社が共通支配下関係にあるものとして計算すべき場合（親子、子孫、59の規定を適用する場合を除く。）において、次の各号に掲げるときは、吸収合併存続会社は、吸収合併に際して、当該各号に定めるのれんを計上することができる。ただし、吸収型再編対価の一部が吸収合併存続会社の株式である場合には、第1号に定めるのれんは、吸収型再編対価簿価を超えて計上することはできない。
一　イに掲げる額がロに掲げる額未満である場合（対価の全部又は一部が吸収合併存続会社の株式である場合を除く。）　その差額に対応する部分についての資産としてののれん
　　イ　(1)に掲げる額から(2)掲げる額を減じて得た額
　　　(1)　吸収型再編簿価株主資本額
　　　(2)　吸収合併の直前に吸収合併存続会社が有する吸収合併消滅会社の株式の帳簿価額
　　ロ　吸収型再編対価簿価
二　前号イに掲げる額が同号ロに掲げる額以上である場合（対価の全部が吸収合併存続会社の株式である場合を除く。）　その差額に対応する部分についての負債としてののれん
2　前項の場合には、同項の規定により計上するのれんの額は、吸収型再編簿価株主資本額には、算入しない。

簿価処理の場合ののれん

① 対価に株式がない場合

（正の）のれん

資産A　100	負債B	40
↑	現金等（対価簿価）	70
(60)		
↓		
正ののれん 10		

負ののれん

資産A　100	負債B	40
↑	現金等C	50
(60)		
↓	負ののれん	10

C＜A－B　負ののれん

② 対価に株式がなく消滅会社が債務超過の場合
正ののれん

資産A　40	負債B　　　　　　100
↑ (60) (70) ↓ 正ののれん 130	現金等（対価簿価）　70

③ 対価に株式がある場合
正ののれん

資産A　100	負債B　　　　　　40		
↑ (60) ↓ 正ののれん 10	対価 90	現金等 C　70	現金等 （対価 簿価） 70
		株式 20	

資産A　100	負債B　　　　　　40	
↑ (60) ↓	対価　　50 株式　　20 現金等C 　　　　30	払込資本 　　　　30 現金等　30

C＜A－B　株主資本で調整されるので、負ののれんは計上されない

C＞A－B　正ののれん（資産に計上）
　株主資本変動額＝簿価株主資本額（A－B）＋正ののれん－対価簿価
　　　　　　　　＝（A－B）＋｛C－（A－B）｝－C＝ゼロ

（注）　対価に株式がある場合において、対価全体が簿価株主資本額より大きくても小さくても、対価簿価が簿価株主資本額より小さいときは、簿価株主資本額－対価簿価が株主資本変動額となるので、負ののれんは計上されないということになる。つまり、対価としての株式がいくらであろうと、株主資本変動額は簿価株主資本額－対価簿価の差額である。

対価全体が簿価株主資本額より大きいが、対価簿価が簿価株主資本額より小さいとき

資産A 100	負債B			40
↑	対価	70	払込資本	10
	株式	20	現金等	50
(60)	現金等C	50		
↓				

④ 対価に株式があり消滅会社が債務超過の場合
正ののれん

資産A 40	負債B 100
(60)	
↑	現金等（対価簿価） 70
(70)	
↓	
正ののれん 70	

(1) 対価の全部が株式のとき

　対価の全部が株式のときは、受入簿価純資産額そのものが受入簿価株主資本額として株主資本変動額となる、つまり簿価株主資本額の全部が株主資本に計上されるため（適用指針247項(2)、185項(1)①)、その株主資本計上額と受入簿価株主資本額との間に差額が生じないため、のれんを計上できない（会社計算規則旧13条1項1号カッコ書参照）。

> 適用指針185(1) 1　原則的な会計処理
> 　吸収合併存続会社は吸収合併消滅会社の合併期日の前日の適正な帳簿価額による株主資本の額を払込資本（資本金又は資本剰余金）として会計処理する。

(2) 合併対価の一部が株式のとき
① 対価簿価が簿価株主資本額より大きい場合

　資産としてのれんを計上できるのは、受入簿価株主資本額（抱合せ株式は合併により消滅し、対価は割り当てられないため、その帳簿価額は控除される。適用指針448項（共通支配下の取引）、247項(3)）が、対価簿価（株式以外の額）より小さい場合である（会社計算規則旧13条1項参照）。

　合併対価が株式併用であれば、受入簿価株主資本額（抱合せ株式帳簿価額控除）が対価簿価（株式以外の額）未満のとき（言い換えると、簿価株主資本額から対価簿価を控除した額がマイナスのとき）は、払込資本をゼロとし、その差額に対応する部分について資産としてののれんとして計上する（適用指針251項(2)①後段、会社計算規則旧13条1項1号参照）。対価簿価を控除した額がマイナスのときのその絶対値を資産としてののれんとするというのであるから、簿価株主資本額がプラスのときの資産としてののれんは対価簿価を超えて計上できないのは当然である。対価に株式がある場合において、簿価株主資本額がマイナスのときは対価簿価と同額をのれんとするとされており（適用指針251項(2)①後段）、会社計算規則旧13条1項柱書但書の「のれんは対価簿価を超えて計上できない」は、適用指針251項(2)①後段の規定をふまえて両者の場合に妥当するよう（簿価株主資本額がプラスの場合なら当然のことであり、マイナスの場合には対価簿価を超えない。）にいっているにすぎない。

　たとえば、受入簿価株主資本額100、抱合せ株式帳簿価額60、対価70（株式簿価20、対価簿価（現金）50）とすると、「100－60＝40」が対価簿価（現金）50未満であるから、10について正ののれんとして計上でき、株主資本変動額は、100＋10－50－60＝0となる。

　消滅会社の株主資本の額がマイナスの場合（債務超過）には、対価簿価と同額を正ののれんに計上することとされているため（適用指針251項(2)②）、正ののれんは対価簿価を超えて計上できないことを意味する（会社計算規則旧13条1項ただし書参照）。

　なお、のれんは、株主資本変動額の算定上承継資産に含まれる。

> 適用指針247(3)　抱合せ株式の会計処理
> 　吸収合併存続会社である子会社が吸収合併消滅会社である子会社の株式（関連会社株式又はその他有価証券）を保有している場合で、新株を発行したときの吸収合併存続会社の増加すべき株主資本の会計処理は、次のいずれかの方法による。
> ①　吸収合併消滅会社の株主資本の額から当該抱合せ株式の適正な帳簿価額を控除した額を払込資本の増加（当該額がマイナスの場合にはその他利益剰余金の減少）として処理する。
> ②　吸収合併消滅会社の株主資本を引き継いだ上で、当該抱合せ株式の適正な帳簿価額をその他資本剰余金から控除する。

(注)　のれんの計算上、簿価株主資本額から抱合せ株式帳簿額を控除するとは明記さていない（旧会社計算規則13条1項参照）。

②　対価簿価が簿価株主資本額より小さい場合

　これに対して、受入簿価株主資本額（抱合せ株式帳簿額控除）が対価簿価（株式以外の額）の額以上のとき（言い換えると、簿価株主資本額から対価簿価を控除した額がプラスのとき）は、差額は払込資本とされ（適用指針251項(2)①前段）、つまり対価簿価を超える部分は株主資本で調整されるため、その差額に対応する部分を負債としてのれんとしては計上できないこととなる（会社計算規則旧13条1項2号カッコ書参照）。

(3)　合併対価の全部が株式以外のとき

　対価に株式がないということは、消滅会社の株主を断ち切るということで、投資が清算されることを意味し、のれんとして埋め合わせることになる。

　合併対価として株式が含まれないときは、受入簿価株主資本が株主資本変動額として計上されることはないということであり、受入簿価株主資本額（抱合せ株式控除）と対価簿価との差額が生じたらのれんとして計上するしかないことを意味する。

　受入簿価株主資本額（抱合せ株式帳簿価額控除）が対価簿価未満であれば、その差額（債務超過部分の絶対値と対価簿価の合計額）は正ののれんとして計上でき（適用指針243項(1)、448項(3)、会社計算規則旧13条1項1号参照）、受入簿価株主資本額がマイナスの場合（消滅会社が債務超過）であっても、

その差額は正ののれんとして計上できる。

受入簿価株主資本額（抱合せ株式帳簿価額控除）が対価簿価以上であれば、その差額（債務超過部分の絶対値と対価簿価の合計額）は負ののれんとして計上できる（会社計算規則旧13条1項2号参照）。したがって、対価が交付されない場合でも、対価簿価がゼロとなるため、受入簿価株主資本額（抱合せ株式控除）がマイナスなら正ののれん、プラスなら負ののれんを計上できる（適用指針243項(1)・448項(3)）。

(4) 共通支配下関係にある会社間の吸収合併における抱合せ株式の会計処理

存続会社が消滅会社の株式を保有している場合で、新株を発行したときは、消滅会社の株主資本の額から抱合せ株式の帳簿価額に相当する額を控除したうえで、のれんの額・資本金等の変動額を算定することとしている（適用指針247項(3)）。したがって、抱合せ株式の帳簿価額に相当する額は、のれんの算定との関係では、資産としての正ののれんの額を増加（もしくは負ののれんの減少）させ、資本金等の変動額の算定との関係では、これを減少させるものとして取り扱われることになる（細川ほか「会社計算規則等の改正について」民事法情報244号4頁）。

「簿価株主資本額－抱合せ株式の帳簿価額」＝A、対価簿価＝Bとすると、A－B＜0の場合は正ののれん、A－B≧0の場合は負ののれんを計上する。

親・子会社間合併の場合は、抱合せ株式は子会社に対する支配権の持分であって、兄弟合併のような先行取得という意味合いはないことから、親会社の保有する抱合せ株式である親会社持分相当額に対応する子会社から受け入れる資産・負債である簿価株主資本額と抱合せ株式の帳簿価額との差額は、利益又は損失として計上されるため（適用指針206項(2)①ア）、のれんの計算上は除外される。したがって、100％子会社を吸収合併する場合は、特別損益だけの問題となる。

3　親・子会社間合併の場合ののれんの算定

　親・子会社間の合併の場合には、100％子会社でなければ、吸収合併消滅会社である子会社の株主には少数株主が存在し、少数株主の吸収合併消滅会社に対する持分に相当する部分については、対価についての時価と受入簿価との差額について、のれんを計上することができる（適用指針206項(2)①イ）。

　対価の一部が株式の場合において、中間子会社部分については、簿価株主資本額＜対価簿価のときは正ののれんは計上できるが、簿価株主資本額＞対価簿価のときの差額は株主資本で調整されるため負ののれんは計上できない。

> 適用指針206(2)①イ　少数株主持分相当額の会計処理
> 　少数株主持分相当額と、取得の対価（少数株主に交付した親会社株式の時価）（第37項から第47項）に取得に直接要した支出額（取得の対価性が認められるものに限る。）（第48項及び第49項参照）を加算した額との差額をのれん（又は負ののれん）とする。のれん（又は負ののれん）は、第72項及び第76項から第78項並びに資本連結実務指針第40項に準じて会計処理する（第448項参照）。合併により増加する親会社の株主資本の額は、払込資本とし、第79項から第82項に準じて会計処理する。

4　子・孫会社間合併の場合ののれんの算定

　子・孫会社間の合併の場合には、少数株主部分及び中間子会社等部分については、対価の一部が株式の場合、対応する簿価株主資本額と対価簿価（株式以外）との差額について資産としてののれんを計上することができ、簿価株主資本額＞対価簿価のときの差額は株主資本で調整されるため負ののれんは計上できない。対価に株式がない場合は、資産又は負債としてののれんを計上することができる（適用指針206項(4)）。

　なお、共通支配下の取引のうち、親・子会社間及び子・孫会社間の場合において、無対価となるケースは、実務的には消滅会社が債務超過である場合が想定されるとされている。

表

A＝簿価株主資本額（適用指針205項、資産－負債のことで、いわば合併期日前日の消滅会社の帳簿上の純資産額）
B＝対価時価（会社計算規則2条3項37号、対価である金銭等及び株式の時価）
C＝対価簿価（適用指針81項、合併対価財産のうち株式以外のものの帳簿価額をいう）
A－B＜0→正ののれん　　A－B＞0→負ののれん
A－C＜0→正ののれん　　A－C＞0→負ののれん

		簿価株主資本額がプラスの場合		簿価株主資本額がマイナスの場合	
		正ののれん	負ののれん	正ののれん	負ののれん
取得	全部株式	○　A＜B	○　A＞B	○　A＜B	○　A＞B
	一部株式	○　A＜B	○　A＞B	○　A＜B	○　A＞B
	株式がない場合	○　A＜B	○　A＞B	○　A＜B	○　A＞B
	無対価	×（Aがプラスの場合だから、A－B（ゼロ）＜0が成立しない）	○　A＞B	○　A＜B	×（Aがマイナスの場合だから、A－B（ゼロ）＞0が成立しない）
共通支配下	全部株式	×（注1）	×	×	×
	一部株式	○　A＜C（適用指針251項(2)①後段、448(3)②ア）（注2）	×（適用指針251項(2)①前段）（注3）	○　A＜C（適用指針251項(2)②、448(3)②により、Cと同額とされる）（注4）	×（Aがマイナスの場合だから、A－C＞0が成立しない）
	株式がない場合	○　A＜C（適用指針243項(1)）	○　A＞C（適用指針243項(1)）	○　A＜C（適用指針243項(1)）（注5）	×（Aがマイナスの場合だから、A－C＞0が成立しない）
	無対価	×（Aがプラスの場合だか	○　A＞C	○A＜C（注6）	×（Aがマイナスの場合だ

| | | ら、A－C
(ゼロ)＜0
が成立しな
い)(注6) | | から、A－C
(ゼロ)＞0
が成立しな
い) |

(注1) 受入簿価株主資本額そのものが株主資本変動額となるから、差額の発生する余地はなく、のれんは計上できない。
(注2) 対価簿価－簿価株主資本額＝正ののれん額であり、株主資本変動額の算定上、簿価株主資本額の資産に加算されるから、株主資本変動額は結局ゼロとなる。
(注3) 対価に株式が含まれる場合は、のれんではなく、株主資本で調整される。
(注4) 株式併用の場合に、簿価株主資本額のマイナス部分は、その他利益剰余金の減額（会社計算規則35条2項但書）
　　　A－C＜0のマイナスの絶対値が正ののれんとなる原則を適用すると、A＋Cの合計が正ののれんとなってしまうため、Cと同額とすることとされている。このことは、旧会社計算規則13条1項但書の「対価簿価を超えることはできない」と規定されていた意味である。
(注5) C－Aがのれんとなるところ、AがマイナスであるからAの絶対値とCの合計がのれんとなる。
(注6) 無対価のとき正ののれんが計上できるのは、消滅会社が債務超過の場合に限られる。ただし、消滅会社の簿価株主資本額がプラスの場合でも、抱合せ株式の帳簿価額が簿価株主資本額を上回るときは、正ののれんが計上される。

表

		少数株主部分(注1)		中間子会社部分		株主資本
		正ののれん	負ののれん	正ののれん	負ののれん	
親子	全部株式	○	○	×	×	35 I ②
	一部株式	○	○	○	×	35 I ②
	株式がない場合	○	○	○	○	―
	無対価(注2)	○	○	○	○	―
		少数株主部分		中間子会社部分		
		正ののれん	負ののれん	正ののれん	負ののれん	
子孫	全部株式	×	×	×	×	35 I ②
	一部株式	○	×	○	×	35 I ②
	株式がない場合	○	○	○	○	―
	無対価(注2)	○	○	○	○	―

（注1） のれんの計算上、取得原価に合併費用のみ加算される。抱合せ株式は親会社持分相当分となるため、親子の少数株主部分の取得原価に抱合せ株式分が加算されることはないのは当然である。
（注2） 無対価のとき正ののれんが計上できるのは、消滅会社が債務超過の場合に限られる。ただし、消滅会社の簿価株主資本額がプラスの場合でも、抱合せ株式の帳簿価額が簿価株主資本額を上回るときは、正ののれんが計上される。

5　株主資本変動額

(1)　親子・子孫を除く一般的な共通支配下の場合

① 原　　則

　親会社の支配下にある子会社同士、子会社が親会社を合併する場合の、いわゆる共通支配下関係（親子・子孫の場合を除く。）にある会社間で吸収合併がされる場合である。この場合には、会社計算規則35条1項2号が適用されるが、合併対価の全部が株式の場合である場合において、会社計算規則36条の規定による処理をすることと会社が定めたときは、36条の規定により、簿価処理ではなく株主資本をそのまま引き継ぐ処理が認められる（会社計算規則36条1項）。

　対価に株式があるときは、受入簿価株主資本額－対価簿価の差額が株主資本変動額となるが、まさに差額が株主資本となるから、対価である株式の数及び価額がいくらであろうと差額による。したがって、受入簿価株主資本額－対価簿価の差額がマイナスであれば、株主資本額はゼロとなる。

　合併対価に株式が含まれないときは、吸収合併の直接の効果として株主資本の部に変動は生じないので、合併対価の帳簿価額と受入簿価株主資本額との差額は、のれんで調整される。

② 自己株式を交付した場合

　合併対価に株式が含まれるときの株主資本変動額は、対価自己株式があれば企業会計基準上当然にその帳簿価額を減じた額をいい（適用指針247項(2)・186項）、当該額がゼロ以上のときはその範囲内で合併契約に定めた額が増加資本金等の額とされるので、資本金の額をゼロとすることも可能である。

　自己株式の帳簿価額が大きく、株主資本変動額がマイナスとなる場合は、「増加資本金及び増加する資本準備金の合計額」そのものがゼロとなるか

ら、当該マイナスの絶対値である自己株式処分差損相当分だけ、その他資本剰余金が減額することになり（会社計算規則35条2項但書）、資本金の額は変動しない。

　自己株式の処分差損は、自己株式の帳簿価額が大きい場合だけでなく、対価簿価が簿価株主資本額より大きいときには、対価株式の額のいかんにかかわらず資産としてののれんが計上され、この場合の株主資本変動額は、のれんの計上により結局ゼロとなり（株主資本変動額＝簿価株主資本額＋のれん（対価簿価－簿価株主資本額）－対価簿価＝ゼロ）、処分自己株式の帳簿価額だけマイナスとなり、このマイナス部分が自己株式の処分差損となる。

会社計算規則
（吸収型再編対価の全部又は一部が吸収合併存続会社の株式（又は持分）である場合における吸収合併存続会社の株主資本（等）の変動額）
第35条　吸収型再編対価の全部又は一部が吸収合併存続会社の株式である場合には、吸収合併存続会社において変動する株主資本の総額（株主資本変動額）は、次の各号に掲げる場合の区分に応じ、当該各号に定める方法に従い定まる額とする。
　一　（略）
　二　吸収合併存続会社と吸収合併消滅会社が共通支配下関係にある場合
　　　吸収型再編対象財産の直前の帳簿価額を基礎として算定する方法（前号に規定する方法によるべき部分にあっては、当該方法）
　三　前二号に掲げる場合以外の場合　前号に規定する方法
2　前項の場合には、吸収合併存続会社の資本金及び資本剰余金の増加額は、株主資本変動額の範囲内で、吸収合併存続会社が吸収合併契約の定めに従いそれぞれ定めた額とし、利益剰余金の額は変動しないものとする。
　　ただし、株主資本変動額が零未満の場合には、当該株主資本変動額のうち、対価自己株式の処分により生ずる差損の額をその他資本剰余金の減少額とし、その余の額をその他利益剰余金の減少額とし、資本金、資本準備金及び利益準備金の額は変動しないものとする。

（注1）　本条1項2号の「共通支配下関係にある場合」とは、企業結合会計基準等における「共通支配下の取引に該当する場合」を意味する。
　　　　本条1項2号の（前号に規定する方法によるべき部分にあっては、当該方法）とは、親子合併における少数株主部分について時価処理をすることを意味し、企業結合会計基準等では、共通支配下の取引と少数株主との取引とをあわせて「共通支配下の取引等」と定義している（企業結合会計基準40項）。
（注2）　「吸収型再編対象財産の直前の帳簿価額を基礎として算定する方法」とは、企業結合会計基準等において定められている「吸収合併によって受け入れる財産の消滅

会社における吸収合併直前の簿価純資産額（簿価株主資本額と同義）による簿価処理」を意味する（企業結合会計基準43項）。

> 適用指針185　増加資本の会計処理（新株を発行した場合の会計処理）
> (1)　株主資本項目の取扱い
> ①原則的な会計処理
> 　吸収合併存続会社は吸収合併消滅会社の合併期日の前日の適正な帳簿価額による株主資本の額を払込資本（資本金又は資本剰余金）として会計処理する。増加すべき払込資本の内訳項目（資本金、資本準備金又はその他資本剰余金）は、会社法の規定に基づき決定する。なお、吸収合併消滅会社の合併期日の前日の適正な帳簿価額による株主資本の額がマイナスとなる場合には、払込資本をゼロとし、その他利益剰余金のマイナスとして処理する。

③　抱合せ株式

共通支配下の取引による吸収合併について、存続会社が有する消滅会社の株式（抱合せ株式）については、対価は割り当てられず合併により消滅するため、株主資本変動額から抱合せ株式の適正な帳簿価額を控除され、当該額を払込資本の増加（当該差額がマイナスの場合には、その他利益剰余金の減額）として処理する（適用指針247項(3)①）。

なお、抱合せ株式の「その適正な帳簿価額とこれに対応する増加資本との差額は存続会社の損益とする」（企業結合会計基準42項の注10）とされており、存続会社の損益計算書に計上される。

株主資本変動額は、簿価株主資本額から抱合せ株式帳簿価額及び対価簿価の合計額を減じて得た額であり（適用指針251項(2)①・247項(3)①）、株主資本変動額の計算上、株主資本変動額がマイナスとなるときは、現金等の株式以外の対価（対価簿価）と同額をのれんとして計上し（適用指針448項(3)②イ）、存続会社の株主資本変動額をゼロとするとされている（適用指針251項(2)①なお書）。

④　株主資本変動額がマイナスとなるとき

株主資本変動額がマイナスとなるときとは、簿価株主資本額から抱合せ株式帳簿価額を減じて得た額がマイナスの場合と消滅会社が債務超過の場合であり、抱合せ株式帳簿価額が多大で株主資本変動額がマイナスとなるときは、抱合せ株式消滅損として特別勘定に計上したうえ、合併後の存続会社の

その他利益剰余金の減少とすることとされる（適用指針247項(3)①カッコ書、会社計算規則35条2項但書には規定されていない。）。

消滅会社が債務超過であることによりマイナスとなるときはその他利益剰余金を減少させる処理となる（会社計算規則35条2項ただし書）。

株式以外の財産を交付する場合の簿価株主資本額から対価簿価を減じることでマイナスが生じうる部分は、資産としてののれんとして株主資本額（承継する資産）の一部に含まれるため（適用指針448項(3)②ア）、対価簿価が大きすぎることで、株主資本変動額がマイナスとなることはない（郡谷ほか『会社法の計算詳解』中央経済社（平成18年）419頁・420頁）ことになる。

⑤　資本準備金

資本準備金の額は、株主資本変動額がゼロ以上のときは、その範囲内で合併契約に定めた額とされ、その他資本剰余金の額は、株主資本変動額－「増加する資本金及び資本準備金の合計額」となる（会社計算規則35条2項）。

その他利益剰余金については、前述したように株主資本変動額がマイナスのときは、マイナスの絶対値をその他利益剰余金から減額するとされる（会社計算規則35条2項ただし書）。対価としての自己株式処分差損の額はその他資本剰余金から減額される（会社計算規則35条2項但書）。

(2)　**親・子会社間の合併の場合**

親・子会社間の合併とは、連結グループの最上位の会社が子会社を合併する場合とそうでない場合（子・孫会社間）とがある。

前者の場合の合併対価を受けるもののうち少数株主部分については、企業結合会計基準上、共通支配下の取引ではなく少数株主との取引として、パーチェス法に類似した計算方法が採用されている（企業結合に係る会計基準意見書三4、企業結合会計基準45項参照）。少数株主との取引は、最上位の親会社の場合のみに適用される（適用指針200項）。このことに対応して、会社計算規則上、株主資本変動額については、少数株主に交付する合併対価のうち株式に係る部分については対価時価、中間子会社部分については簿価株主資本額から対価簿価を減じて得た額の合計額とされており、親会社持分相当分（抱合せ株式部分）については、その適正な帳簿価額との差額を特別損益に計

上することとされている（適用指針206項(2)①）。少数株主部分については取得により、及び中間子会社部分についてはそれに対応する簿価株主資本額を前提にして、それぞれ株主資本変動額を計算する（会社計算規則35条1項2号カッコ書、適用指針206項(2)）。

(3) 子・孫会社間の合併の場合

　中間子会社とは存続会社である親会社の他の子会社をいうが、子・孫会社間の合併の場合には、存続会社である親会社が連結グループの最上位の会社ではなくさらに親会社がある場合をいうところ、その連結グループの上位の親会社及びその親会社の存続会社以外の他の子会社が消滅会社の株主である場合があり、本来の中間子会社とを含めて、中間子会社等と定義したうえで、実質的に同一株主により支配されている会社同士の合併であることから、株主資本変動額については、少数株主と中間子会社等に係る部分について、共通支配下の取引と同様、簿価株主資本額から対価簿価を減じて得た額の合計額とされている（適用指針206項(4)）。

(4) 共通支配下関係にある会社間の吸収合併における無対価の取扱い

　共通支配下関係にある会社間の吸収合併をする際、消滅会社における資産・負債の帳簿価額のほか、株主資本（資本金・資本準備金・その他資本剰余金・利益準備金・その他利益剰余金）をそのまま引き継ぐ会計処理が認められるのは、合併対価が存続会社の株式のみの場合又は無対価の場合に限定されている（会社計算規則36条）。共通支配下関係にある会社間の吸収合併のうち、兄弟合併の場合（親子・子孫は除く）について対価の全部が株式又は無対価の場合において、会社計算規則36条の適用を定めたときは、株主資本（資本金・資本準備金・その他資本剰余金・利益準備金・その他利益剰余金）をそのまま引き継ぐ会計処理が認められるが、無対価の場合は消滅会社の資本金・資本準備金はその他資本剰余金となり、利益準備金はその他利益剰余金となるとされている（会社計算規則36条2項）。なお、適用指針においては、上記の会計処理が認められるのは、100％子会社同士の無対価の場合に限られるとしているが（適用指針437－2項、203－2項(1)）、会社計算規則の規定としては、合併対価として株式を発行した場合との理論的整合性を確保すること

から、このような制約は設けていない。

100％子会社を親会社が吸収合併する場合には、存続会社の資本金の額が増加することはない。一般的に、消滅会社が存続会社の100％子会社である場合には、消滅会社の株主（存続会社）に存続会社の株式が割り当てられることはない（抱合せ株式には株式は割当てすることができない（会社法749条3項）。）からである。

〈合併仕訳〉

下記の図は、仕訳のイメージであり、左を借方、右を貸方と理解すれば、仕訳を起こすことができる。

仕訳の基本

（借） 資産の増加 負債の減少 株主資本の減少	（貸） 負債の増加 資産の減少 株主資本の増加 自己株式の消却

Ⅰ―① 共通支配関係合併において対価が現金等の財産のみ（株主資本に変動なし）

・支払対価…現金　500　　抱合せ株式　60

A社（存続会社）の個別貸借対照表

諸資産	600	諸負債	200
（うちB社の株式60）		資本金	200
		その他資本剰余金	100
		その他利益剰余金	140
		自己株式	△40
合計	600	合計	600

B社（消滅会社）の個別貸借対照表

諸資産	500	諸負債	320
		資本金	100
		その他資本剰余金	50
		その他利益剰余金	30
合計	500	合計	500

第3章　企業結合と会計処理

企業結合日の個別財務諸表上の会計処理（合併仕訳）

（借）	資産	500	（貸）	負債	320
	のれん（注）	380		現金	500
				消滅会社の株式	60

（注） 500（対価）＋60（抱合せ株式）－180（受入純資産額）＝380

のれんの算定イメージ

資産（時価）	500	負債（時価）	320
		消滅会社株式（抱合せ株式）	60
		現金	500
のれん	380		

合併後の存続会社の個別貸借対照表

諸資産	920	諸負債	520
（注）		資本金	200
		その他資本剰余金	100
		その他利益剰余金	140
		自己株式	△40
合計	920	合計	920

（注） 600＋500＋380（のれん）－60（抱合せ株式消滅分）－500（現金流出分）＝920

Ⅰ―② 消滅会社が債務超過の場合で、共通支配関係合併において対価が現金等の財産のみ（株主資本に変動なし）

・支払対価…現金　500　　抱合せ株式　60

A社（存続会社）の個別貸借対照表

諸資産	600	諸負債	200
（うちB社の株式60）		資本金	200
		その他資本剰余金	100
		その他利益剰余金	140
		自己株式	△40
合計	600	合計	600

B社（消滅会社）の個別貸借対照表

諸資産	700	諸負債	1000
		資本金	100
		その他資本剰余金	50
		その他利益剰余金	△450
合計	700	合計	700

企業結合日の個別財務諸表上の会計処理（合併仕訳）

（借）	資産	700	（貸）	負債	1000
	のれん（注）	860		現金	500
				消滅会社の株式	60

（注）　500（対価）＋60（抱合せ株式）－△300（受入純資産額）＝860（適用指針243）、対価が株式併用のときののれんは対価簿価と同額（適用指針251）。

のれんの算定イメージ

資産（時価）	500	負債（時価）	1000
のれん	860		
		消滅会社株式（抱合せ株式）	60
		現金	500

合併後の存続会社の個別貸借対照表

諸資産	1600	諸負債	1200
（注）		資本金	200
		その他資本剰余金	100
		その他利益剰余金	140
		自己株式	△40
合計	1600	合計	1600

（注）　600＋700＋860（のれん）－60（抱合せ株式消滅分）－500（現金流出分）＝1600

Ⅱ 共通支配関係合併において対価がA社存続会社の株式のみ

・支払対価…株式時価　200（新株30株×＠5、自己株式10株×＠5）（うち対価自己株式10株の帳簿価額40）　　抱合せ株式　60（帳簿価額）

A会社（存続会社）の個別貸借対照表

諸資産	2500	諸負債	1000
（うち消滅会社の株式60）		資本金	700
		資本準備金	200
		その他資本剰余金	200
		その他利益剰余金	440
		自己株式	△40
合計	2500	合計	2500

B社（消滅会社）の個別貸借対照表

諸資産	1000	諸負債	820
		資本金	100
		その他資本剰余金	50
		その他利益剰余金	30
合計	1000	合計	1000

企業結合日の個別財務諸表上の会計処理（合併仕訳）

（借方）		（貸方）	
諸資産	1000	諸負債	820
		自己株式（注1）	40
		消滅会社株式	60
		資本金（注2）	80

（注1）　自己株式は対価として処分され、消滅する。
（注2）　株主資本変動額（180－40－60）のうち合併契約で定めた額。

合併後の存続会社の個別貸借対照表

諸資産	3440	諸負債	1820
（注）		資本金	780
		資本準備金	200
		その他資本剰余金	200
		その他利益剰余金	440
合計	3440	合計	3440

（注）　2500＋700－60－＝3440
　　　　抱合せ株式は合併により消滅するので、合併後の存続会社の資産から控除。
　　　　資産としてののれんは存続会社の資産の部に計上。
　　　　存続会社の自己株式は対価として消滅会社の株主に交付されるので、合併後の存続会社の貸借対照表から減ずる。

Ⅲ—①　共通支配下関係合併で存続会社の株式併用

・支払対価…現金　300　　　株式時価　250（50株×＠5）（うち対価自己株式10株の帳簿価額40）　　抱合せ株式　60（帳簿価額）

A社（存続会社）の個別貸借対照表

諸資産	2500	諸負債	1200
（うち消滅会社の株式60）		資本金	500
		資本準備金	200
		その他資本剰余金	200
		その他利益剰余金	440
		自己株式	△40
合計	2500	合計	2500

B社（消滅会社）の個別貸借対照表

諸資産	1000	諸負債	800
		資本金	100
		その他資本剰余金	50
		その他利益剰余金	50
合計	1000	合計	1000

企業結合日の個別財務諸表上の会計処理（合併仕訳）

(借方)		(貸方)	
諸資産	1000	諸負債	800
のれん	160	現金	300
	（注1）	自己株式（注2）	40
		抱合せ株式	30
		その他資本剰余金	△40（注3）

（注1） 300 －（1000 － 800 － 60）＝160
（注2） 自己株式消却分（対価として交付）として貸方に記載する。
（注3） 株主資本変動額はマイナスのためゼロとし（200 ＋ 160 － 60 － 300 － 40 ＝ △40）のため株主資本変動額はゼロとし、自己株式処分差損はその他資本剰余金の減額とする。

のれん算定イメージ

資産	1000	負債	800
		消滅会社株式（抱合せ株式）	60
		現金	300
のれん	160		

合併後の存続会社の個別貸借対照表

諸資産	3300	諸負債	2000
(2500 ＋ 1000 ＋ 160 － 300 － 60 ＝ 3300)		資本金	500
		資本準備金	200
		その他資本剰余金	160
		その他利益剰余金	440
合計	3300	合計	3300

（注1） 承継資産にのれん加算、自己株式消却、抱合せ株式消滅、現金流出。
（注2） 資産としてのれんが発生する場合においては、株主資本変動額＝簿価株主資本額＋のれん－対価簿価－抱合せ株式帳簿価額＝0が株主資本変動額となり、自己株式の帳簿価額40処分する場合は、さらに自己株式の帳簿価額をマイナスするため、株主資本変動額は△40となり、この差損がその他資本剰余金の減額となる。
（注3） 資産としてのれんが発生しない場合において、処分する自己株式の帳簿価額が対価株式の時価より大きい場合も、簿価株主資本額－自己株式の帳簿価額＝△、つまり株主資本変動額マイナスとなるときは、株主資本変動額ゼロとし、この差損がその他資本剰余金の減額となる。

Ⅲ-②　共通支配下関係合併で存続会社の株式併用（消滅会社が債務超過の場合）

・支払対価…現金　300　　株式時価　250（50株×@5）（うち対価自己株式10株の帳簿価額40）　　抱合せ株式　60（帳簿価額）

A社（存続会社）の個別貸借対照表

諸資産	2500	諸負債	1200
（うち消滅会社の株式60）		資本金	500
		資本準備金	200
		その他資本剰余金	200
		その他利益剰余金	440
		自己株式	△40
合計	2500	合計	2500

B社（消滅会社）の個別貸借対照表

諸資産	800	諸負債	1000
		資本金	100
		その他資本剰余金	50
		その他利益剰余金	△350
合計	800	合計	800

企業結合日の個別財務諸表上の会計処理（合併仕訳）

（借方）		（貸方）	
諸資産	800	諸負債	1000
のれん	300	現金	300
	（注1）	自己株式（注2）	40
		抱合せ株式	60
		その他資本剰余金	△40（注3）
		その他利益剰余金	△260（注3）

(注1)　300－（800－1000－60）＝560
　　　　対価が株式併用のときののれんは対価簿価と同額（適用指針251）。
　　　　債務超過部分についてはその他利益剰余金の減額（計算規則35条2項但書）。
(注2)　自己株式消却分（対価として交付）として貸方に記載する。
(注3)　株主資本変動額＝簿価株主資本額＋のれん－抱合せ株式－自己株式－対価簿価
　　　　（△200＋300－60－40－300）＝△300のため株主資本変動額はゼロとし、△40部分の自己株式処分差損はその他資本剰余金の減額、△260部分の債務超過に起因する部分はその他利益剰余金の減額とする（計算規則35条2項但書）。

合併のれん算定イメージ

資産（時価）	800	負債（時価）	1000
その他利益剰余金	260	消滅会社株式（抱合せ株式）	60
のれん	300	現金	300

合併後の存続会社の個別貸借対照表

諸資産	3240	諸負債	2200
(2500 ＋ 800 ＋ 300 － 300 － 60 ＝ 3240)		資本金	500
		資本準備金	200
		その他資本剰余金	160
		その他利益剰余金	180
合計	3240	合計	3240

（注1） 承継資産にのれん加算、自己株式消却、抱合せ株式消滅、現金流出。
（注2） 資産としてののれんが発生する場合においては、株主資本変動額＝簿価株主資本額＋のれん－対価簿価－抱合せ株式帳簿価額＝0が株主資本変動額となり、自己株式の帳簿価額40処分する場合は、さらに自己株式の帳簿価額をマイナスするため、株主資本変動額は△40となり、この差損がその他資本剰余金の減額となる。
（注3） 資産としてののれんが発生しない場合において、処分する自己株式の帳簿価額が対価株式の時価より大きい場合も、簿価株主資本額－自己株式の帳簿価額＝△、つまり株主資本変動額マイナスとなるときは、株主資本変動額ゼロとし、この差損がその他資本剰余金の減額となる。

Ⅳ　親子合併において対価が現金等の財産のみ（株主払込資本に変動なし）

・B社の株主…A社60％　少数株主20％　中間株主20％

・支払対価…現金　500　　抱合せ株式　60

A社（存続会社）の個別貸借対照表

諸資産	600	諸負債	200
（うちB社の株式60）		資本金	200
		その他資本剰余金	100
		その他利益剰余金	140
		自己株式	△40
合計	600	合計	600

B社（消滅会社）の個別貸借対照表

諸資産	500	諸負債	320
		資本金	100
		その他資本剰余金	50
		その他利益剰余金	30
合計	500	合計	500

企業結合日の個別財務諸表上の会計処理（合併仕訳）

（借）	資産	500	（貸）	負債	320
	のれん（注）	380		現金	500
				消滅会社の株式	60

(注) 500（対価）＋60（抱合せ株式）－180（受入純資産額）＝380

のれんの算定イメージ

資産（時価）	500	負債（時価）	320
		消滅会社株式（抱合せ株式）	60
のれん	380	現金	500

合併後の存続会社の個別貸借対照表

諸資産 （注）	920	諸負債	520
		資本金	200
		その他資本剰余金	100
		その他利益剰余金	140
		自己株式	△40
合計	920	合計	920

(注) 600＋500＋380（のれん）－60（抱合せ株式消滅分）－500（現金流出分）＝920

Ⅴ 親子合併において対価がA社存続会社の株式のみ

・B社の株主…A社60％ 少数株主20％ 中間株主20％
・支払対価…株式時価 200（新株30株×＠5、自己株式10株×＠5）（うち対価自己株式10株の帳簿価額40） 抱合せ株式 60（帳簿価額）

A社（存続会社）の個別貸借対照表

諸資産	600	諸負債	200
（うち消滅会社の株式60）		資本金	200
		その他資本剰余金	100
		その他利益剰余金	140
		自己株式	△40
合計	2500	合計	2500

B社（消滅会社）の個別貸借対照表

諸資産	500	諸負債	320
		資本金	100
		その他資本剰余金	50
		その他利益剰余金	30
合計	500	合計	500

企業結合日の個別財務諸表上の会計処理（親会社持分部分合併仕訳）

（借方）		（貸方）	
諸資産	300	諸負債	192
（500×60%）		（320×60%）	
		消滅会社の株式	48
		（抱合せ株式消滅差益108（300－192）	
		－60＝48　当期利益となり損益計算書	
		に計上）	

企業結合日の個別財務諸表上の会計処理（少数株主持分部分合併仕訳）

（借方）		（貸方）	
諸資産	100	諸負債	64
のれん（注2）	64	自己株式	20
		資本金（注1）	80

(注1)　株主資本変動額（100－20＝80）のうち合併契約で定めた額。
(注2)　100（少数株主持分部分は時価処理のため対価株式）－（180（500－320）×20%
　　　＝36）＝64

のれんの算定イメージ

資産（時価）	100	負債（時価）	64
のれん	64	株主資本変動額（注）	80
		自己株式	20

（注） 株主資本変動額（100－20＝80）のうち合併契約で定めた額。

企業結合日の個別財務諸表上の会計処理（中間子会社持分部分合併仕訳）

（借方）		（貸方）	
諸資産	100	諸負債	64
		自己株式	20
		資本金（注）	16

（注） 株主資本変動額（36（100－64）－20）のうち合併契約で定めた額。

合併後の存続会社の個別貸借対照表

諸資産	1104	諸負債	520
（注1）		資本金	296（注2）
		その他資本剰余金	100
		その他利益剰余金	188（注3）
合計	1104	合計	1104

(注1) 600＋300＋164＋100－60＝1104
　　　抱合せ株式は合併により消滅するので、合併後の存続会社の資産から控除。
　　　資産としてののれんは存続会社の資産の部に計上。
(注2) 200＋80＋16＝296
(注3) 抱合せ消滅差益48は、当期利益としてその他利益剰余金に加算。
　　　存続会社の自己株式は対価として消滅会社の株主に交付されるので、合併後の存続会社の貸借対照表から減ずる。
(注4) 自己株式は消却。

Ⅵ 親子合併で対価として存続会社の株式併用

・B社の株主…A社60％　少数株主20％　中間株主20％
・支払対価…現金　200　株式時価　150（30株×@5）（うち対価自己株式10株の帳簿価額40）　抱合せ株式　60（帳簿価額）

A社（存続会社）の個別貸借対照表

諸資産	600	諸負債	200
（うち消滅会社の株式60）		資本金	200
		その他資本剰余金	100
		その他利益剰余金	140
		自己株式	△40
合計	600	合計	600

B社（消滅会社）の個別貸借対照表

諸資産	500	諸負債	320
		資本金	100
		その他資本剰余金	50
		その他利益剰余金	30
合計	500	合計	500

企業結合日の個別財務諸表上の会計処理（親会社持分部分合併仕訳）

（借方）		（貸方）	
諸資産	300	諸負債	192
（500×60％）		（320×60％）	
		消滅会社の株式	48
		（抱合せ株式消滅差益108（300－192）	
		－60＝48　当期利益となり損益計算書	
		に計上）	

企業結合日の個別財務諸表上の会計処理（少数株主持分部分合併仕訳）

（借方）		（貸方）	
諸資産	100	諸負債	64
のれん（注１）	139	現金	100
		自己株式	20
		資本金（注２）	55

（注１）　75（対価株式）＋100（現金）－（100－64）＝139
（注２）　株主資本変動額（175－100－20＝55）のうち合併契約で定めた額。

のれんの算定イメージ

資産（時価）	100	負債（時価）	64
のれん （注1）	139	株主資本変動額（注2）	55
		自己株式	20
		現金	100

（注1） 75（対価株式）＋100（現金）－（100－64）＝139
（注2） 株主資本変動額（175－100－20＝55）のうち合併契約で定めた額。

企業結合日の個別財務諸表上の会計処理（中間子会社持分部分合併仕訳）

（借方）		（貸方）	
諸資産	100	諸負債	64
のれん （注1）	64	現金	100
		自己株式	20
		その他資本剰余金（注2）	△20

（注1） 100（現金）－（100（資産）－64（負債））＝64
（注2） 株主資本変動額（36（100－64）＋64－100－20）＝△20となり、株主資本変動額はゼロとし、△20は自己株式処分差損としてその他資本剰余金の減額。

合併後の存続会社の個別貸借対照表

諸資産 （注1）	1043	諸負債	520
		資本金	255
		その他資本剰余金	80
		その他利益剰余金	188（注2）
合計	1043	合計	1043

（注1） 600＋300＋239＋164－200－60＝1043
　　　 抱合せ株式は合併により消滅するので、合併後の存続会社の資産から控除。
　　　 資産としてののれんは存続会社の資産の部に計上。
（注2） 抱合せ消滅差益48は、当期利益としてその他利益剰余金に加算。
　　　 存続会社の自己株式は対価として消滅会社の株主に交付されるので、合併後の存続会社の貸借対照表から減ずる。
（注3） 自己株式は消却。

表

① 簿価処理　株式併用の場合

	(1)対価簿価＜簿価株主資本額	(2)対価簿価＞簿価株主資本額
① 対価株式	100	100
② 対価簿価（現金等）	60	140
③ 対価自己株式帳簿価額	30	30
④ 簿価株主資本額	150	150
⑤ 抱合せ株式帳簿価額	50	50
A　資産としてののれん	— ②＜（④－⑤） ＝60＜150－50	40 ②－（④－⑤） ＝140－（150－50） ＝40
B　株主資本変動額	10（注1） ④－②－③－⑤ ＝150－60－30－50 ＝10	0（ゼロ） ④＋A－②－③－⑤ ＝150＋40－140－30－50 ＝△30（注2）

（注1）　(1)の事例では、対価株式の額のいかんに関係なく、差額が株主資本変動額となる。

（注2）　自己株式がなければ、(2)の事例では、株主資本変動額＝簿価株主資本額＋資産としてののれん－対価簿価－抱合せ株式帳簿価額であるが、のれん＝対価簿価－（簿価株主資本額－抱合せ株式帳簿価額）であるので、当てはめると、株主資本変動額＝簿価株主資本額＋（対価簿価－（簿価株主資本額－抱合せ株式帳簿価額））－対価簿価－抱合せ株式帳簿価額＝ゼロとなる。

したがって、△30は対価自己株式の処分により生ずる差損であるから、株主資本変動額をゼロとし（適用指針251項(2)①）、差損額は存続会社のその他資本剰余額の減額となる（会社計算規則35条2項但書）。

② 親子会社間合併　株式併用で、対価簿価＞簿価株主資本額の場合

	親会社持分相当部分　60％	少数株主持分相当部分　20％	中間子会社持分相当部分　20％
支払対価 　株式　100 　現金　200	—	50…④ （100×20％／40％） 100…⑤ （200×20％／40％）	50…⑧ （100×20％／40％） 100…⑨ （200×20％／40％）
簿価株主資本額	108…①	36…⑥　（180×20％）	36…⑩　（180×20％）

	親会社持分相当部分 60%	少数株主持分相当部分 20%	中間子会社持分相当部分 20%
（続き）簿価株主資本額 180	108 （180×60%）	—	—
抱合せ株式帳簿額 60	60…②	—	—
抱合せ株式消滅損益（注1）	48…③ （①−②）	—	—
資産としてののれん	—	114…⑦ （④+⑤−⑥）	64…⑪ （⑨−⑩）
株主資本変動額 50+0=50	—	50 （④対価時価）	0 （36+64−100） （⑩+⑪−⑨）（注2）

（注1） A親会社持分相当部分に係る簿価株主資本額−B抱合せ株式帳簿額が、A＞Bなら抱合せ株式消滅差益、A＜B抱合せ株式消滅差損となり、特別損益に計上する（適用指針206項(2)①ア）。この場合は抱合せ株式消滅差益である。

（注2） 資産としてののれんは、株主資本変動額の算定上簿価株主資本額の受入資産に含める。つまり、簿価株主資本額＋資産としてののれんであるが、対価時価−簿価株主資本額＝資産としてののれんであるから、対価簿価−簿価株主資本額＝資産としてののれんの数式を移項すると、対価簿価＝資産としてののれん＋簿価株主資本額となり、株主資本変動額＝簿価株主資本額＋資産としてののれん−対価簿価であるから、中間子会社持分相当部分の株主資本変動額は結局ゼロとなる（適用指針251項(2)①、対価簿価と簿価株主資本額の差額がプラスのときの額（つまり、対価簿価が簿価株主資本額より大きいときの差額）については、払込資本はゼロとし、正ののれんに計上する。）。

③ 親子会社間合併　株式併用で、対価簿価＜簿価株主資本額の場合

	親会社持分相当部分 60%	少数株主持分相当部分 20%	中間子会社持分相当部分 20%
支払対価　株式　100　現金　50	—	50…④ （100×20%／40%） 25…⑤ （50×20%／40%）	50…⑧ （100×20%／40%） 25…⑨ （50×20%／40%）
簿価株主資本額 180	108…① （180×6%）	36…⑥ （180×20%）	36…⑩ （180×20%）
抱合せ株式帳簿価額 60	60…②	—	—
抱合せ株式消滅損益	48…③ （①−②）（注2）	—	—
資産としてののれん	—	39…⑦ （④+⑤−⑥）	…⑪

第3章　企業結合と会計処理

れん			(⑨＜⑩)（注1）
株主資本変動額 50＋11＝61	—	50　　（④対価時価）	11　　　（36－25） (⑩＋⑪－⑨)（注1）

（注1）　全体の対価簿価＜簿価株主資本額の場合であっても、中間子会社持分相当部分の対価簿価＞簿価株主資本額であれば、上記①の場合と同様になる。そのケースは、次の④による。
（注2）　この場合は、抱合せ株式消滅差益として損益計算書に計上される。

④　親子会社間合併　株式併用で、対価簿価＜簿価株主資本額の場合

	親会社持分相 当部分　60％	少数株主持分相当部分 20％	中間子会社持分相当部 分　　　　20％
支払対価 　株式　　100 　現金　　150	—	50…④ （100×20％／40％） 75…⑤ （150×20％／40％）	50…⑧ （100×20％／40％） 75…⑨ （150×20％／40％）
簿価株主資本額 180	108…① （180×60％）	36…⑥　（180×20％）	36…⑩　（180×20％）
抱合せ株式帳簿 価額　　　60	60…②	—	—
抱合せ株式消滅 損益	48…③ （①－②）	—	—
資産としてのの れん	—	39…⑦ （④＋⑤－⑥）	39…⑪ （⑨－⑩）
株主資本変動額 50＋0＝50	—	50　　（④対価時価）	0　　（36＋39－75） (⑩＋⑪－⑨)

⑤　親子会社間合併　対価のすべてが株式の場合

	親会社持分相 当部分　60％	少数株主持分相当部分 20％	中間子会社持分相当部 分　　　　20％
支払対価株式時 価　　　　100	—	50…④ （100×20％／40％）	50…⑦ （100×20％／40％）
簿価株主資本額 180	108…① （180×60％）	36…⑤　（180×20％）	36…⑧　（180×20％）
抱合せ株式帳簿 価額　　　60	60…②	—	—

抱合せ株式消滅損益	48…③ （①－②）	—	—
資産としてののれん	—	14…⑥　　（④－⑤）	—
株主資本変動額 　50＋36＝86	—	50　　（④対価時価）	36…⑧

6　共同支配企業の形成の場合（会社計算規則35条1項3号、旧58条2項5号、適用指針185項・186項）

　共通支配下の取引以外の独立した企業間の企業結合については、当該取引の性質が「共同支配企業の形成」か「取得」（ある企業が他の企業の支配を獲得したと判断できるもの）であるのか、企業結合会計基準に従って判定を行う。

　共同支配企業の形成とは、複数の独立企業間の契約等に基づき、共同で支配する企業を形成する企業結合をいうが、その判定基準は、4要件（①複数の独立企業から構成されていること（独立企業要件）、②複数の独立企業間で共同支配となる契約等を締結していること（契約要件）、③支払対価のすべてが、原則として議決権のある株式であること（対価要件）、④議決権比率以外の支配関係を示す一定の事実が存在しないこと）からなり、4要件すべてを満たした場合は「共同支配企業の形成」とされる（企業結合会計基準37項、適用指針175項）。なお、上記要件のうち1つでも要件を満たさないときは、前述したとおり取得による会計処理となる（企業結合会計基準17項、適用指針195項）。

　共同支配企業の形成と判定された吸収合併の存続会社の会計処理は、共通支配下の取引の場合と同様、吸収合併消滅会社の資産及び負債の移転直前の適正な帳簿価額を計上する処理方法が適用され（企業結合会計基準38項、適用指針192項）、増加資本の移転された資産及び負債の差額のうち株主資本相当額（自己株式部分は除く。）を払込資本として処理され（適用指針193項）、それによって算定された額の範囲で合併契約に従って、存続会社の「資本金、資本準備金、その他資本剰余金」の増加額が定まる。ただし、利益剰余金

（利益準備金、その他利益剰余金）は変動しないが、株主資本変動額がゼロ未満の場合には、対価自己株式の処分により生ずる差損の額はその他資本剰余金の減少額とし、その余の額に関する部分はその他利益剰余金の減少額とし、資本金、資本準備金、利益準備金の額は変動しない。

7 逆取得（会社計算規則35条1項3号、旧58条2項5号、適用指針84項・84—2項・84—3項）

　独立企業間における吸収合併において、合併対価としての吸収合併存続会社の株式が吸収合併消滅会社の株主に交付され、吸収合併消滅会社の株主が吸収合併存続会社の株式の過半数を取得した場合には、消滅会社が取得企業となり、これを「逆取得」という（企業結合に係る会計基準意見書三3(1)）。対価に株式以外の金銭等がある場合は、対価を交付する側を取得企業とすることとされているので、逆取得の場合とは、対価の全部が株式の場合を前提としていることになる。存続会社の会計処理はパーチェス法は適用されず、共通支配下の取引の場合と同様、吸収合併消滅会社の資産及び負債の移転直前の適正な帳簿価額を計上する処理方法が適用され（適用指針84項）、株主資本変動額は、簿価を基礎として算定する方法により、交付する株式（自己株式部分は除く。）に対応する部分によって算定され、その範囲で合併契約に従って、存続会社の「資本金、資本準備金、その他資本剰余金」の増加額が定まる。ただし、利益剰余金（利益準備金、その他利益剰余金）は変動しないが、株主資本変動額がゼロ未満の場合には、対価自己株式の処分により生ずる差損の額はその他資本剰余金の減少額とし、その余の額に関する部分はその他利益剰余金の減少額とし、資本金、資本準備金、利益準備金の額は変動しない。

8 株主資本の内訳を引き継ぐ場合（会社計算規則36条）

会社計算規則
　（株主資本を引き継ぐ場合における吸収合併存続会社の株主資本の変動額）
　第36条　前条の規定にかかわらず、吸収型再編対価の全部が吸収合併存続会

社の株式である場合であって、吸収合併消滅会社における吸収合併の直前の株主資本を引き継ぐものとして計算することが適切であるときには、吸収合併の直前の吸収合併消滅会社の資本金、資本剰余金及び利益剰余金の額をそれぞれ当該吸収合併存続会社の資本金、資本剰余金及び利益剰余金の変動額とすることができる。ただし、対価自己株式又は先行取得分株式（※抱き合わせ株式）等（※消滅会社の自己株式）がある場合にあっては、当該対価自己株式又は先行取得分株式等の帳簿価額を吸収合併の直前の吸収合併消滅会社のその他資本剰余金の額から減じて得た額を吸収合併存続会社のその他資本剰余金の変動額とする。

2　吸収型再編対価が存しない場合であって、吸収合併消滅会社における吸収合併の直前の株主資本を引き継ぐものとして計算することが適切であるときには、吸収合併直前の吸収合併消滅会社の資本金及び資本剰余金の合計額を当該吸収合併存続会社のその他資本剰余金の変動額とし、吸収合併直前の（※吸収合併消滅会社の）利益剰余金の額を当該吸収合併存続会社のその他利益剰余金の変動額とすることができる。

　　　ただし、先行取得分株式等がある場合にあっては、当該先行取得分株式等の帳簿価額を吸収合併直前の吸収合併消滅会社の資本金及び資本剰余金の合計額から減じて得た額を吸収合併存続会社のその他資本剰余金の変動額とする。

(1)　消滅会社の合併直前の株主資本を引き継ぐ場合

　共同支配企業の形成（原則として対価の全部が株式であることが前提となっている。）、対価の全部が株式である逆取得及び対価の全部が株式である共通支配下の取引の場合は、簿価処理が原則であるが、消滅会社の合併直前の株主資本を引き継ぐものとして計算することが適切であるときは（つまり、会社が選択により）、株主資本の内訳を引き継ぐことが認められ、資本金、資本準備金、その他資本剰余金、利益準備金、その他利益剰余金（貸借対照表上の株主資本）をそのまま資本金等増加額とすることができる（会社計算規則36条1項、適用指針243項・185項・84項等）。

　消滅会社の合併直前の株主資本を引き継ぐものとして計算することが適切であるときとは、共同支配企業の形成（適用指針185項(1)②）、対価の全部が株式である逆取得（適用指針84項(1)①イ）、対価の全部が株式である共通支配下の取引の場合のみがその前提となるとされている（大野ほか「改正法務省令の解説」登記インターネット113号17頁）。ただし、共通支配下の取引の場合

は、持分プーリング法に関する規定である会社計算規則旧59条2項3号ロの趣旨(親子、子孫の場合を除く。)が改正会社計算規則36条1項には合理化されたためであろうか明記されていないので不明確である(立案担当者も共通支配下の取引の場合と説明されている。)ものの、企業結合会計基準では、共通支配下の取引の場合において対価の全部が株式であるときの消滅会社の合併直前の株主資本の内訳を引き継ぐことができるのは、「少数株主との取引や抱合せ株式が生じる場合(例えば、親会社が子会社を吸収合併した場合(第206項(2)参照))を除き」としていることから、子会社同士及び子親の場合に限定されており(適用指針408(3)①イ)、「親子、子孫の場合を除く」とされていることがうかがえる。

株主資本の内訳を引き継ぐ場合とは、すべての結合当事企業の資産、負債及び株主資本を適正な帳簿価額を引き継ぐ会計処理方法をいい、移転される資産負債について、移転前の適正な帳簿価額により移転後も計上し、取得原価についても、当該資産負債の適正な帳簿価額による純資産額により算定するので、いずれも結合前の簿価を引き継ぐため、のれんは生じない。

(2) 対価自己株式、先行取得分株式(いわゆる抱合せ株式)又は消滅会社の自己株式がある場合

対価自己株式、先行取得分株式(いわゆる抱合せ株式)又は消滅会社の自己株式がある場合にあっては、株主資本の内訳を引き継いだうえ、その帳簿価額を存続会社のその他資本剰余金の額から減額する(会社計算規則36条1項但書、適用指針247項(3)②)。

これは、会社計算規則旧59条1項3号ハ及びニに相当するものである。会社計算規則36条1項ただし書の「先行取得分株式等」とは、会社計算規則2条3項39号の定義規定により、「消滅会社の株式(いわゆる抱合せ株式)若しくは持分会社の持分又は消滅会社が有する自己株式」とされている。

対価自己株式がある場合は、合併後の存続会社における自己株式の帳簿価額が減少する。

先行取得分株式(いわゆる抱合せ株式)がある場合は、合併後の存続会社における資産の帳簿価額が減少する。

消滅会社の自己株式がある場合は、消滅会社から受け入れる資産の帳簿価額が減少する。

(3) 無対価の場合

会社計算規則36条2項は、会社計算規則旧59条2項2号ロに相当するものであるが、無対価であるから、自己株式の調整については規定されていないのは当然であり、消滅会社の資本金及び資本準備金はその他資本剰余金とし、資本金はゼロとする（会社計算規則36条2項）。

先行取得株式（いわゆる抱合せ株式）がある場合は、合併後の存続会社における資産の帳簿価額が減少する。

消滅会社の自己株式がある場合は、消滅会社から受け入れる資産の帳簿価額が減少する。なお、一般的には、無対価の場合は投資の継続が絶たれ清算されてしまうため、企業会計基準では、共通支配下関係にある子会社同士の吸収合併であって、無対価の場合において会社計算規則36条2項の適用を選択することができるのは、100％子会社同士の場合に限られるとしている（適用指針203 ― 2項(1)）。100％子会社同士の場合なら、消滅会社の株主は存続会社の株主と同一の親会社であるから、実質的に投資は継続していることになるからであろう。

9 資本金の額が増加しない場合

(1) 資本金の額が増加しない場合

吸収合併存続会社の資本金の増加額は、会社計算規則35条に定めるところによるが、吸収合併契約の内容から、株式の発行があったとしても資本金の額が増加しない場合（株主資本変動額の範囲内で吸収合併契約に定めた額とされるので、資本金の額をゼロとすることも可能）は、吸収合併による変更の登記として、資本金の額の変更自体を登記することがない。

吸収合併契約書において合併対価として株式を交付しないことが判明するときは、貸借対照表上、資本金の額に変動が生じない。吸収合併の場合において、株式を交付することなく、資本金の額を増加することができないという取扱いは、資本金の額は登記事項であるとともに分配可能額算定の1要素

であり、その増加要因となる取引行為は明確にされる必要があり、会社法においては当該取引行為として株式の交付に限る（会社法445条１項）と整理されたことによる。

　また、共通支配下取引における簿価処理で、対価簿価が簿価株主資本額を超えるときは、その差額は正ののれんとして計上され、対価に株式があっても株主資本変動額がゼロとなる場合もある。

　なお、吸収合併存続会社が吸収合併消滅会社となる会社から取得した吸収合併消滅会社の対象財産の帳簿価額がマイナスであるような場合には、対価として株式を交付するときであっても吸収合併存続会社の資本金の額は変更しない。吸収合併消滅会社の対象財産が簿価債務超過の場合の差損の額はその他利益剰余金の減少額とされ、対価として株式と自己株式を交付する場合であっても、自己株式の帳簿価額多大で株主資本変動額がマイナスであるような場合には、吸収合併存続会社の資本金の額は変更せず、自己株式処分差損の額はその他資本剰余金の減少額とされる（会社計算規則35条２項ただし書）。

(2)　**資本が増加しない場合の合併登記と計算書類の要否**

　対価として株式の発行の有無を問わず、資本が増加しない場合には、合併をした旨及び消滅会社の商号・本店の登記（商業登記法79条）及び新株予約権の発行を除けば、発行済株式総数及び資本金の額の変更は生じない。この場合には、会社法の規定に従って計上されたことを証する書面の添付は要しない（相澤哲・小川秀樹『会社法と商業登記』金融財政事情研究会（平成20年）369頁、松井信憲『商業登記ハンドブック［第２版］』商事法務（平成21年）541頁）。

資本金の額が計上されたことを証する書面

　　　　　　　　　　　資本金の額の計上に関する証明書

　株主資本変動額（会社計算規則第35条第１項）　　　金〇〇円
　吸収合併存続会社の資本金の額〇〇円は、会社法第445条及び会社計算規則第35条の規定に従って計上されたことに相違ないことを証明する。
　　　平成23年10月〇〇日

　　　　　　　　　　　　　○○県○○市○○町○丁目○番○号
　　　　　　　　　　　　　○○株式会社
　　　　　　　　　　　　　　代表取締役　○○　○○　印

株主資本を引き継ぐ場合の資本金の額が計上されたことを証する書面

　　　　　　　　　資本金の額の計上に関する証明書

　　株主資本変動額（会社計算規則第36条第１項）　　金○○円
　　吸収合併存続会社の資本金の額○○円は、会社法第445条及び会社計算規則第36条第１項の規定に従って計上されたことに相違ないことを証明する。
　　　平成23年10月○○日
　　　　　　　　　　　　　○○県○○市○○町○丁目○番○号
　　　　　　　　　　　　　○○株式会社
　　　　　　　　　　　　　　代表取締役　○○　○○　印

表

		承継する資産・負債に付すべき価額	対価に株式がある場合	対価の全部が株式である場合
取得（逆取得は除く）		パーチェス法	計算規則35条１項１号	計算規則35条１項１号
	株主資本	増加資本金の額	「株主資本変動額の範囲内で合併契約に定めた額」＝A（合併契約でゼロとすることが可能） 　株主資本変動額＝合併対価として交付した存続会社の株式の時価−交付した自己株式の帳簿価額（指針81項） ※株主資本変動額がマイナスの場合（自己株式の帳簿価額が大きい場合）は、増加資本金及び資本準備金の合計額がゼロとなるから、当該マイナス額相当額（自己株式処分差損相当額）だけ、その他資本剰余金の減	同左

第３章　企業結合と会計処理　237

		額となる（計算規則35条2項但書）。	
	増加資本準備金の額	「株主資本変動額－A」の範囲内で合併契約に定めた額＝B	同左
	増加その他資本剰余金の額	「株主資本変動額－A－B」	同左
	利益準備金	—	—
	その他利益剰余金	株主資本変動額がマイナスの場合（自己株式の帳簿価額が大きい場合）は、増加資本金及び資本準備金の合計額がゼロとなるから、当該マイナス額相当額（自己株式処分差損相当額）だけ、その他資本剰余金の減額となる（計算規則35条2項但書）。	同左
	のれん（指針30項・51項）	支払対価＞受入純資産時価のときは、正ののれん 支払対価＜受入純資産時価のときは、負ののれん ※抱合せ株式（指針46項）、新株予約権者に交付する財産（指針50項）、合併費用（指針48項）は、支払対価に加算する。	同左
一般的な共通支配下の取引	消滅会社の直前の帳簿価額を付す方法（子会社が親会社を吸収するのは共通支配下関係）	対価に株式がある場合 計算規則35条1項2号	対価の全部が株式である場合には、計算規則36条の適用があり、消滅会社の株主資本の内訳を引き継ぐことができる。
	増加資本金の額	「株主資本変動額の範囲内で合併契約に定めた額」＝A（合併契約でゼロとすることが可能）	消滅会社の株主資本の資本金の額 交付した自己株式の帳簿価額（指針247

株主資本		株主資本変動額＝消滅会社の簿価株主資本額（資産－負債－新株予約権の帳簿価額）－対価簿価（株式以外の現金等の簿価）（指針251項(2)①）－交付した自己株式の帳簿価額（指針247項(2)・186項）－抱合せ株式（指針247項(3)①）	項(2)・186項）及び抱合せ株式（指針247項(3)②）はその他資本剰余金の減額
	増加資本準備金の額	「株主資本変動額－A」の範囲内で合併契約に定めた額＝B	消滅会社の株主資本の資本準備金の額
	増加その他資本剰余金の額	「株主払込資本変動額－A－B」	消滅会社の株主資本のその他資本剰余金の額
	利益準備金	—	消滅会社の株主資本の利益準備金の額
	その他利益剰余金	株主資本変動額がゼロ未満のときはマイナスの絶対値をその他利益剰余金から減額（計算規則58条1項5号ロ247項(3)①カッコ書）	消滅会社のその他利益剰余金を引き継ぐことができる（指針247項(2)・185項(1)②）
のれん（指針243項・251項）		・対価の一部が株式の場合において、「簿価株主資本額－抱合せ株式」＜対価簿価のときは、正ののれんが計上でき、株主資本はゼロとなる ・「簿価株主資本額－抱合せ株式」＞対価簿価のときは、差額は株主資本で調整されるため負ののれんは計上できない	・対価の全部が株式の場合はのれんは計上できない 対価簿価（ゼロ）－（簿価株主資本額－抱合せ株式）＞0が成立しない。簿価株主資本額がマイナス（債務超過）の場合は、その絶対値はその他利益剰余金の減額とされる。
	消滅会社の直前の帳簿価額を付す方法	対価に株式がある場合　計算規則35条1項2号	対価の全部が株式である場合　計算規則

				35条1項2号
共通支配下の取引（親＋子）	株主資本	増加資本金の額	「少数株主部分（指針206項(2)①イ）と中間子会社部分（指針206項(3)）の合計額の範囲内で合併契約に定めた額」 ・少数株主部分「対価時価－交付した自己株式の帳簿価額」 ・中間子会社部分「簿価株主資本額－中間子会社に交付する対価簿価（株式以外の現金等の簿価）－交付した自己株式の帳簿価額」 ※合併契約でゼロとすることが可能	同左
		増加資本準備金の額	「株主資本変動額－A」の範囲内で合併契約に定めた額＝B	同左
		増加その他資本剰余金の額	「株主資本変動額－A－B」	同左
		利益準備金	―	―
		その他利益剰余金	株主資本変動額がゼロ未満のときはマイナスの絶対値をその他利益剰余金から減額（計算規則35条2項但書）	同左
	のれん（指針206項(2)①イ）		対価の一部が株式の場合 ・少数株主部分については、正ののれん・負ののれんが計上できる ・中間子会社部分については、正ののれんは計上できるが、簿価株主資本額＞対価簿価のときの差額は株主資本で調整されるため負ののれんは計上できない	・対価の全部が株式の場合でも、少数株主部分については、正ののれん・負ののれんが計上できる
	消滅会社の直前の帳簿		対価に株式がある場合　計算	対価の全部が株式で

			規則35条1項2号	ある場合 計算規則35条1項2号
共通支配下の取引（子＋孫）		価額を付す方法		
	株主資本	増加資本金の額	「株主資本変動額の範囲内で合併契約に定めた額」＝A 株主資本変動額＝消滅会社の簿価株主資本額（少数株主部分と中間子会社等部分に限る）－対価簿価－交付した自己株式の帳簿価額 ※合併契約でゼロとすることが可能	同左
		増加資本準備金の額	「株主資本変動額－A」の範囲内で合併契約に定めた額＝B	同左
		増加その他資本剰余金の額	「株主資本変動額－A－B」	同左
		利益準備金	―	―
		その他利益剰余金	株主資本変動額がゼロ未満のときはマイナスの絶対値をその他利益剰余金から減額（計算規則35条2項但書）	同左
	のれん（適用指針206項(4)）		・対価の一部が株式の場合において、簿価株主資本額＜対価簿価は正ののれん（簿価株主資本額＞対価簿価のときの差額は株主資本で調整されるため負ののれんは計上できない）	・対価の全部が株式の場合はのれんは計上できない 対価簿価（ゼロ）－（簿価株主資本額－抱合せ株式）＞0が成立しない。簿価株主資本額がマイナス（債務超過）の場合は、その絶対値はその他利益剰余金の減額とされる。
	消滅会社の直前の帳簿価額を付す方法		対価の全部が株式である場合であり、計算規則35条1項3	対価の全部が株式である場合であり、計

共同支配企業形成・逆取得	株主資本		号の原則による場合	算規則36条の適用を選択したときは、消滅会社の株主資本の内訳を引き継ぐことができる。
		増加資本金の額	「株主資本変動額の範囲内で合併契約に定めた額」＝A 株主資本変動額＝消滅会社の簿価株主資本額－対価簿価－交付した自己株式の帳簿価額－抱合せ株式（適用指針84－2項） ※合併契約でゼロとすることができる。	消滅会社の株主資本の資本金の額
		増加資本準備金の額	「株主資本変動額－A」の範囲内で合併契約に定めた額＝B	消滅会社の株主資本の資本準備金の額
		増加その他資本剰余金の額	「株主資本変動額－A－B」	消滅会社の株主資本のその他資本剰余金の額
		利益準備金	―	消滅会社の株主資本の利益準備金の額
		その他利益剰余金	株主資本変動額がゼロ未満のときはマイナスの絶対値をその他利益剰余金から減額（計算規則35条2項但書）	消滅会社のその他利益剰余金を引き継ぐことができる（指針247項(2)、185項(1)②）
	のれん（指針84－2項・84－3項・185項)			・対価の全部が株式の場合であるのでのれんは計上できない 対価簿価（ゼロ）－（簿価株主資本額－抱合せ株式）＞0が成立しない。簿価株主資本

				額がマイナス（債務超過）の場合は、その絶対値はその他利益剰余金の減額とされる。

第6　吸収合併において差損が生じる場合

会社法
（吸収合併契約の承認等）
第795条　存続株式会社は、効力発生日の前日までに、株主総会の決議によって、吸収合併契約の承認を受けなければならない。
2　次に掲げる場合には、取締役は、前項の株主総会において、その旨を説明しなければならない。
　一　吸収合併存続株式会社が承継する吸収合併消滅会社の債務の額として法務省令で定める額（次号において「承継債務額」という。）が吸収合併存続株式会社が承継する吸収合併消滅会社の資産の額として法務省令で定める額（同号において「承継資産額」という。）を超える場合
　二　吸収合併存続株式会社が吸収合併消滅株式会社の株主、吸収合併消滅持分会社の社員に対して交付する金銭等（吸収合併存続株式会社の株式等を除く。）の帳簿価額が承継資産額から承継債務額を控除して得た額を超える場合
　三　（略）
3　承継する吸収合併消滅会社の資産に吸収合併存続株式会社の株式が含まれる場合には、取締役は、第1項の株主総会において、当該株式に関する事項を説明しなければならない。
4　存続株式会社が種類株式発行会社である場合において、次の各号に掲げる場合には、吸収合併は、当該各号に定める種類の株式（譲渡制限株式であって、第199条第4項の定款の定めがないものに限る。）の種類株主を構成員とする種類株主総会（当該種類株主に係る株式の種類が二以上ある場合にあっては、当該二以上の株式の種類別に区分された種類株主を構成員とする各種類株主総会）の決議がなければ、その効力を生じない。ただし、当該種類株主総会において議決権を行使することができる株主が存しない場合は、この限りでない。
　一　吸収合併消滅株式会社の株主又は吸収合併消滅持分会社の社員に対して交付する金銭等が吸収合併存続株式会社の株式である場合　第749条第

１項第２号イの種類の株式
　二　（略）
　三　（略）
（吸収合併契約の承認を要しない場合等）
第796条　前条第１項から第３項までの規定は、吸収合併消滅会社が存続株式会社の特別支配会社である場合には、適用しない。ただし、吸収合併消滅株式会社の株主、吸収合併消滅持分会社の社員に対して交付する金銭等の全部又は一部が存続株式会社の譲渡制限株式である場合であって、存続株式会社が公開会社でないときは、この限りでない。
2　前項本文に規定する場合において、次に掲げる場合であって、存続株式会社の株主が不利益を受けるおそれがあるときは、存続株式会社の株主は、存続株式会社に対し、吸収合併をやめることを請求することができる。
　一　当該吸収合併が法令又は定款に違反する場合
　二　第749条第１項第２号若しくは第３号、第758条第４号又は第768条第１項第２号若しくは第３号に掲げる事項が存続株式会社又は消滅会社の財産の状況その他の事情に照らして著しく不当である場合
3　前条第１項から第３項までの規定は、第１号に掲げる額の第２号に掲げる額に対する割合が５分の１（これを下回る割合を存続株式会社等の定款で定めた場合にあっては、その割合）を超えない場合には、適用しない。ただし、同条第２項各号に掲げる場合又は第１項ただし書に規定する場合は、この限りでない。
　一　次に掲げる額の合計額
　　イ　吸収合併消滅株式会社の株主、吸収合併消滅持分会社の社員に対して交付する存続株式会社の株式の数に１株当り純資産額を乗じて得た額
　　ロ　消滅会社の株主に対して交付する存続株式会社等の社債、新株予約権又は新株予約権付社債の帳簿価額の合計額
　　ハ　消滅会社の株主等に対して交付する存続株式会社の株式等以外の財産の帳簿価額の合計額
　二　存続株式会社の純資産額として法務省令で定める方法により算定される額
4　前項本文に規定する場合において、法務省令で定める数の株式（前条第１項の株主総会において議決権を行使することができるものに限る。）を有する株主が次条第３項の規定による通知又は同条第４項の公告の日から２週間以内に吸収合併等に反対する旨を存続株式会社に対し通知したときは、当該存続株式会社は、効力発生日の前日までに、株主総会の決議によって、吸収合併契約の承認を受けなければならない。

会社法施行規則
（資産の額等）
第195条　法第795条第2項第1号に規定する債務の額として法務省令で定める額は、第1号に掲げる額から第2号に掲げる額を減じて得た額とする。
　一　吸収合併の直後に吸収合併存続会社の貸借対照表の作成があったものとする場合における当該貸借対照表の負債の部に計上すべき額から法第795条第2項第2号の株式等（社債（吸収合併直前に吸収合併存続会社が有していた社債を除く。）に限る。）につき会計帳簿に付すべき額を減じて得た額
　二　吸収合併の直前に吸収合併存続会社の貸借対照表の作成があったものとする場合における当該貸借対照表の負債の部に計上すべき額
2　法第795条第2項第1号に規定する資産の額として法務省令で定める額は、第1号に掲げる額から第2号に掲げる額を減じて得た額とする。
　一　吸収合併の直後に吸収合併存続会社の貸借対照表の作成があったものとする場合における当該貸借対照表の資産の部に計上すべき額
　二　吸収合併の直前に吸収合併存続会社の貸借対照表の作成があったものとする場合における当該貸借対照表の資産の部に計上すべき額から法第795条第2項第2号の金銭等（同号の株式等のうち吸収合併の直前に吸収合併存続会社の社債等を含む。）の帳簿価額を減じて得た額
3　前項の規定にかかわらず、吸収合併存続会社が連結配当規制適用会社である場合において、吸収合併消滅会社が吸収合併存続会社の子会社であるときは、法第795条第2項第1号に規定する資産の額として法務省令で定める額は、次に掲げる額のうちいずれか高い額とする。
　一　第1項第1号に掲げる額から同項第2号に掲げる額を減じて得た額
　二　前項第1号に掲げる額から同項第2号に掲げる額を減じて得た額

（注）　本条については、読みやすくするため、会社分割についての部分を除いてある。

1　概　　説

(1)　原　　則

　会社法では、簿価債務超過会社であるか又は必ずしもその意味は明確ではないものの実質債務超過会社であるかを問わず、吸収合併をすることが妨げられていない。
　しかし、債務超過会社を承継するような損失（その他利益剰余金のマイナス）の引受けに該当することとなる組織再編行為が行われると、存続会社の

分配可能利益の減少をきたすことにもなり、既存の株主に影響することになる。そのような差損が生じる場合には、株主の保護を図る必要があり、会社法796条3項本文の簡易手続の要件を満たす場合であっても、株主総会の承認を要するとともに（会社法796条3項但書）、株主総会で差損が生じることについて説明をしなければならないとされている（会社法795条2項柱書）。この差損が生じる場合の具体的要件については、会社法795条2項に、及び承継債務額・承継資産額については会社法施行規則195条1項及び2項に規定されており、対価に金銭及び財物がないときは次の①により、対価に金銭及び財物があるときは次の②による。

① 承継債務額（会社法施行規則195条1項）が承継資産額（会社法施行規則195条2項）を超える場合（会社法795条2項1号、会社法施行規則195条1項・2項）

言い換えると、「純資産の部の増加額（資産の部の変動額－負債の部の変動額）＋対価社債の簿価（対価に存続会社の社債があるとき）」がゼロ未満の場合が差損の生じる場合となるということであるが、対価に株式等以外の金銭等がない場合であるから、主として債務超過会社を合併する場合等が該当する。ただし、適用される会計処理によっては、債務超過会社を合併する場合でなくても本規定による差損が生じる場合がある。

② 交付する金銭等（存続会社の株式等を除く）の帳簿価額が承継資産額（会社法施行規則195条2項）から承継債務額（会社法施行規則195条1項）を控除して得た額を超える場合（会社法795条2項2号）

言い換えると、「純資産の部の増加額（資産の部の変動額－負債の部の変動額）＋対価金銭等（株式等を除く）の簿価」がゼロ未満の場合が差損の生じる場合となるということであるが、対価に株式等以外の金銭等があると、その部分は、社外に流出し（消滅会社の株主に交付され、消滅会社の株主と存続会社とは切断され、投資が清算される。）、会計処理上、合併後の存続会社の資産の部から減額されてしまうため、純資産の部の増加額にその部分を加算して、純資産の部の実質的な増加額を算出するようにされており、分配可能額の減額要因となるため、その額より承継する純資産が少ないとき（消滅会社

が債務超過でなくても）は、差損が生ずる場合に該当するということである。

　ただし、適用される会計処理によっては、消滅会社の承継資産にのれんが加算される場合（適用指針243項・251項等）があるので、消滅会社が債務超過であっても差損が生じない場合があり、対価である株式等以外の金銭等の額より消滅会社の簿価株主資本額が少なくても、対価簿価と同額がのれんに計上されて、分配可能額の減算につながらない場合もある。

　上記算式は、企業会計基準等による会計処理を前提にしたあらゆるケースを網羅した一般的な法則を導き出すといういわゆる帰納的な法則である算式を文言で表すという規律の仕方を採用しているため、難解な規定振りとなっている。会社計算規則がそうであるように、規定振りから具体的なケースを逆算することが困難であるということである。

(2) パーチェス法が適用される場合

　パーチェス法が適用される場合は、合併の前後における純資産の部の変動額と対価として交付した金銭等との差額はのれんの計上により吸収されるため、原則として（含み損がある財物を対価としたときの含み損に相当する額について純資産が減少する場合には差損が生じる場合もありうる。）、差損が生じる場合に該当しない。

　たとえば、対価として、有価証券（簿価200　時価100）を交付した場合、100の有価証券処分損（適用指針81項）として差損が生じる（会社法795条2項2号）。

(3) 共通支配下の取引に該当する場合

① 消滅会社が債務超過の場合

　ア　対価に株式がある場合

　共通支配下の取引に該当する場合は、消滅会社の簿価債務超過部分については、のれんで埋めきれない部分は存続会社のその他利益剰余金を減少するという処理となることから（会社計算規則35条2項ただし書）、差損が生じることになる。

　つまり、対価に株式がある場合には、計上できるのれんの額は対価簿価と同額に限定されており、結果として過去の損失（その他利益剰余金のマイナス）

第3章　企業結合と会計処理　247

を受け入れることになり、存続会社における分配可能利益が減少し、既存の株主に影響することになるため、簡易合併はできないということである。

　イ　対価に株式がない場合（無対価の場合を含む）

　対価に株式がない場合は、簿価株主資本額のマイナスの部分（債務超過部分）の絶対値と対価簿価の合計額が正ののれんとして計上されるので（適用指針243項）、差損が生じることにはならない。つまり、分配可能利益の減少が生じないため、簡易合併が可能となる。

　ウ　対価のすべてが株式の場合

　対価のすべてが株式の場合、株式の時価を算定する場合であれば株式評価額と受入時価純資産額との間に差額が生じるが、簿価引継ぎの場合には、受入純資産である簿価株主資本額を基準に株主資本変動額を算定するため、株式対価額と簿価株主資本額とは同額となるので、のれんの発生する余地はなく、したがって「差額が生じる場合」に該当しない。

② 抱合せ株式が多大の場合

　消滅会社が債務超過でなくても、対価の全部が株式であり、かつ、抱合せ株式の帳簿価額が多大の場合、たとえば、消滅会社の資産150、負債100、資本30、抱合せ株式の帳簿価額120、対価として株式60を交付した場合、株主資本変動額は、50－120＝△70となりゼロ未満であるので、増加する資本はゼロとされ、のれんは計上できず、△70の差損が生じる。

　したがって、抱合せ株式の帳簿価額が消滅会社の簿価株主資本額より大きいときは、のれんが計上できないことから、承継負債額が承継資産額より大きいこととなる。

　100％親子会社間の場合は、抱合せ株式すべてが親会社持分相当額となり、対価は交付できないため（会社法749条1項3号カッコ書）、消滅会社の簿価株主資本額と抱合せ株式の帳簿価額との差額は特別損益に計上するとされ（適用指針206項(2)①ア・438項）、のれんの算定に影響がないことになる。

(4)　**会社法795条2項の要件**

①　金銭等から存続会社の株式等を除くとした理由

　会社法795条2項2号の「金銭等（存続会社の株式等を除く。）」とは、存続

会社の株式、社債及び新株予約権以外の現金、財物のことであり、有価証券として資産の部に計上されている「存続会社が有する他社の株式、社債及び新株予約権」はここでいう財物ということになる。

　会社法で「金銭等」というときは、会社法151条の定義規定により、「金銭その他の財産」をいい、株式等（会社法107条2項2号ホの定義規定により、株式、社債及び新株予約権をいう。）を含む概念として使用されている。

　会社法795条2項2号が「金銭等（存続会社の株式等を除く。）」としていることについて、存続会社の株式、社債及び新株予約権を除外した理由は不明であるが（これについて触れた文献は、わずかに次のものしか見当たらない。立案者も、この説明がない。）、「株式等については、対価としてこれらの交付を受けた消滅会社の株主は、存続会社の株主等の一員として、存続会社の既存の株主等と共に、程度の差こそあれ、同様に差損の引き受けに伴う負担を負うことになるからと思われ、この部分を除いても、なお差損があるときについて、会社法795条の差損が生ずる場合としたものと思われる。」（澤田眞史ほか編『Q&A企業再編のための合併・分割・株式交換等の実務［改訂版］』清文社（平成22年）43頁）といわれている。

　私見であるが、株式等以外の現金及び財物が合併対価として消滅会社の株主に交付されたときは、そこで存続会社と消滅会社の株主との関係は清算されてしまい、対価株式は株主資本として、新株予約権は純資産の部に、社債は負債の部に、それぞれ貸借対照表に計上されるが、当該株式等以外の現金及び財物部分は、合併後の存続会社が作成したとしたときの貸借対照表上の資産の部から控除（社外流出分として）されるという会計処理とされるため、その分だけ存続会社の分配可能額が減少するからであると考える。

② 　自己社債、自己新株予約権

　会社法施行規則195条2項2号において、「法795条2項2号に規定する金銭等（同号の株式等のうち吸収合併の直前に吸収合併存続会社が有していた社債等を含む。）の帳簿価額」を合併前の存続会社の資産の部から減じたうえ、当該資産の額を、合併後の存続会社の資産の額から控除した額を「承継資産額」とするとされている。「同号の株式等」とは「存続会社の株式等」であ

るから、自社の発行する株式、新株予約権及び社債をいうところ、「そのうち、存続会社が有していた社債等」を含むというのであるから、ここでいう社債等とは、発行社債等ではなく、自己社債及び自己新株予約権をいうことである。

　つまり、会社法施行規則195条2項2号にいう会社法795条2項2号に規定する金銭等（同号の株式等のうち吸収合併の直前に吸収合併存続会社が有していた社債等を含む。）とは、自己社債及び自己新株予約権をも金銭等に含むということになる。むろん、存続会社が有している有価証券としての他社の社債等でないことはいうまでもない。もし、存続会社が有していた社債等を、有価証券としての他社の社債等をいうのであれば、会社法795条2項2号の「金銭等（存続会社の株式等を除く）」とした規定には、有価証券として資産に計上されている他社の社債等が含まれるのは当然であり、会社法施行規則195条2項2号において、あえて規定した意味はなくなるからである。

　なお、自己社債とは、会社が保有する自己の社債をいうが（会社計算規則2条3項28号）、発行した社債を、譲渡、競売等（会社法688条等）により会社が保有するに至ったものであるから、消却しない限り保有時に負債の部の社債の額から直接控除するということではなく（負債の部に計上さている帳簿価額はそのまま）、負債の部に計上されている社債の帳簿価額はそのままで、当該自己社債を資産の部の有価証券として保有するということであり、消却又は処分するときにその帳簿価額を減ずればよいということである。

　これに対して、自己新株予約権（会社法255条1項、会社計算規則2条2項13号）は、自らが発行した新株予約権の買戻しであるから、取得原価による帳簿価額を純資産の部の新株予約権から直接控除するのが原則であり（会社計算規則86条本文）、ただし、控除項目として、純資産の部に表示することができるとされている（会社計算規則86条但書、76条8項）。受取対価と処分した自己新株予約権の帳簿価額との差額は、自己新株予約権処分損益として処理される。自己新株予約権は、旧商法では規定がなく、発行会社が自己の新株予約権を取得することにより新株予約権が消滅するかどうか明らかでなかったが、会社法では、発行会社が自己の新株予約権を取得した場合には自己新

株予約権となることを前提とする規定が設けられ（会社法273条〜275条）、自己株式と同様に、消却という手順をとることにより消滅することとされた（会社法276条）。

　結論からいうと、自己社債及び自己新株予約権は金融資産としての一時所有有価証券として資産の部に計上されることとなるということであろう（会社計算規則旧2条3項38号ロ、42号イ、63号イ参照）。

　なお、対価社債及び新株予約権は、自己株式の処分と異なり、その処分について分配可能額の算定に影響する旨の規定はなく、組織再編受入行為の前後の剰余金変動額には反映されない性質のものであるが、自己株式の処分については、剰余金・分配可能額ともに、組織再編受入行為の前後の剰余金変動額で処理される（会社法461条2項2号、会社法施行規則186条10号）。

③　対価社債の貸借対照表における表示

　社債は、社債権者に対する償還金の支払債務を負うものであるから、貸借対照表の負債の部に固定負債（返済期限が1年を超えるものは固定資産、これに対して1年以内のものは流動負債）として表示されるという会計処理になる（会社計算規則75条2項2号イ）。したがって、吸収合併の際に対価として社債が交付された場合には、合併後の存続会社の貸借対照表の負債の部に「帳簿に付すべき額」が計上される。

　対価として自己社債が処分されたときは、資産の部に計上されている有価証券としての自己社債（自己新株予約権のような規定がないので、消却しない限り保有時に負債から直接控除されるということではなく、同額が負債の部にも計上されたまま、新たに負債の額として計上されることはない。）が対価とされることになり、これは会社法795条2項2号に規定する対価としての金銭等にその帳簿価額が含まれるということになる。

　自己社債は、自己新株予約権のような規定が存しないので、平成13年の金庫株解禁に係る改正前の旧商法時の自己株式と同様に、消却しない限り資産としての有価証券として保有せざるをえず、対価として処分されると合併後の存続会社の貸借対照表上の資産の部から社外流出分として減額されることになる。

④　対価新株予約権の貸借対照表における表示

　発行新株予約権は、純資産の部に、株主資本の項目とは別に新株予約権の項目に加算される。

　新株予約権の発行時の会社側の会計処理は、発行に伴う払込金額（会社法238条1項3号）等その他適切な価格を増加すべき新株予約権の額として純資産の部に「新株予約権」として計上されるが（会社計算規則55条1項・2項7号、76条1項1号ハ）、従来は負債の部に計上することとされていた。

　自己新株予約権が純資産の部の新株予約権の項目に控除項目として計上されているときは、処分された自己新株予約権の帳簿価額が新株予約権の控除項目から減算される。

　自己新株予約権は、前述したように会社が保有するものをいうが（会社法255条1項、会社計算規則2条2項13号）、自己新株予約権は、自らが発行した新株予約権の買戻しであるから、自己新株予約権を取得したときの会計処理は、保有時である取得時の時価に付随費用を加算した額を取得原価として、その取得原価による帳簿価額を純資産の部の新株予約権から直接控除するのが原則であり、その控除残高を新株予約権の金額として表示しなければならないが（会社計算規則86条本文、新株予約権実務対応報告Q2A1）、自己新株予約権を控除項目として表示することができるとされている（会社計算規則76条8項）。控除項目として区分しない場合には、新株予約権から直接控除するということになる。

　この自己新株予約権は、消却したときは消却時に又は処分したときは処分時に、損益を計上するが、自己新株予約権の処分時の会計処理は、受取対価と処分した自己新株予約権の帳簿価額との差額を自己新株予約権処分損益等適切な科目をもって当期の損益として処理される（新株予約権実務対応報告Q2A4、Q22）。

⑤　自己株式の取得は、会計処理上、有価証券の増加ではなく、取得原価の全額を純資産の部の株主資本の控除項目とされる（会社計算規則24条1項、76条2項5号）。したがって、自己株式の減少（処分した場合）による処分差益は、その帳簿価額だけ分配可能額を増加させる。

⑥ 承継債務額

　以上をふまえると、対価として社債が交付されたときは、存続会社の合併後の貸借対照表の負債の部に負債として帳簿に付すべき額が計上される（会社計算規則75条2項2号イ）会計処理となるため、そのままだと、合併後の存続会社の負債の額がその分だけ増加してしまい、対価社債は分配可能額に影響しないにもかかわらず、分配可能額の減少要因となってしまう。そこで、会計処理をふまえた承継債務額の計算上、負債の部に加算される発行社債の帳簿に付すべき額を、あらかじめ控除（減算）し、分配可能額の算定に反映しないようにして、対価に社債がない場合の「承継債務額」と同一になるように手当されている。

　対価社債のうち自己社債が除かれているのは、自己社債は、資産の部に保有有価証券として計上されているところ、それに見合う（引当金となる。）債務としてその帳簿価額がすでに負債の部に計上されており、そもそも、自己社債の交付が分配可能額の算定に直接影響しない（有価証券評価差額がある場合を除く。）ためと考えられる。

⑦ 承継資産額

　存続会社の株式等以外の金銭等が対価として交付されたときは、その額が承継純資産額より大きいときは差損が生じることになるが、当該対価額は、合併後の存続会社の貸借対照表から流出分として控除されてしまうため、承継純資産額の計算上、形式上資産の部に計上されている自己社債及び純資産の部の自己新株予約権に控除項目として計上されている帳簿価額が、合併による増加純資産額の計算上、減額されないようにあらかじめ加算（減算の減算）して、「承継資産額」に反映しないようにされている。

　会社法施行規則195条2項2号において、「法795条2項2号に規定する金銭等（同号の株式等のうち吸収合併の直前に吸収合併存続会社が有していた社債等を含む。）の帳簿価額」を合併前の存続会社の資産の部から減じた上、当該資産の額を、合併後の存続会社の資産の額から控除した額を「承継資産額」とするとされている。「同号の株式等」とは「存続会社の株式等」であるから、自社の発行する株式、新株予約権及び社債をいうところ、「そのう

ち、存続会社が有していた社債等」を含むというのであるから、ここでいう社債等とは、発行社債等ではなく、自己社債及び自己新株予約権をいうことである。資産としてののれんが、承継資産額に加算されるのは、会計処理上の前提となっているため、吸収合併により適用されるのれんの計上等の会計処理によって、「差額が生じる場合」の算定が異なる。

(5) 連結配当規制適用会社の特則

会社法795条2項の差損が生じる場合であっても、連結配当規制適用会社（会社計算規則2条3項51号）において、吸収合併消滅会社が吸収合併存続会社の子会社であるときは、合併差損の算定上、従前より親子関係がある場合にあっては、存続会社である親会社において計上する負債の額を零とすることができ（会社計算規則158条4号カッコ書）、これは分配可能額の計算上、すでにその子会社が計上している損失について控除されていることを意味し、また会社法795条2項1号に規定する資産の額は、承継債務額と承継資産額のいずれか高い額とされており（会社法施行規則195条3項）、いずれにしても、結果として差損が生じないことになる。「子会社に対する投資損失が分配可能額に反映されているため、子会社を吸収合併してその損失を親会社が受け入れることになっても、分配可能額への影響が生じないことになる」（相澤哲編「新会社法関係法務省令の解説」別冊商事法務300号144頁）。

2 具体例

吸収合併に適用されるのれんの計上等の会計処理によって異なるが、具体的には、次のようなことがいえる。

存続会社の個別貸借対照表

A 資産	B 負債
	純資産

消滅会社（債務超過）の個別貸借対照表

A″ 資産	B 負債″
	△その他利益剰余金

A 存続会社の資産　　B 存続会社の負債
A″ 消滅会社の資産　　B″ 消滅会社の負債
a 対価簿価、b 対価社債、c 対価新株予約権、d 対価株式
E のれん

合併後の存続会社の個別貸借対照表

(資産の部)	(負債の部)	
消滅会社の資産（A″）	消滅会社の負債（B″）	
のれん		
	存続会社の負債（B）	
存続会社の資産（A－対価簿価a）	対価社債の簿価（b）	
	(純資産の部)	
		株主資本の項（dは株主資本で調整される。）
		新株予約権の項（c）
対価簿価分（a） 流出分		

(注1) 承継資産額……$((A + A″ + 資産としてののれん) - a) - (A - a) = A″ + のれん$

　対価としての存続会社が有していた社債等（自己社債及び自己新株予約権）は、資産の部に計上されている有価証券であり、存続会社の合併後の貸借対照表の資産の部から社外流出分として消滅されるため、承継資産額を「合併後の存続会社の資産の部に計上する額（(A + A″ + 資産としてののれん) - a）から合併前の存続会社の資産額（A）を控除する」という差額による増加資産額を算出する以上、そのままでは社外に流出する対価簿価分が減少してしまうため、計算上、加算（減算の減算）して、承継資産に影響しないようにされている。会計処理上算定される「資産としてののれん」は承継資産に含まれる。会社法795条2項2号の金銭等＝対価株式、新株予約権、社債を除く現金及び財物（資産の部に計上されている他社の株式、新株予約権、社債は有価証券に含まれる。）。

(注2) 承継債務額……$((B + B″ + b) - b) - B = B″$

　対価社債（b）は存続会社の合併後の貸借対照表の負債の部に計上されるため、減算して、対価社債がない場合の承継負債と同一になるよう、承継負債に影響しないようにされている。

Ⅰ　パーチェス法が適用される場合

　パーチェス法が適用される場合は、合併の前後における純資産の部の変動額と対価として交付した金銭等との差額はのれんの計上により吸収されるため、差損が生じる場合に該当しない。対価に含み損がある場合は、差損が生じる場合もありうる。

Ⅰ−① 〈対価が株式のみで消滅会社が債務超過の場合〉

・支払対価（吸収型再編対価）…株式　500　　抱合せ株式　30

存続会社の個別貸借対照表

諸資産	2500	諸負債	1200
（うち消滅会社の株式簿価30、時価40）		資本金	500
		資本準備金	200
		その他資本剰余金	200
		その他利益剰余金	400
合計	2500	合計	2500

消滅会社の個別貸借対照表

諸資産	600	諸負債	1000
		資本金	100
		その他資本剰余金	200
		その他利益剰余金	△700
合計	600	合計	600

企業結合日の個別財務諸表上の会計処理（合併仕訳）

（借）	資産	600	（貸）	負債	1000
	のれん（注）	930		株主資本	500
				消滅会社の株式	30

（注）　500（対価）＋30（抱合せ株式簿価）−△400（受入純資産額）＝930（適用指針243項、旧会社計算規則13条1項）

合併後の存続会社の個別貸借対照表

諸資産	4000	諸負債	2200
（注）		資本金	1000
		資本準備金	200
		その他資本剰余金	200
		その他利益剰余金	400
合計	4000	合計	4000

（注）　2500＋600＋930（のれん）−30（抱合せ株式消滅分）＝4000

(ア)　承継資産額

$$((A + A'' + 資産としてののれん) − a) − (A − a) = A'' + のれん$$

① 合併直後の資産の額　4000

　2500＋600＋930（のれん）－30（抱合せ株式消滅分）＝4000

② 合併直前の資産の額　2500

③ 交付した金銭等の額（会社計算規則195条2項2号）　　0

④ 承継資産額　1500（①－（②－③））

(イ) 承継債務額

　$((B+B''+b)-b)-B=B''$

① 合併直後の負債の額　2200

② 合併直前の負債の額　1200

③ 承継債務額　1000（①－②）

(ウ) 簡易判定

　会社法795条2項1号に該当しない。

　交付した金銭等の額（会社法795条2項2号）　ゼロであり、承継債務額1000＜承継資産額1500となるため、会社法795条2項1号（承継債務額＜承継資産額）に該当しない。

Ⅰ—② 〈対価が現金等の財産のみで消滅会社が債務超過の場合〉

・支払対価（吸収型再編対価）…現金　500　　抱合せ株式　30

存続会社の個別貸借対照表

諸資産	2500	諸負債	1200
（うち消滅会社の株式簿価30、時価40）		資本金	500
		資本準備金	200
		その他資本剰余金	200
		その他利益剰余金	400
合計	2500	合計	2500

消滅会社の個別貸借対照表

諸資産	600	諸負債	1000
		資本金	100
		その他資本剰余金	200
		その他利益剰余金	△700
合計	600	合計	600

企業結合日の個別財務諸表上の会計処理（合併仕訳）

（借）	資産	600	（貸）	負債	1000
	のれん（注）	930		現金	500
				消滅会社の株式	30

（注） 500（対価）＋30（抱合せ株式簿価）－△400（受入純資産額）＝930

合併後の存続会社の個別貸借対照表

諸資産	3500	諸負債	2200
（注）		資本金	500
		資本準備金	200
		その他資本剰余金	200
		その他利益剰余金	400
合計	3500	合計	3500

（注） 2500＋600＋930（のれん）－30（抱合せ株式消滅分）－500（現金流出分）＝3500

(ア) 承継資産額

　　$((A＋A''＋資産としてののれん)－a)－(A－a)＝A''＋のれん$

① 合併直後の資産の額　3500

　　2500＋600＋930（のれん）－30（抱合せ株式消滅分）－500＝3500

② 合併直前の資産の額　2500

③ 交付した金銭等の額（会社計算規則195条2項2号）　500

④ 承継資産額　1500（①－（②－③）＝3500－（2500－500））

(イ) 承継債務額

　　$((B＋B''＋b)－b)－B＝B''$

① 合併直後の負債の額　2200

② 合併直前の負債の額　1200

③　承継債務額　1000（①－②）

(ウ)　簡易判定

会社法795条2項2号に該当しない。

承継資産額1500、承継債務額1000、交付した金銭等の額（会社法795条2項2号）500であるから、500＝1500－1000となり、会社法795条2項2号（金銭等＞承継資産額－承継債務額）に該当しない。

Ⅰ－③　対価に含み損がある場合

たとえば、対価としての有価証券が帳簿価額500のところ時価200であれば、有価証券評価差額金は△300であり、300の有価証券処分損（適用指針81項）として差損が生じる（会社法795条2項2号）。

〈財産のみ〉

・支払対価（吸収型再編対価）…有価証券　時価200（簿価500）

存続会社の個別貸借対照表

諸資産　　　　　　2500（時価）	諸負債　　　　　　　1200（時価）	
（簿価2800）	資本金	500
	資本準備金	200
	その他資本剰余金	200
	その他利益剰余金	700
	有価証券評価差額金	△300
合計　　　　　　　　2500	合計	2500

消滅会社の個別貸借対照表

諸資産　　　　　　　1000	諸負債	900
	資本金	100
合計　　　　　　　　1000	合計	1000

企業結合日の個別財務諸表上の会計処理（合併仕訳）

（借）　資産	1000	（貸）　負債	900
のれん（注1）	100	有価証券	500
有価証券処分損（注2）	300		

（注1）　200（対価時価）－100（受入純資産額）＝100

第3章　企業結合と会計処理　259

(注2) 有価証券を対価としたときは、資産の処分取引であるから、当該有価証券に含み損があるときは、その差額(簿価500-時価200=300)は存続会社の損益に計上するため(適用指針81項)、300の差損が生じることになる。

合併後の存続会社の個別貸借対照表

諸資産	3100	諸負債	2100
(注)		資本金	500
		資本準備金	200
		その他資本剰余金	200
		その他利益剰余金	100
合計	3100	合計	3100

(注) 2500+1000+100(のれん)-500(流出分)=3100

(ア) 承継資産額

$((A+A''+資産としてののれん)-a)-(A-a)=A''+のれん$

① 合併直後の資産の額　3100

2500+1000+100(のれん)-500=3100

② 合併直前の資産の額　2500

③ 交付した金銭等の額(会社計算規則195条2項2号)　200

④ 承継資産額　800 ((①-(②-③)=3100-(2500-200))

(イ) 承継債務額

$((B+B''+b)-b)-B=B''$

① 合併直後の負債の額　2100

② 合併直前の負債の額　1200

③ 承継債務額　900

(ウ) 簡易判定

会社法795条2項2号に該当する。

承継資産額800、承継債務額900、交付した金銭等の額(会社法795条2項2号)500であるから、500>800-900となり、会社法795条2項2号(金銭等>承継資産額-承継債務額)に該当する。

Ⅱ　共通支配下の取引に該当する場合

〈対価に株式がある場合〉

共通支配下の取引に該当する場合において、消滅会社が債務超過のときの対価に株式があるときののれんは対価簿価と同額とされ（適用指針251項）、消滅会社の簿価債務超過部分つまりのれんで埋めきれない部分は存続会社のその他利益剰余金を減少するという処理となることから（会社計算規則35条2項但書）、差損が生じることになる。

　たとえば、消滅会社の資産100、負債150、資本100、利益剰余金△150の場合に対価として株式100及び現金60を交付した場合、株主資本変動額は△150－60＝△210となりゼロ未満であるので、増加する資本はゼロであり、現金60と同額が正ののれんとして計上されるので、△150の差損が生じ、金銭等の対価価額が承継する純資産額を超えることになり、会社法795条2項2号に該当する。

〈対価に株式がない場合〉

　対価に株式がない場合は、簿価株主資本額のマイナスの部分の絶対値と対価簿価の合計額が正ののれんとして計上されるので（適用指針243項）、金銭等の対価価額と承継する純資産額とが同額となり、差損が生じることにはならない。無対価の場合も簿価株主資本額のマイナスの部分の絶対値が正ののれんとして計上されるので（適用指針243項）、同様である。

Ⅱ—① 　共通支配下関係合併において対価が現金等の財産のみ（株主資本に変動なし）

・支払対価…現金　500　　抱合せ株式　60

A社（存続会社）の個別貸借対照表

諸資産	600	諸負債	200
（うちB社の株式60）		資本金	200
		その他資本剰余金	100
		その他利益剰余金	100
合計	600	合計	600

B社（消滅会社）の個別貸借対照表

諸資産	500	諸負債	320
		資本金	100
		その他資本剰余金	50
		その他利益剰余金	30
合計	500	合計	500

企業結合日の個別財務諸表上の会計処理（合併仕訳）

（借）	資産	500	（貸）	負債	320
	のれん（注）	380		現金	500
				消滅会社の株式	60

（注）　500（対価）＋60（抱合せ株式）−180（受入純資産額）＝380

(ア)　承継資産額

$$((A+A''+資産としてののれん)-a)-(A-a)=A''+のれん$$

① 合併直後の資産の額　920

　　600＋500＋380（のれん）−60（抱合せ株式消滅分）−500（現金等）＝920

② 合併直前の資産の額　600

③ 交付した金銭等の額（会社計算規則195条2項2号）　500

④ 承継資産額　820（①−（②−③）＝920−（600−500））

(イ)　承継債務額

$$((B+B''+b)-b)-B=B''$$

① 合併直後の負債の額　520（200＋320）

② 合併直前の負債の額　200

③ 承継債務額　320（①−②＝520−200）

(ウ)　簡易判定

会社法795条2項2号に該当しない。

　500（交付した金銭等の額）＝820（承継資産額）−320（承継債務額）となり、交付した金銭等の額＞承継資産額−承継債務額に該当しない。

Ⅱ—②　共通支配関係合併において対価が現金等の財産のみ（消滅会社が債務超過の場合）

・支払対価…現金 500　抱合せ株式 60

A社（存続会社）の個別貸借対照表

諸資産	600	諸負債	200
（うちB社の株式60）		資本金	200
		その他資本剰余金	100
		その他利益剰余金	100
合計	600	合計	600

B社（消滅会社）の個別貸借対照表

諸資産	700	諸負債	1000
		資本金	100
		その他資本剰余金	50
		その他利益剰余金	△450
合計	700	合計	700

企業結合日の個別財務諸表上の会計処理（合併仕訳）

（借）	資産	700	（貸）	負債	1000
	のれん（注）	860		現金	500
				消滅会社の株式	60

（注）　500（対価）＋60（抱合せ株式）－△300（受入純資産額）＝860（適用指針243項）、対価が株式併用のときののれんは対価簿価と同額（適用指針251項）。

合併後の存続会社の個別貸借対照表

諸資産	1600	諸負債	1200
（注）		資本金	200
		その他資本剰余金	100
		その他利益剰余金	100
合計	1600	合計	1600

（注）　600＋700＋860（のれん）－60（抱合せ株式消滅分）－500（現金流出分）＝1600

(ｱ)　承継資産額

　　$((A＋A''＋資産としてののれん)－a)－(A－a)＝A''＋のれん$

①　合併直後の資産の額　1600

　　600＋700＋860（のれん）－60（抱合せ株式消滅分）－500＝1600

② 合併直前の資産の額　600
③ 交付した金銭等の額（会社計算規則195条2項2号）　500
④ 承継資産額　1500（①－（②－③）＝1600－（600－500））
(イ)　承継債務額
　　$((B+B''+b)-b)-B=B''$
① 合併直後の負債の額　1200
② 合併直前の負債の額　200
③ 承継債務額　1000（①－②）
(ウ)　簡易判定
　会社法795条2項2号に該当しない。
　500＝1500－1000となり、会社法795条2項2号（交付した金銭等の額＞承継資産額－承継債務額）に該当しない。

Ⅱ—③　共通支配下関係合併で存続会社の株式併用（消滅会社が債務超過の場合）

・支払対価…現金　300　　株式時価　250（50株×＠5）（うち対価自己株式10株の帳簿価額40）　　抱合せ株式　60（帳簿価額）

A社（存続会社）の個別貸借対照表

諸資産	2500	諸負債	1200
（うち消滅会社の株式60）		資本金	500
		資本準備金	200
		その他資本剰余金	200
		その他利益剰余金	440
		自己株式	△40
合計	2500	合計	2500

B社（消滅会社）の個別貸借対照表

諸資産	800	諸負債	1000
		資本金	100
		その他資本剰余金	50
		その他利益剰余金	△350
合計	800	合計	800

企業結合日の個別財務諸表上の会計処理（合併仕訳）

（借方）		（貸方）	
諸資産	800	諸負債	1000
のれん	300	現金	300
	（注1）	自己株式（注2）	40
		抱合せ株式	60
		その他資本剰余金	△40（注3）
		その他利益剰余金	△260（注3）

(注1) 　300 −（800 − 1000 − 60）= 560
　　　　対価が株式併用のときののれんは対価簿価と同額（適用指針251項）。
　　　　債務超過部分についてはその他利益剰余金の減額（会社計算規則35条2項但書）。
(注2) 　自己株式消却分（対価として交付）として貸方に記載する。
(注3) 　株主資本変動額 = 簿価株主資本額 + のれん − 抱合せ株式 − 自己株式 − 対価簿価
　　　　（△200 + 300 − 60 − 300 − 40）= △380のため株主資本変動額はゼロとし、△40部分
　　　　の自己株式処分差損はその他資本剰余金の減額、△260（560 − 300）部分の債務超過
　　　　に起因する部分はその他利益剰余金の減額とする（会社計算規則35条2項但書）。

合併のれん算定イメージ

資産（時価）	800	負債（時価）	1000
その他利益剰余金	260		
		消滅会社株式（抱合せ株式）	60
のれん	300	現金	300

合併後の存続会社の個別貸借対照表

諸資産	3240	諸負債	2200
（2500 + 800 + 300 − 300 − 60 = 3240）（注1）		資本金	500
		資本準備金	200
		その他資本剰余金	160
		その他利益剰余金	180
		（440 − 260）（注2）	
合計	3240	合計	3240

(注1) 　承継資産にのれん加算、自己株式消却、抱合せ株式消滅、現金流出。
(注2) 　資産としてののれんが発生する場合においては、株主資本変動額 = 簿価株主資本
　　　　額 + のれん − 対価簿価 − 抱合せ株式帳簿価額 = 0 が株主資本変動額となり、自己株
　　　　式の帳簿価額40を処分する場合は、さらに自己株式の帳簿価額をマイナスするた
　　　　め、株主資本変動額は△40となり、この差損がその他資本剰余金の減額となる。
　　　　資産としてののれんが発生しない場合において、処分する自己株式の帳簿価額が
　　　　対価株式の時価より大きい場合も、簿価株主資本額 − 自己株式の帳簿価額 = △、つ

まり株主資本変動額マイナスとなるときは、株主資本変動額ゼロとし、この差損がその他資本剰余金の減額となる。

(ア) 承継資産額

$$((A+A''+資産としてののれん)-a)-(A-a)=A''+のれん$$

① 合併直後の資産の額　3240

　　2500＋800＋300（のれん）－60（抱合せ株式消滅分）－300＝3240

② 合併直前の資産の額　2500

③ 交付した金銭等の額　300

④ 承継資産額　1040（①－（②－③）＝3240－（2500－300））

(イ) 承継債務額

$$((B+B''+b)-b)-B=B''$$

① 合併直後の負債の額　2200

② 合併直前の負債の額　1200

③ 承継債務額　1000

(ウ) 簡易判定

　会社法795条2項2号に該当する。

　300＞1040－1000であるから、会社法795条2項2号（交付した金銭等の額＞承継資産額－承継債務額）に該当する。

Ⅱ―④　共通支配下関係合併で存続会社の株式併用（消滅会社が債務超過の場合）

・支払対価…現金　300　　社債　70（発行社債50　自己社債20）

・株式時価…250（50株×@5）（うち対価自己株式10株の帳簿価額40）　　抱合せ株式　60（帳簿価額）

A社（存続会社）の個別貸借対照表

諸資産	2500	諸負債	1200
（うち消滅会社の株式60　自己社債20）		資本金	500
		資本準備金	200
		その他資本剰余金	200
		その他利益剰余金	440
		自己株式	△40
合計	2500	合計	2500

B社（消滅会社）の個別貸借対照表

諸資産	800	諸負債	1000
		資本金	100
		その他資本剰余金	50
		その他利益剰余金	△350
合計	800	合計	800

企業結合日の個別財務諸表上の会計処理（合併仕訳）

（借方）		（貸方）	
諸資産	800	諸負債	1000
のれん	370	現金	300
	（注1）	社債	70
		自己株式（注2）	40
		抱合せ株式	60
		その他資本剰余金	△40（注3）
		その他利益剰余金	△260（注3）

（注1）　370 －（800 － 1000 － 60）＝ 630
　　　　対価が株式併用のときののれんは対価簿価と同額（適用指針251項）。
　　　　債務超過部分についてはその他利益剰余金の減額（会社計算規則35条2項但書）。
（注2）　自己株式消却分（対価として交付）として貸方に記載する。
（注3）　株主資本変動額＝簿価株主資本額＋のれん－抱合せ株式－自己株式－対価簿価
　　　　（△200 ＋ 370 － 60 － 370 － 40）＝△380のため株主資本変動額はゼロとし、△40部分の自己株式処分差損はその他資本剰余金の減額、△260（630 － 370）部分の債務超過に起因する部分はその他利益剰余金の減額とする（会社計算規則35条2項但書）。

合併のれん算定イメージ

資産（時価）	800	負債（時価）	1000
その他利益剰余金	260	消滅会社株式（抱合せ株式）	60
のれん	370	現金等	370

合併後の存続会社の個別貸借対照表

諸資産	3220	諸負債	2250
（2500＋800＋370－20（自己社債分）－370－60＝3220）（注1）		（2200＋50）	
		資本金	500
		資本準備金	200
		その他資本剰余金	160
		その他利益剰余金	110
		（440－260－70）（注2）	
合計	3220	合計	3220

（注1） 承継資産にのれん加算、自己株式消却、抱合せ株式消滅、現金流出。

（注2） 資産としてののれんが発生する場合においては、株主資本変動額＝簿価株主資本額＋のれん－対価簿価－抱合せ株式帳簿価額＝0が株主資本変動額となり、自己株式の帳簿価額40を処分する場合は、さらに自己株式の帳簿価額をマイナスするため、株主資本変動額は△40となり、この差損がその他資本剰余金の減額となる。

　　　資産としてののれんが発生しない場合において、処分する自己株式の帳簿価額が対価株式の時価より大きい場合も、簿価株主資本額－自己株式の帳簿価額＝△、つまり株主資本変動額マイナスとなるときは、株主資本変動額ゼロとし、この差損がその他資本剰余金の減額となる。

(ア)　承継資産額

　　　$((A＋A''＋資産としてののれん)－a)－(A－a)＝A''＋のれん$

① 合併直後の資産の額　3220

　　2500＋800＋370（のれん）－60（抱合せ株式消滅分）－370＝3220

② 合併直前の資産の額　2500

③ 交付した金銭等の額（会社法施行規則195条2項2号カッコ書）

　　370（300（現金）＋70（社債分））

④ 承継資産額　1090（①－（②－③）＝3220－（2500－370））

(イ)　承継債務額

　　　$((B＋B''＋b)－b)－B＝B''$

① 合併直後の負債の額　2200
② 合併直前の負債の額　1200
③ 交付した社債の額（自己社債を除く。会社法施行規則195条1項1号カッコ書）　50
④ 承継債務額　950（((①－③)－②)＝2200－50－1200）

(ウ)　簡易判定

会社法795条2項2号に該当する。

370＞1090－950であるから、会社法795条2項2号（交付した金銭等の額＞承継資産額－承継債務額）に該当する。

第3節 吸収分割の会計処理

第1 吸収分割の場合の原則

　会社法上、吸収分割承継会社の資本金は、貸借対照表上株主資本内における計数の変動（剰余金又は準備金の資本組入れ）の場合を除けば、株式を交付する場合に限り、増加するものとして整理されており（会社法445条1項）、吸収分割の際に変動する株主資本（資本金、資本準備金、その他資本剰余金、利益準備金、その他利益剰余金）の額の計算については、一義的には企業結合会計基準等に委ねられており、企業結合の会計上の分類（取得、共通支配下の取引等）に応じて定まる会計上の処理に対応して、その株主資本変動額が算定され、その内訳項目は会社法及び会社計算規則に基づき決定されるとされている（会社法432条1項、445条5項、会社計算規則4条1項、37条、38条）。

　吸収分割承継会社の資本金の額は、会社計算規則37条、38条に定めるところによるが、ただし、会社計算規則は、具体的に企業結合の会計上の区分及びその場合における株主資本変動額の算定については、会計慣行に委ねているので、ある吸収分割に、会計慣行上、いかなる会計上の区分が妥当し、その場合の株主資本変動額の算定の経緯については、登記申請における申請書、登記簿、添付書面から判明しないことになる。その意味において改正会社計算規則（平成21年3月27日法務省令第7号・平成21年4月1日施行）の規定は、株主資本変動額の算定の場面においてはなんら明らかになるものではなく、株主資本の内訳の決定は、その株主資本変動額の範囲内で分割契約の定めに従い定まるという部分が意味を有しており、合理化されすぎてかえって難解な規定振りとなっている。

　吸収分割時において、会社法上、分割対価が株式である場合についての

み、「資本金及び準備金の額に関する事項」を分割契約に定めるべきとされている（会社法758条4号イ）。一般的に、分割対価として株式（自己株式の帳簿価額を控除）を交付した場合において、分割会社から承継する財産がプラスであれば、株主資本変動額（会社計算規則37条1項、適用指針79項）の範囲で分割契約書の定めに従い定めた額（会社計算規則37条2項）、又は吸収分割直前の分割会社の資本金の額（会社計算規則38条）が増加する。

分割対価の全部が自己株式であっても、その帳簿価額が対価時価を下回っていれば対価時価から自己株式帳簿価額を控除した範囲で株主資本の計上は可能である。

吸収分割の承継会社が株式を発行する場合の資本金の額は、パーチェス法によった場合には、交付する株式の時価（株主資本変動額）の範囲内の額に定められ、簿価引継ぎの場合は分割会社の簿価純資産額の範囲内の額に定められ、募集株式を発行した場合のように、資本金等増加限度額の2分の1以上を資本金の額としなければならない制限はない。

第2 会社分割に関する会計処理の類型

1 会社分割の形態

(1) 吸収分割

吸収分割とは、分割により分割する会社の事業に関して有する権利義務の全部又は一部を分割後承継する会社に承継させるものをいい（会社法2条29号、会社計算規則2条3項34号ロ）、具体的には、分割会社の承継事業に係る資産・負債を承継することである。

吸収分割の当事者としては、合併と異なり、分割会社は、事業を承継会社へ移転するとともに、自らも会社として残ることになり、分割対価は、分割会社に交付されることから、分割会社の株主が直接かかわることはない。

分割対価が分割と同時に分割会社の剰余金の配当等として交付される、いわゆる分割型吸収分割にあっては、分割会社の株主が間接的にかかわること

になる。

(2) 分割型吸収分割

　会社法では、承継会社の分割対価は分割会社に交付する方法のみが規定され（会社法758条4号、旧商法における物的分割）、直接分割会社の株主に交付する従来の人的分割は制度としては認められていない。旧商法の人的分割に相当するものは、会社分割と別の制度を同時に行うものとして構成されており、それが会社法758条8号の規定である。

　会社法758条8号では、全部という限定はないが、それは、財源規制がかからない範囲としての規定上、全部が財源規制にかからないのであれば、一部が財源規制にかからないのは当然であり、会社法758条8号はあくまでも財源規制がかからない範囲を規定するものである。

　したがって、会社法758条8号による事項を定めることによる法律効果は、あくまでも分配可能額規制（会社法458条）が課されないことであるから、たとえば、吸収分割と同時に剰余金の配当等をしても分配可能額を超えないことが見込まれる場合には、あえて本事項を定める必要がなく、吸収分割とは別個の手続により配当等を行えば足りる。

　なお、吸収分割における分割会社の債権者保護手続については、分割会社に債務の履行を請求できる債権者には債権者保護手続を要しないとされているが（会社法789条1項2号）、会社法758条8号の定めをした場合には、すべての債権者に債権者保護手続を要する（会社法789条1項2号カッコ書）。

① 会社法758条8号

　ア　分割型

　分割会社が、効力発生日に次に掲げる行為をする旨を分割契約に定め、分割対価を分割会社を経由して分割会社の株主に対価を交付することができる。会社法上、分割型吸収分割という用語は使用されていないが、会社計算規則上、「分割契約において会社法758条8号に掲げる事項を定めたものであって、吸収分割会社が当該事項についての定めに従い吸収分割対価の<u>全部</u>を当該吸収分割会社の株主に交付する」場合を「分割型吸収分割」と定義している（会社計算規則2条3項40号）。

272

したがって、吸収分割対価の一部を交付する場合は、会計処理上の問題としては、通常の処理と異なる処理がされるということではなく、あくまでも、分配可能額規制（会社法458条）が課されないということにおいて意味を有する。
　なお、分割型吸収分割の場合には、分割会社において吸収分割の手続のほか、剰余金の配当又は全部取得条項付種類株式の取得の手続を要するのは当然である。
　　イ　「全部取得条項付種類株式の取得」（「特定株式取得」という（会社法施行規則178条1号イ）。）
　会社分割に際し、分割対価を分割会社の全部取得条項付種類株式の取得の取得対価とする旨であるが、取得対価は、承継会社から分割対価として交付される承継会社の株式（分割会社が吸収分割をする前から有するものを除き、承継会社の株式に準ずるものとして法務省令（会社法施行規則178条1号・2号）で定めるものを含む。）のみであるものに限る。
　　ウ　「剰余金の配当」
　会社分割に際し、分割対価を分割会社の株主に剰余金の配当に充てる旨であるが、配当財産は、承継会社から分割対価として交付される承継会社の株式（分割会社が吸収分割をする前から有するものを除き、承継会社の株式に準ずるものとして法務省令（会社法施行規則178条1号）で定めるものを含む。）のみであるものに限る。
　会社分割に際してする金銭等の交付は、分割会社に対してのみ行われ、分割会社の株主とは直接かかわらないこととなるが、旧商法の人的分割に相当するものは、会社分割とは別の剰余金の配当を同時に行うものと構成され、全部取得条項付種類株式の取得（特定株式取得（会社法施行規則178条1号イ））とともに、「分割型吸収分割」と定義されている（会社法758条8号、会社計算規則2条3項41号参照）。
　分割会社が物的分割により交付された承継会社の株式（会社法施行規則178条により金銭等を含む。）を、株主総会の特別決議により既発行の全部取得条項付種類株式の取得対価として分割会社の株主に交付する方法又はこれを現

物配当する方法により、分割会社の株主に承継会社の株式を与えることができる。これは、分割会社の全部取得条項付種類株主は、分割会社の種類株式を失うかわりに、承継会社の株主になることを意味する。
分割契約の具体例

> （剰余金の配当）
> 第○条　第○条に定める効力発生日において、甲は甲の株主に対し、第○条の規定により交付された全ての普通株式をもって、剰余金の配当を行う。

　　エ　財源規制が課されない範囲

　この場合には、その内容を吸収分割契約書に定めることにより、当該取得又は配当について剰余金配当規制を受けないこととしている（会社法792条）。この剰余金の配当に財源規制が課されないということは、分割会社に配当財源がなくても分割対価として交付された承継会社の株式等に限っては、株主に配当することができるということである。

　この適用を受けるためには、分割会社の株主に交付する株式が分割対価として受けた承継会社の株式であるときはもとより（会社法758条8号）、株式以外の財産については、分割会社の株主に取得対価又は配当財産として交付する金銭等（株式も含む対価全体）の合計額の5％未満の場合には、取得対価又は配当財産として承継会社の株式のみである場合と同視できるとしているわけである（会社法施行規則178条1号）。

　　(ア)　全部取得条項付種類株式の取得対価の場合

　全部取得条項付種類株式の取得については、その取得の対価としては、分割対価として交付を受けた承継会社の株式（吸収分割以前から有する承継会社の株式は除く。）及び株式以外の金銭等の一部のほか、さらに分割対価でない分割会社自身の株式（新株であろうと無制限である。）をも取得対価として交付することを分割契約に記載したときは、配当財源規制の適用はないということである（会社法施行規則178条1号・2号）。

　　(イ)　剰余金の配当として交付する場合

　分割対価として交付を受けた承継会社の株式（吸収分割以前から有する承継会社の株式は除く。）及び株式以外の金銭等の一部であるが、これを分割契約

に記載したときは、配当財源規制の適用はないことになる（会社法施行規則178条1号）。

分割型吸収分割における財源規制を受けない範囲

分割対価等	全部取得条項付種類株式の取得	剰余金の配当
ア 分割対価として受ける承継会社の株式	○（無制限）	○（無制限）
イ 承継会社の株式以外の金銭等	○（施行規則178条1号）分割会社の株主に取得対価として交付する金銭等（分割会社の株式を除く（注1））の合計額（ア＋イ）の5％未満	○（施行規則178条1号）分割会社の株主に配当財産として交付する金銭等の合計額（ア＋イ）の5％未満
分割会社の株式	○（施行規則178条2号）（無制限）（注2）	×

（注1） 5％未満の計算上、分母から分割会社の株式を除くという趣旨である。
（注2） 分割対価として交付を受けた金銭等である分割会社の株式に限られず、分割会社自身の新株であっても無制限であるということである。

② 会社計算規則上の分割型吸収分割

　分割型吸収分割とは、会社計算規則上の定義として、「吸収分割のうち、吸収分割契約において会社法758条8号に掲げる事項（分割と同時に剰余金の配当又は全部取得条項付種類株式の取得の対価として分割対価を株主に交付すること）を定めたものであって、吸収分割会社が当該事項についての定めに従い吸収分割対価の全部を当該吸収分割会社の株主に対して交付するものをいう」とされている（会社計算規則2条3項40号）。

　この対価の全部を株主に交付することとなる分割型吸収分割であって、親子又は子孫の場合には、通常の共通支配下関係における会計処理とは別の処理によるとされる。

(3) 会計処理

　承継する資産・負債に付すべき価額については、①吸収分割が支配取得に該当する場合等（等とは共通支配下の取引における少数株主との取引を含む意味

第3章　企業結合と会計処理　275

で使われている。）については、その承継する対象財産（会社計算規則2条3項35号ロ）の全部の取得原価（注）について、分割対価の時価その他当該対象財産の時価を適切に算定する方法をもって測定する方法と、②分割会社の直前の帳簿価額を付す方法とがある（会社計算規則8条1項）。

(注) 資産については、会計帳簿に取得価額を付さなければならないとされ（会社計算規則5条1項、取得原価主義といわれる。）、取得原価とは、分割会社の資産・負債の取得時点での取得の対価となる財の時価の合計額であり、取得対価に取得に直接要した支出額を加算して算定する（企業結合に係る会計基準意見書三2(2)①④）とされている。

　上記①の場合は、企業結合会計基準により「取得」と判断された場合（逆取得を除き、分割型親子会社間の少数株主との取引を含む。）、すなわちパーチェス法を適用すべき場合であり、上記②の場合は、取得と判断された場合以外であり、共通支配下の取引（分割型親子会社間及び分割型子孫会社間は除く。）、共同支配企業の形成、逆取得の場合が該当する。

　会社計算規則では、取得の場合は37条1項1号、共通支配下の取引の場合は37条1項2号、共同支配企業の形成、逆取得の場合は37条1項3号に規定がある。

(4) 企業会計処理上の区分

「共通支配下の取引」以外の企業結合については、当該取引の性質が「共同支配企業の形成」か「取得」（ある企業が他の企業の支配を獲得したと判断できるもの）であるのか、企業結合会計基準等に従って判定を行う。

① 共通支配下の取引

共通支配下関係（会社計算規則2条3項32号）にある企業間の企業結合をいう。

共通支配下の取引は、グループ内分割における処理として位置づけられ、企業会計では、連結財務諸表が財務報告の主体となっているところ、グループ内分割は、連結財務諸表には基本的に影響を及ぼさない取引であることから、独立企業間の結合である取得とは別に定められている。

会社分割については、分割会社は存続し対価が分割会社に交付されることから、分割会社の少数株主等について直接かかわることはないので、親子会社間又は子孫会社間の場合も一般的な共通支配下の取引と同一の会計処理となる。ただし、分割型の場合は、分割対価が分割会社を経由して分割会社の

株主に交付されることになるため、親子会社間又は子孫会社間につき少数株主等のかかわりについて、合併の場合と同様の処理がされる。

② 共同支配企業の形成

共同支配企業の形成とは、複数の独立企業間の契約等に基づき、共同で支配する企業を形成する企業結合をいうが、その判定基準は、4要件（①複数の独立企業から構成されていること（独立企業要件）、②複数の独立企業間で共同支配となる契約等を締結していること（契約要件）、③<u>支払対価のすべてが、原則として議決権のある株式であること</u>（対価要件）、④議決権比率以外の支配関係を示す一定の事実が存在しないこと）からなり、4要件すべてを満たした場合は「共同支配企業の形成」とされる（企業結合に係る会計基準意見書二3、三、適用指針175項）。

共同支配企業の形成と判定された吸収分割の吸収分割承継会社の会計処理は、吸収分割会社の資産及び負債の移転直前の適正な帳簿価額を引き継ぐ処理方法が適用され（企業結合会計基準38項、適用指針192項）、増加資本の移転された資産及び負債の差額のうち株主資本相当額を払込資本（資本金及び資本剰余金）として処理される（適用指針193項）。

なお、上記要件のうち1つでも要件を満たさないときは、前述したとおり取得による会計処理となる（企業結合に係る会計基準意見書三1(1)、適用指針195項）。

③ 取　　　得

会計処理上の取得は、独立企業間における吸収分割においては、一般的に吸収分割承継会社が移転する事業の支配を獲得（支配取得（会社計算規則2条3項31号））することから、吸収分割承継会社を取得企業とする取得として、パーチェス法が適用される。

④ 逆 取 得

独立企業間における吸収分割においても、分割対価としての吸収分割承継会社の株式が吸収分割会社に交付され、吸収分割会社が吸収分割承継会社の株式の過半数を取得した場合には、吸収分割会社にとっては吸収分割承継会社を子会社化することになり、吸収分割承継会社にとっては吸収分割会社を

取得企業とする「逆取得」となり、承継会社の会計処理はパーチェス法は適用されず、吸収分割会社の資産及び負債の移転直前の適正な帳簿価額を引き継ぐ処理方法が適用される（適用指針87項）。

なお、共同支配企業の形成の判定基準により、対価のすべてが議決権のある株式であることを満たさないことにより取得と判定された場合は、株式以外の主な対価としての金銭等を支出した側が取得企業とされるため、逆取得とは議決権比率によることになる。

2 取得の場合の会計処理

共同支配企業の形成及び共通支配下の取引以外の企業結合は取得の取扱いとされ（適用指針17項）、「取得」と判断された企業結合についてはパーチェス法による処理が行われる。パーチェス法とは、結合当事企業のうち、支配を獲得する「取得企業」を決定し、承継会社における移転事業の取得原価については支払対価の時価にて算定するとともに、取得企業自体の資産・負債及び株主資本については簿価を引き継ぐ会計処理方法をいう。

吸収分割についていえば、吸収分割承継会社が承継する財産を時価で受け入れる方法が適用される取得の場合である（会社計算規則37条1項1号）。

(1) 取得企業の決定

会計処理上の取得は、独立企業間における吸収分割においては、一般的に吸収分割承継会社が移転する事業の支配取得（会社計算規則2条3項31号）を獲得することから、吸収分割承継会社を取得企業とすることになるが、取得企業の決定については、合併の場合と同様である。

適用指針における「共同支配企業の形成」の判定（企業結合会計基準37項、適用指針175項）により、①原則として対価要件としての対価のすべてが議決権のある株式であることを満たさないことにより取得と判定された場合は、主な対価として現金等を支出した企業を取得企業とし、②議決権比率が等しいことを満たさないことにより取得と判定された場合は、議決権比率が大きい企業を取得企業とし、③議決権比率以外の支配関係を示す一定の事実が存在しないことを満たさないことにより取得と判定された場合は、支配関

係を示す一定の事実を有する企業を取得企業とするとされ、④議決権のある株式の交付により行われる場合、交付する企業が取得企業となる。

(2) 取得原価

取得原価とは、取得の対価に取得に直接要した支出額を加算して算定されるが（適用指針36項）、取得原価は、対価の形態にかかわらず、支払対価となる財の時価で算定されるため、現金の場合は現金支出額であり、取得の対価（支払対価）が現金以外の株式等の交付の場合は、承継会社の支払対価となる財の時価と分割会社から取得した対象財産（純資産）の時価のうち、より高い信頼性をもって測定可能な時価で算定することとされており（企業結合に係る会計基準意見書三 2 (2)①、企業結合会計基準23項・84項）。したがって、「公開企業が株式を交付して非公開企業の純資産を取得する場合には、通常、公開企業株式の時価の方が非公開企業の純資産の時価よりも高い信頼性もって測定できるから、取得原価は公開企業株式の時価を基礎に算定されることになる」（企業結合に係る会計基準意見書三 3 (2)①）。吸収分割の場合、市場価格がある株式が対価として交付される場合は、取得の対価となる財の時価は、原則として、企業結合日における株価を基礎にして算定するとされ（企業結合会計基準24項・84項）、合理的に算定されえないときは、分割会社の対象財産（純資産）の企業結合日における時価を基礎とした評価額を取得対価とされる（企業結合会計基準84項、適用指針38項）。このことが、会社計算規則37条1項1号の「吸収型再編対価時価又は吸収型再編対象財産の時価」を意味していると考えられる。

(3) 取得と判定された場合ののれんの計上

のれんとは、受入財産と対価との間に評価の差が生じた場合、株主資本に影響しない取引の差額として貸借対照表に計上される差額調整勘定であって、貸借対照表をバランスさせるものである。

取得原価は支払対価の時価にて算定し、受入財産として取得した資産及び引き受けた負債に配分（受け入れた資産及び負債を評価するということである。）されるため、時価評価された資産・負債と取得原価の関係でのれん（又は負ののれん）が生じうる（企業結合会計基準31項、適用指針51項）。

> 被取得企業から受け入れる移転事業に係る資産及び負債の取得原価（対価として交付する現金及び株式等の時価）－受け入れた認識可能な資産及び負債に配分された取得原価の配分額＝のれん

> 旧会社計算規則
> （時価で評価する場合におけるのれんの計上）
> 旧第16条　吸収型再編対象財産の全部の取得原価を吸収型再編対価の時価その他当該吸収型再編対象財産の時価を適切に算定する方法をもって測定することとすべき場合には、吸収分割承継会社は、吸収分割に際して、資産又は負債としてののれんを計上することができる。
> 2　前項の規定により計上するのれんの額を算定する場合において、次の各号に掲げるときは、当該各号に定めるものをも吸収型再編対価として考慮するものとする。
> 　一　吸収分割の直前に吸収分割会社が新株予約権を発行しているとき　当該新株予約権の新株予約権者に対して交付する新株予約権（注）
> 　二　吸収分割に係る費用があるとき　当該費用のうち吸収型再編対価として考慮すべきもの

（注）　合併の場合の旧12条 2 項 2 号では「交付する財産」とされているところ、旧16条では「交付する新株予約権」とされているが、会社分割では、分割会社が消滅せず、分割会社の新株予約権が消滅するわけではないため、消滅に対応する金銭を交付する必要性がないからである（会社法758条 5 号と749条 4 号の対比）。

① 　正ののれん

　取得と判定されパーチェス法を適用する場合には、対象財産の全部の取得原価を分割支払対価の時価をもって測定し、受入財産として取得した資産及び引き受けた負債については識別可能なものに取得原価を配分し時価評価することとなる。したがって、分割対価（無対価のときはゼロ）と資産・負債への取得原価の配分額の合計額との差額をのれんとして計上する（企業結合会計基準31項、適用指針51項、会社計算規則旧16条1項参照）。取得原価（つまり対価）が、時価評価された受入資産・負債の純額を上回る場合には、その超過額が「のれん」として無形固定資産に計上され（企業結合会計基準31項、会社計算規則106条 3 項 3 号リ）、正ののれんは、承継する資産額（引き継ぐ資産の帳簿価額）に加算される。取得の場合の株主資本変動額の算定は、対価の時価によるから、正ののれんは株主資本変動額の算定上は影響せず、引き継ぐ資産の帳簿価額に加算される。

分割対価の時価より、受入純資産額が大きければ負ののれんが計上される（企業結合に係る会計基準意見書三2(3)、適用指針51項）。

この場合において、承継会社が分割直前に保有していた分割会社の株式である抱合せ株式については、分割会社は存続するため、いわゆる抱合せ株式が消滅することはないことから、吸収合併の場合とは異なり、のれんの計上の段階で分割対価として考慮されることはない（会社計算規則旧16条2項参照）が、<u>吸収分割会社の新株予約権者に交付する新株予約権（新株予約権が消滅する場合に限り、この部分は新株予約権に分割会社の適正な帳簿価額を付すことになるので時価ではない。会社計算規則旧2条3項39号参照）</u>及び分割費用も分割対価に加算したうえで、のれんを算定する（会社計算規則旧16条2項1号、2号参照、適用指針46項・48項・50項参照）。

のれんは、20年以内のその効果の及ぶ期間にわたって、定額法その他の合理的な方法により規則的に償却する。ただし、のれんの金額に重要性が乏しい場合には、当該のれんが生じた事業年度の費用として処理することができる。

② 負ののれん

取得原価つまり対価が、受入財産として取得した資産及び引き受けた負債に配分された純額を下回る場合には、その不足額が「負ののれん」となるが、貸借対照表上の負債として計上することはできないとされ（企業結合会計基準33項）、原則として（負ののれんの発生時に一括して利益を計上しなければならない場合）、特別利益として損益計算書の負債として計上することとされる（企業結合会計基準48項、適用指針78項、会社計算規則88条2項）。ただし、貸借対照表上の負債としては計上できないこととされている（企業結合会計基準33項）ことから、貸借対照表上の負ののれんの額（会社計算規則74条3項3号リ、75条2項2号ホ）はゼロということになる。

したがって、会社計算規則11条の「適正なのれんを資産又は負債として計上することができる」旨の規定は、「負債として計上できる負ののれんは、常にゼロである」と解釈されることになる（大野ほか「改正法務省令の解説」登記インターネット11巻5号10頁）と説明されているが、立案担当者の解説が

なければ理解できないところである。

③ 対価がすべて株式の場合

対価がすべて株式の場合、株式の時価を算定する場合であれば株式評価額と受入時価純資産額との間に差額が生じるが（分割型親子分割の場合の少数株主部分を含む。）、簿価引継ぎの場合には、受入純資産である簿価株主資本額を基準に株式対価額である株主資本変動額を算定するため、差額が発生する余地はない。

時価処理の場合ののれん

（正の）のれん

取得資産A (時価) 100	取得負債B (時価) 40
↑ ↑ (60) 取 原 得 価 の 配 ↓ 分 ↓	支払対価時 価C 70 株式 20 現金等 50	払込資本 20
		現金等 50
正ののれん 10（資産に計上）	

負ののれん

取得資産A (時価) 100	取得負債B (時価) 40
↑ ↑ (60) 取 原 得 価 の 配 ↓ 分 ↓	支払対価時 価D 50 株式 20 現金等 30	払込資本 20
		現金等 30
	負ののれん 10（利益に計上）

C (70) ＞ A － B (60) 　　正ののれん
D (50) ＜ A － B (60) 　　負ののれん

(4) 取得の場合の株主資本変動額

> **会社計算規則**
> （吸収型再編対価の全部又は一部が吸収分割承継会社の株式（又は持分）である場合における吸収分割承継会社の株主資本（等）の変動額）
> 第37条　吸収型再編対価の全部又は一部が吸収分割承継会社の株式である場合には、吸収分割承継会社において変動する株主資本の総額（株主資本変動額）は、次の各号に掲げる場合の区分に応じ、当該各号に定める方法に従い定まる額とする。
> 　一　当該吸収分割が支配取得に該当する場合（吸収分割会社による支配取得に該当する場合を除く。）　吸収型再編対価時価又は吸収型再編対象財

産の時価を基礎として算定する方法
　二　前号に掲げる場合以外の場合であって、吸収型再編対象財産に時価を付すべきとき　前号に規定する方法
　三　四　（略）
2　前項の場合には、吸収分割承継会社の資本金及び資本剰余金の増加額は、株主資本変動額の範囲内で、吸収分割承継会社が吸収分割契約の定めに従いそれぞれ定めた額とし、利益剰余金の額は変動しないものとする。
　　ただし、株主資本変動額が零未満の場合には、当該株主資本変動額のうち、対価自己株式の処分により差損の額をその他資本剰余金の減少額とし、その余の額をその他利益剰余金の減少額とし、資本金、資本準備金及び利益準備金の額は変動しないものとする。

(注1)　本条は、吸収分割当事会社が持分会社の場合もあわせた規定であるが、本書掲載の参考条文として、読みやすくするため持分会社に関する部分を除外している（以下の参照条文も同様である。）。
(注2)　株主資本（会社計算規則2条3項30号）とは、承継会社において、吸収分割により変動する貸借対照表上の株主資本に係る項目（会社計算規則76条2項）のうち、自己株式（会社計算規則76条2項5号）を除いた資本金、資本剰余金及び利益剰余金の総体を指す概念とされている。
(注3)　本条1項カッコ書の「吸収分割会社による支配取得に該当する場合を除く」とは、企業結合会計基準等でいう「逆取得」に該当する場合を除くという意味である。
(注4)　本条1項1号の「吸収型再編対価時価又は吸収型再編対象財産の時価を基礎として算定する方法」とは、企業結合会計基準等におけるパーチェス法（時価処理）を意味するものであるが（企業結合会計基準17項）、対価株式が合理的に算定されえないときは、分割会社の対象財産（純資産）の企業結合日における時価を基礎とした評価額を取得対価とされる（適用指針38項(4)）という意味である。
　　また、基礎として算定する方法とは、対価株式に自己株式の処分が含まれているときは、その帳簿価額を株主資本変動額の算定上、前提として当然に控除されるという企業会計上の処理（企業結合会計基準80項）がされるため、会社計算規則では特に規定せず、「このような会計上必要となるさまざまな調整を含むものとして解釈されるべきものである」（立案者の解説）とされている。
(注5)　本条1項2号の「前号に掲げる場合以外の場合であって、吸収型再編対象財産に時価を付すべきとき」とは、「支配取得に該当する場合以外であっても、時価を基礎とした算定方法（パーチェス法）によるべき場合があり得ることを想定した規定……共通支配下関係にある会社間の取引であっても、企業結合会計基準等における「事業」に該当しない財産が吸収分割の対象となるような場合が該当する。」（大野ほか「改正法務省令の解説」登記インターネット11巻5号19頁）と立案担当者は説明している（詳細は、後記3(5)参照）。
(注6)　本条2項但書中、「その余の額をその他利益剰余金の減少額とし」は、時価処理の場合は対価時価をもって株主資本変動額を算定するため、一般的に対価額がマイナスということはなく（評価損のある財物を交付した場合を除く）、したがって、消滅会社が債務超過であっても、自己株式の帳簿価額が多大のときの自己株式処分による場合以外に差損が生じることはないため、本規定は、パーチェス法の場合に

は適用がなく、簿価処理の場合に妥当するものである。

① 原　　則

　株主資本変動額とは、株主資本の増加額のことで、会計処理の区分に従って定められる額であるが（会社計算規則37条１項１号〜４号）、パーチェス法の場合は対価としての株式に係る対価時価であり、共通支配下の場合（分割型吸収分割における親子・分割型吸収分割における子孫を除く。）は簿価株主資本額から対価簿価を減じた額である。対価として処分する自己株式の帳簿価額は当然控除することを前提とされており、当該額がゼロ以上のときはその範囲内で増加資本金等が定められる。

② 定　　義

　ア　吸収型再編対価（会社計算規則２条３項36号）

　吸収型再編対価とは、「吸収分割に際して吸収分割承継会社が吸収分割会社の株主に対して交付する財産」とされ、株式、現金、社債、新株予約権（付社債）その他の財産をいい、企業結合適用指針等では、「支払対価」として用いられている（適用指針37項）。

　イ　吸収型再編時価（会社計算規則２条３項37号）

　吸収型再編時価とは、「吸収型再編対価の時価その他適切な方法により算定された吸収型再編対価の価額」とされ、企業結合適用指針等では、「支払対価の時価」として用いられている（適用指針38項）。

　ウ　対価自己株式（会社計算規則２条３項38号）

　エ　吸収型再編対価簿価

　吸収型再編対価簿価とは、「吸収型再編対価（承継会社の株式を除く。）の承継会社における分割直前帳簿価額の合計額」とされ、株式以外の、現金、社債、新株予約権（付社債）その他の財産の合計額をいい、企業結合適用指針等では、「取得企業の株式以外の財産」として用いられている（適用指針81項）。

③　時価処理による株主資本変動額

　支払対価である取得対価が改正会社計算規則上の株主資本変動額とされる（会社計算規則37条）。

株主資本変動額とは、承継会社において変動する株主資本の総額であり、対価としての株式に係る対価時価（新株を発行した場合に株主資本の増加として処理することとされ（適用指針79項）、株式以外の対価の時価と帳簿価額との差額は損益として計上されるため（適用指針81項）、株式以外の対価の帳簿価額は株主資本変動額の算定上控除されるのは当然であるため、会社計算規則旧58条2項1号カッコ書「株式に係るものに限る。」旨の規定は改正37条には明記されていないが、13条の通則規定による。）から対価として処分する自己株式の帳簿価額を減じた額をいい、会社計算規則旧58条等において「対価として処分する自己株式の帳簿価額を控除した後の概念である「株主払込資本変動額」と同様の概念として用いられている。分割対価に株式が含まれないときは、吸収分割の直接の効果として株主資本の部に変動は生じない。

　この株主資本変動額がゼロ以上のときは、その範囲内で分割契約に定めた額が増加資本金等の額とされるので、資本金の額をゼロとすることも可能である。

　資本準備金の額は、株主資本変動額がゼロ以上のときは、その範囲内で分割契約に定めた額とされ（会社計算規則37条2項）、その他資本剰余金の額は、株主資本変動額マイナス「増加する資本金及び資本準備金の合計額」となる（会社計算規則37条2項）。

　パーチェス法を適用すべき場合は、利益準備金及びその他利益剰余金には変動は生じない（会社計算規則37条2項）。なお、パーチェス法を適用すべき場合は、かりに分割会社が債務超過であったとしても、分割対価がゼロ未満になることはなく、株主資本変動額がゼロ未満になることはないので、「株主資本変動額がゼロ未満の場合には、……その余の額をその他利益剰余金から減額する」旨の会社計算規則37条2項但書の規定は、簿価処理による会社分割の場合に該当する。

　なお、分割対価が金銭以外の財物であって、当該財産の帳簿価額と吸収分割時の時価に差額がある場合には、その差額は損益として認識される（適用指針81項参照）。

④　対価として吸収分割承継会社の自己株式を交付した場合

対価として吸収分割承継会社の自己株式を交付した場合には、会計処理上、株主資本変動額は、「支払対価から対価自己株式の帳簿価額を控除し、当該額を払込資本の増加とする」とされており（適用指針80項）、それは、会計処理上当然に行われることから、改正会社計算規則37条には対価自己株式の帳簿価額を控除する旨は明記されていないが、当該額を改正会社計算規則上の株主資本変動額とされ、旧会社計算規則上の株主払込資本変動額と同義である。会社計算規則37条1項1号が、対価株式の時価又は対象財産の時価を「基礎として算定する方法」といっているのは、上記のような会計処理上の自己株式の帳簿価額は当然控除されるということをふまえた表現とされている（大野ほか「改正法務省令の解説」登記インターネット113号15頁）。

　自己株式の帳簿価額が多大であることにより自己株式の帳簿価額を控除した株主資本変動額がマイナスの場合には、「増加資本金及び資本準備金の合計額」そのものがゼロとなるから、そのマイナスの絶対値を対価自己株式の処分により生ずる差損の額として、その他資本剰余金の減少として会計処理がされる（会社計算規則37条2項但書）。なお、会社計算規則37条2項但書では、「その余はその他利益剰余金の減額とする」旨規定され、「その余の部分とは分割会社が債務超過であることに起因する部分がこれに相当する」と説明されているが（大野ほか「改正法務省令の解説」登記インターネット113号16頁）、取得の場合は対価時価をもって株主資本変動額を算定するため、分割会社が債務超過か否かという分割会社の簿価株主資本額を考慮しないので、当該規定は簿価処理の場合に該当するものと考えられる。

⑤　抱合せ株式

　承継会社が分割前に分割会社の株式を先行取得している場合があるが（いわゆる抱合せ株式）、会社分割においては、分割会社は会社分割後も存続し、抱合せ株式が消滅することはないことから、承継会社においては、貸借対照表上の資産である有価証券としての子会社株式として計上されたままで、特段の会計上の処理はない。

〈分割仕訳〉

　下記の図は、仕訳のイメージであり、左を借方、右を貸方と理解すれば、

仕訳を起こすことができる。

仕訳の基本

（借） 資産の増加 　　　 負債の減少 　　　 株主資本の減少	（貸） 負債の増加 　　　 資産の減少 　　　 株主資本の増加 　　　 自己株式の消却

Ⅰ　パーチェス法における対価が現金等の財産のみ（株主払込資本に変動なし）

・支払対価（吸収型再編対価）…現金　500　　抱合せ株式　30

(A)　承継会社の個別貸借対照表

諸資産　　　　　　　　　　2500 （うち分割会社の株式30）	諸負債　　　　　　　　　1200
	資本金　　　　　　　　　 500 資本準備金　　　　　　　 200 その他資本剰余金　　　　 200 その他利益剰余金　　　　 400
合計　　　　　　　　　　　2500	合計　　　　　　　　　　2500

(B)　分割会社の被取得事業に係る個別貸借対照表

諸資産　　　　　　　　　　1000	諸負債　　　　　　　　　 600
	資本金　　　　　　　　　 100 その他資本剰余金　　　　 200 その他利益剰余金　　　　 100
合計　　　　　　　　　　　1000	合計　　　　　　　　　　1000

企業結合日の個別財務諸表上の会計処理（分割仕訳）

（借） 資産　　　　　　1000 　　　 のれん（注）　 100	（貸） 負債　　　　　　 600 　　　 現金　　　　　　 500

（注）　500（対価）－400（受入純資産額）＝100
　　　①　取得原価；　　　　　500
　　　②　識別可能資産の時価；1000
　　　③　識別可能負債の時価；600
　　　④　取得原価の配分額；　②－③＝400
　　　⑤　のれん；　　　　　　①－④＝100

第3章　企業結合と会計処理　287

のれんの算定イメージ

資産（時価）	1000	負債（時価）	600
のれん	100	現金	500

分割後の承継会社の個別貸借対照表

諸資産	3100	諸負債	1800
（注）		資本金	500
		資本準備金	200
		その他資本剰余金	200
		その他利益剰余金	400
合計	3100	合計	3100

（注）　2500＋1000＋100（のれん）－500（現金流出分）＝3100

Ⅱ　承継会社の株式のみ

・支払対価…株式時価　500（新株80株×＠5、自己株式20株×＠5）（うち対価
　自己株式20株の帳簿価額40）　　抱合せ株式　30（帳簿価額）

(A)　承継会社の個別貸借対照表

諸資産	2500	諸負債	1200
（うち分割会社の株式30）		資本金	500
		資本準備金	200
		その他資本剰余金	200
		その他利益剰余金	440
		自己株式	△40
合計	2500	合計	2500

(B)　分割会社の被取得事業に係る個別貸借対照表

諸資産	1000	諸負債	600
		資本金	100
		その他資本剰余金	200
		その他利益剰余金	100
合計	1000	合計	1000

企業結合日の個別財務諸表上の会計処理（分割仕訳）

(借方)		(貸方)	
諸資産	1000	諸負債	600
のれん	100	自己株式	40
（注1）		資本金（注2）	100
		資本準備金（注2）	100
		その他資本準備金（注2）	260

(注1)　500（対価株式分）－（1000－600）＝100
　　　　会社分割の場合は、対価は分割会社に交付されかつ分割会社は存続するため、抱合せ株式は影響されない。
(注2)　株主資本変動額（500－40＝460）のうち分割契約で定めた額
　　　① 取得原価；　　　　　　　500
　　　② 識別可能資産の時価；1000
　　　③ 識別可能負債の時価；600
　　　④ 取得原価の配分額；　　②－③＝400
　　　⑤ のれん；　　　　　　　①－④＝100

のれんの算定イメージ

資産（時価）	1000	負債（時価）	600
		株主資本変動額（注）	460
のれん	100	自己株式	40

(注)　株主資本変動額＝500（対価株式時価）－40（対価自己株式簿価）

分割後の承継会社の個別貸借対照表

諸資産	3600	諸負債	1800
（注）		資本金	600
		資本準備金	300
		その他資本剰余金	460
		その他利益剰余金	440
合計	3600	合計	3600

(注)　2500＋1000＋100＝3600
　　　資産としてののれんは承継会社の資産の部に計上。

Ⅲ　承継会社の株式併用

・支払対価…現金　200　株式時価　500（100株×@5）（うち対価自己株式10株の帳簿価額40）　　抱合せ株式　30（帳簿価額）

(A) 承継会社の個別貸借対照表

諸資産	2500	諸負債	1200
（うち分割会社の株式30）		資本金	500
		資本準備金	200
		その他資本剰余金	240
		その他利益剰余金	400
		自己株式	△40
合計	2500	合計	2500

(B) 分割会社の被取得事業に係る個別貸借対照表

諸資産	1000	諸負債	600
		資本金	100
		その他資本剰余金	200
		その他利益剰余金	100
合計	1000	合計	1000

企業結合日の個別財務諸表上の会計処理（分割仕訳）

（借方）		（貸方）	
諸資産	1000	諸負債	600
のれん（注1）	300	現金	200
		自己株式（注2）	40
		資本金（注2）	200
		資本準備金（注2）	100
		その他資本剰余金（注2）	160

(注1) のれん　700（対価）－400（取得原価の配分額＝受入純資産額）＝300
　　① 取得原価；700＝500（交付した株式数100株（新株90株、自己株式10株）×＠5＝500）＋200（現金）
　　② 識別可能資産の時価；1000（諸資産850＋その他有価証券150＝1000）
　　③ 識別可能負債の時価；600
　　④ 取得原価の配分額＝②－③
　　⑤ のれん；取得原価700－取得原価の配分額400＝300
(注2) 株主資本変動額；対価株式分時価500－40（自己株式帳簿価額）＝460（内訳項目は、資本金200、資本準備金100、その他資本準備金160と分割契約に定めたとする。）
　　その他資本剰余金には、自己株式処分差益10（50－40）が含まれる。
　　なお、資産としての正ののれんは、分割会社からの承継資産として貸借対照表上に計上されるが、株主資本変動額の算定は支払対価株式時価をもってするため、のれんを株主資本変動額の算定上考慮することはない。

のれん算定イメージ

資産（時価）	1000	負債（時価）	600
		株主資本変動額	460
		自己株式	40
のれん	300	現金	200

分割後の承継会社の個別貸借対照表

諸資産	3600（注）	諸負債	1800
（うち分割会社の株式30）		資本金	700
		資本準備金	300
		その他資本剰余金	400
		利益剰余金	400
合計	3600	合計	3600

（注）　2500＋1000＋300（のれん）－200（現金流出分）＝3600
　　　処分する自己株式の帳簿価額が対価株式の時価より大きい場合、たとえば処分する自己株式の帳簿価額が600の場合は、吸収合併存続会社の株式の時価500－自己株式の帳簿価額600＝△100が株主資本変動額となり、この場合、ゼロとし、資本剰余金のマイナス100となる。

	取得	共通支配下	逆取得・共同支配企業の形成
会計処理と会社計算規則	・パーチェス法 ・37条1項1号、2項	・37条1項3号・2項	・共通支配下に準じた方法 ・37条1項4号・2項
承継する資産・負債の評価方法	交付する対価の時価を認識可能な資産・負債を基礎として承継する資産に配分	・共通支配下取引としては、適正な帳簿価額を計上 ・吸収型親子の場合の少数株主との取引としては、子会社株式は時価に基づいて算定	分割会社の適正な帳簿価額を計上
対価自己株式	支払対価株式時価から控除（指針80） 自己株式帳簿価額控除後マイナスとなる	簿価株主資本額から控除（指針203(1)） 自己株式帳簿価額控除後マイナスとなるとき	簿価株主資本額から控除（指針203(1)） 自己株式帳簿価額控除後マイナスとなるとき

	ときはその他資本剰余金の減額	はその他資本剰余金の減額	はその他資本剰余金の減額
のれんの認識	取得原価と取得原価の配分額との差額としてのれん（正又は負）を認識	・対価簿価と簿価株主資本額との差額としてのれんが認識される（注1）。 ・対価の全部が株式のときは、受入簿価純資産額そのものが株主資本変動額となるから、差額の発生する余地はなく、のれんを計上できない。ただし吸収型親子の場合は、少数株主部分はパーチェス法によるからのれんの発生はありうる。	・共同支配企業形成の場合は対価の全部が株式である場合であるから、のれんは認識しない（注2）。 ・逆取得の場合は共通支配下取引の場合と同様である。
増加する株主資本の金額	交付する対価の時価を基礎に計算	・対価の全部が株式である場合であるから、のれんは認識しない（注2）。	交付する株式につき、原則、払込資本変動（注3）

（注1） 対価に株式が含まれている場合において、簿価株主資本額－対価簿価＞0のときの差額は、株主資本で調整されるため（適用指針231項(2)①）、負ののれんは計上できない。

（注2） 分割会社に計上されているのれんを承継取得する場合は計上される。

（注3） 対価のすべてが株式である共通支配下の取引として分割、逆取得、共同支配企業の形成に該当する場合には、会社計算規則38条の適用を選択することが可能である。

3 共通支配下取引の会計処理

(1) 共通支配下取引の場合
① 原　　則

　ア　共通支配下の取引は、グループ内組織再編における処理として位置づけられ、企業会計では、連結財務諸表が財務報告の主体となっているところ、グループ内組織再編は連結財務諸表には基本的に影響を及ぼさない取引であることから、共通支配下取引に係る会計処理（適用指針200項）及び会社計算規則（37条1項3号）は、取得とは別に定められている。

　イ　親会社の支配下にある子会社同士等いわゆる共通支配下関係（対価の全部が分割会社に交付される分割型親子会社間及び分割型子孫会社間の吸収分割の場合を除く。）にある会社間で吸収分割がされる場合である。

　分割型でない親子会社間・子孫間の場合は、分割対価が分割会社の株主ではなく、分割会社に対して交付される（会社法135条2項5号、会社法施行規則23条1号）ものであり、分割会社は存続するため、分割会社の株主とは直接かかわることはないので、一般的な共通支配下取引として位置づけられ、簿価処理とされる（適用指針214項）。子親会社間も同様である（適用指針226項）。

　ウ　分割型であっても、親子会社間・子孫会社間以外の場合には、少数株主及び中間子会社という問題がなく、分社型に剰余金の分配が加わっただけであるので、簿価処理によるということに変わりはない。

　エ　分割型の場合は、分割対価は分割会社を経由して分割会社の株主に交付されることになるので、親子会社間・子孫会社間の場合には分割会社の株主である少数株主及び中間子会社がかかわることになるため、対価の全部が分割会社に交付される分割型親子会社間及び分割型子孫会社間の吸収分割については、分割会社の少数株主がグループ内の株主に転化することから、共通支配下取引の場合とは別の規定による（会社計算規則38条、適用指針218項、旧会社計算規則63条2項3号、4号に相当する規定は現行会社計算規則には存しない）。

オ　改正前の会社計算規則では、一般的な場合、親子会社間の分割型吸収分割及び子孫会社間の分割型吸収分割に分けて規定されていたが（旧会社計算規則63条2項3号・4号）、改正後の会社計算規則37条では、通則的な規定振りであって、詳細な算定方法は、企業結合会計基準等に委ねるという基本姿勢であるから、旧規定を参照せざるをえない。

② 　共通支配下取引の場合ののれんの算定

> 旧会社計算規則
> （共通支配下関係にある場合におけるのれんの計上）
> 旧第17条　吸収分割会社と吸収分割承継会社が共通支配下関係にあるものとして計算すべき場合（親子、子孫、64の規定を適用する場合を除く。）において、次の各号に掲げるときは、吸収分割承継会社は、吸収分割に際して、当該各号に定めるのれんを計上することができる。
> 　　ただし、吸収型再編対価の一部が吸収分割承継会社の株式である場合には、第1号に定めるのれんは、吸収型再編対価簿価を超えて計上することはできない。
> 　一　吸収型再編簿価株主資本額が吸収型再編対価簿価未満である場合（吸収型再編対価の全部が吸収分割承継会社の株式である場合を除く。）　その差額に対応する部分についての資産としてののれん
> 　二　吸収型再編簿価株主資本額が吸収型再編対価簿価以上である場合（吸収型再編対価の全部又は一部が吸収分割承継会社の株式である場合を除く。）　その差額に対応する部分についての負債としてののれん
> 2　前項の場合には、同項の規定により計上するのれんの額は、吸収型再編簿価株主資本額には、算入しない。

（注）　1項2号カッコ書の「株式である場合を除く」としているのは、対価に株式があるときは、「簿価株主資本額－対価簿価」の差額は、負債としてののれんではなく株主資本変動額で調整されるためである。

ア　対価の全部が株式のとき

対価の全部が株式のときは、受入簿価純資産額そのものが受入簿価株主資本額として株主資本変動額となる、つまり簿価株主資本額の全部が株主資本に計上されるため、その株主資本計上額と受入簿価株主資本額との間に差額が生じないため、のれんを計上できない。

イ　分割対価の一部が株式のとき

資産としてのれんを計上できるのは、受入簿価株主資本額が対価簿価（株

式以外の額）より小さい場合である（会社計算規則旧17条1項参照）。

　分割対価が株式併用であれば、受入簿価株主資本額が対価簿価（株式以外の額）未満のとき（言い換えると、簿価株主資本額から対価簿価を控除した額がマイナスのとき）は、払込資本はゼロとするとされ、その差額に対応する部分について資産としてののれんとして計上する（適用指針231項(2)②）。払込資本はゼロとするというのは、資産としてののれんは受入簿価株主資本額に計上されるため、承継する純資産額と支払対価額とが同額となり、結局株主資本変動額はゼロになるということである。

　対価簿価を控除した額がマイナスのときのその絶対値を資産としてののれんとするというのであるから、のれんは対価簿価を超えて計上できないのは当然である（簿価株主資本額がマイナスのときは対価簿価と同額をのれんとするとされており（適用指針231項(2)②）、会社計算規則旧17条1項柱書但書の「のれんは対価簿価を超えて計上できない」は、簿価株主資本額がプラスのときは当然のことをいっているにすぎない）。

　これに対して、受入簿価株主資本額が対価簿価（株式以外の額）の額以上のとき（言い換えると、簿価株主資本額から対価簿価を控除した額がプラスのとき）は、差額は生じるものの、その対価簿価を超える部分は株主資本として調整されるため（適用指針231項(2)①）、その差額に対応する部分を負債としてののれんとしては計上できない（旧会社計算規則17条1項2号カッコ書参照）。

　たとえば、受入簿価株主資本額100、抱合せ株式帳簿価額60、対価160（株式簿価40、対価簿価（現金）120）とすると、受入簿価株主資本額（抱合せ株式は考慮しない）100が対価簿価（現金）120未満であるから、20について正ののれんとして計上でき、株式簿価40については、株主資本で調整される。

　ウ　分割対価の全部が株式以外のとき

　分割対価として株式が含まれないときは、受入簿価株主資本が株主資本変動額として計上されることはないということであり、受入簿価株主資本額と対価簿価との差額が生じたらのれんとして計上するしかないことを意味する（会社計算規則旧17条1項1号・2号参照）。

受入簿価株主資本額が対価簿価未満であれば、その差額は資産としての正ののれんとして計上でき（会社計算規則旧17条1項1号参照）、受入簿価株主資本額がマイナスの場合（分割会社が債務超過）であっても、その差額のうち対価簿価と同額を正ののれんとして計上しなければならないとされ（適用指針224項(1)）、債務超過部分はその他利益剰余金の減額となる（会社計算規則37条2項ただし書）。

　受入簿価株主資本額が対価簿価以上であれば、その差額は負ののれんとして計上できる（会社計算規則旧17条1項2号参照）。したがって、対価が交付されない場合でも、対価簿価がゼロとなるため、受入簿価株主資本額がマイナスなら正ののれん、プラスなら負ののれんを計上できる。

　なお、のれんの額は、のれんの額の算定上は簿価株主資本額には算入しない（会社計算規則旧17条2項参照）とされていたのは、簿価株主資本額の定義規定（会社計算規則旧2条3項39号）があり、紛らわしいため念のために規定されていたにすぎず、会社計算規則旧2条3項39号は削除されたものの、株主資本変動額の算定上は承継資産に含まれるのは当然である。

簿価処理の場合ののれん
正ののれん

資産A 100	負債B 40	
↑	対価 90	現金等 C 70	現金等（対価簿価）70
(60)		
↓		
正ののれん 10（資産に計上）		
	株式 20	

資産A 100	負債B 40	
↑	対価 50 株式 20 現金等C 30	払込資本 30
(60)		現金等 30
↓		

C＜A－B　株主資本で調整されるので、負ののれんは計上されない

C＞A－B　正ののれん

株主資本変動額＝簿価株主資本額（A－B）＋正ののれん－対価簿価
　　　　　　　＝（A－B）＋｛C－（A－B）｝－C＝ゼロ

対価全体が簿価株主資本額より大きくても、対価簿価が簿価株主資本額より小さいとき

資産A	100	負債B		40
↑		対価	70	払込資本	10
(60)		株式	20		
↓		現金等C	50	現金等	50

③ 共通支配下の場合の株主資本変動額

> 会社計算規則
> （吸収型再編対価の全部又は一部が吸収分割承継会社の株式（又は持分）である場合における吸収分割承継会社の株主資本（等）の変動額）
> 第37条　吸収型再編対価の全部又は一部が吸収分割承継会社の株式である場合には、吸収分割承継会社において変動する株主資本の総額（株主資本変動額）は、次の各号に掲げる場合の区分に応じ、当該各号に定める方法に従い定まる額とする。
> 　一　二　（略）
> 　三　吸収分割承継会社と吸収分割会社が共通支配下関係にある場合（前号に掲げる場合を除く）　吸収型再編対象財産の吸収分割の帳簿価額を基礎として算定する方法（第1号に規定する方法によるべき部分にあっては、当該方法）
> 　四　前3号に掲げる場合以外の場合　前号に規定する方法
> 2　前項の場合には、吸収分割承継会社の資本金及び資本剰余金の増加額は、株主資本変動額の範囲内で、吸収分割承継会社が吸収分割契約の定めに従いそれぞれ定めた額とし、利益剰余金の額は変動しないものとする。
> 　　ただし、株主資本変動額が零未満の場合には、当該株主資本変動額のうち、対価自己株式の処分により生ずる差損の額をその他資本剰余金の減少額とし、その余の額をその他利益剰余金の減少額とし、資本金、資本準備金及び利益準備金の額は変動しないものとする。

(注1)　本条は、吸収分割当事会社が持分会社の場合もあわせた規定であるが、本書掲載の参考条文として、みやすくするため持分会社に関する部分を除外している（以下の参照条文も同様である。）。
(注2)　株主資本（会社計算規則2条3項30号）とは、承継会社において、吸収分割により変動する貸借対照表上の株主資本に係る項目（会社計算規則76条2項）のうち、自己株式（会社計算規則76条2項5号）を除いた資本金、資本剰余金及び利益剰余金の総体を指す概念とされている。
(注3)　本条1項カッコ書の「吸収分割会社による支配取得に該当する場合を除く。」とは、企業結合会計基準等でいう「逆取得」に該当する場合を除くという意味である。

(注4) 本条1項1号の「吸収型再編対価時価又は吸収型再編対象財産の時価を基礎として算定する方法」とは、企業結合会計基準等におけるパーチェス法（時価処理）を意味するものであるが（企業結合会計基準17項）、対価株式が合理的に算定されえないときは、分割会社の対象財産（純資産）の企業結合日における時価を基礎とした評価額を取得対価とされる（適用指針38項⑷）という意味である。
　　　また、基礎として算定する方法とは、対価株式に自己株式の処分が含まれているときは、その帳簿価額を株主資本変動額の算定上、前提として当然に控除されるという企業会計上の処理（企業結合会計基準80項）がされるため、会社計算規則では特に規定せず、「このような会計上必要となるさまざまな調整を含むものとして解釈されるべきものである」（立案者の解説）とされている。

(注5) 本条1項2号の「前号に掲げる場合以外の場合であって、吸収型再編対象財産に時価を付すべきとき」とは、「支配取得に該当する場合以外であっても、時価を基礎とした算定方法（パーチェス法）によるべき場合がありうることを想定した規定……共通支配下関係にある会社間の取引であっても、企業結合会計基準等における「事業」に該当しない財産が吸収分割の対象となるような場合が該当する。」（大野ほか「改正法務省令の解説」登記インターネット11巻5号19頁）と立案担当者は説明している（詳細は、後記3⑸参照）。

(注6) 本条1項3号カッコ書の「第1号に規定する方法によるべき部分にあっては、当該方法」とは、35条1項2号と同様の規定振りであり、分割型親子の場合の少数株主部分については、取得による会計処理をするということである。

(注7) 本条2項但書中、「その余の額をその他利益剰余金の減少額とし」は、時価処理の場合は対価時価をもって株主資本変動額を算定するため、消滅会社が債務超過であっても、自己株式処分による場合以外に差損が生じることはない。

ア　原　　則

　親会社の支配下にある子会社同士等いわゆる共通支配下関係（後記⑵分割型親子及び⑶分割型子孫の場合を除く。）にある会社間で吸収分割がされる場合には、会社計算規則37条1項3号及び2項が適用される。会社計算規則における分割型吸収分割とは、対価の全部（株式及び金銭等）を株主に交付する場合をいうので（会社計算規則2条3項40号）、対価の一部を株主に交付する場合は、分割型であっても会社計算規則における分割型吸収分割とはいわないということであって、37条1項3号及び2項の適用される共通支配下関係の会計処理となる。

　会社分割においては、分割対価は分割会社に交付されかつ分割会社は存続し、分割会社の株主がかかわることはないことから、親会社が子会社に会社分割により事業を移転する場合も、子孫会社間及び子親会社間の場合も、子会社同士と同様の会計処理とされ（適用指針234項・226項）、移転事業に係る簿価株主資本額（株主資本相当額）から対価簿価及び自己株式簿価を控除し

た額が、株主資本変動額とされる（会社計算規則37条1項3号、旧会社計算規則63条1項1号・2項2号参照、適用指針231項）。

　ただし、分割型の親子会社間及び子孫会社間の吸収分割については、分割会社の株主がかかわることになり、合併の場合と同様、少数株主及び中間子会社とについて別の会計処理となる（会社計算規則37条1項3号カッコ書等、適用指針216項・218項等）。

　株主資本変動額がゼロ以上のときはその範囲内で分割契約に定めた額が増加資本金等の額とされるので、資本金の額をゼロとすることも可能である。資本準備金の額は、株主資本変動額がゼロ以上のときは、その範囲内で分割契約に定めた額とされ、その他資本剰余金の額は、「株主資本変動額」－「増加する資本金及び資本準備金の合計額」となる（会社計算規則37条2項）。

　イ　対価簿価が簿価株主資本額を超える場合

　対価として株式及び現金等が交付される場合において、対価簿価が簿価株主資本額を超えるときは、その差額が資産としてののれんとして計上され、株主資本変動額の算定上、当該のれんの額は簿価株主資本額に加算されるので、結果として、株主資本変動額はゼロとなる（適用指針231項(2)②なお書）。つまり、株主資本変動額＝簿価株主資本額＋正ののれん（対価簿価－簿価株主資本額）－対価簿価であるから、ゼロとなる。

　ウ　株主資本変動額がゼロ未満の場合

　株主資本変動額が簿価債務超過（分割会社が債務超過の場合）であることに起因してゼロ未満の場合には、その他利益剰余金の減額とするので（会社計算規則37条2項但書）、資本金の額は変動しない。

　株式以外の財産を交付する場合の対価簿価を減じることでマイナスが生じうる部分は、会社計算規則11条により算定される資産としてののれんとして計上され、分割会社から承継する株主資本額の一部に含まれるため、「対価簿価が大きすぎることで、株主資本変動額がマイナスとなることはない」（郡谷ほか『会社法の計算詳解』中央経済社（平成18年）468頁）。

　エ　自己株式を交付した場合

　分割対価に株式が含まれるときの株主資本変動額については、「適正な帳

簿価額を基礎として会計処理する場合において、払込資本とする処理を適用するときは、対価として処分する自己株式の帳簿価額を控除した額を払込資本として処理する」（適用指針203項(1)、会社計算規則旧63条1項1号ロ参照）ということから、移転事業に係る受入簿価株主資本額（株主資本相当額）から自己株式の帳簿価額を控除した額が、会社計算規則でいう株主資本変動額ということになる。

　自己株式の帳簿価額が大きく、自己株式の帳簿価額を控除した後の株主資本変動額がマイナスとなる場合は、「増加資本金及び増加する資本準備金の合計額」そのものがゼロとなるから、当該マイナスの絶対値である自己株式処分差損相当分だけ、その他資本剰余金が減額することになり、株主資本変動額が簿価債務超過（分割会社が債務超過の場合）であることに起因してゼロ未満の場合には、その他利益剰余金の減額とするので（会社計算規則37条2項但書）、資本金の額は変動しない。会社計算規則旧63条2項2号では、債務超過の場合は、株主払込資本変動額はゼロとするとしており、この意味で、株主払込資本変動額がマイナスとなるのは処分する自己株式の帳簿価額が多大のときということになる。

オ　分割対価に株式が含まれないとき

　分割対価に株式が含まれないときは、吸収分割の直接の効果として株主資本の部に変動は生じないので、分割対価の帳簿価額と受入簿価株主資本額（注）との差額は、のれんで調整される。

（注）　吸収型再編簿価株主資本額とは、「吸収型再編対象財産のうち資産から負債及び分割会社の新株予約権の帳簿価額を控除した価額」とされ、受け入れる資産の帳簿価額から受け入れる負債の帳簿価額を控除した額であり、分割会社が新株予約権（付社債）を発行している場合は、新株予約権は株主資本項目ではないことから新株予約権の帳簿価額をも控除した額となる。適用指針では、受け入れる資産・負債は、分割期日の前日に付された適正な帳簿価額とされている（適用指針218項(1)）。

カ　抱合せ株式

　吸収分割の分割対価は分割会社に交付され、かつ分割後も分割会社は存続するため、吸収合併のように抱合せ株式に対価が割り当てられないというこ

とではなく、承継会社の株主資本変動額の算定上、抱合せ株式を考慮する必要はない。したがって、親子会社間・子孫会社間であっても、合併の場合のような簿価株主資本額のうちの何％が抱合せ株式相当部分であるかということを考慮する必要がない。

(2) 分割型吸収分割の場合（親子を除く）

分割型吸収分割の場合（親子を除く）は、(1)と同様である。

A＝簿価株主資本額（適用指針205項、資産－負債のことで、いわば分割期日前日の分割会社の帳簿上の純資産額）

B＝対価時価（会社計算規則2条3項37号）

C＝対価簿価（適用指針81項、分割対価財産のうち株式以外のものの帳簿価額をいう）

A－B＜0 →正ののれん　　A－B＞0 →負ののれん
A－C＜0 →正ののれん　　A－C＞0 →負ののれん

		簿価株主資本額がプラスの場合		簿価株主資本額がマイナスの場合	
		正ののれん	負ののれん	正ののれん	負ののれん
取得	全部株式（注1）	○	○	○	○
	一部株式	○	○	○	○
	株式がない場合	○	○	○	○
	無対価	×（Aがプラスの場合だから、A－B（ゼロ）＜0が成立しない）	○	○	×（Aがマイナスの場合だから、A－B（ゼロ）＞0が成立しない）
共通支配下	全部株式	×（注2）	×	×	×
	一部株式	○（指針231項(2)②）(注3)	×（指針231項(2)①）(注4)	○（指針231項(2)②により、Cと同額	×（Aがマイナスの場合だから、A－C

				とされる）	＞0が成立しない）
	株式がない場合	○（指針243項(1))	○（指針243項(1))	○（指針243項(1))	×（Aがマイナスの場合だから、A－C＞0が成立しない）
	無対価	×（Aがプラスの場合だから、A－C（ゼロ）＜0が成立しない）	○	○（注5）	×（Aがマイナスの場合だから、A－C（ゼロ）＞0が成立しない）

(注1) 企業結合会計基準31項、適用指針51項。
(注2) 受入簿価純資産額そのものが株主資本変動額となるから、差額の発生する余地はなく、のれんは計上できない。
(注3) 対価簿価－簿価株主資本額＝正ののれんであり、当該額は株主資本変動額の算定上、簿価株主資本額に加算されるので、結局、株主資本変動額はゼロとなる。
(注4) 対価に株式が含まれる場合は、のれんではなく、株主資本で調整される。
(注5) 無対価のとき正ののれんが計上できるのは分割会社が債務超過の場合に限られる。

		正ののれん		負ののれん		株主資本
共通支配下	全部株式	×（注1）		×		37Ⅰ③
	一部株式	○（注3）		×（注2）		37Ⅰ③
	株式がない場合	○		○		－
	無対価	○		○		－
		少数株主部分		中間子会社部分		
		正ののれん	負ののれん	正ののれん	負ののれん	
分割型親子	全部株式	○	○	×	×	37Ⅰ③
	一部株式	○	○	○	×	37Ⅰ③
	株式がない場合	○	○	○	○	－
	無対価	○	○	○（注4）	○	－

		少数株主部分		中間子会社部分		
		正ののれん	負ののれん	正ののれん	負ののれん	
分割型子孫	全部株式	×	×	×	×	37 I ③
	一部株式	○	×	○	×	37 I ③
	株式がない場合	○	○	○	○	—
	無対価	○	○	○（注4）	○	—

(注1) 受入簿価純資産額そのものが株主資本変動額となるから、差額の発生する余地はなく、のれんは計上できない。
(注2) 対価に株式が含まれる場合は、のれんではなく、株主資本で調整される。
(注3) 対価簿価－簿価株主資本額＝正ののれんであり、株主資本変動額の算定上、簿価株主資本額に加算されるので、結局、株主資本変動額はゼロとなる。
(注4) 無対価のとき正ののれんが計上できるのは分割会社が債務超過の場合に限られる。

〈分割仕訳〉

　下記の図は、仕訳のイメージであり、左を借方、右を貸方と理解すれば、仕訳を起こすことができる。

仕訳の基本

（借）　資産の増加 　　　　負債の減少 　　　　株主資本の減少	（貸）　負債の増加 　　　　資産の減少 　　　　株主資本の増加 　　　　自己株式の消却

I　共通支配下関係における現金等の財産のみ（株主払込資本に変動なし）

・支払対価（吸収型再編対価）…現金　500　　　抱合せ株式　30

(A)　承継会社の個別貸借対照表

諸資産	2500	諸負債	1200
（うち分割会社の株式30）		資本金	500
		資本準備金	200
		その他資本剰余金	200
		その他利益剰余金	400
合計	2500	合計	2500

第3章　企業結合と会計処理　303

(B) 分割会社の分割事業に係る個別貸借対照表

諸資産	1000	諸負債	600
		資本金	100
		その他資本剰余金	200
		その他利益剰余金	100
合計	1000	合計	1000

企業結合日の分割する事業に係る個別財務諸表上の会計処理（分割仕訳）

(借)	資産	1000	(貸)	負債	600
	のれん（注）	100		現金	500

（注） 500（対価）－400（受入純資産額）＝100
　　　会社分割の場合、対価は分割会社に交付され、かつ分割会社は存続するため、抱合せ株式については考慮しない。

分割後の承継会社の個別貸借対照表

諸資産	3100	諸負債	1800
（注）		資本金	500
		資本準備金	200
		その他資本剰余金	200
		その他利益剰余金	400
合計	3100	合計	3100

（注） 2500＋1000＋100（のれん）－500（現金流出分）＝3100

Ⅱ 承継会社の株式のみ

・支払対価…株式時価　500（新株80株×＠5、自己株式20株×＠5）（うち対価自己株式20株の帳簿価額40）　　抱合せ株式　20（帳簿価額）

(A) 承継会社の個別貸借対照表

諸資産	2500	諸負債	1200
（うち分割会社の株式20）		資本金	500
		資本準備金	200
		その他資本剰余金	200
		その他利益剰余金	440
		自己株式	△40
合計	2500	合計	2500

(B) 分割会社の分割する事業に係る個別貸借対照表

諸資産	1000	諸負債	600
		資本金	100
		その他資本剰余金	200
		その他利益剰余金	100
合計	1000	合計	1000

企業結合日の個別財務諸表上の会計処理（分割仕訳）

(借方)		(貸方)	
諸資産	1000	諸負債	600
		自己株式	40
		資本金（注）	100
		資本準備金（注）	100
		その他資本準備金（注）	160

（注）　株主資本変動額（1000 − 600 − 40 ＝ 360）のうち分割契約で定めた額

分割後の承継会社の個別貸借対照表

諸資産	3500	諸負債	1800
（注1）		資本金（注2）	600
		資本準備金	300
		その他資本剰余金	360
		その他利益剰余金	440
合計	3500	合計	3500

（注1）　2500 ＋ 1000 ＝ 3500
（注2）　株主資本変動額 ＝ 500（対価株式時価）− 40（対価自己株式簿価）

Ⅲ—① 承継会社の株式併用

・支払対価…現金　200　株式時価　500（100株×＠5）（うち対価自己株式10株の帳簿価額40）　　抱合せ株式　30（帳簿価額）

(A) 承継会社の個別貸借対照表

諸資産	2500	諸負債	1200
（うち消滅会社の株式30）		資本金	500
		資本準備金	200
		その他資本剰余金	240
		その他利益剰余金	400
		自己株式	△40
合計	2500	合計	2500

(B) 分割会社の分割する事業に係る個別貸借対照表

諸資産	1000	諸負債	600
		資本金	100
		その他資本剰余金	200
		その他利益剰余金	100
合計	1000	合計	1000

企業結合日の個別財務諸表上の会計処理（分割仕訳）

（借方）		（貸方）	
諸資産	1000	諸負債	600
のれん（注1）		現金	200
		自己株式	40
		資本金（注2）	100
		その他資本剰余金（注2）	60

（注1） 対価簿価（200）＜簿価株主資本額（1000－600）であるから、のれんは計上できず、差額は株主資本変動額で調整される。
（注2） 株主資本変動額＝400（簿価株主資本額）－200（対価簿価）－40（自己株式）＝160のうち分割契約で定められる。

分割後の承継会社の個別貸借対照表

諸資産	3300	諸負債	1800
（うち分割会社の株式30）		資本金	600
（注）		資本準備金	200
		その他資本剰余金	200
		その他利益剰余金	500
合計	3300	合計	3300

（注） 2500＋1000－200（現金流出分）＝3300

Ⅲ－② 共通支配下関係分割で承継会社の株式併用（分割会社が債務超過の場合）

・支払対価…現金 300 株式時価 250（50株×@5）（うち対価自己株式10株の帳簿価額40） 抱合せ株式 60（帳簿価額）

A社（承継会社）の個別貸借対照表

諸資産	2500	諸負債	1200
（うち消滅会社の株式60）		資本金	500
		資本準備金	200
		その他資本剰余金	200
		その他利益剰余金	440
		自己株式	△40
合計	2500	合計	2500

B社（分割会社）の分割する事業に係る個別貸借対照表

諸資産	800	諸負債	1000
		資本金	100
		その他資本剰余金	50
		その他利益剰余金	△350
合計	800	合計	800

企業結合日の個別財務諸表上の会計処理（分割仕訳）

（借方）		（貸方）	
諸資産	800	諸負債	1000
のれん	300	現金	300
	（注1）	自己株式（注2）	40
		その他資本剰余金	△40（注3）
		その他利益剰余金	△260（注3）

（注1） 300－(800－1000)＝500
   　　対価が株式併用のときののれんは対価簿価と同額（適用指針251項）。
   　　債務超過部分についてはその他利益剰余金の減額（計算規則37条2項但書）。
（注2） 自己株式消却分（対価として交付）として貸方に記載する。
（注3） 株主資本変動額＝簿価株主資本額＋のれん－自己株式－対価簿価（△200＋300－40－300）＝△360のため株主資本変動額はゼロとし、△40部分の自己株式処分差損はその他資本剰余金の減額、△260部分の債務超過に起因する部分はその他利益剰余金の減額とする（計算規則35条2項但書）。

分割のれん算定イメージ

資産（時価）	800	負債（時価）	1000
その他利益剰余金	260	消滅会社株式（抱合せ株式）	60
のれん	300	現金	300

分割後の存続会社の個別貸借対照表

諸資産	3240	諸負債	2200
(2500 + 800 + 300 − 300 − 60 = 3240)		資本金	500
		資本準備金	200
		その他資本剰余金	160
		その他利益剰余金	180
合計	3240	合計	3240

（注1） 承継資産にのれん加算、自己株式消却、現金流出。
（注2） 資産としてののれんが発生する場合においては、株主資本変動額＝簿価株主資本額＋のれん－対価簿価－抱合せ株式帳簿価額＝0が株主資本変動額となり、自己株式の帳簿価額40を処分する場合は、さらに自己株式の帳簿価額をマイナスするため、株主資本変動額は△40となり、この差損がその他資本剰余金の減額となる。
（注3） 資産としてののれんが発生しない場合において、処分する自己株式の帳簿価額が対価株式の時価より大きい場合も、簿価株主資本額－自己株式の帳簿価額＝△、つまり株主資本変動額マイナスとなるときは、株主資本変動額ゼロとし、この差損がその他資本剰余金の減額となる。

(3) **分割型吸収分割における分割会社が承継会社の子会社である場合（承継会社の親会社その他の承継会社を支配する者がいない親子の場合）（会社計算規則37条1項3号）**

中間子会社等とは、共通支配下取引のうち「分割型吸収分割の分割会社が吸収分割承継会社の子会社であるものとして計算すべき場合（つまり分割型吸収分割における親子・分割型吸収分割における子孫分割）において、分割型吸収分割の分割会社の株主のうち、分割会社の親会社その他の当該分割会社を支配する者及びその子会社（当該支配する者が会社でない場合におけるその子会社に相当する者を含む。）であって、分割会社及び承継会社以外のもの」とされる。中間子会社とは、分割型吸収分割における親子分割の場合の分割会社である子会社の株式を保有する親会社の他の子会社をいうが、中間子会社等の等とは、分割型吸収分割における子孫分割の場合の承継会社の親会社又

はその親会社の他の子会社を含むことを意味する（適用指針206項・218項(3)(4)）。

　少数株主との取引とは、企業集団を構成する子会社の株主と、当該子会社を支配している親会社との間の取引であり、それは企業集団内の取引ではなく、親会社からの立場からは外部取引と考えられる（企業結合会計基準120項）。つまり、少数株主とは、共通支配下取引のうち「分割型吸収分割の分割会社が承継会社の子会社であるものとして計算すべき場合（つまり分割型吸収分割における親子・分割型吸収分割における子孫分割）において、分割会社の株主のうち、承継会社及び中間子会社等以外のもの」とされ、分割会社の外部株主をいう。

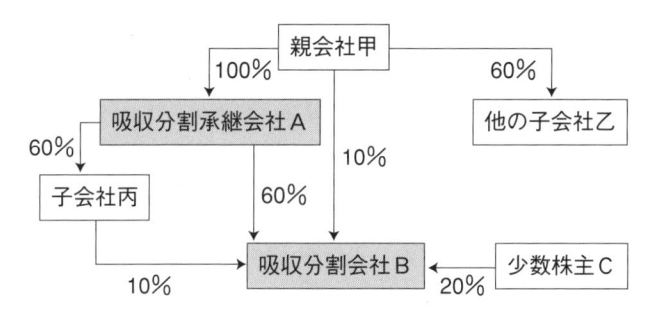

```
                    親会社甲
                   ／100%  ＼60%
    吸収分割承継会社A      他の子会社乙
   60%／      ＼10%
子会社丙      60%
         ＼     ↓
          吸収分割会社B ← 少数株主C
          10%    20%
```

・中間子会社等　甲、乙、丙（丙は中間子会社）
・少数株主C（連結会計上の少数株主は、企業集団を構成する子会社の外部株主すべてを含む取扱いである）

① 原　　則

　いわゆる分割型吸収分割における親子会社間の吸収分割には、少数株主と中間子会社等について異なる会計処理が適用される（適用指針218項(2)(3)・206項・448項、会社計算規則旧63条2項3号参照）。

② 分割型吸収分割における親子会社間分割の場合ののれんの算定

　分割型吸収分割における親子分割の場合には、100％子会社でなければ、吸収分割会社である子会社の株主には少数株主が存在し、少数株主の吸収分割会社に対する持分に相当する部分については、対価についての時価と受入簿価との差額について、のれんを計上することができる（適用指針218項・206

項(2)①イ)。

　なお、共通支配下の取引のうち、分割型吸収分割における親子会社間及び分割型吸収分割における子孫会社間の場合において、無対価となるケースは、実務的には分割会社が債務超過である場合が想定されるとされている。
③　分割型吸収分割における親子会社間の分割の場合の株主資本変動額
　ア　分割型吸収分割における親子会社間の分割とは、連結グループの最上位の会社が子会社を分割する場合とそうでない場合（分割型吸収分割における子孫会社間）とがある。
　親子会社間の場合の個別財務諸表上の会計処理は、「受け入れる資産及び負債は、分割期日の前日に付された適正な帳簿価額により計上する」とされ（企業結合会計基準41項）、「増加すべき株主資本は、適用指針206項に準じて会計処理する」とされる（適用指針218項）。つまり、「承継会社である親会社は、子会社から受け入れる資産及び負債との差額のうち株主資本の額を親会社持分相当額、少数株主持分相当額、中間子会社持分相当額に按分し、①親会社持分相当額については、親会社が分割直前に保有していた子会社株式（抱合せ株式）の適正な帳簿価額との差額を特別損益に計上し（会社計算規則旧18条4項参照）、②少数株主持分相当額については、取得の対価（少数株主に交付した親会社株式の時価）との差額をのれんとし、増加する株主資本の額は、払込資本とし、③中間子会社持分相当額については、中間子会社（分割会社である子会社の親会社の他の子会社）に分割対価を交付する場合には、子会社から受け入れる資産及び負債との差額のうち、株主資本の額に分割期日の前日の持分比率を乗じて中間子会社持分相当額を算定し、その額を払込資本とし、増加すべき払込資本の内訳項目（資本金、資本準備金又はその他資本剰余金）は、会社法の規定に基づき決定する。」とされている（適用指針218項・206項）。
　分割対価を受けるもののうち少数株主部分については、企業結合会計基準上、共通支配下の取引ではなく少数株主との取引として、パーチェス法に類似した計算方法が採用されている（企業結合に係る会計基準意見書三4参照）。このことに対応して、会社計算規則上、株主資本変動額については、

少数株主に交付する分割対価のうち株式に係る部分については対価時価、中間子会社部分については簿価株主資本額から対価簿価を減じて得た額の合計額とされている（会社計算規則37条1項3号カッコ書、旧63条2項3号）。

なお、対価として株式及び現金等が交付される場合において、対価簿価が簿価株主資本額を超えるときは、その差額が資産としてののれんとして計上され、株主資本変動額の算定上、当該のれんの額は簿価株主資本額に加算されるので、結果として、株主資本変動額はゼロとなる（適用指針231項(2)②なお書）。

イ　分割型の場合の抱合せ株式

分割型の場合は、分割会社に交付された分割対価が剰余金の分配というかたちで分割会社の株主に交付されることから、分割対価としての承継会社の株式が、分割会社を経由して抱合せ株式としての承継会社の保有する株式に承継親会社の株式が交付されるという、いわば自己株式を承継取得する（会社法155条13号、会社法施行規則27条2号・3号ホ）という結果となる。

したがって、抱合せ株式相当部分については、分割会社では移転した事業に係る純資産が減少することになり、承継親会社においては受け入れた事業と抱合せ株式の部分的な引き換えが行われたとみて、抱合せ株式の適正な帳簿価額のうち、引き換えられたとみなされる額を減額する会計処理となる（適用指針443項・219項・218項）。つまり、抱合せ株式の適正な帳簿価額のうち、引き換えられたとみなされる額である減少額と簿価株主資本額のうち抱合せ株式相当部分との差額は、のれんではなく、特別損益（利益又は損益）として計上する。簿価株主資本額のうち抱合せ株式相当部分は、抱合せ株式の処分対価として計算されるため、分割対価として交付された承継会社の株式は、結果として評価ゼロのものを交付したのと同様であり、「剰余金分配財産として取得した自己株式の評価額もゼロ円となる。」（郡谷ほか『会社法の計算詳解』中央経済社（平成18年）465頁）。承継会社の新株でなく自己株式の処分であっても、同様である。

第3章　企業結合と会計処理　311

(4) 分割型吸収分割における分割会社が承継会社の子会社である場合（承継会社の親会社その他の承継会社を支配する者が存在する場合）（会社計算規則37条1項3号）

① 原　　則

いわゆる分割型吸収分割における子孫会社間の吸収分割には、少数株主及び中間子会社等について共通の会計処理が適用される（適用指針218項(4)、会社計算規則旧63条2項4号参照）。

② 分割型吸収分割における子孫会社間分割の場合ののれんの算定

分割型吸収分割における子孫分割の場合には、少数株主部分及び中間子会社等部分については、対価の一部が株式の場合、対応する簿価株主資本額と対価簿価（株式以外）との差額について資産としてののれんを計上することができ（会社計算規則旧18条3項・4項、旧17条1項1号参照）、対価に株式がない場合は、資産としてののれんを計上することができる（会社計算規則旧18条3項・4項、旧17条1項2号参照）。

企業会計基準及び事業分離等会計基準に関する適用指針が改正され、適用指針218項に対応して、分割型吸収分割における子孫会社間の吸収分割についても、少数株主部分の取扱いが異なる点を除いて、分割型吸収分割における親子会社間の吸収分割におけるのれんの計上及び株主資本の算定規定の適用があるものとして整理されている（適用指針218項）。

③ 分割型吸収分割における子孫会社間の分割の場合の株主資本変動額

中間子会社とは承継会社である親会社の他の子会社をいうが、分割型吸収分割における子孫会社間の分割の場合には、承継会社である親会社が連結グループの最上位の会社ではなくさらに親会社がある場合をいうところ、その連結グループの上位の親会社及びその親会社の承継会社以外の他の子会社が分割会社の株主である場合があり、本来の中間子会社とを含めて、中間子会社等と定義したうえで、実質的に同一株主により支配されている会社同士の分割であり、最上位の親会社と子会社の株主との取引でないことから、適用指針200項なお書による少数株主との取引を適用せず、少数株主持分相当額についても中間子会社持分相当額に準じて処理することとされている（適用

指針218項(4)・206項(4))。したがって、株主資本変動額については、少数株主と中間子会社等に係る部分について、共通支配下の取引と同様、簿価株主資本額から対価簿価を減じて得た額の合計額とされることになる。

Ⅳ 親子間分割型吸収分割において対価が現金等の財産のみ（株主払込資本に変動なし）

・B社の株主…A社60％　少数株主20％　中間株主20％
・支払対価…現金　500　　抱合せ株式　60

A社（承継会社）の個別貸借対照表

諸資産	600	諸負債	200
（うちB社の株式60）		資本金	200
		その他資本剰余金	100
		その他利益剰余金	100
合計	600	合計	600

B社（分割会社の分割事業に係る）の個別貸借対照表

諸資産	500	諸負債	320
		資本金	100
		その他資本剰余金	50
		その他利益剰余金	30
合計	500	合計	500

企業結合日の個別財務諸表上の会計処理（分割仕訳）

（借）	資産	500	（貸）	負債	320
	のれん（注）	320		現金	500

(注) 500（対価）－180（受入純資産額）＝320

のれんの算定イメージ

資産（時価）	500	負債（時価）	320
		現金	500
のれん	320		

分割後の承継会社の個別貸借対照表

諸資産	920	諸負債	520
(注)		資本金	200
		その他資本剰余金	100
		その他利益剰余金	140
		自己株式	△40
合計	920	合計	920

(注) 600＋500＋320（のれん）－500（現金流出分）＝920

V 親子間分割型吸収分割において対価がA社承継会社の株式のみ

・B社の株主…A社60％　少数株主20％　中間株主20％
・支払対価…株式時価　150（株式30株×＠5、うち対価自己株式10株の帳簿価額40）　抱合せ株式　60（帳簿価額）

A社（承継会社）の個別貸借対照表

諸資産	600	諸負債	200
（うち消滅会社の株式60）		資本金	200
		その他資本剰余金	100
		その他利益剰余金	140
		自己株式	△40
合計	2500	合計	2500

B社（分割会社の分割事業に係る）の個別貸借対照表

諸資産	500	諸負債	320
		資本金	100
		その他資本剰余金	50
		その他利益剰余金	30
合計	500	合計	500

企業結合日の個別財務諸表上の会計処理（少数株主持分部分分割仕訳）

（借方）		（貸方）	
諸資産（注1）	100	諸負債	64（注1）
のれん（注2）	39	自己株式	20
		資本金（注3）	55

(注1)　500×20％＝100

　　　　　$320 \times 20\% = 64$
(注2)　75（対価株式）－（200－164）＝39
(注3)　株主資本変動額（75－20＝55）のうち分割契約で定めた額

のれんの算定イメージ

資産（時価）	100	負債（時価）	64
のれん	39	株主資本変動額（注）	55
		自己株式	20

(注)　株主資本変動額（75－20＝55）のうち分割契約で定めた額

企業結合日の個別財務諸表上の会計処理（中間子会社持分部分合併仕訳）

（借方）		（貸方）	
諸資産	100	諸負債	64
		自己株式	20
		資本金（注）	16

(注)　株主資本変動額（36（100－64）－20）のうち分割契約で定めた額

分割後の存続会社の個別貸借対照表

諸資産	839	諸負債	328
（注1）		資本金	271
		その他資本剰余金	100
		その他利益剰余金	140（注2）
合計	839	合計	839

(注1)　600＋100＋139＝839
　　　　資産としてののれんは承継会社の資産の部に計上。
(注2)　承継会社の自己株式は対価として分割会社に交付されるので、分割後の承継会社の貸借対照表から減ずる。

Ⅵ　親子分割で対価として承継会社の株式併用

・B社の株主…A社60％　少数株主20％　中間株主20％
・支払対価…現金　200　株式時価　150（30株×@5）（うち対価自己株式10株の帳簿価額40）　　抱合せ株式　60（帳簿価額）

A社（承継会社）の個別貸借対照表

諸資産	600	諸負債	200
（うち分割会社の株式60）		資本金	200
		その他資本剰余金	100
		その他利益剰余金	140
		自己株式	△40
合計	600	合計	600

B社（分割会社）の個別貸借対照表

諸資産	500	諸負債	320
		資本金	100
		その他資本剰余金	50
		その他利益剰余金	30
合計	500	合計	500

企業結合日の個別財務諸表上の会計処理（少数株主持分部分分割仕訳）

（借方）		（貸方）	
諸資産	100	諸負債	64
のれん（注1）	139	現金	100
		自己株式	20
		資本金（注2）	55

（注1）　75（対価株式）＋100（現金）－（100－64）＝139
（注2）　株主資本変動額（175－100－20＝55）のうち分割契約で定めた額。

のれんの算定イメージ

資産（時価）	100	負債（時価）	64
のれん	139	株主資本変動額（注2）	55
（注1）		自己株式	20
		現金	100

（注1）　75（対価株式）＋100（現金）－（100－64）＝139
（注2）　株主資本変動額（175－100－20＝55）のうち分割契約で定めた額。

企業結合日の個別財務諸表上の会計処理(中間子会社持分部分分割仕訳)

(借方)		(貸方)	
諸資産	100	諸負債	64
のれん	64	現金	100
(注1)		自己株式	20
		その他資本剰余金(注2)	△20

(注1) 100(現金)-(100(資産)-64(負債))=64
(注2) 株主資本変動額(36(100-64)+64-100-20)=△20となり、株主資本変動額はゼロとし、△20は自己株式処分差損としてその他資本剰余金の減額。

分割後の承継会社の個別貸借対照表

諸資産	803	諸負債	328
(注1)		資本金	255
		その他資本剰余金	80
		その他利益剰余金	140
合計	803	合計	803

(注1) 600+239+164-200=803
資産としてののれんは承継会社の資産の部に計上。

親子会社間分割型吸収分割

① 株式併用で、対価簿価>簿価株主資本額の場合

	親会社持分相当部分 60%	少数株主持分相当部分 20%	中間子会社持分相当部分 20%
支払対価 株式 100 現金 200	50…① (100×60%) 120…② (200×60%) (注1)	20…⑤ (100×20%) 40…⑥ (200×20%)	20…⑨ (100×20%) 40…⑩ (200×20%)
簿価株主資本額 180	108…③ (180×60%)	36…⑦ (180×20%)	36…⑪ (180×20%)
抱合せ株式帳簿額 60	60…④	—	—
抱合せ株式消滅益	48 (③-④)		
資産としてののれん	—	24…⑧ (⑤+⑥-⑦)	4…⑫ (⑩-⑪)

第3章 企業結合と会計処理

株主資本変動額 20＋0＝20	―	20	（⑤対価時価）	0 （注2）	（36＋4－40） （⑪＋⑫－⑩）

（注1） 分割型の場合、親会社の支払対価は、親会社持分相当分にも子会社（分割会社）を経由して分割会社の株主である親会社自身に交付されることになる。

（注2） 資産としてののれんは、株主資本変動額の算定上、簿価株主資本額の受入資産に含める。つまり、簿価株主資本額＋資産としてののれんであるが、対価簿価－簿価株主資本額＝資産としてののれんである。対価簿価－簿価株主資本額＝資産としてののれんの数式を移項すると、対価簿価＝資産としてののれん＋簿価株主資本額となり、株主資本変動額＝簿価株主資本額＋資産としてののれん－対価簿価であるから、中間子会社持分相当部分の株主資本変動額は結局ゼロとなる。

② 株式併用で、対価簿価＜簿価株主資本額の場合

	親会社持分相当部分　60%	少数株主持分相当部分　20%	中間子会社持分相当部分　20%
支払対価 　株式　100 　現金　90	60…① （100×60%） 54…② （90×60%）	20…⑤ （100×20%） 18…⑥ （90×20%）	20…⑨ （100×20%） 18…⑩ （90×20%）
簿価株主資本額 　　　　　180	108…③ （180×60%）	36…⑦ （180×20%）	36…⑪ （180×20%）
抱合せ株式帳簿額　　　　　60	60…④	―	―
抱合せ株式消滅益	48　（③－④）		
資産としてののれん	―	2…⑧　（⑤＋⑥－⑦）	―…⑫　（⑩＜⑪）
株主資本変動額 20＋18＝38	―	20　（⑤対価時価）	18　（36－18） （⑪－⑩）

③ 対価のすべてが株式の場合

	親会社持分相当部分　60%	少数株主持分相当部分　20%	中間子会社持分相当部分　20%
支払対価株式時価　　　　　100	60…① （100×60%）	20…④ （100×20%）	20…⑦ （100×20%）
簿価株主資本額 　　　　　180	108…　② （180×60%）	36…⑤ （180×20%）	36…⑧ （180×20%）

抱合せ株式帳簿価額　60	60…③	—		—	
抱合せ株式消滅益	48　（②－③）				
資産としてののれん	—	—		—	
株主資本変動額　20＋36＝56	—	20	（④対価時価）	36	（⑧の簿価）

(5)　**会社計算規則37条1項2号**

「支配取得に該当する場合以外であっても、時価を基礎とした算定方法（パーチェス法）によるべき場合があり得ることを想定した規定……共通支配下関係にある会社間の取引であっても、企業結合会計基準等における「事業」に該当しない財産が吸収分割の対象となるような場合が該当する。」（大野ほか「改正法務省令の解説」登記インターネット11巻5号19頁）と立案担当者は説明している。

共通支配下関係にある会社間の取引であっても、親子会社間の場合の少数株主との取引のことをいっているということであれば、旧会社計算規則63条2項3号イの少数株主との取引と変わるところはないが、少数株主との取引については会社計算規則37条1項3号カッコ書で示しているので、企業結合会計基準等における「事業」に該当しない財産が吸収分割の対象となるような場合というと理解が困難である。

旧商法では、会社分割により承継会社が承継する財産は「営業」に限定され、有機的一体性のない財産の移転は除外されていると解され、事業活動の承継が要件とされていた。分割の対象が、営業に限定されていたのは、会社分割の手続においては検査役の調査がなく、移転される財産の過大評価をチェックするシステムが備わっていないので、かりに個別の営業用財産を分割の対象として認めると、現物出資の手続を潜脱することになるからとされていた。これに対して、「会社法では、有機的一体性も事業活動の承継も、会社分割の要件ではないということを明らかにするため、会社分割の対象に

ついて、「事業」という事業活動を含む概念ではなく、「事業に関して有する権利義務」という財産に着目した規定を設けることとされたものである。したがって、吸収分割によりある工場を敷地ごと承継させた場合において、当該敷地に当該工場において行っている事業とは無関係に賃貸している土地が含まれているときなど、承継させる権利義務の全体をみれば、必ずしも「事業」に該当しない場合や事業活動を承継していない場合であっても、そのことをもって吸収分割に瑕疵が生ずることはない。」(相澤哲ほか『論点解説 新・会社法』商事法務（平成18年）669頁）と解されている。したがって、会社計算規則37条1項2号の解釈として、上記のような「事業」に該当しない財産が会社分割の対象財産に含まれている場合には、当該財産については時価をもって評価するということであろうか。会社分割は、事業の承継のための制度として構築されており、承継会社の株主資本の増額については、事業の承継にあたり企業結合会計基準等により株主資本増加額を算定するというものでありながら、企業結合会計基準等における「事業」に該当しない対象財産についても考慮するということであるが、旧商法における会社分割の手続においては検査役の調査がなく、移転される財産の過大評価をチェックするシステムが備わっていないので、かりに個別の営業用財産を分割の対象として認めると、現物出資の手続を潜脱することになるからとされていた趣旨は、さしつかえないとするのであろうか。

　改正会社計算規則は、企業結合会計基準等の改正を受けての改正で、負ののれんを負債として計上できない等にかかわる部分の改正であって、その余については実質的な改正ではないということを前提にすれば、共通支配下の取引の場合の少数株主との取引に関する部分は時価取引となることについては改正規定から当該文言は削除されているが、改正規則37条1項3号カッコ書で読むということになろう。

4　共同支配企業の形成、逆取得の場合（会社計算規則37条1項4号）

　パーチェス法、共通支配下の取引の会計処理及び分割型吸収分割における

親子・子孫会社間分割の会計処理以外の場合は、共通支配下の取引の会計処理に準じて処理するものとされる。具体的には、共同支配企業の形成に当たる場合及び逆取得に当たる場合の承継会社の会計処理が該当するとされている。

分割が、共同支配企業の形成、逆取得とされた場合の株主資本に関する会計処理は、移転された資産及び負債を分割期日の前日における適正な帳簿価額により計上するとされており（企業結合会計基準38項、適用指針87項・192項）、会社計算規則37条1項4号が該当することになる。

共同支配企業の形成の場合は、対価の全部が株式であることが前提であるから、分割会社の資産、負債及び株主資本を適正な帳簿価額で引き継ぐ会計処理方法とされるところ、移転される資産・負債について、移転前の適正な帳簿価額により移転後も計上し、取得原価についても、当該資産・負債の適正な帳簿価額による純資産額により算定することから、同額であり差額は生じない、つまりのれんは生じないということである。

5 会社計算規則38条（共通支配下の分割型吸収分割において引き継ぐ処理が適切である場合）

> 会社計算規則
> （株主資本を引き継ぐ場合における吸収分割承継会社の株主資本の変動額）
> 第38条　前条の規定にかかわらず、分割型吸収分割における吸収型再編対価の全部が吸収分割承継会社の株式である場合であって、吸収分割会社における吸収分割の直前の株主資本の<u>全部又は一部</u>を引き継ぐものとして計算することが適切であるときには、分割型吸収分割により変動する吸収分割会社の資本金、資本剰余金及び利益剰余金の額をそれぞれ当該吸収分割承継会社の資本金、資本剰余金及び利益剰余金の変動額とすることができる。ただし、対価自己株式がある場合にあっては、当該対価自己株式の帳簿価額を吸収分割により変動する吸収分割会社のその他資本剰余金の額から減じて得た額を吸収分割承継会社のその他資本剰余金の変動額とする。
> 2　吸収型再編対価が存しない場合であって、吸収分割会社における吸収分割の直前の株主資本の<u>全部又は一部</u>を引き継ぐものとして計算することが適切であるときには、吸収分割により変動する吸収分割会社の資本金及び資本剰余金の合計額を当該吸収分割承継会社のその他資本剰余金の変動額

とし、吸収分割により変動する吸収分割会社の利益剰余金を当該吸収分割承継会社のその他利益剰余金の変動額とすることができる。
3　前２項の場合の吸収分割会社における吸収分割に際しての資本金、資本剰余金及び利益剰余金の額の変更に関しては、法第２編第５章第３節その他の法の規定に従うものとする。

旧会社計算規則
旧第63条　（略）
2　前項に規定する「吸収型再編株主資本変動額」とは、次の各号に掲げる場合の区分に応じ、当該各号に定める額とする。
　一　（略）
　二　吸収分割会社と吸収分割承継会社が共通支配下関係にあるものとして計算すべき場合（次号及び第４号に掲げる場合を除く）　イに掲げる額からロに掲げる額を減じて得た額
　　イ　吸収型再編簿価株主資本額
　　ロ　吸収型再編対価簿価
　三　分割型吸収分割の吸収分割会社が吸収分割承継会社子会社であるものとして計算すべき場合（当該吸収分割承継会社の親会社その他の当該吸収分割承継会社を支配する者が存しない場合に限る。）
　　イ　吸収型再編対価時価（分割型吸収分割により吸収分割会社が少数株主に交付する吸収分割承継会社の株式に係るものに限る。）
　　ロ　吸収型再編簿価株主資本額（中間子会社等の吸収分割会社に対する持分に相当する部分に限る。）から分割型吸収分割により吸収分割会社が中間子会社等に交付する吸収型再編対価簿価を減じて得た額
　四　分割型吸収分割の吸収分割会社が吸収分割承継会社子会社であるものとして計算すべき場合（当該吸収分割承継会社の親会社その他の当該吸収分割承継会社を支配する者が存しない場合を除く。）　吸収型再編簿価株主資本額（少数株主及び中間子会社等の吸収分割会社に対する持分に相当する部分に限る。）から分割型吸収分割により吸収分割会社が少数株主及び中間子会社等に交付する吸収型再編対価簿価を減じて得た額
　五　（略）
3　（略）
旧第64条　（略）
2　前項に規定する「吸収分割承継会社の資本金、資本剰余金及び利益剰余金の変動額につき適当に定めるものとして計算することができる場合」とは、次のいずれにも該当する場合を言う。
　一　吸収型再編対象財産に吸収分割会社における吸収分割の直前の帳簿価額を付すべき場合であること。

二　次に掲げるいずれかの場合であること。
　　イ　分割型吸収分割（吸収型再編対価の全部が吸収分割承継会社の株式であるものに限る。）をする場合
　　ロ　吸収型再編対価が存しない場合
三　前条第2項第2号に掲げる場合（※共通支配下関係）において、吸収分割承継会社及び吸収分割会社がこの条の規定を適用するものと定めたときであること。
四　前項各号に掲げる額（吸収型再編対価が存しない場合にあっては、前項第3号（※その他資本剰余金の額）又は第5号（※その他利益剰余金の額）に掲げる額）の変動額を適当に定めることが適切でない場合でないこと。
3　第1項の場合には、同項各号に掲げる額の変動額については、次のいずれにも該当しなければならない。
　一　<u>当該変動額の合計額が吸収型再編簿価株主資本額と同一であること。</u>
　二　次のイ又はロに掲げる場合の区分に応じ、当該イ又はロに定める要件に該当すること。
　　イ　前項第2号イに掲げる場合（※分割型吸収分割の場合）　当該各変動額が当該吸収分割に際しての吸収分割会社における第1項各号に掲げる額に相当するものの変動額に対応するものであること。
　　ロ　前項第2号ロに掲げる場合（※無対価の場合）　次の(1)又は(2)に掲げる額の変動額が当該吸収分割に際しての吸収分割会社における(1)又は(2)に定める額に対応するものであること。
　　　(1)　その他資本剰余金の額　資本金の変動額、資本準備金の額の変動額及びその他資本剰余金の額の変動額の合計額
　　　(2)　その他利益剰余金の額　利益準備金の額の変動額及びその他利益剰余金の額の変動額の合計額
　三　第1項第1号、第2号及び第4号に掲げる額の変動額が零未満の額でないこと
4　（略）

適用指針12　親会社が子会社に分割型の会社分割により事業を移転する場合の会計処理

(1)　個別財務諸表の上の会計処理）
子会社（吸収分割承継会社）の会計処理
234項(2)　増加すべき株主資本の会計処理
　子会社における増加すべき株主資本は、親会社が子会社に会社分割により事業を移転する場合の会計処理（会社分割の対価が子会社株式のみの場合）における子会社の会計処理（第227項及び第228項参照）に準じて処理する。

ただし、受け入れた資産及び負債の対価として子会社株式のみを交付している場合には、親会社で計上されていた株主資本の内訳を適切に配分した額をもって計上することができる（第446項参照）。この場合、株主資本の内訳の配分額は、親会社が減少させた株主資本の内訳の額と一致させる（第409項参照）。

256項
　吸収分割承継会社である他の子会社の会計処理は、分割型の会社分割により親会社が子会社に事業を移転する場合の子会社の会計処理（第234項参照）に準じて処理する（第409項参照）。

吸収分割承継会社等が新株を発行した場合の増加資本の会計処理
409項
(3)　分割型の会社分割において株主資本の内訳を適切に配分した額で計上できる場合共通支配下の取引（共通支配下の取引に係る会計処理に準じて処理する新設分割による子会社の設立を含む。）において、吸収分割承継会社等が受け入れた資産及び負債の対価として吸収分割承継会社の株式のみを交付している場合には、吸収分割会社等で計上されていた株主資本の内訳を適切に配分した額をもって計上できるものとしている（第446項参照）。
　このような場合として、親会社が子会社に分割型の会社分割により事業を移転する場合（第234項(2)ただし書参照）、子会社が他の子会社に分割型の会社分割した場合（第234項を参照した第256項参照）、単独で分割型の会社分割した場合（第234項を参照した第264項参照）がある。
　なお、これらの場合において、吸収分割会社等は、通常の分割型の会社分割や現物配当の処理と異なり、受け取った吸収分割承継会社等の株式の取得原価に、これに係る繰延税金資産又は繰延税金負債を加減した額により、吸収分割会社等の株主資本を変動させることになる。
　これは、吸収分割承継会社等は、移転前に付された吸収分割会社等の適正な帳簿価額で受け入れた資産及び負債を計上し、かつ、吸収分割会社等で計上されていた株主資本の内訳を適切に配分した額で株主資本の内訳を計上することになるが、この処理を行うに当たって、吸収分割承継会社等の株主資本の額は、吸収分割会社等が変動させた株主資本の額と一致することとなるためである（第234項(2)ただし書参照）。

① 概　　要
　会社計算規則38条は旧64条に対応するものであるが、①分割型吸収分割であって対価の全部が承継会社の株式である共通支配下関係（分割型親子、子

孫を除く。）による吸収分割である場合、又は②無対価の場合には、分割会社の株主資本を引き継ぐことができるとされている。
② 分割型吸収分割であって対価の全部が承継会社の株式である共通支配下関係による吸収分割である場合
　ア　要　件
　会社計算規則38条の規定を適用する要件は、①分割会社の帳簿価額を引き継ぐこと、②対価の全部が承継会社の株式であること、③分割型吸収分割であって共通支配下の取引のうち分割型子親会社間及び子会社同士に限られている（分割型親子・子孫を除く）（適用指針234項ただし書、409項・446項）。
　改正会社計算規則38条では、分割型親子・子孫を除くという趣旨の旧64条２項３号「前条第２項第２号に掲げる場合」の要件が明記されていないが、企業結合会計基準の定めるところによるというのであれば、改正会社計算規則38条は分割型親子・子孫を除くという趣旨は維持されているものと考えられる。
　イ　引き継ぐ場合の株主資本変動額
　引き継ぐ株主資本変動は、株主資本の各項目の変動額であるが、変動額の合計額は、簿価株主資本額と同一でなければならず、各変動額は分割会社の株主資本の各項目の変動に対応（利益剰余金は全額その他利益剰余金とすることができる）していなければならないとされる（適用指針234項(2)、旧会社計算規則64条３項では、当該変動額の合計額は簿価株主資本額と同一でなければならず、各変動額は分割会社の株主資本の額に相当するものという対応関係が求められていた。）。会社計算規則38条１項では、「吸収分割会社の資本金、資本剰余金及び利益剰余金の額をそれぞれ当該吸収分割承継会社の資本金、資本剰余金及び利益剰余金の変動額とする」とされているが、これは、分割承継会社が変動させた株主資本の内訳項目と、分割会社が変動させた株主資本の内訳項目とを一致させる必要があるということであるから、承継会社で資本金の額を増加させた場合は、その額だけ分割会社において資本金の額を減少させなければならないということである。ただし、株主資本の変更は、会社分割固有のものではなくこれと無関係に生ずるものであるから、分割会社での

資本金等の減少手続は、会社法の資本金等の減少手続によらなければならないとされている（会社計算規則38条3項）。

対価自己株式がある場合にあっては、当該対価自己株式の帳簿価額を吸収分割により変動する吸収分割会社のその他資本剰余金の額から減じて得た額を吸収分割承継会社のその他資本剰余金の変動額とする（会社計算規則38条1項但書）。会社計算規則37条では、対価自己株式の帳簿価額を控除する旨の規定は会計処理上の前提となっていることから明記されていないが、38条では分割会社の株主資本をそのまま引き継ぐ場合の規定であることから、対価自己株式の帳簿価額を吸収分割により変動する吸収分割会社のその他資本剰余金の額から控除する旨の規定が置かれている。

なお、会社計算規則38条が36条と異なるところは、吸収分割においては、分割会社が存続することから、先行取得分株式（抱合せ株式）が消滅しないため、その帳簿価額を引き継がれるその他資本剰余金から控除する規定がないことである。

③　無対価の場合

無対価の場合において、本条を適用するときは、その他資本剰余金及びその他利益剰余金に限られ、資本金、資本準備金及び利益準備金はゼロとする処理を行うとされている（会社計算規則38条2項）。したがって、無対価の場合は、分割会社で変動させた株主資本の額を、承継会社のその他資本剰余金及びその他利益剰余金の変動額として処理することができるとされる（会社計算規則38条2項）。

なお、企業会計基準では、共通支配下関係にある子会社同士の吸収分割であって、無対価の場合において38条の適用を選択することができるのは、100％子会社同士の場合に限られるとしている（適用指針203—2項）。

資本金の額が計上されたことを証する書面

```
            資本金の額の計上に関する証明書

  株主資本変動額（会社計算規則第37条第１項）    金○○円
  吸収分割承継会社の資本金の額○○円は、会社法第445条及び会社計算規則
 第37条の規定に従って計上されたことに相違ないことを証明する。
     平成23年10月○○日
                         ○○県○○市○○町○丁目○番○号
                           ○○株式会社
                             代表取締役  ○○  ○○  印
```

株主資本を引き継ぐ場合の資本金の額が計上されたことを証する書面

```
            資本金の額の計上に関する証明書

  株主資本変動額（会社計算規則第38条第１項）    金○○円
  吸収分割承継会社の資本金の額○○円は、会社法第445条及び会社計算規則
 第38条第１項の規定に従って計上されたことに相違ないことを証明する。
     平成23年10月○○日
                         ○○県○○市○○町○丁目○番○号
                           ○○株式会社
                             代表取締役  ○○  ○○  印
```

	承継する資産・負債に付すべき価額	対価に株式がある場合	対価の全部が株式である場合
取得	パーチェス法	計算規則37条１項１号	計算規則37条１項１号
	株主資本 増加資本金の額	「株主資本変動額の範囲内で分割契約に定めた額」＝Ａ（分割契約でゼロとすることが可能） 株主資本変動額＝分割対価として交付した承継会社の株式の時価（指針81項参照）－交付した自己株式の帳簿価額（指針80項）	同左

		※株主資本変動額がマイナスの場合（自己株式の帳簿価額が大きい場合）は、増加資本金及び資本準備金の合計額がゼロとなるから、当該マイナス額相当額（自己株式処分差損相当額）だけ、その他資本剰余金の減額となる（計算規則37条2項但書）。	
	増加資本準備金の額	「株主資本変動額－A」の範囲内で分割契約に定めた額＝B	同左
	増加その他資本剰余金の額	「株主資本変動額－A－B」	同左
	利益準備金	—	—
	その他利益剰余金	株主資本変動額がマイナスの場合（自己株式の帳簿価額が大きい場合）は、増加資本金及び資本準備金の合計額がゼロとなるから、当該マイナス額相当額（自己株式処分差損相当額）だけ、その他資本剰余金の減額となる（計算規則37条2項ただし書）。	同左
のれん（指針51項・48項・50項後段）		支払対価＞受入純資産時価のときは、正ののれん 支払対価＜受入純資産時価のときは、負ののれん ※新株予約権者に交付する財産（指針50項後段）、分割費用（指針48項）は、支払対価に加算する。	支払対価＞受入純資産時価のときは、正ののれん 支払対価＜受入純資産時価のときは、負ののれん
分割会社の直前の帳簿価額を付す方法		対価に株式がある場合 計算規則37条1項3号	対価の全部が株式である場合 対価の全部が株式の

一般的な共通支配下の取引	株主資本			場合には、計算規則38条の適用が認められ、分割会社の株主資本の内訳を引き継ぐことができる。
		増加資本金の額	「株主資本変動額の範囲内で分割契約に定めた額」＝A（分割契約でゼロとすることが可能） 株主資本変動額＝分割会社の簿価株主資本額（資産－負債－新株予約権の帳簿価額）－対価簿価（株式以外の現金等の簿価）（指針81項）－交付した自己株式の帳簿価額（指針203項(1))	分割会社の株主資本の資本金の額
		増加資本準備金の額	「株主資本変動額－A」の範囲内で分割契約に定めた額＝B	分割会社の株主資本の資本準備金の額
		増加その他資本剰余金の額	「株主払込資本変動額－A－B」	分割会社の株主資本のその他資本剰余金の額
		利益準備金	―	分割会社の株主資本の利益準備金の額
		その他利益剰余金	株主資本変動額がゼロ未満のときはマイナスの絶対値をその他利益剰余金から減額（計算規則37条2項但書）	分割会社のその他利益剰余金を引き継ぐことができる（指針243・185②）。
	のれん（指針231項(2)②）		・対価の一部が株式の場合において、簿価株主資本額＜対価簿価のときは、正ののれん（簿価株主資本額が対価簿価より大きいときの差額は株主資本変動額で調整されるため、負ののれんは計上できない)	・対価の全部が株式の場合は、受入簿価純資産額が簿価株主資本額となるため、差額は生じないので、のれんは計上できない。

第3章　企業結合と会計処理

			分割会社の直前の帳簿価額を付す方法	対価に株式がある場合　計算規則37条1項3号	対価の全部が株式である場合　計算規則37条1項3号
分割型親+子	株主資本	増加資本金の額		「少数株主部分（指針443項・206項(2)①イ）と中間子会社部分（指針443項・206項(3)）の合計額の範囲内で分割契約に定めた額」 ・少数株主部分「対価時価－交付した自己株式の帳簿価額」 ・中間子会社部分「簿価株主資本額－中間子会社に交付する対価簿価（株式以外の現金等の簿価）－交付した自己株式の帳簿価額」 ※分割契約でゼロとすることが可能	同左
		増加資本準備金の額		「株主資本変動額－A」の範囲内で分割契約に定めた額＝B	同左
		増加その他資本剰余金の額		「株主資本変動額－A－B」	同左
		利益準備金		—	—
		その他利益剰余金		株主資本変動額がゼロ未満のときはマイナスの絶対値をその他利益剰余金から減額（計算規則37条2項但書）	同左
	のれん（指針218項(2)・206項(2)①イ）			・対価の一部が株式の場合は正ののれん（簿価株主資本額が対価簿価より大きいときの差額は株主資本変動額で調整されるため、負ののれんは計上できない)	・対価の全部が株式の場合はのれんは計上できない。
	分割会社の直前の帳簿			対価に株式がある場合　計算	対価の全部が株式で

			価額を付す方法	規則37条1項3号	ある場合　計算規則37条1項3号
分割型共通支配下の取引（子＋孫）	株主資本		増加資本金の額	「株主資本変動額の範囲内で分割契約に定めた額」＝A 株主資本変動額＝分割会社の簿価株主資本額（少数株主部分と中間子会社等部分に限る）－対価簿価－交付した自己株式の帳簿価額 ※分割契約でゼロとすることが可能	同左
			増加資本準備金の額	「株主資本変動額－A」の範囲内で分割契約に定めた額＝B	同左
			増加その他資本剰余金の額	「株主資本変動額－A－B」	同左
			利益準備金	—	—
			その他利益剰余金	株主資本変動額がゼロ未満のときはマイナスの絶対値をその他利益剰余金から減額（計算規則37条2項但書）	同左
	のれん（指針206項(4)）			・対価の一部が株式の場合は正ののれん（のれんは対価簿価を超えられないため負ののれんは計上できない）	・対価の全部が株式の場合はのれんは計上できない。
共同支配企業形成	分割会社の直前の帳簿価額を付す方法 （指針87項・193項）			対価の全部が株式である場合であり、計算規則37条1項4号の原則による場合	対価の全部が株式である場合であり、計算規則38条の適用を選択したときは、分割会社の株主資本の内訳を引き継ぐことができる。
	増加資本金の額			「株主資本変動額の範囲内で分割契約に定めた額」＝A 株主資本変動額＝分割会社の簿価株主資本額－対価簿価－	分割会社の株主資本の資本金の額

株主資本		交付した自己株式の帳簿価額（指針84—2項） ※分割契約でゼロとすることができる。	
	増加資本準備金の額	「株主資本変動額－A」の範囲内で分割契約に定めた額＝B	分割会社の株主資本の資本準備金の額
	増加その他資本剰余金の額	「株主資本変動額－A－B」	分割会社の株主資本のその他資本剰余金の額
	利益準備金	—	分割会社の株主資本の利益準備金の額
	その他利益剰余金	株主資本変動額がゼロ未満のときはマイナスの絶対値をその他利益剰余金から減額（計算規則37条2項但書）	分割会社のその他利益剰余金を引き継ぐことができる（指針243・185②）。
のれん（指針87項・193項）		対価の全部が株式の場合であるのでのれんは計上できない。	対価の全部が株式の場合であるのでのれんは計上できない。

6　吸収分割において差損が生じる場合

（吸収分割契約の承認等）
第795条　吸収分割承継株式会社は、効力発生日の前日までに、株主総会の決議によって、吸収分割契約の承認を受けなければならない。
2　次に掲げる場合には、取締役は、前項の株主総会において、その旨を説明しなければならない。
　一　吸収分割承継株式会社が承継する吸収分割会社の債務の額として法務省令で定める額（次号において「承継債務額」という。）が吸収分割承継株式会社が承継する吸収分割会社の資産の額として法務省令で定める額（同号において「承継資産額」という。）を超える場合
　二　吸収分割承継株式会社が吸収分割会社に対して交付する金銭等（吸収分割承継株式会社の株式等を除く。）の帳簿価額が承継資産額から承継債務額を控除して得た額を超える場合
　三　（略）
3　承継する吸収分割会社の資産に吸収分割承継株式会社の株式が含まれる

場合には、取締役は、第1項の株主総会において、当該株式に関する事項を説明しなければならない。
4　吸収分割承継株式会社が種類株式発行会社である場合において、次の各号に掲げる場合には、吸収分割は、当該各号に定める種類の株式（譲渡制限株式であって、第199条第4項の定款の定めがないものに限る。）の種類株主を構成員とする種類株主総会（当該種類株主に係る株式の種類が二以上ある場合にあっては、当該二以上の株式の種類別に区分された種類株主を構成員とする各種類株主総会）の決議がなければ、その効力を生じない。ただし、当該種類株主総会において議決権を行使することができる株主が存しない場合は、この限りでない。
一　（略）
二　吸収分割会社に対して交付する金銭等が吸収分割承継株式会社の株式である場合　第758条第4号イの種類の株式
三　（略）

（吸収分割契約の承認を要しない場合等）
第796条　前条第1項から第3項までの規定は、吸収分割会社が吸収分割承継株式会社の特別支配会社である場合には、適用しない。ただし、吸収分割会社に対して交付する金銭等の全部又は一部が吸収分割承継株式会社の譲渡制限株式である場合であって、吸収分割承継株式会社が公開会社でないときは、この限りでない。
2　前項本文に規定する場合において、次に掲げる場合であって、吸収分割承継株式会社の株主が不利益を受けるおそれがあるときは、吸収分割承継株式会社の株主は、吸収分割承継株式会社に対し、吸収分割をやめることを請求することができる。
一　当該吸収分割が法令又は定款に違反する場合
二　第749条第1項第2号若しくは第3号、第758条第4号又は第768条第1項第2号若しくは第3号に掲げる事項が吸収分割承継株式会社又は吸収分割会社の財産の状況その他の事情に照らして著しく不当である場合
3　前条第1項から第3項までの規定は、第1号に掲げる額の第2号に掲げる額に対する割合が5分の1（これを下回る割合を吸収分割承継株式会社の定款で定めた場合にあっては、その割合）を超えない場合には、適用しない。ただし、同条第2項各号に掲げる場合又は第1項ただし書に規定する場合は、この限りでない。
一　次に掲げる額の合計額
　イ　吸収分割会社に対して交付する存続株式会社等の株式の数に1株当たり純資産額を乗じて得た額
　ロ　吸収分割会社に対して交付する吸収分割承継会社の社債、新株予約

　　　　権又は新株予約権付社債の帳簿価額の合計額
　　ハ　吸収分割会社に対して交付する吸収分割承継会社の株式等以外の財産の帳簿価額の合計額
　　ニ　承継株式会社の純資産額として法務省令で定める方法により算定される額
4　前項本文に規定する場合において、法務省令で定める数の株式（前条第1項の株主総会において議決権を行使することができるものに限る。）を有する株主が次条第3項の規定による通知又は同条第4項の公告の日から2週間以内に吸収分割に反対する旨を吸収分割承継株式会社に対し通知したときは、当該吸収分割承継株式会社は、効力発生日の前日までに、株主総会の決議によって、吸収分割契約の承認を受けなければならない。

会社法施行規則

（資産の額等）

第195条　法第795条第2項第1号に規定する債務の額として法務省令で定める額は、第1号に掲げる額から第2号に掲げる額を減じて得た額とする。
　一　吸収分割の直後に吸収分割承継会社の貸借対照表の作成があったものとする場合における当該貸借対照表の負債の部に計上すべき額から法第795条第2項第2号の株式等（社債（吸収分割直前に吸収分割承継会社が有していた社債を除く。）に限る。）につき会計帳簿に付すべき額を減じて得た額
　二　吸収分割の直前に吸収分割承継会社の貸借対照表の作成があったものとする場合における当該貸借対照表の負債の部に計上すべき額
2　法第795条第2項第1号に規定する資産の額として法務省令で定める額は、第1号に掲げる額から第2号に掲げる額を減じて得た額とする。
　一　吸収分割の直後に吸収分割承継会社の貸借対照表の作成があったものとする場合における当該貸借対照表の資産の部に計上すべき額
　二　吸収分割の直前に吸収分割承継会社の貸借対照表の作成があったものとする場合における当該貸借対照表の資産の部に計上すべき額から法第795条第2項第2号の金銭等（同号の株式等のうち吸収分割の直前に吸収分割承継会社の社債等を含む。）の帳簿価額を減じて得た額
3　（略）
4　第2項の規定にかかわらず、吸収分割承継会社が連結配当規制適用会社である場合において、吸収分割会社が吸収分割承継会社の子会社であるときは、法第795条第2項第1号に規定する資産の額として法務省令で定める額は、次に掲げる額のうちいずれか高い額とする。
　一　第1項第1号に掲げる額から同項第2号に掲げる額を減じて得た額
　二　前項第1号に掲げる額から同項第2号に掲げる額を減じて得た額

(注) 本条については、読みやすくするため、吸収合併についての部分を除いてある。

(1) 概　　説

　簿価債務超過会社を分割会社とするような損失の引受けに該当することとなる組織再編行為が行われると、承継会社の分配可能額の減少をきたすことにもなることから、株主の保護を図る必要があり、会社法796条3項の簡易手続の要件を満たす場合であっても、差損が生じる場合には株主総会の承認を要することになり（会社法796条3項但書）、株主総会で差損が生じることについて説明をしなければならないとされている（会社法795条2項柱書）。

　差損が生じる場合とは、①承継債務額が承継資産額を超える場合（会社法795条2項1号、会社法施行規則195条1項・2項）、②交付する金銭等（株式等を除く）の帳簿価額が承継資産額からが承継債務額を控除して得た額を超える場合（会社法795条2項2号、会社法施行規則195条1項・2項）であるが、吸収分割に適用される会計処理によって異なる。

　この差損が生じる場合の具体的要件については、会社法795条2項に、及び承継債務額・承継資産額については会社法施行規則195条1項及び2項に規定されており、対価に金銭及び財物がないときは次の①により、対価に金銭及び財物があるときは次の②による。

① 　承継債務額（会社法施行規則195条1項）が承継資産額（会社法施行規則195条2項）を超える場合（会社法795条2項1号、会社法施行規則195条1項・2項）

　言い換えると、「純資産の部の増加額（資産の部の変動額－負債の部の変動額）＋対価社債の簿価（対価に承継会社の社債があるとき）」がゼロ未満の場合が差損の生じる場合となるということであるが、対価に株式等以外の金銭等がない場合であるから、主として債務超過会社を吸収分割する場合等が該当する。ただし、適用される会計処理によっては、債務超過会社を吸収分割する場合でなくても本規定による差損が生じる場合がある。

② 　交付する金銭等（承継会社の株式等を除く）の帳簿価額が承継資産額（会社法施行規則195条2項）から承継債務額（会社法施行規則195条1項）を控除して得た額を超える場合（会社法795条2項2号）

言い換えると、「純資産の部の増加額（資産の部の変動額－負債の部の変動額）＋対価金銭等（株式等を除く）の簿価」がゼロ未満の場合が差損の生じる場合となるということであるが、対価に株式等以外の金銭等があると、その部分は、社外に流出し、分配可能額の減額要因となるため、その額より承継する純資産が少ないとき（分割会社が債務超過でなくても）は、差損が生ずる場合に該当するということである。

　ただし、適用される会計処理によっては、分割会社の承継資産にのれんが加算される場合があるので、分割会社が債務超過であっても差損が生じない場合があり、対価である株式等以外の金銭等の額より分割会社の簿価株主資本額が少なくても、対価簿価と同額がのれんに計上されて、分配可能額の減算につながらない場合もある。

　上記算式は、企業会計基準等による会計処理を前提にしたあらゆるケースを網羅した一般的な法則を導き出すといういわゆる帰納的な法則としての算式を文言で表すという規律の仕方を採用しているため、難解な規定振りとなっている。会社計算規則がそうであるように、規定振りから具体的なケースを逆算することが困難であるということである。

(2)　パーチェス法が適用される場合

　パーチェス法が適用される場合は、分割の前後における純資産の部の変動額と対価として交付した金銭等との差額はのれんの計上により吸収されるため、原則として（含み損がある財物を対価としたときの含み損に相当する額について純資産が減少する場合には差損が生じる場合もありうる。）、差損が生じる場合に該当しない。

　たとえば、対価として、有価証券（簿価200　時価100）を交付した場合、100の有価証券処分損（適用指針81項）として差損が生じる（会社法795条2項2号）。

(3)　共通支配下の取引に該当する場合

① 分割会社が債務超過の場合

　ア　対価に株式がある場合

　共通支配下の取引に該当する場合は、分割会社の簿価債務超過部分につい

ては、のれんで埋めきれない部分は承継会社のその他利益剰余金を減少するという処理となることから（会社計算規則37条2項但書）、差損が生じることになる。

たとえば、分割会社の資産100、負債150、資本100、利益剰余金△150の場合に対価として株式100及び現金60を交付した場合、株主資本変動額は△150－60＝△210となりゼロ未満であるので、増加する資本はゼロであり、現金60と同額が正ののれんとして計上されるので、△150の差損が生じ、会社法795条2項2号に該当する。対価に株式がない場合は、簿価株主資本額のマイナスの部分の絶対値と対価簿価の合計額が正ののれんとして計上されるので、差損が生じることにはならない。

対価のすべてが株式の場合、株式の時価を算定する場合であれば株式評価額と受入時価純資産額との間に差額が生じるが（分割型吸収分割における親子分割の場合の少数株主部分）、簿価引継ぎの場合には、移転事業に係る受入純資産である簿価株主資本額を基準に株主資本変動額を算定するため、株式対価額と簿価株主資本額とは同額となるので、のれんの発生する余地はなく、したがって「差額が生じる場合」に該当しない。

つまり、対価に株式がある場合には、計上できるのれんの額は対価簿価と同額に限定されており、結果として過去の損失（その他利益剰余金のマイナス）を受け入れることになり、承継会社における分配可能利益が減少し、既存の株主に影響することになるため、簡易分割はできないということである。

イ　対価に株式がない場合（無対価の場合を含む）

対価に株式がない場合は、簿価株主資本額のマイナスの部分（債務超過部分）の絶対値と対価簿価の合計額が正ののれんとして計上されるので（適用指針224項(1)）、差損が生じることにはならない。つまり、分配可能利益の減少が生じないため、簡易合併が可能となる。

ウ　対価のすべてが株式の場合

対価のすべてが株式の場合、株式の時価を算定する場合であれば株式評価額と受入時価純資産額との間に差額が生じるが（親子間の分割型吸収分割にお

ける少数株主部分)、簿価引継ぎの場合には、移転事業に係る受入純資産である簿価株主資本額を基準に株主資本変動額を算定するため、株式対価額と簿価株主資本額とは同額となるので、のれんの発生する余地はなく、したがって「差額が生じる場合」に該当しない。

(4) 会社法795条2項の要件
① 対価社債の貸借対照表における表示
　ア　発行社債

社債は、社債権者に対する償還金の支払債務を負うものであるから、貸借対照表の負債の部に固定負債(返済期限が1年を超えるものは固定資産、1年以内のものは流動負債)として表示されるという会計処理になる(会社計算規則75条2項2号イ)。したがって、吸収分割の際に対価として社債が交付された場合には、分割後の承継会社の貸借対照表の負債の部に「帳簿に付すべき額」が計上される。

　イ　自己社債、自己新株予約権

会社法施行規則195条2項2号において、「法795条2項2号」に規定する金銭等(同号の株式等のうち吸収分割の直前に吸収分割承継会社が有していた社債等を含む。)の帳簿価額」を分割前の承継会社の資産の部から減じたうえ、当該資産の額を、分割後の承継会社の資産の額から控除した額を「承継資産額」とするとされている。「同号の株式等」とは「分割会社の株式等」であるから、自社の発行する株式、新株予約権及び社債をいうところ、「そのうち、承継会社が有していた社債等」を含むというのであるから、ここでいう社債等とは、発行社債等ではなく、自己社債及び自己新株予約権をいうことである。むろん、承継会社が有している有価証券としての他社の社債等でないことはいうまでもない。もし、承継会社が有していた社債等を、有価証券としての他社の社債等をいうのであれば、会社法795条2項2号の「金銭等(承継会社の株式等を除く)」とした規定には、有価証券として資産に計上されている他社の社債等が含まれるのは当然であり、会社法施行規則195条2項2号において、あえて規定した意味はなくなるからである。

なお、自己社債とは、会社が保有する自己の社債をいうが(会社計算規則

2条3項28号)、発行した社債を、譲渡、競売等(会社法688条等)により会社が保有するに至ったものであるから、保有時に負債の部の社債の額から直接控除するということではなく(負債の部に計上されている帳簿価額はそのまま)、負債の部に計上されている社債の帳簿価額はそのままで、当該社債を資産の部の有価証券として保有するということであろう。

結論からいうと、自己社債は金融資産としての一時所有有価証券として資産の部に計上されることとなるということであろう。

対価として自己社債が処分されたときは、資産の部に計上されている有価証券としての自己社債(自己新株予約権のような規定がないので、保有時に負債から直接控除されるということではなく、同額が負債の部にも計上されたまま、新たに負債の額として計上されることはない。)が対価とされることになり、これは会社法795条2項2号に規定する対価としての金銭等にその帳簿価額が含まれるということになる。

自己社債は、自己新株予約権のような規定が存しないので、平成13年の金庫株解禁に係る改正前の旧商法時の自己株式と同様に、消却しない限り資産としての有価証券として保有せざるをえず、対価として処分されると合併後の存続会社の貸借対照表上の資産の部から社外流出分として減額されることになる。

② 対価新株予約権の貸借対照表における表示

　ア　発行新株予約権

発行新株予約権は、純資産の部に、株主資本の項目とは別に新株予約権の項目に加算される。

　イ　自己新株予約権

自己新株予約権(会社法255条1項、会社計算規則2条2項13号)は、自らが発行した新株予約権の買戻しであるから、取得原価による帳簿価額を純資産の部の新株予約権から直接控除するのが原則であり(会社計算規則86条本文)、ただし、控除項目として、純資産の部に表示することができるとされている(会社計算規則86条但書、76条8項)。受取対価と処分した自己新株予約権の帳簿価額との差額は、自己新株予約権処分損益として処理される。自

己新株予約権は、旧商法では規定がなく、発行会社が自己の新株予約権を取得することにより新株予約権が消滅するかどうか明らかでなかったが、会社法では、発行会社が自己の新株予約権を取得した場合には自己新株予約権となることを前提とする規定が設けられ（会社法273条〜275条）、自己株式と同様に、消却という手順をとることにより消滅することとされた（会社法276条）。

結論からいうと、自己新株予約権は金融資産としての一時所有有価証券として資産の部に計上されることとなるということであろう。

自己新株予約権が純資産の部の新株予約権の項目に控除項目として計上されているときは、処分された自己新株予約権の帳簿価額が新株予約権の控除項目から減算される。

③　承継債務額

以上をふまえると、対価として社債が交付されたときは、承継会社の分割後の貸借対照表の負債の部に負債として帳簿に付すべき額が計上される会計処理となるため、承継債務額の計算上、あらかじめ控除して対価に社債がない場合の「承継債務額」と同一になるように手当され、「承継債務額」に反映しないようにしている。

④　承継資産額

承継会社の株式等以外の金銭等が対価として交付されたときは、その額が承継純資産額より大きいときは差損が生じることになるが、当該対価額は、分割後の承継会社の貸借対照表から流出分として控除されてしまうため、承継純資産額の計算上、形式上資産の部に計上されている自己社債及び純資産の部の自己新株予約権に控除項目として計上されている帳簿価額が、分割による増加純資産額の計算上、減額されないようにあらかじめ加算（減算の減算）して、「承継資産額」に反映しないようにされている。

会社法施行規則195条2項2号において、「法795条2項2号に規定する金銭等（同号の株式等のうち吸収分割の直前に吸収分割承継会社が有していた社債等を含む。）の帳簿価額」を分割前の承継会社の資産の部から減じたうえ、当該資産の額を、分割後の承継会社の資産の額から控除した額を「承継資産

額」とするとされている。「同号の株式等」とは「承継会社の株式等」であるから、自社の発行する株式、新株予約権及び社債をいうところ、「そのうち、承継会社が有していた社債等」を含むというのであるから、ここでいう社債等とは、発行社債等ではなく、自己社債及び自己新株予約権をいうことである。

資産としてののれんが、承継資産額に加算されるのは、会計処理上の前提となっているため、吸収分割により適用されるのれんの計上等の会計処理によって、「差額が生じる場合」の算定が異なる。

(5) 連結配当規制適用会社の特則

会社法795条2項の差損が生じる場合であっても、連結配当規制適用会社（会社計算規則2条3項51号）において、吸収分割会社が吸収分割承継会社の子会社であるときは、分割差損の算定上、従前より親子関係がある場合にあっては、承継会社である親会社において計上する負債の額を零とすることができ（会社計算規則158条4号カッコ書）、また、承継資産額は、承継債務額と承継資産額とのいずれか高い額とされており（会社法施行規則195条4項）、結果として、差額が生じないことになる。つまり、分配可能額の計算上、すでにその子会社が計上している損失について控除されていることから（会社計算規則65条、66条等）、子会社を吸収分割してその損失を親会社が受け入れることになっても、分配可能額への影響が生じないことになる（相澤哲編「新会社法関係法務省令の解説」別冊商事法務300号144頁）。

〈具体例〉

吸収分割に適用されるのれんの計上等の会計処理によって異なるが、具体的には、次のようなことがいえる。

承継会社の個別貸借対照表　　分割会社の分割事業（債務超過）に係る個別貸借対照表

A　資産	B　負債
	純資産

A″　資産	B　負債″
△その他利益剰余金	

A　承継会社の資産　　B　承継会社の負債

A″　分割会社の分割事業に係る資産　　B″　消滅会社の分割事業に係る負債
a　対価簿価、b　対価社債、c　対価新株予約権、d　対価株式
E　のれん

分割後の承継会社の個別貸借対照表

（資産の部）	（負債の部）	
分割事業に係る資産（A″）	分割事業に係る負債（B″）	
のれん		
	承継会社の負債（B）	
承継会社の資産（A－対価簿価 a）		
	対価社債の簿価（b）	
	（純資産の部）	
		株主資本の項（dは株主資本で調整される）
		新株予約権の項（c）
対価簿価分（a） 流出分		

（注1）　承継資産額……((A＋A″＋資産としてののれん)－a)－(A－a)＝A″＋のれん

　　　対価としての承継会社が有していた社債等（自己社債及び自己新株予約権）は、資産の部に計上されている有価証券であり、承継会社の分割後の貸借対照表の資産の部から社外流出分として減じられるため、承継資産額を「分割後の承継会社の資産の部に計上する額((A＋A″＋資産としてののれん)－a)から分割前の承継会社の資産額（A）を控除する」という差額による増加資産額を算出する以上、そのままでは社外に流出する対価簿価分が減少してしまうため、計算上、加算（減算の減算）して、承継資産に影響しないようにされている。会計処理上算定される「資産としてののれん」は承継資産に含まれる。

　　　会社法795条2項2号の金銭等＝対価株式、新株予約権、社債を除く現金及び財物（資産の部に計上されている他社の株式、新株予約権、社債は有価証券に含まれる。）

（注2）　承継債務額……((B＋B″＋b)－b)－B＝B″

　　　対価社債（b）は承継会社の分割後の貸借対照表の負債の部に計上されるため、そのままだとその分だけ承継会社の分配可能額の減算につながってしまうため、減算して、対価社債がない場合の承継負債と同一になるよう、承継負債に影響しないようにされている。

I　パーチェス法が適用される場合

　パーチェス法が適用される場合は、分割の前後における純資産の部の変動額と対価として交付した金銭等との差額はのれんの計上により吸収されるた

め、差損が生じる場合に該当しない。対価に含み損がある場合は、差損が生じる場合もありうる。

Ⅰ－① 〈対価が株式のみで分割会社の分割事業に係る純資産が債務超過の場合〉

・支払対価（吸収型再編対価）…株式　500　　抱合せ株式　30

承継会社の個別貸借対照表

諸資産	2500	諸負債	1200
（うち消滅会社の株式簿価30、時価40）		資本金	500
		資本準備金	200
		その他資本剰余金	200
		その他利益剰余金	400
合計	2500	合計	2500

分割会社の分割事業に係る個別貸借対照表

諸資産	600	諸負債	1000
		資本金	100
		その他資本剰余金	200
		その他利益剰余金	△700
合計	600	合計	600

企業結合日の個別財務諸表上の会計処理（分割仕訳）

（借）	資産	600	（貸）	負債	1000
	のれん（注1）	900		株主資本（注2）	500

（注1）　500（対価）－△400（受入純資産額）＝900
（注2）　株主資本変動額＝対価株式時価＝500

第3章　企業結合と会計処理

分割後の承継会社の個別貸借対照表

諸資産	4000	諸負債		2200
（注1）		資本金	（注2）	1000
		資本準備金		200
		その他資本剰余金		200
		その他利益剰余金		400
合計	4000	合計		4000

（注1） 2500＋600＋900（のれん）＝4000
（注2） 500＋500＝1000

(ア) 承継資産額

　　$((A+A''+$資産としてののれん$)-a)-(A-a)=A''+$のれん

① 分割直後の資産の額　4000

　　2500＋600＋900（のれん）＝4000

② 分割直前の資産の額　2500

③ 交付した金銭等の額（会社計算規則195条2項2号）　0

④ 承継資産額　1500（①－（②－③））

(イ) 承継債務額

　　$((B+B''+b)-b)-B=B''$

① 分割直後の負債の額　2200

② 分割直前の負債の額　1200

③ 承継債務額　1000（①－②）

(ウ) 簡易判定　会社法795条2項1号に該当しない。

　交付した金銭等の額（795条2項2号）0であり、承継債務額1000＜承継資産額1500となるため、会社法795条2項1号（承継債務額＞承継資産額）に該当しない。

Ⅰ—②　〈パーチェス法における対価が現金等の財産のみで分割会社の分割事業が債務超過の場合〉

・支払対価（吸収型再編対価）…現金　500　　抱合せ株式　30

承継会社の個別貸借対照表

諸資産	2500	諸負債	1200
（うち消滅会社の株式簿価30、時価40）		資本金	500
		資本準備金	200
		その他資本剰余金	200
		その他利益剰余金	400
合計	2500	合計	2500

分割会社の分割事業に係る個別貸借対照表

諸資産	600	諸負債	1000
		資本金	100
		その他資本剰余金	200
		その他利益剰余金	△700
合計	600	合計	600

企業結合日の個別財務諸表上の会計処理（分割仕訳）

（借） 資産	600	（貸） 負債	1000
のれん（注）	900	現金	500

（注） 500（対価）－△400（受入純資産額）＝900

分割後の承継会社の個別貸借対照表

諸資産	3500	諸負債	2200
（注1）		資本金	500（注2）
		資本準備金	200
		その他資本剰余金	200
		その他利益剰余金	400
合計	3500	合計	3500

（注1） 2500＋600＋900（のれん）－500（現金流出分）＝3500
（注2） 対価に株式がないため、株主資本変動額に変動はない。

(ア) 承継資産額

$((A + A'' + 資産としてののれん) - a) - (A - a) = A'' + のれん$

① 分割直後の資産の額　3500

2500＋600＋900（のれん）－500＝3500

② 分割直前の資産の額　2500
③ 交付した金銭等の額（会社計算規則195条2項2号）　500
④ 承継資産額　1500（①－（②－③）＝3500－（2500－500））

(イ) 承継債務額

$$((B+B''+b)-b)-B=B''$$

① 分割直後の負債の額　2200
② 分割直前の負債の額　1200
③ 承継債務額　1000（①－②）

(ウ) 簡易判定　会社法795条2項2号に該当しない。

　承継資産額1500、承継債務額1000、交付した金銭等の額（795条2項2号）500であるから、500＝1500－1000となり、会社法795条2項2号（金銭等＞承継資産額－承継債務額）に該当しない。

Ⅰ－③　対価に含み損がある場合

　たとえば、対価としての有価証券が帳簿価額500のところ時価200であれば、有価証券評価差額金は△300であり、300の有価証券処分損（適用指針81項）として差損が生じる（会社法795条2項2号）。

〈財産のみ〉

・支払対価（吸収型再編対価）…有価証券　時価200（簿価500）

承継会社の個別貸借対照表

諸資産	2500 （時価）	諸負債	1200（時価）
（簿価2800）		資本金	500
		資本準備金	200
		その他資本剰余金	200
		その他利益剰余金	700
		有価証券評価差額金	△300
合計	2500	合計	2500

分割会社の分割事業に係る個別貸借対照表

諸資産	1000	諸負債	900
		資本金	100
合計	1000	合計	1000

企業結合日の個別財務諸表上の会計処理（分割仕訳）

（借）資産	1000	（貸）負債	900
のれん（注1）	100	有価証券	500
有価証券処分損（注2）	300		

（注1） 200（対価時価）－100（受入純資産額）＝100
（注2） 有価証券を対価としたときは、資産の処分取引であるから、当該有価証券に含み損があるときは、その差額（簿価500－時価200＝300）は承継会社の損益に計上する（適用指針81項）ため、300の差損が生じることになる。

分割後の承継会社の個別貸借対照表

諸資産	3100	諸負債	2200
（注1）		資本金	500（注2）
		資本準備金	200
		その他資本剰余金	200
		その他利益剰余金	400
		有価証券評価差額金	△300
合計	3100	合計	3100

（注1） 2500＋1000＋100（のれん）－500（有価証券流出分）＝3100
（注2） 対価に株式がないため、株主資本変動額に変動はない。

(ア) 承継資産額

$((A+A''+資産としてののれん)-a)-(A-a)=A''+のれん$

① 分割直後の資産の額　3500

　　2500＋1000＋100（のれん）－500＝3100

② 分割直前の資産の額　2500

③ 交付した金銭等の額（会社計算規則195条2項2号）　200

④ 承継資産額　800（①－（②－③）＝3100－（2500－200））

(イ) 承継債務額

$((B+B''+b)-b)-B=B''$

① 分割直後の負債の額　2100
② 分割直前の負債の額　1200
③ 承継債務額　900
㈽　簡易判定　会社法795条2項2号に該当する。

　承継資産額800、承継債務額900、交付した金銭等の額（795条2項2号）500であるから、500＞800－900となり、会社法795条2項2号（金銭等＞承継資産額－承継債務額）に該当する。

Ⅱ　共通支配下の取引に該当する場合
　(1)　対価に株式がある場合
　共通支配下の取引に該当する場合において、分割会社の分割事業に係る純資産が債務超過のときの対価に株式があるときののれんは対価簿価と同額とされ（適用指針251項）、分割会社の簿価債務超過部分つまりのれんで埋めきれない部分は承継会社のその他利益剰余金を減少するという処理となることから（会社計算規則37条2項但書）、差損が生じることになる。

　たとえば、分割会社の分割事業に係る資産100、負債150、資本100、利益剰余金△150の場合に対価として株式100及び現金60を交付した場合、株主資本変動額は△150－60＝△210となりゼロ未満であるので、増加する資本はゼロであり、現金60と同額が正ののれんとして計上されるので、△150の差損が生じ、金銭等の対価価額が承継する純資産額を超えることになり、会社法795条2項2号に該当する。

　(2)　対価に株式がない場合
　対価に株式がない場合は、簿価株主資本額のマイナスの部分の絶対値と対価簿価の合計額が正ののれんとして計上されるので（適用指針224項）、金銭等の対価価額と承継する純資産額とが同額となり、差損が生じることにはならない。無対価の場合も簿価株主資本額のマイナスの部分の絶対値が正ののれんとして計上されるので（適用指針224項）、同様である。

Ⅱ—①　共通支配下関係分割において対価が現金等の財産のみ（株主資本に変動なし）

・支払対価…現金　500　　抱合せ株式　60

A社（承継会社）の個別貸借対照表

諸資産	600	諸負債	200
（うちB社の株式60）		資本金	200
		その他資本剰余金	100
		その他利益剰余金	100
合計	600	合計	600

B社（分割会社）の個別貸借対照表

諸資産	500	諸負債	320
		資本金	100
		その他資本剰余金	50
		その他利益剰余金	30
合計	500	合計	500

企業結合日の個別財務諸表上の会計処理（分割仕訳）

（借） 資産	500	（貸） 負債	320
のれん（注）	320	現金	500

（注） 500（対価）－180（受入純資産額）＝320

(ア) 承継資産額

$((A + A'' + 資産としてののれん) - a) - (A - a) = A'' + のれん$

① 分割直後の資産の額　920

600＋500＋320（のれん）－500（現金等）＝920

② 分割直前の資産の額　600

③ 交付した金銭等の額（会社計算規則195条2項2号）　500

④ 承継資産額　820（①－（②－③）＝920－（600－500））

(イ) 承継債務額

$((B + B'' + b) - b) - B = B''$

① 分割直後の負債の額　520（200＋320）

② 分割直前の負債の額　200

③ 承継債務額　320（①－②＝520－200）

(ウ) 簡易判定　795条2項2号に該当しない。

500（交付した金銭等の額）＝820（承継資産額）－320（承継債務額）となり、交付した金銭等の額＞承継資産額－承継債務額に該当しない。

Ⅱ─② 共通支配関係分割において対価が現金等の財産のみ（分割会社の分割事業に係る純資産が債務超過の場合）

・支払対価…現金　500　　抱合せ株式　60

A社（承継会社）の個別貸借対照表

諸資産 （うちB社の株式60）	600	諸負債	200
		資本金	200
		その他資本剰余金	100
		その他利益剰余金	100
合計	600	合計	600

B社（分割会社の分割事業）の個別貸借対照表

諸資産	700	諸負債	1000
		資本金	100
		その他資本剰余金	50
		その他利益剰余金	△450
合計	700	合計	700

企業結合日の個別財務諸表上の会計処理（分割仕訳）

（借）	資産	700	（貸）負債	1000
	のれん（注）	800	現金	500

（注）　500（対価）－△300（受入純資産額）＝800（適用指針224項）、対価が株式併用のときののれんは対価簿価と同額（適用指針231項）

分割後の承継会社の個別貸借対照表

諸資産 （注）	1600	諸負債	1200
		資本金	200
		その他資本剰余金	100
		その他利益剰余金	100
合計	1600	合計	1600

（注）　600＋700＋800（のれん）－500（現金流出分）＝1600

(ア)　承継資産額

$((A+A''+資産としてののれん)-a)-(A-a)=A''+のれん$

① 分割直後の資産の額　1600

　600＋700＋800（のれん）－500＝1600

② 分割直前の資産の額　600

③ 交付した金銭等の額（会社計算規則195条2項2号）　500

④ 承継資産額　1500（①－（②－③）＝1600－（600－500））

(イ) 承継債務額

　$((B+B''+b)-b)-B=B''$

① 分割直後の負債の額　1200

② 分割直前の負債の額　200

③ 承継債務額　1000（①－②）

(ウ) 簡易判定　795条2項2号に該当しない。

500＝1500－1000となり、795条2項2号（交付した金銭等の額＞承継資産額－承継債務額）に該当しない。

Ⅱ—③　共通支配下関係分割で承継会社の株式併用（分割会社の分割事業に係る純資産が債務超過の場合）

・支払対価…現金　300　株式時価　250（50株×@5）（うち対価自己株式10株の帳簿価額40）　抱合せ株式　60（帳簿価額）

A社（承継会社）の個別貸借対照表

諸資産	2500	諸負債	1200
（うち消滅会社の株式60）		資本金	500
		資本準備金	200
		その他資本剰余金	200
		その他利益剰余金	440
		自己株式	△40
合計	2500	合計	2500

第3章　企業結合と会計処理

B社（分割会社の分割事業に係る）個別貸借対照表

諸資産	800	諸負債	1000
		資本金	100
		その他資本剰余金	50
		その他利益剰余金	△350
合計	800	合計	800

企業結合日の個別財務諸表上の会計処理（分割仕訳）

（借方）		（貸方）	
諸資産	800	諸負債	1000
のれん	300	現金	300
	（注1）	自己株式（注2）	40
		その他資本剰余金	△40（注3）
		その他利益剰余金	△260（注3）

（注1） 300 －（800－1000）＝500
　　　　対価が株式併用のときののれんは対価簿価と同額（適用指針231項）。
　　　　債務超過部分についてはその他利益剰余金の減額（会社計算規則37条2項但書）。
（注2） 自己株式消却分（対価として交付）として貸方に記載する。
（注3） 株主資本変動額＝簿価株主資本額＋のれん－自己株式－対価簿価（△200＋300－300－40）＝△240のため株主資本変動額はゼロとし、△40部分の自己株式処分差損はその他資本剰余金の減額、△200（800－1000）部分の債務超過に起因する部分はその他利益剰余金の減額とする（会社計算規則37条2項但書）。

分割のれん算定イメージ

資産（時価）	800	負債（時価）	1000
その他利益剰余金	200		
のれん	300	現金	300

分割後の承継会社の個別貸借対照表

諸資産	3300	諸負債	2200
（2500＋800＋300－300＝3300）		資本金	500
	（注1）	資本準備金	200
		その他資本剰余金	160
		その他利益剰余金	240
		（440－200）（注2）	
合計	3300	合計	3300

（注1） 承継資産にのれん加算、自己株式消却、現金流出。

(注2)　資産としてののれんが発生する場合においては、株主資本変動額＝簿価株主資本額＋のれん－対価簿価＝0が株主資本変動額となり、自己株式の帳簿価額40を処分する場合は、さらに自己株式の帳簿価額をマイナスするため、株主資本変動額は△40となり、この差損がその他資本剰余金の減額となる。
　　　資産としてののれんが発生しない場合において、処分する自己株式の帳簿価額が対価株式の時価より大きい場合も、簿価株主資本額－自己株式の帳簿価額＝△、つまり株主資本変動額マイナスとなるときは、株主資本変動額ゼロとし、この差損がその他資本剰余金の減額となる。

(ア)　承継資産額

　　　$((A+A''+資産としてののれん)-a)-(A-a)=A''+のれん$

①　分割直後の資産の額　3240

　　　$2500+800+300（のれん）-300=3300$

②　分割直前の資産の額　2500

③　交付した金銭等の額　300

④　承継資産額　1100　$(①-(②-③)=3300-(2500-300))$

(イ)　承継債務額

　　　$((B+B''+b)-b)-B=B''$

①　分割直後の負債の額　2200

②　分割直前の負債の額　1200

③　承継債務額　1000

(ウ)　簡易判定　795条2項2号に該当する

　300＞1040－1000であるから、795条2項2号（交付した金銭等の額＞承継資産額－承継債務額）に該当する。

Ⅱ—④　共通支配下関係分割で承継会社の株式併用（分割会社の分割事業に係る純資産が債務超過の場合）

・支払対価…現金　300　　社債70（発行社債50　自己社債20）

・株式時価…250（50株×＠5）（うち対価自己株式10株の帳簿価額40）　　抱合せ株式　60（帳簿価額）

A社（承継会社）の個別貸借対照表

諸資産	2500	諸負債	1200
（うち消滅会社の株式60　自己社債30）		資本金	500
		資本準備金	200
		その他資本剰余金	200
		その他利益剰余金	440
		自己株式	△40
合計	2500	合計	2500

B社（分割会社の分割事業に係る）個別貸借対照表

諸資産	800	諸負債	1000
		資本金	100
		その他資本剰余金	50
		その他利益剰余金	△350
合計	800	合計	800

企業結合日の個別財務諸表上の会計処理（分割仕訳）

（借方）		（貸方）	
諸資産	800	諸負債	1000
のれん	370	現金	300
	（注1）	社債	70
		自己株式（注2）	40
		その他資本剰余金　△40	（注3）
		その他利益剰余金　△260	（注3）

（注1）　370－（800－1000）＝570
　　　　対価が株式併用のときののれんは対価簿価と同額（適用指針231項）。
　　　　債務超過部分についてはその他利益剰余金の減額（会社計算規則37条2項但書）。
（注2）　自己株式消却分（対価として交付）として貸方に記載する。
（注3）　株主資本変動額＝簿価株主資本額＋のれん－自己株式－対価簿価（△200＋370－370－40）＝△240のため株主資本変動額はゼロとし、△40部分の自己株式処分差損はその他資本剰余金の減額、△200（800－1000）部分の債務超過に起因する部分はその他利益剰余金の減額とする（会社計算規則37条2項但書）。

分割のれん算定イメージ

資産(時価)	800	負債(時価)	1000
その他利益剰余金	200		
のれん	370	現金等	370

分割後の承継会社の個別貸借対照表

諸資産	3280	諸負債	2250
(2500+800+370−20(自己社債分)−370=3280)			(2200+50)
	(注1)	資本金	500
		資本準備金	200
		その他資本剰余金	200
		その他利益剰余金	130
		(440−240−70)(注2)	
合計	3280	合計	3280

(注1) 承継資産にのれん加算、自己株式消却、現金流出。
(注2) 資産としてののれんが発生する場合においては、株主資本変動額=簿価株主資本額+のれん−対価簿価=0が株主資本変動額となり、自己株式の帳簿価額40を処分する場合は、さらに自己株式の帳簿価額をマイナスするため、株主資本変動額は△40となり、この差損がその他資本剰余金の減額となる。

　　　資産としてののれんが発生しない場合において、処分する自己株式の帳簿価額が対価株式の時価より大きい場合も、簿価株主資本額−自己株式の帳簿価額=△、つまり株主資本変動額マイナスとなるときは、株主資本変動額ゼロとし、この差損がその他資本剰余金の減額となる。

(ア) 承継資産額

　　((A+A″+資産としてののれん)−a)−(A−a)=A″+のれん

① 分割直後の資産の額　3280

　　2500+800+370(のれん)−370=3280

② 分割直前の資産の額　2500

③ 交付した金銭等の額(会社法施行規則195条2項2号カッコ書)

　　370(300(現金)+70(社債分))

④ 承継資産額　1150(①−(②−③)=3280−(2500−370))

(イ) 承継債務額

　　((B+B″+b)−b)−B=B″

① 分割直後の負債の額　2200

② 分割直前の負債の額　1200
③ 交付した社債の額（自己社債を除く。会社法施行規則195条1項1号カッコ書）　50
④ 承継債務額　950（（①－③）－②＝2200－50－1200）

(ウ) 簡易判定　795条2項2号に該当する。

　370＞1150－950であるから、795条2項2号（交付した金銭等の額＞承継資産額－承継債務額）に該当する。

第4節 株式交換の会計処理

第1 総論

　資本金は、貸借対照表上の株主資本内における計数の変動の場合を除けば、株式を交付する場合に限り、増加するものとして整理されており（会社法445条1項）、株式交換においても同様である。株式交換では子会社の株式のみを受け入れるため、完全親会社の貸借対照表上は、子会社株式のみが資産として計上され、先行取得分株式（完全親会社となる株式会社が株式交換に先立ち完全子会社の株式を保有している場合）があるときは株式交換による追加取得分株式との合計額が計上され、その追加取得分株式に対応する支払対価としての株式発行部分の時価等が原則として株主資本変動額とされ、その内訳として資本金及び資本準備金の額が計上される。したがって、完全親会社が完全子会社となる会社の株主から取得する株式の対価として当該株主に交付する財産が完全親会社の株式であるときの完全親会社の資本金及び資本準備金の増加額については、企業結合会計基準等により算出される株主資本変動額の範囲内で株式交換契約において、当該株式の数とともに完全親会社の資本金及び資本準備金の額も定める必要がある（会社法768条1項2号イ）。

　株式交換においては、合併の場合と異なり、債権者保護手続が必須の手続ではないことから、完全親会社の資本金の額及び資本準備金の額については、当該会社が債権者保護手続をとられないときの資本金及び資本準備金の増加額については、「株主資本変動額に対価自己株式の帳簿価額を足し戻した上で株式発行割合を乗じた額を、資本金の額及び資本準備金の額に計上することが義務付けられる。」（会社計算規則39条2項但書）。当該会社が債権者保護手続を行うときは、会計処理としてパーチェス法がとられる場合（会社

計算規則39条1項1号）も、簿価処理がとられる場合（会社計算規則39条1項2号・3号）も、資本金及び資本準備金の増加額は、会社計算規則39条2項本文に定める株主資本変動額の範囲内で株式交換契約の定めに従い定めた額となり、その他資本剰余金の計上が認められる。

第2 企業結合会計基準等における会計処理の分類

　株式交換の会計処理方法に着目した場合の分類は、取得（逆取得を除く。）、親会社の支配下にある子会社同士又は親子会社間等のいわゆる共通支配下関係にある会社間である共通支配下の取引、共同支配企業の形成、逆取得に区分され、この会計上の分類ごとに適用すべき会計処理が企業結合会計基準等に定められている（企業結合会計基準17項・37項・40項）。この分類に適用される会社計算規則に定める方法によって、株主資本変動額が計上され、その範囲内で株式交換契約の定めに従い資本金、資本準備金及びその他資本剰余金の計上が認められる。

　株式交換における完全親会社の資本金等の計上方法に関する会社計算規則上の規定としては、次の2つがある。

① 　完全親会社が取得する完全子会社株式の取得原価を完全親会社の対価株式の時価で処理する場合（会社計算規則39条1項1号）

　取得と評価される場合である。

② 　株主資本の増加額を完全子会社株式の簿価で算定すべき場合（会社計算規則39条1項2号・3号）

　株式交換完全子会社の株式の株式交換直前の帳簿価額を基礎として算定すべき場合とは、取得（逆取得を除く。）と判断された場合以外であり、親会社の支配下にある子会社同士等のいわゆる共通支配下関係にある会社間である共通支配下の取引、共同支配企業の形成、逆取得の場合がこれに該当することになる（大野晃宏ほか「改正法務省令の解説」登記インターネット113号16頁表6参照）。

　どのような場合に共通支配下関係等の会計処理をするかは、企業会計基準

等の会計慣行によって定まる。

第3 資本金の額の算定

　企業結合会計基準等における分類により、取得とされたときは対価の時価（対価株式について市場価格がある又は合理的に算定できる場合以外については完全子会社の株式の時価）処理（パーチェス法）により（会社計算規則39条1項1号）、共通支配下の取引のときは簿価処理（少数株主との取引部分及び完全子会社の自己株式部分は時価処理）により（会社計算規則39条1項2号）、共同支配企業の形成及び逆取得のときは簿価処理により（会社計算規則39条1項3号）、それぞれ完全親会社となる会社の「株主資本変動額」が算定され、その範囲内で株式交換契約の定めに従い資本金等の増加額が定められる（会社計算規則39条2項本文）。

　企業結合会計基準等の改正により、持分プーリング法が廃止されたが、株式交換は完全子会社株式のみを受け入れるものであることから、もともと株式交換には持分プーリング法が適用される場面はなかった。

1　取得と評価された場合の会計処理

　企業結合会計基準等で規定された株式交換に関する会計処理として、完全親会社が取得する完全子会社株式を時価で受け入れる方法（パーチェス法）が適用される場合である（会社計算規則39条1項1号）。どのような場合にパーチェス法が適用されるかは、企業会計基準等の会計慣行によって定まる。

① 　取得の場合の取得企業の決定

　適用指針における「共同支配企業の形成」の判定基準（適用指針175項、適用指針付録（フローチャート）参照）により、①対価要件としての対価のすべてが議決権のある株式であることを満たさないことにより取得と判定された場合は、現金等の対価を支出した企業を取得企業とし、②議決権比率が等しいことを満たさないことにより取得と判定された場合は、議決権比率が大き

い企業を取得企業とし、③議決権比率以外の支配関係を示す一定の事実が存在しないことを満たさないことにより取得と判定された場合は、支配関係を示す一定の事実を有する企業を取得企業とするとされている。④議決権のある株式の交付により行われる場合、交付する企業が取得企業となるが、完全子会社の株主が株式交換後、完全親会社の議決権総数の過半数を有する場合は、完全子会社が取得企業となり、これを「逆取得」という（企業結合に係る会計基準意見書三3(1)）。

② 取得原価

株式交換では受入財産は完全子会社となる株式会社の株式であり、完全子会社の資産・負債あるいは権利義務ではないことから、取得原価の配分という会計処理は不要であり、完全子会社株式の取得原価は取得原価の時価とイコールということになる（適用指針110項、37項～50項に準ずる。）。

ア 取得の対価（支払対価）が完全親会社の株式の場合

取得の対価（支払対価）が金銭以外の株式等の交付の場合は、完全親会社の支払対価となる財の時価と完全子会社から取得した株式の時価のうち、より高い信頼性をもって測定可能な時価で算定することとされており（企業結合に係る会計基準意見書三2(2)①、企業結合に関する会計基準23項）。したがって、取得の対価（支払対価）が完全親会社の株式の場合は、「公開企業が株式を交付して非公開企業の純資産を取得する場合には、通常、公開企業株式の時価の方が非公開企業の純資産の時価よりも高い信頼性もって測定できるから、取得原価は公開企業株式の時価を基礎に算定されることになる」（企業結合に係る会計基準意見書三3(2)①）。株式交換の場合、市場価格がある株式が対価として交付される場合は、取得の対価となる財の時価は、原則として、企業結合日における株価を基礎にして算定するとされ（企業結合会計基準24項）、合理的に算定されえないときは、完全子会社の株式の企業結合日における時価を基礎とした評価額を取得対価とされる（適用指針38項）。このことが、会社計算規則39条1項1号の「吸収型再編対価時価又は株式交換完全子会社の株式の時価」を意味していると考えられる。

イ 先行取得分がある場合

株式交換の場合には、合併の場合と異なり、完全子会社は消滅せず存続するため、先行取得分（いわゆる抱合せ株式）は、完全子会社株式の取得原価の算定上考慮されることはない。なお、抱合せ株式には株式交換対価は割り当てられない（会社法768条1項3号カッコ書）。

ウ　完全親会社が新株予約権・新株予約権付社債を承継する場合

完全親会社が完全子会社の新株予約権者に完全親会社の新株予約権（「株式交換契約新株予約権」という。）を交付する場合（会社法768条1項4号）、又は完全子会社の新株予約権付社債を承継する場合（会社法768条1項4号ハ）には、当該新株予約権又は新株予約権付社債の株式交換日の時価を加算して子会社の株式の取得原価を算定する（適用指針110—2項）。

完全子会社については、新株予約権（純資産の部）又は新株予約権付社債（負債の部）に係る義務の履行を免れるため、その額を利益に計上する（適用指針404—2項(1)）。

完全親会社については、新株予約権を純資産の部に、又は新株予約権付社債を負債の部の額として計上する（適用指針404—2項(2)）。

③　のれんの計上の禁止

株式交換は事業の間接取得であり、完全子会社の資産及び負債を直接取得するものではなく、完全子会社の株式を受け入れるため、個別財務諸表上では、吸収合併における取得の場合のように取得原価の資産及び負債への配分という手続は必要としない。したがって、子会社株式の取得原価＝取得対価の時価となり差額が生じないことから、株式を受け入れる完全親会社の個別財務諸表上では、差額としてののれんが計上されることはない（適用指針111項参照）。

完全親会社の連結財務諸表上の資本連結手続においては、のれんが計上される（適用指針116項(1)・46—2項参照）。

④　株主資本変動額

ア　対価として完全親会社の発行株式を交付した場合

株式交換の場合に会社法799条の債権者保護手続を要するのは、対価が株式のみでないとき又は新株予約権付社債を承継する場合に限られていること

から（会社法799条1項3号）、それ以外の場合には合併の場合のように手続上必ず債権者保護手続を要することではないため、会社法799条規定による手続をとっていない場合にあっては、新株発行部分に相当する額は、資本金又は資本準備金として計上することが義務づけられ、その他資本剰余金として計上することはできない。当該額が株主資本変動額以内であるときは株主資本変動額の範囲内で資本金又は資本準備金として計上することは認められる（会社計算規則39条2項但書）。

したがって、株主資本変動額の範囲内の額をその他資本剰余金として計上しようとするのであれば、株式交換手続にあわせて、資本準備金の減少手続（会社法448条）を行う必要がある。

  イ　対価として完全親会社の自己株式を交付した場合

対価として完全親会社の自己株式を交付した場合には、会計処理上、「株主資本変動額は対価自己株式の帳簿価額を控除した額とされ、当該額を払込資本の増加（会社計算規則上の株主資本の増加額）とする」とされており（適用指針112項）、それは、会計処理上当然行われることから、改正会社計算規則には対価自己株式の帳簿価額を控除する旨は明示されていない。

旧会社計算規則では、当該会社が債権者保護手続を行わないときは、「株主払込資本変動額」に株式発行割合（株式交換に際して発行する株式の数を、株式交換に際して発行する株式の数及び処分する自己株式の数の合計数で除して得た割合）を乗じて得た額の全額を資本金又は資本準備金として計上しなければならないとされていた（会社計算規則旧68条1項2号ロ）。旧会社計算規則旧68条、69条では、対価時価又は簿価株主資本額から処分自己株式帳簿価額を控除したものを「株主払込資本変動額」と定義していたが、改正会社計算規則39条では、企業会計処理として、自己株式の帳簿価額は当然控除される（適用指針80項等）ことを前提として、自己株式帳簿価額を控除した後の概念として「株主資本変動額」とすることとしている。

したがって、会社計算規則39条2項但書では、会社法799条の規定による債権者保護手続をとっている場合以外の場合にあっては、旧規定の株主払込資本変動額と同様に、自己株式の帳簿価額を控除した後の概念である「株主

資本変動額」にその自己株式の帳簿価額を足し戻したうえで株式発行割合を乗じることにより、資本金又は資本準備金として計上することが義務づけられる額を算定することとしている。つまり、旧会社計算規則では、自己株式の帳簿価額を控除した価額に株式発行割合を乗ずるとしていたものを、改正規則では、自己株式の帳簿価額を控除しない価額に株式発行割合を乗ずるということに変更されている。なお、当該額が株主資本変動額以内であるときは株主資本変動額の範囲内で資本金又は資本準備金として計上することは認められるが、自己株式の帳簿価額が多大で、当該額が株主資本変動額を上回るときは、株主資本変動額を超えて資本金又は資本準備金を増加させてその他資本剰余金を減少させることは相当でないことから、株主資本変動額に至るまで資本金又は資本準備金を計上することとされている。

　株主資本等変動額がゼロ未満の場合について、吸収合併に関する会社計算規則35条2項但書と同様に、当該ゼロ未満の額のうち、自己株式の処分により生じる差損に起因する部分については、その他資本剰余金を減少させるという処理を規定している（会社計算規則39条3項）。

　　ウ　対価として完全親会社の株式以外の財産を交付した場合

　吸収合併（取得）の場合と同様、交付した財産の時価と、株式交換の日前における適正な帳簿価額との差額を、株式交換の日において完全子会社の損益に計上する会計処理（適用指針113項・114項）となるため、株式交換による変更登記が生ずることはない。

⑤　完全子会社の自己株式に株式交換対価を交付した場合

　株式交換においては、合併の場合（会社法749条1項3号カッコ書）と異なり、完全子会社が有する自己株式に株式交換対価が割り当てられることとされている（会社法768条1項3号カッコ書では、完全子会社の自己株式が除かれていない。会社法749条1項3号カッコ書との対比。会社法135条2項5号、会社法施行規則23条2号）。子会社が親会社株式を取得するのは禁止されているが（会社法135条1項）、例外として、株式交換の場合は認められている（会社法135条2項5号、会社法施行規則23条2号）。

　取得の場合、完全子会社が有する自己株式に株式交換対価が割り当てられ

第3章　企業結合と会計処理　363

る完全親会社の株式の時価は、対価時価に含まれ、株主資本変動額の算定に際して考慮されるから、特に計算することはない。

なお、簿価処理の場合の完全子会社が有する自己株式に対価が割り当てられた場合のその部分についての会計処理は、取得の場合と同様、時価処理とされる（会社計算規則39条1項2号カッコ書）。

会社計算規則

第39条　吸収型再編対価の全部又は一部が株式交換完全親会社の株式である場合には、株式交換完全親会社において変動する株主資本の総額（株主資本変動額）は、次の各号に掲げる場合の区分に応じ、当該各号に定める方法に従い定まる額とする。
一　当該株式交換が支配取得に該当する場合（株式交換完全子会社による支配取得に該当する場合を除く。）　吸収型再編対価時価又は株式交換完全子会社の株式の時価を基礎として算定する方法
二　株式交換完全親会社と株式交換完全子会社が共通支配下関係にある場合　株式交換完全子会社の財産の株式交換の直前の帳簿価額を基礎として算定する方法（前号に規定する方法によるべき部分にあっては、当該方法）
三　前2号に掲げる場合以外の場合　前号に規定する方法
2　前項の場合には、株式交換完全親会社の資本金及び資本剰余金の増加額は、株主資本変動額の範囲内で、株式交換完全親会社が株式交換契約の定めに従いそれぞれ定めた額とし、利益剰余金の額は変動しないものとする。
　　ただし、法第799条の規定による手続をとっている場合以外の場合にあっては、株式交換完全親会社の資本金及び資本準備金の増加額は、株主資本変動額に対価自己株式の帳簿価額を加えて得た額に株式発行割合（当該株式交換に際して発行する株式の数を当該株式の数及び対価自己株式の数の合計額で除して得た割合をいう。）を乗じて得た額から株主資本変動額まで（株主資本変動額に対価自己株式の帳簿価額を加えて得た額に株式発行割合を乗じて得た額が株主資本変動額を上回る場合にあっては、株主資本変動額）の範囲内で、株式交換完全親会社が株式交換契約の定めに従いそれぞれ定めた額とし、当該額の合計額を株主資本変動額から減じて得た額をその他資本剰余金の変動額とする。
3　前項の規定にかかわらず、株主資本変動額が零未満の場合には、当該株主資本変動額のうち、対価自己株式の処分により生ずる差損の額をその他資本剰余金の減少額とし、その余の額をその他利益剰余金の減少額とし、資本金、資本準備金及び利益準備金の額は変動しないものとする。

〈株式交換仕訳〉

下記の図は、仕訳のイメージであり、左を借方、右を貸方と理解すれば、仕訳を起こすことができる。

仕訳の基本

（借） 資産の増加 　　　 負債の減少 　　　 株主資本の減少	（貸） 負債の増加 　　　 資産の減少 　　　 株主資本の増加 　　　 自己株式の消却

Ⅰ―① 取得（パーチェス法）の株式交換において対価がA社完全親会社の株式のみ

① 株式交換前…A社　発行済株式　200
　　　　　　　　B社　発行済株式　100
② 対価…株式50株（単価4万円、そのうち自己株式20株）
　　株式交換比率…1対0.5
③ 株式交換後…A社　A社株主180（200－20）＋元B社株主50
　　　　　　　　B社　株主A社100％

対価株式50のうち自己株式が20とすると、新株発行は30株であるから、株式交換後のA社の議決権比率は、180／（200＋30）＝78％、元B社株主の議決権比率は、50／（200＋30）＝22％となり、A社が取得企業とされる。

④ 対価が株式のみの場合は、会社法799条の債権者保護手続がとられないため、株主資本変動額のうち株式発行割合に対応する部分は、資本金・資本準備金として計上しなければならない。

A社（完全親会社）の個別貸借対照表

諸資産 （うち完全子会社の株式60）	600	諸負債	200
		資本金	200
		その他資本剰余金	140
		その他利益剰余金	100
		自己株式	△40
合計	600	合計	600

B社（完全子会社）の個別貸借対照表

諸資産	500	諸負債	320
		資本金	100
		その他資本剰余金	50
		その他利益剰余金	30
合計	500	合計	500

企業結合日の個別財務諸表上の会計処理（交換仕訳）

（借方）		（貸方）	
B社株式	200	株主資本変動額（注2）	160
（受入株式）（注1）		自己株式	40
その他資本剰余金	40（注3）	その他資本剰余金	80（注3）

（注1） 対価株式200（50株×単価4）（適用指針110項）
（注2） 株主資本変動額（200－40＝160）
　　　　債権者保護手続をとっていないため、(160＋40)×30／50＝120（株式発行割合）は、資本金及び資本準備金として計上しなければならない。
（注3） 自己株式処分価額（20×4＝80）と自己株式帳簿価額40との差額△40は、自己株式処分差損であり、その他資本剰余金の減額として損益計算書に計上し、期末に貸借対照表に計上する。

交換後の完全親会社の個別貸借対照表

諸資産	800	諸負債	200
（注1）（内完全子会社株式260）		資本金	320
		その他資本剰余金	180（注2）
		その他利益剰余金	100
合計	800	合計	800

（注1） 600＋200＝800
　　　　60（先行取得分）＋200（追加取得分）＝260は資産の部に計上される。
（注2） 自己株式は消却

Ⅰ－② 取得（パーチェス法）の株式交換において対価がA社完全親会社の株式のみ完全子会社の新株予約権者に完全親会社の新株予約権を交付した場合

① 株式交換前…A社　発行済株式　200
　　　　　　　　B社　発行済株式　100

② 対価…新株発行50株（単価4万円、そのうち自己株式20株）

　　　　株式交換比率…1対0.5
③　株式交換後…A社　A社株主180＋元B社株主50
　　　　　　　　B社　株主A社100％
　　対価株式50のうち自己株式が20とすると、新株発行は30株であるから、株式交換後のA社の議決権比率は、180／200＋30＝78％、元B社株主の議決権比率は、50／200＋30＝22％となり、A社が取得企業とされる。
④　対価が株式のみの場合は、会社法799条の債権者保護手続がとられないため、株主資本変動額のうち株式発行割合に対応する部分は、資本金・資本準備金として計上しなければならない。
⑤　株式交換時の完全子会社の新株予約権の時価は8とする。

A社（完全親会社）の個別貸借対照表

諸資産	600	諸負債	200
（うち完全子会社の株式60）		資本金	200
		その他資本剰余金	140
		その他利益剰余金	100
		自己株式	△40
合計	600	合計	600

B社（完全子会社）の個別貸借対照表

諸資産	500	諸負債	320
		資本金	100
		その他資本剰余金	50
		その他利益剰余金	30
合計	500	合計	500

企業結合日の個別財務諸表上の会計処理（交換仕訳）

(借方)		(貸方)	
B社株式	208	株主資本変動額（注2）	120
（受入株式）（注1）		自己株式	40
その他資本剰余金	40（注3）	その他資本剰余金	80（注3）
		新株予約権	8

（注1）　対価株式200(50×4)＋8＝208

第3章　企業結合と会計処理　367

(注2) 株主資本変動額（200×30／50＝120）
(注3) 自己株式処分価額（20×4＝80）と自己株式帳簿価額40との差額△40は、自己株式処分差損であり、その他資本剰余金の減額として損益計算書に計上し、期末に貸借対照表に計上する。

交換後の完全親会社の個別貸借対照表

諸資産　　　　　　800	諸負債　　　　　　　200
（注1）（内完全子会社株式260）	資本金　　　　　　　320
	その他資本剰余金　　180（注2）
	その他利益剰余金　　100
合計　　　　　　　　800	合計　　　　　　　　800

(注1) 600＋200＝800
　　　　60（先行取得分）＋200（追加取得分）＝260は資産の部に計上される。
(注2) 自己株式は消却。

2　共通支配下の取引の場合

(1) 原　　則

株式交換完全子会社の株式の株式交換直前の帳簿価額を基礎として算定すべき場合（会社計算規則39条1項2号・3号）とは、取得（逆取得を除く。）と判断された場合以外であり、親会社の支配下にある子会社同士等のいわゆる共通支配下関係にある会社間である共通支配下の取引、共同支配企業の形成、逆取得の場合がこれに該当することになる（適用指針118項等、郡谷ほか『会社法関係法務省令逐条実務詳解』清文社（平成18年）686頁）。

(2) のれんの計上

① 共通支配下一般

会社計算規則は、11条において「適切な場合にのれんを計上することができる」旨のみの包括的規定であり、具体的なのれんの計算方法である旧20条が削除され、ここでいう適正な額は会計慣行に委ねられるとしているが、株式交換の対価として完全親会社の株式以外の財産を完全子会社となる会社の株主に交付する場合ののれんの計算については、親子会社間についてのみ企業結合会計基準等に規定があるだけである（適用指針236項）。したがって、旧会社計算規則の実質に変更があるわけではないので（大野ほか「法務省令

の解説」登記インターネット113号9頁)、旧20条の規定を参照することになる。

　株式交換は、合併の場合の資産・負債を承継するとは異なり、完全子会社となる会社の株式を受け入れるので、先行取得分(いわゆる抱合わせ株式)はのれんの計算において考慮しないこととされる(会社計算規則旧20条2項後段参照)。株式交換は、100％子会社化するものであるため、完全子会社が新株予約権(付社債)を発行している場合には、株式交換後に新株予約権の行使によって100％子会社化がくずれないようにするため、株式交換に際して、新株予約権者に完全親会社の新株予約権を交付、または新株予約権付社債を承継することがある。その場合には、完全子会社の簿価株主資本額(中間子会社持分相当分)に完全子会社新株予約権者に交付する新株予約権の帳簿価額を加算することとされ(会社計算規則旧20条1項1号イ、ロ参照)、それが完全子会社となる子会社株式の取得原価となる。したがって、当該取得原価と対価簿価との差額がのれんとして計上される。

　ただし、完全子会社の簿価株主資本額がマイナスの場合には、対価簿価と同額をのれんとして計上し、当該のれんでうめきれない部分は、その他利益剰余金の減額となる(会社計算規則39条3項)。

② 親子会社間

　株式交換における共通支配下取引のうち、親子会社間における完全子会社株式の追加取得が一般的であり、適用指針では親子会社間の規定のみが存する(適用指針236項)。

　親子会社間の株式交換においては、少数株主持分相当部分についての完全子会社株式の取得原価は、取得の場合と同様、取得対価時価により算定する(適用指針236項)。

　中間子会社から追加取得する完全子会社株式の取得原価は、完全子会社が付していた適正な帳簿価額により算定する(適用指針236－4項)。したがって、中間子会社持分相当部分については、完全子会社株式の取得原価と完全親会社の株式以外の対価の帳簿価額との差額はのれんとして計上される(会社計算規則旧20条1項1号参照)。

子孫会社間における完全子会社株式の取得原価は、親子会社間の中間子会社持分相当額に準じて算定するとされているので（適用指針236－5項）、少数株主部分も中間子会社部分と同様の会計処理となる。

> 旧会社計算規則
> 旧第20条　株式交換完全子会社の株式につき株式交換完全親会社が付すべき帳簿価額（第31条第1項本文の規定により計上する負債の額を含む。次項において同じ。）を株式交換完全子会社株式簿価評価額をもって算定すべき場合において、次の各号に掲げるときは、株式交換完全親会社は、株式交換に際して、当該各号に定めるのれんを計上することができる。ただし、吸収型再編対価の一部が株式交換完全親会社の株式である場合には、第1号に定めるのれんは、吸収型再編対価簿価を超えて計上することはできない。
> 　一　株式交換完全子会社株式簿価評価額が吸収型再編対価簿価（次のイ又はロに掲げる場合にあっては、当該イ又はロに定める額を含み、株式交換完全子会社に対して交付するものに係るものを除く。次号及び第69条において同じ。）未満である場合（吸収型再編対価簿価の全部が株式交換完全親会社の株式である場合を除く。）　その差額に対応する部分についての資産としてののれん
> 　　イ　株式交換に際して株式交換完全親会社が株式交換完全子会社の新株予約権者に交付する新株予約権がある場合　当該新株予約権につき付すべき帳簿価額
> 　　ロ　株式交換に際して株式交換完全親会社が承継する新株予約権付社債についての社債がある場合　当該社債につき付すべき帳簿価額
> 　二　株式交換完全子会社株式簿価評価額が吸収型再編対価簿価以上である場合（吸収型再編対価の全部又は一部が株式交換完全親会社の株式である場合を除く。）　その差額に対応する部分についての負債としてののれん
> 2　前項の規定は、株式交換により取得する株式交換完全子会社の株式の全部又は一部につき株式交換完全親会社が付すべき帳簿価額を当該株式に対応する株式交換完全子会社簿価株主資本額をもって算定すべき場合におけるのれんの額の計算について準用する。この場合においては、株式交換の直前に株式交換完全親会社が株式交換完全子会社の株式を有する場合における当該株式の帳簿価額は、のれんの計算において考慮しないものとする。

(3)　株主資本変動額

①　原　　　則

株式交換の経済的実態が「共通支配下の取引」と判定される場合は、株式交換完全親会社と株式交換完全子会社が共通支配下関係にある場合に該当することになり、支払対価の全部又は一部が株式交換完全親会社の株式となる場合には、会社計算規則39条1項2号が適用される。

　増加する子会社株式については、追加取得分（先行取得分を除いた分）の簿価株主資本額（旧会社計算規則2条3項43号でいう「完全子会社株式簿価評価額」、つまり簿価株主資本額＋完全子会社新株予約権者に交付する新株予約権帳簿価額－先行取得分の帳簿価額）が子会社株式の受入価額となる。

② 親子会社間

　親子会社間における先行取得分、少数株主部分、中間子会社株主部分、完全子会社が保有する自己株式対応部分の別に以下のように増加する資本金等が決定される。

　ア　中間子会社株主部分

　中間子会社株主持分に対応する部分の株主資本の計算については、株式交換完全子会社の株式交換日の前日における適正な帳簿価額による純資産額（簿価株主資本額）に中間子会社株主持分比率を乗じた中間子会社株主持分相当額により、増加する株主資本変動額を計算する。

　イ　少数株主部分

　少数株主部分に対応する部分は、会社計算規則39条1項2号カッコ書にいう「前号に規定する方法によるべき部分にあっては、当該方法」に該当するので（大野ほか「法務省令の解説」登記インターネット113号20頁）、「取得」の場合と同様に、「吸収型再編対価の時価又は株式交換完全子会社の株式の時価を基礎として算定する方法」による計算をすることになる。

　なお、子孫間（子会社がその子会社である孫会社を株式交換完全子会社とする場合）の場合には、その少数株主持分部分については、子会社が追加取得する株式交換完全子会社株式（孫会社株式）の取得原価は、最上位の親会社と子会社株主との取引ではないため、中間子会社株主部分相当額に準じて算定するとされている（適用指針236—5項）。

③ 対価として完全親会社の自己株式を交付した場合

対価として完全親会社の自己株式を交付した場合には、会計処理上、「株主資本変動額は対価自己株式の帳簿価額を控除した額とされ、当該額を払込資本の増加（※会計規則上は株主資本の増加額）とする」とされており（適用指針112項）、改正会社計算規則には対価自己株式の帳簿価額を控除する旨は明示されていない。

　旧会社計算規則では、当該会社が債権者保護手続を行わないときは、「株主払込資本変動額」に株式発行割合（株式交換に際して発行する株式の数を発行する株式の数及び処分する自己株式の数の合計数で除して得た割合）を乗じて得た額の全額を資本金又は資本準備金として計上しなければならないとされていた（会社法計規則旧68条1項2号ロ）。会社計算規則旧68条、69条では、対価時価又は簿価株主資本額から処分自己株式帳簿価額を控除したものを「株主払込資本変動額」と定義していたが、改正会社計算規則39条では、企業会計処理として、自己株式の帳簿価額は当然控除される（適用指針80項等）ことを前提として、自己株式帳簿価額を控除した後の概念として「株主資本変動額」とすることとしている。

　したがって、会社計算規則39条2項但書では、会社法799条の規定による債権者保護手続をとっている場合以外の場合にあっては、旧規定の株主払込資本変動額と同様に、自己株式の帳簿価額を控除した後の概念である「株主資本変動額」にその自己株式の帳簿価額を足し戻したうえで株式発行割合を乗じることにより、資本金又は資本準備金として計上することが義務づけられる額を算定することとしている。なお、当該額が株主資本変動額以内であるときは株主資本変動額の範囲内で資本金又は資本準備金として計上することは認められるが、自己株式の帳簿価額が多大で、当該額が株主資本変動額を上回るときは、株主資本変動額を超えて資本金又は資本準備金を増加させてその他資本剰余金を減少させることは相当でないことから、株主資本変動額に至るまで資本金又は資本準備金を計上することとされている。

　なお、株主資本変動額がゼロ未満の場合について、吸収合併に関する会社計算規則35条2項但書と同様に、当該ゼロ未満の額のうち、自己株式の処分により生じる差損に起因する部分については、その他資本剰余金を減少さ

せ、その余の部分（株式交換完全子会社が簿価債務超過であることに起因する部分がこれに相当する。）については、その他利益剰余金を減少させるという処理となる（会社計算規則39条3項）。

④　完全子会社の自己株式に完全親会社の株式が交付される場合

　株式交換においては、完全子会社が有する自己株式に株式交換対価が割り当てられることとされている（会社法768条1項3号カッコ書では、子会社自身が保有する自己株式は除外されていない。）。

　共通支配下の取引の場合は、株式交換完全子会社の株式の株式交換直前の帳簿価額を基礎として算定するとされているが、完全子会社の自己株式に完全親会社の株式が交付される場合は、当該部分については、完全子会社が有する自己株式に株式交換対価が割り当てられる完全親会社の株式の時価を株主資本変動額に加算することとされる（会社計算規則39条1項2号カッコ書は、少数株主との取引部分とともに、完全子会社の自己株式に完全親会社の株式が交付される場合をも前提としているとされる（登記情報562号49頁）、旧68条2項1号参照）。

　完全子会社が有する自己株式部分を時価評価とする会計上の理由については、「①　…もともと、株式交換日又は株式移転日に子会社が自己株式を保有するかどうか（株式交換日又は株式移転日の直前までに自己株式を消却するかどうか）は結合当事企業の意思決定の結果に依存する。このため、親会社と子会社との間で行う株式の交換は、当該株式交換又は株式移転と一体の取引としてとらえる必要はなく、会計上は、共通支配下の取引として処理する必然性はないこと。②子会社にとっては、当該株式交換又は株式移転により、資本控除されている自己株式が親会社株式という資産に置き換わり（資本取引の対象から、損益取引の対象に変わり）、その連続性はなくなることになる。このため、子会社が受け入れる親会社株式の帳簿価額に自己株式の帳簿価額を付すのではなく、新たに受け入れる親会社株式の時価を基礎として処理することによって、株式交換又は株式移転後の子会社の損益を適切に算定することができること」（適用指針447—3項）になるとされている。

Ⅰ—①　共通支配下関係の株式交換において対価がＡ社完全親会社の株式及

び現金の場合

① 支払対価…株式時価 200（新株30株×＠5、自己株式10株×＠5）（うち対価自己株式10株の帳簿価額40）　現金 100
　　抱合せ株式（先行取得分）　60（帳簿価額）
② 中間子会社（70％）のみで少数株主が存在しない場合

A社（完全親会社）の個別貸借対照表

諸資産	600	諸負債	200
（うち完全子会社の株式60）		資本金	200
		その他資本剰余金	140
		その他利益剰余金	100
		自己株式	△40
合計	600	合計	600

B社（完全子会社）の個別貸借対照表

諸資産	500	諸負債	320
		資本金	100
		その他資本剰余金	50
		その他利益剰余金	30
合計	500	合計	500

企業結合日の個別財務諸表上の会計処理（交換仕訳）

（借方）		（貸方）	
B社株式	126（注1）	自己株式	40
その他資本剰余金	14	現金	100
		株主資本変動額（注2）	0

（注1）　受入価額＝（500－320）×70％＝126
（注2）　株主資本変動額＝126－40－100＝△14
　　　　対価に現金があるため、債権者保護手続がされているので、株主資本変動額をすべてその他資本剰余金に計上することができる。
（注3）　簿価株主資本額（126）＞対価簿価（100）であるので、のれんは生じない。

交換後の完全親会社の個別貸借対照表

諸資産	626	諸負債	200
（注１）		資本金	200
		その他資本剰余金	126（注２）
		その他利益剰余金	100
合計	626	合計	626

（注１） 600＋126－100＝626
抱合せ株式は消滅せず受入株式とともに資産の部に計上される。
資産としてののれんは完全親会社の資産の部に計上。
現金は流出分として資産の部から減算。
（注２） 自己株式は消却。

Ⅰ－② 共通支配下関係の株式交換において対価がＡ社完全親会社の株式及び現金の場合

① 支払対価…株式時価 200（新株30株×＠５、自己株式10株×＠５）（うち対価自己株式10株の帳簿価額40） 現金 300 抱合せ株式 60（帳簿価額）

② 中間子会社（70％）のみで少数株主が存在しない場合

③ 先行取得分（完全親会社）30％であり、簿価株主資本額は280（600－320）である。

Ａ社（完全親会社）の個別貸借対照表

諸資産	600	諸負債	200
（うち完全子会社の株式60）		資本金	200
		その他資本剰余金	140
		その他利益剰余金	100
		自己株式	△40
合計	600	合計	600

Ｂ社（完全子会社）の個別貸借対照表

諸資産	600	諸負債	320
		資本金	200
		その他資本剰余金	50
		その他利益剰余金	30
合計	600	合計	600

企業結合日の個別財務諸表上の会計処理（交換仕訳）

（借方）		（貸方）	
B社株式	196（注1）	自己株式	40
のれん	104（注2）	現金	300
その他資本剰余金	40（注3）	株主資本変動額（注3）	0

(注1) 受入価額＝280(600－320)×70％(中間子会社持分部分)＝196
(注2) 簿価株主資本額(196)＜対価簿価(300)であるので、のれんが生じる。
　　　のれん＝300－196＝104
(注3) 株主資本変動額＝196(受入B社株式)＋104(のれん)－300(現金)－40(自己株式)
　　　＝△40
　　　株主資本変動額はゼロとし、その他資本剰余金の減額とする。

交換後の完全親会社の個別貸借対照表

諸資産	600	諸負債	200
（注）		資本金	200
		その他資本剰余金	100
		その他利益剰余金	100
合計	600	合計	600

(注)　600＋196＋104－300＝600
　　　抱合せ株式は消滅せず受入株式とともに資産の部に計上される。
　　　資産としてののれんは完全親会社の資産の部に計上。
　　　現金は流出分として資産の部から減算。

Ⅱ　親子間の株式交換において対価がA社完全親会社の株式のみ

・B社の株主　A社60％　少数株主20％、中間株主20％
・支払対価　株式時価　200（新株30株×＠5、自己株式10株×＠5）（うち対価自己株式10株の帳簿価額40）　抱合せ株式　60（帳簿価額）

A社（完全親会社）の個別貸借対照表

諸資産	600	諸負債	200
（うち完全子会社の株式60）		資本金	200
		その他資本剰余金	100
		その他利益剰余金	140
		自己株式	△40
合計	600	合計	600

B社（完全子会社）の個別貸借対照表

諸資産	500	諸負債	320
		資本金	100
		その他資本剰余金	50
		その他利益剰余金	30
合計	500	合計	500

企業結合日の個別財務諸表上の会計処理（少数株主持分部分交換仕訳）

（借方）		（貸方）	
完全子会社株式	100	自己株式	20
（注1）		資本金（注2）	80

（注1）　200×20%／40%＝100
（注2）　株主資本変動額（100－20＝80）のうち交換契約で定めた額。

企業結合日の個別財務諸表上の会計処理（中間子会社持分部分交換仕訳）

（借方）		（貸方）	
完全子会社株式	36	自己株式	20
（注1）		資本金（注2）	16

（注1）　180（500－320）×20%＝36
（注2）　株主資本変動額（36－20＝16）のうち交換契約で定めた額。

交換後の完全親会社の個別貸借対照表

諸資産	736	諸負債	200
（注1）		資本金	296
		その他資本剰余金	100
		その他利益剰余金	140（注2）
合計	736	合計	736

（注1）　600＋100＋36＝736
（注2）　完全親会社の自己株式は対価として完全子会社の株主に交付されるので、交換後の完全親会社の貸借対照表から減ずる。

Ⅲ　親子間の株式交換で対価として完全親会社の株式併用

・B社の株主…A社60%、少数株主20%、中間株主20%
・支払対価　現金　200　株式時価　200（40株×＠5）（うち対価自己株式10株の帳簿価額40）　抱合せ株式　60（帳簿価額）

A社(完全親会社)の個別貸借対照表

諸資産	600	諸負債	200
(うち完全子会社の株式60)		資本金	200
		その他資本剰余金	100
		その他利益剰余金	140
		自己株式	△40
合計	600	合計	600

B社(完全子会社)の個別貸借対照表

諸資産	500	諸負債	320
		資本金	100
		その他資本剰余金	50
		その他利益剰余金	30
合計	500	合計	500

企業結合日の個別財務諸表上の会計処理(少数株主持分部分交換仕訳)

(借方)		(貸方)	
完全子会社株式	200	現金	100
	(注1)	自己株式	20
		資本金(注2)	80

(注1) (200＋200)×20%／40%＝200
(注2) 株主資本変動額(200－100－20＝80)のうち交換契約で定めた額。

企業結合日の個別財務諸表上の会計処理(中間子会社持分部分交換仕訳)

(借方)		(貸方)	
完全子会社株式(注1)	36	現金	100
のれん(注2)	64	自己株式	20
		その他資本剰余金(注3)	△20

(注1) 180(500－320)×20%＝36
(注2) 100(現金)－36＝64
(注3) 株主資本変動額(36＋64－100－20)＝△20となり、株主資本変動額はゼロとし、△20は自己株式処分差損としてその他資本剰余金の減額。

交換後の完全親会社の個別貸借対照表

諸資産 (注1)	700	諸負債	200
		資本金	280
		その他資本剰余金	80
		その他利益剰余金	140 (注2)
合計	700	合計	700

(注1)　600＋200＋36＋64－200＝700
　　　　資産としてののれんは完全親会社の資産の部に計上。
(注2)　完全親会社の自己株式は対価として完全子会社の株主に交付されるので、交換後の完全親会社の貸借対照表から減ずる。
(注3)　自己株式は消却。

(3) 共同支配企業の形成

適用指針における「共同支配企業の形成」の判定（企業結合会計基準37項、適用指針175項）により、①独立企業要件・複数の独立した企業間、②契約要件・共同支配となる契約等を締結、③対価要件・対価のすべてが議決権のある株式であり、議決権比率が等しいこと、④議決権比率以外の支配関係を示す一定の事実（結合後の取締役会の構成員の過半数を占める等の支配関係）が存在しない場合は、共同支配企業の形成と判定される。共同支配企業の形成の場合は、対価の全部が株式の場合を前提としていることになる。

共同支配企業の形成の場合の完全親会社の株主資本変動額は、共通支配下の取引の場合と同様、完全子会社の財産の株式交換の直前帳簿価額を基礎として算定される（会社計算規則39条1項3号）。

(4) 逆取得

逆取得とは、株式交換後の完全子会社の株主であった者の議決権株式の比率が過半数を有する場合である。

逆取得の場合の完全親会社が取得する完全子会社株式の取得原価は、株式交換前日における完全子会社の帳簿価額とされ、株主資本変動額は、共通支配下の取引の場合と同様、完全子会社株式簿価株主資本額により算定される（会社計算規則39条1項3号）。

逆取得の場合、完全親会社の個別財務諸表上は、当該完全子会社の株式交換直前における適正な帳簿価額による株主資本の額に基づいて、完全子会社

の株式の取得原価を算定するが（企業結合会計基準36項、適用指針118項）、連結財務諸表上は完全子会社を取得企業としてパーチェス法を適用することとされる（適用指針119項）。

(5) **資本金の額が増加しない場合**

完全親会社の資本金の額は、会社計算規則39条に定めるところによるが、株式交換契約の内容から、株式の発行があったとしても資本金の額が増加しない場合は、株式交換の登記の申請については、会社法の規定に従って計上されたことを証する書面の添付を要しない（相澤哲・小川秀樹『会社法と商業登記』金融財政事情研究会433頁）。

株式交換契約書において完全子会社に対して完全親会社の株式を交付しないことが判明するときは、貸借対照表上、資本金の額に変動が生じない。会社分割の場合と異なり、株式交換をした旨は登記事項とされていないため、資本金の額に変動が生じない場合には、完全親会社については新株予約権の発行を除けば変更登記をする場面は生じない。

なお、完全親会社が完全子会社となる会社の株主から取得した完全子会社株式の簿価がマイナスであるような場合には対価として株式を交付するときであっても、完全親会社の資本金の額は変更しない（会社計算規則39条3項）。

6 差損が生じる場合の特則

(1) **原　　則**

株式交換において完全親会社において差損が生じる場合（会社法795条2項3号）は、簡易交換の要件に該当する場合（会社法796条3項）であっても、株主総会の決議によって株式交換契約の承認を受けなければならない（会社法796条3項但書）。

「差損が生じる場合」とは、完全親会社が完全子会社の株主に対して交付する金銭等（完全親会社の株式等を除く。）の帳簿価額が、完全親会社が承継する完全子会社の株式の価額として法務省令で定める額（会社法施行規則195条5項）を超える場合である（会社法795条2項3号）。

法務省令で定める額とは、以下の①及び②の合計額から、③を減じた額で

ある。
① 株式交換により取得する株式交換完全子会社の株式につき会計帳簿に付すべき額
② 計上したのれんの額（会社計算規則11条、旧20条）
③ 株式の特別勘定として計上される負債の額（会社計算規則12条、旧30条）

(2) パーチェス法が適用される場合

パーチェス法が適用される場合は、完全親会社が完全子会社の株主に対して交付する金銭等の帳簿価額と、完全親会社が承継する完全子会社の株式の額として法務省令で定める額を超える場合の差額は、子会社株式の時価評価に含まれるため、原則として（含み損がある財物を対価としたときの含み損に相当する額について純資産が減少する場合には差損が生じる場合もありうる。）、差損が生じる場合に該当しない。

たとえば、対価として、有価証券（簿価200　時価100）を交付した場合、100の有価証券処分損（適用指針113項）として差損が生じる（会社法795条2項3号）。

(3) 共通支配下の取引に該当する場合

共通支配下の取引に該当する場合であって完全子会社が債務超過のときは、対価に株式がある場合は、完全子会社の簿価債務超過部分については、のれんで埋めきれない部分は完全親会社の株式の特別勘定として負債を計上し（会社計算規則12条、旧30条）、負債計上の相手勘定としては、その他利益剰余金を減少するという処理となることから（会社計算規則39条3項）、差損が生じることになる。

対価に株式がない場合は、簿価株主資本額のマイナスの部分の絶対値と対価簿価の合計額が正ののれんとして計上されるので、差損が生じることにはならない。対価のすべてが株式の場合、株式の時価を算定する場合であれば株式評価額と受入時価純資産額との間に差額が生じるが（親子会社間の場合の少数株主部分）、簿価引継ぎの場合には、受入株式の価額である簿価株主資本額を基準に株主資本変動額を算定するため、株式対価額と簿価株主資本額とは同額となるので、のれんの発生する余地はなく、したがって「差損が生

じる場合」に該当しない。

　つまり、対価に株式がある場合には、計上できるのれんの額は対価簿価と同額に限定されており、結果として過去の損失（その他利益剰余金のマイナス）を受け入れることになり、完全親会社における分配可能利益が減少し、既存の株主に影響することになるため、簡易分割はできないということである。

　対価に株式がない場合（無対価の場合を含む）は、簿価株主資本額のマイナスの部分（債務超過部分）の絶対値と対価簿価の合計額が正ののれんとして計上されるので（適用指針224項(1)）、差損が生じることにはならない。つまり、分配可能利益の減少が生じないため、簡易合併が可能となる。

　対価のすべてが株式の場合、株式の時価を算定する場合であれば株式評価額と受入株式の時価との間に差額が生じるが（親子間の少数株主部分）、簿価引継ぎの場合には、受入株式である簿価株主資本額を基準に株主資本変動額を算定するため、株式対価額と簿価株主資本額とは同額となるので、のれんの発生する余地はなく、したがって「差損が生じる場合」に該当しない。

(4) 連結配当規制適用会社の特則

　交付する金銭等（株式交換完全親会社の株式等を除く。）の帳簿価額が完全親会社が取得する完全子会社の株式の額（会社法施行規則195条5項）を超える場合であっても、連結配当規制適用会社（会社法2条3項51号）において、①株式交換完全子会社が株式交換完全親会社の子会社であるときは、完全子会社の負債の額（会社計算規則12条）は零とするとされており（会社法施行規則195条5項3号）、また、②交換差損の算定上、従前より親子関係がある場合にあっては、完全親会社において計上する負債の額を零とすることができるとされている（会社計算規則158条4項カッコ書）。

　したがって、いずれにしても負債の額は零と算定され、「差損が生じる場合」に該当しないことになる。これは、「連結配当規制適用会社においては、子会社に対する投資損失が分配可能額に反映されているため、株式交換により子会社が過去に計上した損失の引受けがされたとしても、分配可能額には影響を及ぼさないためである」（相澤哲編「新会社法関係法務省令の解説」別冊商事法務300号144頁）。

第5節 新設合併の設立時資本金等の額

　新設合併は、新設株式会社が消滅株式会社の財産を承継し、当該財産の対価として消滅株式会社の株主に対して新設株式会社の株式を交付することによって、当該消滅株式会社の財産に対応した株主資本が計上されるところ、一般に公正妥当と認められる企業会計基準その他の企業会計の慣行によって定まる新設合併の態様（取得、共同支配企業の形成、共通支配下の取引）や新設株式会社の株式の交付先等によって消滅株式会社の財産の評価の方法（簿価又は時価）が異なる。そこで、新設株式会社の資本金の額は、これらの事情に応じて、会社計算規則45条～48条までに規定する一の方法に従って計上される。

1　取得の場合

　企業会計の基準等で規定された新設合併に関する会計処理として、新設合併設立会社が承継する財産を時価で受け入れる方法（パーチェス法）が適用される場合である（会社計算規則45条1項）。

(1)　取得の決定

　新設合併の場合は、吸収合併の場合の存続会社と消滅会社との関係とは異なり、消滅会社間の関係において判断することになる。したがって、合併対価として株式以外の対価がある場合に当該対価を交付する側を取得企業とするという原則は新設合併の場合には当てはまらないので、企業結合後の議決権比率等が大きいと判断された結合当事企業を取得企業とする（企業結合に係る会計基準意見書三2(1)）という原則を新設合併に当てはめると、消滅会社の株主に割り当てられる株式の比率の大きい消滅会社が取得会社になると考えられる。

　改正会社計算規則では、新設合併消滅会社のうち、新設合併により支配取

第3章　企業結合と会計処理　383

得（会社計算規則2条3項31号）をするものを「新設合併取得会社」（会社計算規則2条3項45号）とするとされているが、どちらが支配取得しているかはっきりしないときは共同支配企業の形成に該当しない限り、消滅会社の一方を取得会社とすることになる。

　旧会社計算規則では、取得会社とは、「新設合併消滅会社のうち、一の会社の有する財産に付された新設合併直前の帳簿価額を当該財産に付すべき新設合併設立会社における帳簿価額とすべき場合における当該一の会社をいう」（会社計算規則旧2条3項61号）とされ、いいかえれば、どちらか一方を取得会社とするということであった。

(2) 原則的会計処理

　企業結合会計基準等で規定された新設合併に関する会計処理として、新設合併設立会社が承継する財産を時価で受け入れる方法（パーチェス法）が適用される場合である。

① のれんの計上

　企業結合会計基準等では、新設合併についての個別の規定は存しないところ、旧会社計算規則21条に細かな規定が存したが、改正会社計算規則で21条が削除されているため、企業結合会計基準等における吸収合併の規定を参照するしかない（適用指針30項、会社計算規則旧21条1項参照）。

　ア　新設合併取得会社以外の新設合併消滅会社については、その取得原価を支払対価時価（株式及び社債等、株式のみの場合も含む。）と受入時価純資産額（時価評価した簿価株主資本額）との差額がのれんとして計上される。したがって、対価の全部が株式の場合ものれんの計上がされる。

　　　支払対価＞受入純資産額のときは、正ののれん
　　　支払対価＜受入純資産額のときは、負ののれん

　新設合併取得会社が新設合併被取得会社の株式を有しているときの当該株式（抱合せ株式には、対価は割り当てられない（会社法753条1項7号カッコ書））、新株予約権者に交付する財産、合併費用は、支払対価に含める。

　イ　新設合併取得会社とされる新設合併消滅会社については、株式以外の対価の帳簿価額と簿価純資産額との差額がのれんとして計上される。

対価の全部が株式のときは、のれんの計上はできない（会社計算規則旧21条3項カッコ書参照）。

② 株主資本変動額

　ア　株主資本変動額がプラスのとき

　改正会社計算規則では、新設会社が株式を交付する場合にパーチェス法がとられる場合には、時価で評価する場合であっても、新設合併消滅会社のうち、①新設合併により支配取得（会社計算規則2条3項31号）をするものを「新設合併取得会社」（会社計算規則2条3項45号）とし、当該会社部分については帳簿価額を基礎として算定する方法により定まる額（会社計算規則45条1項1号）、②新設合併取得会社以外の新設合併消滅会社部分については、新設合併消滅会社の株主に交付する株式としての対価時価（又は消滅会社の対象財産の時価）を基礎として算定する方法により定まる額（会社計算規則45条1項2号）の合計額を株主資本変動額とし（会社計算規則45条1項柱書）、その範囲内で合併契約により定めた額が新設合併会社の資本金・資本剰余金（資本準備金・その他資本剰余金）の額となり、利益剰余金は増額しない（会社計算規則45条2項本文）。

　新設合併取得会社部分の株主資本変動額は、新設合併取得会社より承継する簿価株主資本額から新設合併対価としての株式以外の対価簿価を減じた額であるが、簿価株主資本額としては株式発行部分に限るのは当然のことであり（会社法445条1項参照）、又新株予約権の帳簿価額は株主資本の項目ではないことから、新株予約権の帳簿価額を減額するという旧規定は改正会社計算規則45条には明記されていない。

　新設合併対価時価は、新設会社が消滅会社の株主に対して交付する財産（会社計算規則2条3項43号イ）のうち株式に係るものの時価をいうのは当然であるので（会社法445条1項参照）、改正会社計算規則45条には明記されていない。

　イ　株主資本変動額がマイナスのとき

　株主資本変動額がマイナスのとき（債務超過に起因）は、当該額を設立時のその他利益剰余金の額（マイナス）とし、資本金、資本準備金、その他資

本剰余金及び利益準備金はゼロとする（会社計算規則45条2項但書）。

(3) 認められる会計処理

新設合併取得会社の株主に交付する財産の全部が新設合併設立会社の株式の場合において、新設合併契約により（旧76条1項柱書には規定されていたが）会社計算規則45条3項によると定めた場合は、次の会計処理を選択できる（会社計算規則45条3項）。

新設合併取得会社とは、前述したとおり、新設合併により支配取得（会社計算規則2条3項31号）をするものを「新設合併取得会社」（会社計算規則2条3項45号）とし、新設合併取得会社部分については、合併直前の当該会社の株主資本の内訳を引き継ぐことができる。

新設合併消滅株式会社のうち新設合併取得会社以外の会社から引き継ぐ財産については、上記(2)②と同様の時価による会計処理が行われる。

2 共通支配下おける会計処理

新設合併消滅株式会社の全部が親会社の支配下にある子会社同士等の、いわゆる共通支配下関係にあるものとして計算すべき場合である（会社計算規則46条）。

新設合併については、共通支配下の取引といっても複数の消滅会社間の関係をいうことから、特別な規律は設けられておらず、吸収合併と異なり、消滅会社間が親子関係にあったとしても、少数株主は新設会社とは無関係ですべて消滅するので、少数株主を認識することなく一般の共通支配下の取引関係として取り扱われる。

(1) のれんの計上

> ① 株主資本承継消滅会社（会社計算規則2条3項46号）
> 　新設合併消滅会社の株主に交付する対価の全部が株式である場合において、新設合併消滅会社のうち株主資本承継消滅会社となることを定めたときの当該新設合併消滅会社
> ② 非対価交付消滅会社（会社計算規則2条3項47号）
> 　新設合併消滅会社の株主に交付する対価が存しない場合における当該新設合併消滅会社

> ③ 非株式交付消滅会社（会社計算規則2条3項48号）
> 　新設合併消滅会社の株主に交付する対価の全部が社債等である場合における当該新設合併消滅会社及び非対価交付消滅会社（この定義規定は、④の定義規定において使われているにすぎず、旧77条1号ロに定義規定を置いたものの、その余で使用されていない。）
> ④ 非株主資本承継消滅会社（会社計算規則2条3項49号）
> 　株主資本承継消滅会社及び非株式交付消滅会社以外の新設合併消滅会社（言い換えると、株式の交付を受ける新設合併消滅会社）

① 株主資本承継消滅会社部分

　株主資本承継消滅会社部分については、対価の全部が株式である場合が前提となるから、のれんは計上されない。

② 非株主資本承継消滅会社部分

　非株主資本承継消滅会社部分については、新設合併消滅株式会社の簿価株主資本額（承継する資産に付すべき価額から承継する負債に付すべき価額及び新株予約権の帳簿価額を控除した額）と対価簿価（社債等）との差額がのれんとして計上される。

　　支払対価簿価＞受入簿価株主資本額（純資産額）のときは、正ののれん
　　支払対価簿価＜受入簿価株主資本額（純資産額）のときは、株主資本で調整されるため、負ののれんは計上できない。

③ 非株式交付消滅会社部分

　　支払対価簿価＞受入簿価株主資本額（純資産額）のときは、正ののれん
　　支払対価簿価＜受入簿価株主資本額（純資産額）のときは、負ののれん

④ 新設合併消滅株式会社の簿価株主資本額がマイナスのとき

　対価の一部が株式であるときは、支払対価簿価＞受入簿価株主資本額（純資産額）のときは、対価簿価と同額が正ののれんとされ（適用指針251項(2)②参照）、対価に株式がないときは、対価簿価と簿価株主資本額のマイナスの絶対値の合計額が正ののれんとされた（適用指針243項(1)参照）。

【事例】（取得の場合）

○H社　新設合併設立会社

① A社株式（発行済100）1株につきH社株式1株交付…100株
　B社株式（発行済50）1株につきH社株式0.5株交付…25株
② 議決権比率、A社株主80％、B社20％により、取得に該当し、A社を取得会社、B社を被取得会社と判定される。
③ 新設合併日のA社株式の時価は1株当り10。
④ H社の株主資本変動額のうち、資本金150、資本準備金300とする。

A社（取得会社）貸借対照表

資産	400	負債	200
		株主資本	
		資本	100
		資本準備金	100

B社（被取得会社）貸借対照表

資産 (時価 300)	150	負債	100
		株主資本	
		資本	50
		資本準備金	50

仕訳

（借方）	資産	750	（貸方）	負債	300
	A社部分	400		A社部分	200
	B社部分	300		B社部分	100
	B社のれん	50		資本金	150
				資本準備金	300

① A社は取得会社であるので、簿価株主資本200で評価
② B社は被取得会社であるので、時価評価

B社部分

資産	300（時価）	負債	100
		対価時価	250
のれん	50		

(2) **株主資本変動額**

① 原　則

　この場合には、①株主資本承継消滅会社の資本金の額に、②非株主資本承継消滅会社の「非承継会社部分株主資本変動額」の範囲内で合併契約により定めた額を加えた額となる（会社計算規則46条2項2号、45条2項）。

　ア　株主資本承継消滅会社部分

株主資本承継消滅会社（会社計算規則2条3項46号）部分の株主資本変動額については、株主資本の内訳を引き継ぐとされるから（会社計算規則46条2項1号）、当該株主資本承継消滅会社の資本金・資本準備金・その他資本剰余金・利益準備金・その他利益剰余金の額を計上する。

　ただし、株主資本承継消滅会社に先行取得分株式等（抱合せ株式及び自己株式）があるときは、先行取得分株式等には対価が割り当てられないため（会社法753条1項7号カッコ書・9号カッコ書）、株主資本承継消滅会社のその他資本剰余金の減額とする（会社計算規則46条2項1号、47条1項但書）。

　イ　非株主資本承継消滅会社部分

　非株主資本承継消滅会社（会社計算規則2条3項49号）の部分の株主資本変動額については、消滅会社が複数ある場合に株式の交付を受けない消滅会社を除いたその余の消滅会社簿価株主資本額から対価簿価（社債等帳簿価額）を減じた額であり、その株主資本変動額の範囲内で合併契約により定めた額である。

　非承継会社部分の簿価株主資本額がゼロ未満（債務超過）のときは、資本金・資本準備金・利益準備金はゼロとし、マイナスの絶対値をその他利益剰余金から減額する（会社計算規則46条2項2号、45条2項但書）。

　非承継会社部分の株主資本変動額は、非株主資本承継消滅会社から承継する新設合併簿価株主資本額から非株主資本承継消滅会社の株主に交付する新設合併対価簿価を減じて得た額となるのは当然であるので改正会社計算規則46条には明記されていない。

② 　対価の全部が新設合併設立会社の株式のとき

　対価の全部が新設合併設立会社の株式のときであって、かつ、新設合併消滅株式会社の株主資本を引き継ぐものとしてすると定めたときは、新設合併消滅会社の株主資本の内訳を引き継ぐ。

　この場合、先行取得分株式等（抱合せ株式及び自己株式）があるときは、当該帳簿価額はその他資本剰余金の減額とし（会社計算規則47条1項但書）、非対価交付消滅会社部分については、資本金及び資本準備金はその他資本剰余金、利益準備金はその他利益剰余金とするこことされる（会社計算規則47

条2項)。

3 共同支配企業の形成（会社計算規則48条）

　パーチェス法及び共通支配下の取引の会計処理によって会計処理をすることができない場合には、共通支配下の取引の会計処理に準じて処理するものとされた。具体的には、共同支配企業の形成に当たる場合の会計処理が該当するとされている。

　なお、新設合併においては、その性質上、取得の場合に一方を取得企業と位置づけることになるから、逆取得のケースは該当しない。

		承継する資産・負債に付すべき価額	対価に株式がある場合	対価のすべてが株式の場合
	パーチェス法		計算規則45条1項	計算規則45条3項可能
取得	株主資本	設立時資本金の額	「株主資本変動額（ゼロ以上の額）の範囲内で合併契約に定めた額」＝A（合併契約でゼロとすることが可能） 株主資本変動額＝a＋b a＝<u>新設合併取得会社部分に係る簿価株主資本額</u>（新設合併取得会社から承継する簿価株主資本額－新設合併取得会社の株主に交付する対価簿価） b＝新設合併取得会社以外の新設合併消滅会社の株式部分の対価時価	株主資本変動額＝a＋b a＝<u>新設合併取得会社部分に係る株主資本の内訳額</u>の資本金の額 b＝新設合併取得会社以外の新設合併消滅会社の株式部分の対価時価の範囲内で合併契約に定めた額（合併契約でゼロとすることが可能）
		設立時資本準備金の額	「株主資本変動額－A」の範囲内で合併契約に定めた額＝B	新設合併取得会社部分に係る株主資本の内訳額の資本準備金の額＋新設合併取得会社以外の新設合併消滅会社の株式部分

			の対価時価に係る株主資本変動額の範囲内で合併契約に定めた額
	設立時その他資本剰余金の額	「株主資本変動額－A－B」	新設合併取得会社部分に係る株主資本の内訳額のその他資本剰余金の額＋新設合併取得会社以外の新設合併消滅会社の株式部分の対価時価に係る株主資本変動額の範囲内で合併契約に定めた額
	利益準備金	―	新設合併取得会社部分に係る株主資本の内訳額の利益準備金の額
	設立時その他利益剰余金	原則としてゼロであるが、株主資本変動額がゼロ未満のときは当該額（マイナス）をその他利益剰余金の減額とし、資本金・資本準備金・その他資本剰余金・利益準備金はゼロとされる（45Ⅱ但書）。	新設合併取得会社部分に係る株主資本の内訳額のその他利益剰余金の額
のれん（指針30項、計算規則旧21条2項・3項）		【取得会社以外の消滅会社】 ・支払対価＞受入純資産時価のときは、正ののれん 　支払対価＜受入純資産時価のときは、負ののれん ・取得会社が被取得会社の株式を有しているときの当該株式、新株予約権者に交付する財産、合併費用は、支払対価に含める。 【取得会社である消滅会社】 ・対価簿価＞受入純資産簿価	【取得会社以外の消滅会社】 同左 【取得会社である消滅会社】

第3章　企業結合と会計処理　391

			のときは、正ののれん ・対価簿価＜受入純資産簿価のときの差額は、株主資本で調整されるため、負ののれんは計上できない。	計上できない
共通支配下の取引	消滅会社の直前の帳簿価額を付す方法		対価株式併用 会社計算規則46条	対価の全部が株式のとき47条の引継処理が認められる
	株主資本	設立時資本金の額	株主資本変動額 = a + b a =「株主資本承継消滅会社の資本金の額」 b =「非株主資本承継消滅会社の非承継会社部分株主資本変動額（非株主資本承継消滅会社の簿価株主資本額－対価簿価）の範囲内で新設合併消滅会社が合併契約に定めた額（合併契約でゼロとすることが可能）」	消滅会社の資本金の額の合計額 ・先行取得分株式等（抱合せ株式又は自己株式）があるときは、当該帳簿価額はその他資本剰余金の減額とする（計算規則47条1項但書）。 ・非対価交付消滅会社部分については、資本金及び資本準備金はその他資本剰余金、利益準備金はその他利益剰余金とすることとされる（計算規則47条2項）。
		設立時資本準備金の額	「株主資本承継消滅会社の資本準備金の額」＋「非株主資本承継消滅会社部分の株主資本変動額の範囲内で合併契約に定めた額」	消滅会社の資本準備金の額の合計額
		設立時その他資本剰余金の額	「株主資本承継消滅会社のその他資本剰余金の額」＋「非株主資本承継消滅会社部分の株主資本変動額の範囲内で合併契約に定めた額」	消滅会社のその他資本剰余金の額の合計額

	利益準備金	株主資本承継消滅会社の利益準備金の額	消滅会社の利益準備金の額の合計額
	その他利益剰余金	株主資本承継消滅会社のその他利益剰余金の額（指針243項・185項②） 非承継会社部分株主資本変動額がゼロ未満のときはマイナスの絶対値をその他利益剰余金から減額	消滅会社のその他利益剰余金の額の合計額
のれん（指針251項・243項参照）		・対価の一部が株式の場合において 【株主資本承継消滅会社部分】 対価の全部が株式である前提であるから、のれんは計上できない。 【非株主資本承継消滅会社部分】 ・「簿価株主資本額－株主資本承継消滅会社が有する各消滅会社の株式の帳簿価額」＜対価簿価のときは、正ののれん ・対価簿価＜受入純資産簿価のときの差額は、株主資本で調整されるため、負ののれんは計上できない。	対価の全部が株式であるから、のれんは計上できない。

第 6 節　新設分割における設立時資本金の額

　分割の対価として新設会社の株式を交付した場合の新設会社の資本金の額の計上方法は、単独新設分割の場合において会社計算規則49条、分割型の単独新設分割の場合においては50条、共同新設分割の場合は会社計算規則51条に規定されている。

　ただし、会社計算規則51条の会計処理については、企業結合会計基準等では、共同新設分割が取得とされた場合の新設分割設立会社の会計処理であると規定されており（適用指針34項(2)①）、共同新設分割が共同支配企業の形成の場合は、簿価処理とすることとされている（適用指針193項）。共同新設分割が共通支配下の取引の場合については、明確な基準が示されていない。

① 　単独新設分割の場合
　　ア　原　　　則
　単独新設分割の場合には、必ず 1 株は新設分割設立会社の株式が分割会社に交付され、分割会社の100％子会社を設立するものであって完全親子関係が形成されることから、原則として共通支配下の取引に該当するものであり、設立時おける株主資本の総額については、親会社が子会社に事業の移転をする吸収分割の会計処理（適用指針227項）に準じて処理することとされている（適用指針261項・409項）。

　すなわち、共通支配下の取引による会社分割ということから、簿価評価で処理され、対象財産（分割により設立会社が承継する財産（会社計算規則 2 条 3 項42号ロ））の分割直前の分割会社の帳簿価額を基礎として算定する方法によって定まる（会社計算規則49条 1 項）。資本金及び資本剰余金の額は、株主資本変動額の範囲内で新設分割計画の定めに従い定めた額とされ、新設分割の性質上（設立であるから）その他資本剰余金はゼロとされる（会社計算規則49条 2 項）。ただし、株主資本変動額がゼロ未満のとき、つまり、分割会社

から承継する事業に関する権利義務が債務超過（債務超過部門の対象財産の承継）の場合は、そのマイナスの絶対値が新設会社のその他利益剰余金の額とされ（減額）、対価として株式を交付したときであっても、資本金、資本準備金、その他資本剰余金及び利益準備金の額はゼロとされる（会社計算規則49条2項ただし書）。

会社法では会社分割に伴って、分割会社の資本金の額が当然に減少することはなく、会社計算規則49条の規定により新設会社の資本金の額を定めた場合には、必ずしも分割会社の資本金の額を減少させることを要しない。

イ　のれんの計上

資産・負債について分割会社の適正な帳簿価額を付すこととした場合には、その簿価株主資本額と対価簿価との差額についてのれんが生ずる。実務上は、社債・新株予約権を対価とするのはまれであり、対価の全部が株式であればのれんは生じないこととなる。

単独新設分割の場合には、必ず分割対価に新設会社の株式が含まれているため、簿価株主資本額より対価簿価が小さいときの差額は株主資本で調整されるため、負ののれんは計上されない。

簿価株主資本額がマイナスである場合、つまり簿価債務超過部門を設立会社に承継させる単独新設分割の場合には、対価簿価と同額を正ののれんとし、のれんで埋めきれない差額については、その他利益剰余金の減額とされる（会社計算規則49条2項但書、適用指針261項・227項・231項(2)②なお書）。

ウ　会社計算規則49条1項カッコ書の時価処理

会社計算規則49条1項カッコ書により「対象財産に時価を付すべき場合にあっては、対価時価又は対象財産の時価を基礎として算定する」とされており、これについては「企業結合基準等における「事業」に該当しない財産が新設分割の対象となる場合に時価処理によることがあり得ることを想定した規律を追加している。」と説明されているが、単独新設分割は、分割会社の100％子会社を設立するものであり、いわば共通支配下取引であることから、分割型を除けば簿価を付す方法だけが認められている（適用指針261項・227項）。にもかかわらず、改正会社計算規則49条1項カッコ書で「事業」に

該当しない財産が新設分割の対象となる場合というが、そもそも分割とは「事業に関して有する権利義務の承継」でありながら、事業に該当しない財産が具体的にどういうことであるかは、吸収分割における改正会社計算規則37条1項2号についての説明を参照されたい。

② 対価の全部が株式である場合の分割型単独新設分割

　ア　引き継ぐ処理

分割型単独新設分割の場合において対価の全部が新設会社の株式であって、分割会社の株主資本を引き継ぐものとして計算することが適切であるときは、会社計算規則50条の規定により新設会社の資本金の額を定めることができる。会社計算規則50条1項の規定は、新設分割には自己株式の処分ということがないことを除けば、会社計算規則38条1項の規定とほぼ同様である。

吸収分割の場合の分割会社の株主資本を引き継ぐ場合としては、分割型共通支配下の取引の場合において対価の全部が株式のときか、無対価のときとされている。

　イ　分割会社の株主資本

新設会社において分割会社の株主資本の内訳を引き継ぐものとして計算する場合には、当該資本金の額に対応して分割会社の資本金の額を減少しなければならない。分割会社における資本金の額の減少の手続を要し、分割会社は分割による変更の登記の他に資本金の額の減少による変更の登記をすることも要する。なお、これらの登記は同時申請義務が課されていないことから必ずしも同時に申請する必要はない。

③ 共同新設分割の場合

　ア　会社計算規則51条

共同新設分割の場合は、会社計算規則上、かりに各新設分割会社が他の新設分割会社と共同しないで新設分割を行うことによって会社（「仮会社」）を設立するものとみなして、仮会社の計算をし（単独新設分割と同様）、その各仮会社が新設合併をすることにより設立される会社が新設会社となるものとみなして、その新設分割設立会社の計算を行うとされている（会社計算規則

51条)。

  イ　企業結合会計基準等
　ただし、上記会社計算規則51条の会計処理については、企業結合会計基準等では、共同新設分割が取得とされた場合の新設分割設立会社の会計処理であると規定されている（適用指針34項(2)①）。「共同新設分割が取得とされた場合の新設分割設立会社の会計処理は、単独新設分割により設立された複数の新設分割設立会社が、その設立直後に合併したものとみなして会計処理する。具体的には、最初に単独新設分割の会計処理を行い、……次に、取得企業とされた新設分割設立会社が他の新設分割設立会社を被取得企業として合併の会計処理を行うことになる。」

【事例】（共同新設分割の取得の場合）
○H社　共同新設分割設立会社
①　A社株式（発行ずみ100）1株につきH社株式1株交付…100株
　　B社株式（発行ずみ50）1株につきH社株式0.5株交付…25株
②　議決権比率、A社株主80％、B社20％により、取得に該当し、A社を取得会社、B社を被取得会社と判定される。
③　新設分割日のA社株式の時価は1株当り10。
④　H社の株主資本変動額のうち、資本金150、資本準備金300とする。

A社（仮会社）（取得会社）貸借対照表

資産　　　　400	負債　　　　200
a事業分	a事業分
	株主資本
	資本　　　100
	資本準備金　100

B社（仮会社）（被取得会社）貸借対照表

資産　　　　150	負債　　　　100
（時価　300）	b事業分
b事業分	株主資本
	資本　　　　50
	資本準備金　　50

仕訳

(借方)	資産	750	(貸方)	負債	300
	A社部分	400		A社部分	200
	B社部分	300		B社部分	100
	B社のれん	50		資本金	150
				資本準備金	300

① A社は取得会社であるので、簿価株主資本200で評価
② B社は被取得会社であるので、時価評価

B社部分

資産	300（時価）	負債	100
のれん	50	対価時価	250

ウ　共同支配企業の形成

　共同新設分割が共同支配企業の形成の場合は、簿価処理とすることとされている（吸収分割承継会社等の等は新設分割設立会社をいう（適用指針5項(15)）とされているので、適用指針193項が適用される。）。

　共同新設分割が共通支配下の取引の場合については、明確な基準が示されていないので、共通支配下の取引における共同新設分割の場合、会社計算規則51条の規定によるのか、共同支配企業の形成の場合と同様の会計処理になるのかは、不明である。企業結合会計基準等の規定が、基本的には共同支配企業の形成の場合について規定を置き、一般的な共通支配下の取引については、個別のケースを除けば共同支配企業の形成の場合の会計処理に準じるという構成となっていることからすると、共同支配企業の形成の場合の会計処理に準じて簿価処理となるものと考えられる。

第7節 株式移転の設立時資本金等額

1 企業会計処理上の区分

　株式移転については、新設合併と異なり、一の会社が行う単独株式移転もあり、その場合には完全親子関係が形成されることから、原則として共通支配下の取引に該当するものである。これに対して、複数の会社が行う株式移転は共同株式移転といい、共同株式移転の会計処理については、その複数の会社間の関係において取得、共通支配下の取引、共同支配企業の形成になるのかが決まる。

　「共通支配下の取引」以外の企業結合については、当該取引の性質が「共同支配企業の形成」か「取得」（ある企業が他の企業の支配を獲得したと判断できるもの）であるのか、判定を行う。

　共同支配企業の形成とは、複数の独立企業間の契約等に基づき、共同で支配する企業を形成する企業結合をいうが、その判定基準は、4要件（①複数の独立企業から構成されていること（独立企業要件）、②複数の独立企業間で共同支配となる契約等を締結していること（契約要件）、③<u>支払対価のすべてが、原則として議決権のある株式であること</u>（対価要件）、④議決権比率以外の支配関係を示す一定の事実が存在しないこと）からなり、4要件すべてを満たした場合は「共同支配企業の形成」とされる（企業結合会計基準意見書二3・三、適用指針175項）。

　なお、上記要件のうち1つでも要件を満たさないときは、取得による会計処理となる（企業結合会計基準意見書三1(1)①～③、適用指針195項）。

2 共同株式移転の場合

　株式移転は、新設株式会社が完全子会社の株式を承継し、当該株式の対価

として完全子会社の株主に対して新設株式会社の株式（株式のほか社債等）を交付することによって、当該完全子会社の株式に対応した株主資本が計上されるところ、一般に公正妥当と認められる企業会計基準その他の企業会計の慣行によって定まる株式移転の態様（取得、共同支配企業の形成、共通支配下の取引）や完全子会社が複数の場合は完全子会社の株式に対応した株主資本の評価の方法（簿価又は時価）が異なる。そこで、新設株式会社の資本金の額は、これらの事情に応じて、会社計算規則52条に規定する一の方法に従って計上される。

どのような場合に取得に該当するか、共通支配下関係にあるものとして会計処理をするか、共同支配企業の形成として会計処理をするかは、企業結合に係る会計基準等の会計慣行によって定まる。

(1) 取　　得

株式移転設立会社が承継する完全子会社株式を時価で受け入れる方法（パーチェス法）が適用される場合である（会社計算規則52条1項1号）。

取得に該当する場合には、時価で評価する場合であっても、完全子会社のうち、①株式移転により支配取得（会社計算規則2条3項31号）をするものを株式移転「取得会社」（対価に株式以外の社債等があることにより共同支配企業の形成とされないで取得とされた場合等の支配取得が明確でない場合は、完全子会社のいずれか一方を株式移転取得会社とする。）とし、それ以外の完全子会社を「被取得会社」として取り扱われる。

なお、単独株式移転の場合は、完全親子関係を創設するものであるから、取得が該当することはないので、取得は、共同株式移転の場合が前提となる。

① 取得原価

　ア　取得会社の株式の取得原価

取得会社（会社計算規則旧2条3項64号にいう簿価評価完全子会社）の株式の取得原価は、取得会社の適正な帳簿価額（株式移転の前日におけるのが原則だが、重要な差異がなければ直前の決算日におけるものでも可）による株主資本の額により算定する（適用指針121項(1)①）。

また、新設会社が取得会社の新株予約権者に新株予約権を交付する場合、又は、新株予約権付社債を承継する場合には、取得会社で認識された新株予約権の消滅に伴う利益又は新株予約権付社債の承継に伴う利益の額を取得原価に加算する（適用指針121—2項）。

　イ　被取得会社の株式の取得原価

　被取得会社（旧会社計算規則2条3項66号にいう時価評価完全子会社）の株式の取得原価は、パーチェス法を適用し、対価の時価（対価として交付する新株予約権の時価も含む。）により算定する（適用指針121項(2)）。

　ただし、株式移転の場合、新設会社の株式に時価は存在しないため、取得の対価は、同数の株式を取得会社が交付したものとみなして算定する（適用指針121項(2)但書）。

　ウ　取得会社が被取得会社の株式を保有している場合

　取得会社が被取得会社の株式を保有している場合には、完全子会社は存続し、当該抱合せ株式にも対価は交付されるため、抱合せ株式部分は簿価処理だが、その余のいわゆる少数株主部分は時価処理とすることになる。

② のれんの計上

　株式移転の場合については、会計基準等にのれんについての明確な規定がなく（適用指針124項は、連結財務諸表上の会計処理の場合にのれんが計上できるとしている。）、旧会社計算規則27条及び28条にのれんについての規定が存していた。会社計算規則27条及び28条は改正規則によって削除されているので、その趣旨が維持されているのかどうかは不明である。

　会社計算規則27条及び28条の趣旨が維持されているものとすれば、取得会社部分についての取得原価は、簿価株主資本額に基づいて算定するため、取得会社の株主に株式以外の対価（社債等）を交付する場合には、簿価株主資本額と対価簿価との差額がのれんとして計上できることになる。

【事例】（取得の場合）

〇H社　株式移転設立会社

① 　A社株式（発行ずみ100）1株につきH社株式1株交付…100株

　　　　Ｂ社株式（発行ずみ50）１株につきＨ社株式0.5株交付…25株
② 議決権比率、Ａ社株主80％、Ｂ社20％により、取得に該当し、Ａ社を取得会社、Ｂ社を被取得会社と判定される。
③ 株式移転日のＡ社株式の時価は１株当り10。
④ Ｈ社の株主資本変動額のうち、資本金150、資本準備金300とする。

Ａ社（取得会社）貸借対照表　　　Ｂ社（被取得会社）貸借対照表

資産	400	負債	200	資産	200	負債	100
		株主資本				株主資本	
		資本	100			資本	50
		資本準備金	100			資本準備金	50

仕訳

（借方）	Ａ社株式	200…①	（貸方）	資本金	150
	Ｂ社株式	250…②		資本準備金	300

① Ａ社は取得会社であるので、簿価株主資本200で評価
② Ｂ社は被取得会社であるので、時価評価
　Ｂ社株主がＨ社に対する実際の議決権比率と同じ比率を保有するのに必要なＡ社株式をＡ社が交付したものとみなす。
　$50 \times 0.5 / 100 \times 1 + 50 \times 0.5 = 25 / 125 = 20\%$
　$125 \times 20\% \times 10 = 250$
③ 株主資本変動額
　取得会社の株式部分については帳簿価額を基礎として算定する方法により定まる額（会社計算規則52条１項３号）、株式移転取得会社以外の他の株式移転被取得会社部分については、当該完全子会社の株主に交付する株式としての対価時価（又は他の完全子会社の株式の時価）を基礎として算定する方法により定まる額（会社計算規則52条１項１号）の合計額を株主資本変動額とし、その範囲内で株式移転計画により定めた額が新設会社の資本金・資本剰余金（資本準備金・その他資本剰余金）の額となり、利益剰余金は計上されない（会社計算規則52条２項本文）。
　株式移転取得会社部分の株主資本変動額は、株式移転取得会社より承継す

る簿価株主資本額から株式移転対価としての株式以外の対価（社債、新株予約権、新株予約権付社債）の簿価を減じた額であるが、簿価株主資本額としては株式発行部分に限るのは当然のことであり（会社法445条1項参照）、又新株予約権の帳簿価額は株主資本の項目ではないことから、新株予約権の帳簿価額を減額するという旧規定は改正会社計算規則52条には明記されていない。

株主資本変動額の算定上の株式移転対価時価は、新設会社が完全子会社の株主に対して交付する財産（会社計算規則2条3項43号ハ）のうち株式に係るものの時価をいうのは当然であるので（会社法445条1項参照）、改正会社計算規則52条には明記されていない。

(2) **株式移転完全子会社の全部が共通支配下関係にあるものとして計算すべき場合（会社計算規則52条1項2号）**

親会社の支配下にある子会社同士等の、いわゆる共通支配下関係にある会社間で株式移転がされる場合である。

この場合には、完全子会社における株式の帳簿価額を基礎として算定する方法による（会社計算規則52条1項2号）。共通支配下関係にある会社間の株式移転が最上位の親会社と子会社間のときは、子会社側の少数株主部分については時価処理とされる（会社計算規則52条1項2号カッコ書）。これによって算定される株主資本変動額の範囲内で株式移転計画により定めた額が資本金の額及び資本剰余金（資本準備金及びその他資本剰余金）の額となる（会社計算規則52条2項本文）。

(3) **共同支配企業の形成**

パーチェス法及び共通支配下の取引の会計処理によって会計処理をすることができない場合には、共通支配下の取引の会計処理に準じて処理するものとされ（会社計算規則52条1項3号）、具体的には、共同株式移転における共同支配企業の形成に当たる場合又は単独株式移転の場合の会計処理が該当する。

共同支配企業の形成の場合の完全親会社の個別財務諸表上の会計処理は、完全子会社における財産の帳簿価額基礎として算定する方法による（会社計

算規則52条1項3号)。

(4) **単独株式移転の場合**

単独株式移転の場合は、企業結合会計基準等でいう企業結合に該当しない取引であるとされ、親会社と子会社が株式移転により完全親会社を設立する場合の会計処理をすることとされていることから（適用指針258項・259項）、完全親会社の個別財務諸表上の会計処理は、完全子会社における財産の帳簿価額を基礎として算定する方法により（会社計算規則52条1項3号）、このことは単独新設分割の場合と同様である。

資本金の額が計上されたことを証する書面

資本金の額の計上に関する証明書

　　株主資本変動額（会社計算規則第52条第1項）　　金○○円
　　株式移転設立完全親会社の資本金の額○○円は、会社法第445条及び会社計算規則第52条の規定に従って計上されたことに相違ないことを証明する。
　　　　平成21年10月○○日

　　　　　　　　　　　　　　　　　○○県○○市○○町○丁目○番○号
　　　　　　　　　　　　　　　　　○○株式会社
　　　　　　　　　　　　　　　　　　代表取締役　○○　○○　印

主な参考文献

○仰星監査法人・澤田眞史『Q&A企業再編のための合併・分割・株式交換等の実務［改訂版］』清文社、平成22年
○郡谷大輔ほか『会社法の計算詳解』中央経済社、平成18年
○郡谷大輔ほか『会社法関係法務省令逐条実務詳解』清文社、平成18年
○『立案担当者による新会社法関係法務省令の解説』商事法務・別冊商事法務300号
○高田正昭・鶴田泰三『会社法と会計・税務の接点』税務研究会出版局、平成19年
○金子登志雄・有田賢臣『これが計算規則だ株主資本だ』中央経済社、平成19年

会社の資本と登記
──分配可能額・自己株式の会計処理・組織再編の会計処理・差損が生じる場合

平成23年11月28日　第1刷発行

著　者　立　花　宣　男
発行者　倉　田　　　勲
印刷所　奥村印刷株式会社

〒160-8520　東京都新宿区南元町19
発　行　所　一般社団法人　金融財政事情研究会
　　　　編集部　TEL 03(3355)2251　FAX 03(3357)7416
販　　売　株式会社きんざい
　　　　販売受付　TEL 03(3358)2891　FAX 03(3358)0037
　　　　URL http://www.kinzai.jp/

・本書の内容の一部あるいは全部を無断で複写・複製・転訳載すること、および磁気または光記録媒体、コンピュータネットワーク上等へ入力することは、法律で認められた場合を除き、著作者および出版社の権利の侵害となります。
・落丁・乱丁本はお取替えいたします。定価はカバーに表示してあります。

ISBN978-4-322-11944-2